LE NOUVEAU NATIONALISME AMÉRICAIN

www.editions-jclattes.fr

Anatol Lieven

LE NOUVEAU NATIONALISME AMÉRICAIN

Traduit de l'anglais (Grande-Bretagne)
par François Boisivon avec la collaboration
de Vincent Raynaud

JC Lattès

17, rue Jacob 75006 Paris

Titre de l'édition originale
America Right or Wrong, publié par Harper Collins Publishers.

À Misha,

né le 13 août 2003 :

Bien-aimée distraction.

« Deux âmes, hélas ! habitaient ma poitrine. »

Johann Wolfgang Goethe, *Faust*, 1re partie

Avant-Propos

Par Emmanuel Todd

La facilité avec laquelle George W. Bush a remporté les élections de novembre 2004 nous oblige à regarder en face le problème américain. Il est désormais impossible de considérer le phénomène Bush comme un accident de l'histoire, échappant par nature aux lois de la pesanteur historique, sociologique ou économique, bref comme un sorcier maléfique, sorti tout droit du monde de Harry Potter. Bush ne peut pas non plus être considéré comme la chose d'un groupe d'idéologues excités, les néo-conservateurs, gnomes maléfiques de l'ancienne représentation. Le bushisme a certes commencé, en 2000, par une désignation suspecte au terme d'une élection douteuse. Mais il s'épanouit, en 2004, par une adhésion électorale de grande ampleur qui nous force à admettre que le problème, fondamentalement, n'est pas Bush, mais l'Amérique, ou du moins sa partie centrale, que cette centralité soit pensée en termes géographiques ou culturels. Les États ayant voté Kerry, concentrés au nord-est et sur la côte ouest du pays, représentent nettement une périphérie du système américain, tout comme les groupes qui ont donné la majorité au candidat démocrate : 88 % des Noirs,

75 % des Juifs, 56 % des Asiatiques et 53 % des Hispaniques. Le bushisme s'appuie sur des tendances culturelles et idéologiques profondes. Le livre d'Anatol Lieven nous permet de comprendre pourquoi et comment une droite nationaliste a pu s'emparer des esprits et du pouvoir dans la plus importante des démocraties du monde, et pourquoi le parti républicain mériterait aujourd'hui de s'appeler le parti nationaliste américain.

Par le renversement de perspective qu'il opère, Lieven nous propose une véritable révolution copernicienne. Il cesse de considérer *a priori* l'Amérique comme une incarnation de la modernité, dont le présent représenterait nécessairement notre avenir. Il applique à cette vaste nation des critères objectifs d'analyse et nous fait comprendre qu'au contraire, l'Amérique du présent rappelle bien souvent l'Europe du passé. Le rejet de l'État, tout comme certaines conceptions religieuses ou ethniques, renvoie à la période précédant les Lumières. La montée d'un nationalisme de ressentiment, né d'un sentiment de défaite économique et sociale dans les classes moyennes, nous rappelle, de manière beaucoup plus immédiate et sinistre, l'Europe d'un passé beaucoup plus proche, celle des années 1880-1944.

La représentation des mentalités et des idéologies américaines proposée par Lieven est de type dualiste. Il pose d'abord ce qui est pour nous le plus familier, l'Amérique positive si l'on peut dire, le Credo américain : un nationalisme démocratique, libéral, universaliste, optimiste, enfant des Lumières. Celui-ci est, plus encore que le nationalisme républicain français auquel il ressemble tant, intensément idéologique, et par là même capable d'une intolérance féroce, fort éloignée du pragmatisme considéré comme typique des Américains. Lieven s'attaque ensuite à la face sombre, méconnue ou oubliée, du système idéologique américain, ce qu'il appelle l'antithèse, ancrée dans le calvinisme du XVIIe siècle et dans l'expérience de la colonisation du territoire, système mental prédisposant à une perception inégalitaire, ethnique et pessimiste du monde.

Lieven, qui est britannique, utilise son excellente connaissance de la pensée française et de notre nationalisme, également dualiste, pour cadrer conceptuellement le nationalisme américain : le jacobinisme, Renan et Maurras lui servent de balises.

L'erreur des trois dernières décennies aura été d'avoir cru à la disparition de la face sombre de l'Amérique, en apparence balayée par la révolution culturelle des années 1960-1990. Mais l'émancipation politique des Noirs, la libération sexuelle et la reprise de l'immigration n'avaient fait que refouler, concentrer et probablement revitaliser les principes opposés de leur antithèse idéologique. La transformation économique néo-libérale des vingt-cinq dernières années a produit ce qu'il fallait de frustration, de peur et de colère dans les tréfonds de la société pour que resurgisse, avec une force peut-être inégalée dans l'histoire des États-Unis, l'antithèse. C'est ainsi qu'ont émergé le fondamentalisme religieux, l'hostilité à l'avortement, le sentiment d'une supériorité ontologique de l'Amérique et des pulsions agressives, finalement détournées vers le monde extérieur : contre la Russie pourtant décommunisée, contre la Chine perdue dans son rêve capitaliste, l'Iran en cours d'apaisement idéologique, les Arabes martyrs politiques de l'époque, et bien sûr l'Europe, coupable du péché le plus grand, avoir rattrapé et même dépassé les États-Unis par sa qualité de vie. L'Europe quant à elle, parce qu'elle est réellement modernisée dans sa masse sociale, ne peut vivre des régressions d'une telle ampleur. Elle observe avec stupeur ce qu'elle perçoit sans oser se l'avouer comme un retour à la barbarie, si peu compatible avec sa vision de l'Amérique comme moderne par essence.

Sa grille d'analyse permet à Lieven une lecture extraordinaire de l'histoire que nous vivons. Elle nous rend transparente l'Amérique de Rumsfeld, de Cheney, des néo-conservateurs et des autres. Elle nous fait comprendre pourquoi ni les intellectuels, ni les journalistes, ni le parti démocrate n'ont pu culturellement et psychologiquement résister à la pression du nouveau nationalisme. Systématique dans son analyse, ce livre est aussi remarquable par son attention à toutes les facettes de la nouvelle réalité : il nous parle de tous les Américains, ceux de Washington et de Hollywood, ceux d'Alabama et de l'Illinois. Dans ce bouillonnement de faits et d'idées, j'ai une tendresse particulière – faiblesse d'historien – pour la mise en évidence du rôle des protestants irlandais et de l'Angleterre de Cromwell dans la formation de l'Antithèse américaine.

Le nouveau nationalisme américain est un livre solide sur le plan conceptuel, riche sur le plan factuel. C'est aussi un livre courageux ainsi qu'en témoigne l'analyse sobre et réaliste des relations entre les États-Unis et Israël qui constitue son dernier chapitre. Pour le lecteur français peu familier de l'identification des calvinistes au peuple d'Israël, c'est certainement l'un des plus utiles. L'analyse historique en profondeur du protestantisme américain permet de bien saisir la dimension idéologique et religieuse de la fixation sur Israël, conduisant à cette relation symbiotique entre les deux États qui ancre l'Amérique dans une relation de conflit radical avec le monde arabe. À la lecture de ce chapitre, j'ai d'ailleurs fini par me demander si la montée en puissance du nationalisme religieux américain n'avait pas d'une certaine manière, à partir du milieu des années 1990, infléchi la trajectoire d'Israël vers la droite, vers l'intolérance, et même si l'État hébreu n'avait pas, à cause d'une dynamique interne à la société américaine, perdu une partie de son indépendance. Il est dangereux pour un petit État de devenir le rêve d'une autre nation, soixante fois plus peuplée.

Posant l'existence de deux idéologies, le Credo et son antithèse, Lieven se donne la possibilité d'imaginer deux futurs pour l'Amérique. Si les classes moyennes survivent aux transformations économiques en cours, on peut prévoir un retour au mode positif. Si elles s'effondrent, la prédominance de l'antithèse semble assurée pour longtemps. Ou pis. Une fois que l'on a compris que l'Amérique de Rumsfeld ressemble beaucoup à la vieille Europe, et si l'on pense en termes de défaite des classes moyennes, c'est forcément l'image du naufrage allemand qui finit par s'imposer à l'imagination. Soyons rassurants : le refus de l'État autoritaire, trait fondamental de la culture américaine, commun au Credo et à son antithèse, reste un verrou qui rend un certain type de totalitarisme impossible outre-Atlantique.

Le nouveau nationalisme américain est indispensable à une compréhension de l'Amérique actuelle, et de sa politique étrangère erratique. C'est un livre hautement original, qui abolit les frontières intellectuelles entre l'histoire, la diplomatie et le journalisme. La thèse d'une Amérique lieu de conservation de modes de pensée européens archaïques est une contribution majeure. Mais au-delà de son apport à la connaissance et à la compréhension du monde, ce texte procure un plaisir de lecture particulier, incessant tout au long de ses pages : sur la plupart des sujets – la démocratie, l'État, la nation, le militarisme, la Russie, la France, les ONG, la presse, la guerre froide, les universités, la fausse conscience – Anatol Lieven pense avec justesse, et dans le détail. Il ne tombe dans aucun des panneaux de la pensée toute faite, que celle-ci soit de droite ou de gauche. C'est pourquoi l'effet ultime et paradoxal de ce livre, au sujet fondamentalement déprimant, est de remonter le moral. Oui, il est possible dans ce monde inquiétant, mouvant, souvent naïf, parfois menteur, d'être un esprit libre et de dire les choses telles qu'elles sont.

Emmanuel Todd

Préface

Ce livre est en grande partie né d'une conversation qui a eu lieu en mai 1989, lors d'une soirée à l'ambassade américaine à Islamabad, au Pakistan, où je travaillais comme pigiste pour le *Times* de Londres, couvrant les affaires pakistanaises et la guerre en Afghanistan du côté des Moudjahidin. La soirée était en l'honneur d'un diplomate américain tout juste arrivé et qui, pour autant que je me souvienne, n'avait jamais travaillé au Pakistan ni dans aucun autre pays musulman auparavant.

Je soutenais une collègue, Kathy Gannon d'Associated Press, qui critiquait la politique américaine en Afghanistan. Nous affirmions que le soutien financier massif et l'aide militaire des États-Unis au Pakistan, permettant à ses services secrets de favoriser les groupes de Moudjahidin de leur choix étaient une folie, surtout avec le départ des forces soviétiques. Les groupes en question (nous pensions alors principalement à Gulbuddin Hekmatyar, qui s'est affirmé comme seigneur de la guerre antiaméricain depuis la chute des Talibans) et leurs alliés arabes n'étaient pas seulement une menace sérieuse pour la paix et le progrès en Afghanistan, mais étaient aussi pathologiquement antioccidentaux.

À cela le diplomate américain a répondu qu'il avait un meilleur accès aux informations des services secrets et que sa connaissance de l'Afghanistan était donc meilleure que la nôtre (nous avions tous deux visité plusieurs fois l'Afghanistan avec les Moudjahidin, Kathy depuis bien plus longtemps et beaucoup plus souvent que moi ; lui n'y avait jamais été). Il a affirmé croire fermement que la résistance afghane allait bâtir « une démocratie performante fondée sur l'économie de marché » en Afghanistan. Quand ces arguments eurent été démolis, d'autres firent surface : la destruction du régime de Kaboul soutenu par les Soviétiques était essentielle afin de « vaincre le communisme » dans le monde, et « ce que les Russes nous ont fait au Vietnam, nous allons le leur faire en Afghanistan ». Pour finir, il a déclaré, exaspéré, que Kathy et moi étions de ceux qui avaient fait « perdre la guerre du Vietnam ».

Cette diatribe renfermait de nombreux traits du nationalisme américain examinés dans ce livre. Parmi eux, il y a l'idée chez les dirigeants de la sécurité nationale que l'accès au renseignement les rend très sages et bien informés – malgré les preuves répétées et catastrophiques du contraire. L'idée d'une démocratisation de l'Afghanistan par les Moudjahidin reflétait un messianisme enraciné dans le Credo américain, mais était accompagnée d'une méconnaissance totale de l'histoire, de la société, des traditions et de la réalité afghanes en général.

Et la position de cet officiel américain reflétait non seulement une idéologie, mais aussi une profonde indifférence proche du mépris. Pour lui, les Afghans n'étaient en fait qu'un moyen contre les Soviétiques et leur destin ultime était sans importance. Cette idée s'est par la suite retrouvée dans la politique américaine à l'égard de l'Afghanistan après la chute de l'Union soviétique – ou plutôt l'absence de politique, car le pays a tout simplement été abandonné aux groupes moudjahidin armés et financés par les États-Unis et à leurs alliés pakistanais, qui se le sont partagé. Si incroyable que cela puisse paraître, cette indifférence s'est reproduite après la chute des Talibans, l'attention et l'aide américaines étant immédiatement détournées vers les préparatifs de la guerre contre l'Irak.

La politique à l'égard de l'Afghanistan était habillée d'un discours idéaliste sur la démocratisation et le progrès maladivement et complètement irréaliste, mais comme les paroles de ce diplomate le montrent bien, elle était en fait motivée par un mélange tout autre et fort peu idéaliste de réalisme cynique et brutal (contrecarrer l'influence soviétique) et de revanche pour l'Amérique après la défaite au Vietnam. Pour finir, les Occidentaux critiquant cette politique, y compris ceux qui avaient montré qu'ils connaissaient l'Afghanistan et s'engageaient vis-à-vis de lui, étaient diabolisés et considérés comme des faibles et des traîtres.

Le résultat final de cette vision américaine fut naturellement l'avènement des Talibans, leur alliance avec Al-Qaida et les événements du 11 septembre 2001. Ajouté à la défaite au Vietnam, ce désastre aurait dû suffire à susciter une sérieuse réflexion chez les élites politiques américaines non seulement sur les politiques américaines passées, mais aussi sur la culture politique américaine qui les avait produites. En fait, comme la genèse et la conduite de la guerre en Irak l'ont démontré, de larges secteurs de ces élites n'ont justement *rien* appris des excès et des faiblesses de leur comportement passé. Et cet échec vient surtout de ce qu'elles en ont été empêchées par certains traits essentiels du nationalisme américain, traits qui sont passés en revue dans ce livre.

Durant la bataille du Jutland en 1916, alors que trois vaisseaux britanniques avaient successivement sombré sous le feu allemand, sir David Beatty, qui commandait l'escadron de vaisseaux de combat, dit d'une voix traînante à son chef d'état-major : « Chadwick, il semble qu'il y ait un problème avec nos foutus bateaux aujourd'hui », avant de donner l'ordre (apocryphe) d'attaquer l'ennemi de plus près. Comme de nombreux critiques l'ont remarqué, Beatty aurait dû ajouter : « Et avec notre foutue tactique. » La Royal Navy avait échoué dans son analyse de ce qui n'allait pas dans sa tactique, et ses bateaux ont continué à couler pour rien. Au cours des quarante dernières années, les États-Unis ont trébuché sur une intervention militaire dramatiquement mal conçue après l'autre, qu'elles soient grandes (Vietnam, Irak) ou petites (Liban, Somalie) : il est temps que plus d'Américains commencent à se demander ce qui ne va pas, au juste, avec leur foutue tactique.

Ce livre ne doit en aucune manière être considéré comme une attaque contre un nationalisme américain raisonnable ou contre la guerre antiterroriste sous sa forme initiale de combat contre Al-Qaida et ses alliés. Comme je le montrerai tout au long de ce livre, le nationalisme civique américain est un pilier très important de la puissance américaine et de son influence dans le monde, et il a de considérables leçons à donner à l'humanité. J'ai fortement soutenu la guerre menée en Afghanistan pour vaincre les Talibans et Al-Qaida. De fait, c'est précisément parce que je connais la situation extrêmement précaire à la fois de l'Afghanistan post-Taliban et du Pakistan que j'ai été à ce point horrifié par la décision de semer la guerre en Irak. Je ne suis pas un pacifiste ; j'ai également soutenu la guerre des Malouines, la première guerre du Golfe en 1991 et l'intervention militaire en Bosnie, de même que j'appuierai de telles guerres à l'avenir. Mais, indépendamment des questions de légalité et de légitimité, les campagnes militaires doivent reposer sur une stratégie politique intelligente. Comme l'histoire de l'occupation américaine en Irak le démontre, la conduite de la guerre contre le terrorisme ressemble davantage à une apothéose baroque de la stupidité politique.

La cible principale de ce livre, ce sont les Américains eux-mêmes. J'espère que ce travail contribuera, même modestement, à influencer le débat politique aux États-Unis en révélant certains des mythes sous-jacents et des flux historiques, culturels et idéologiques qui ont entraîné la pensée américaine et la politique américaine. Cependant, ce livre a été publié non seulement aux États-Unis, mais aussi en Grande-Bretagne, et il a également été traduit en français, italien, japonais et coréen. J'ai donc dû expliquer en détail un certain nombre de faits concernant les États-Unis qui sont bien connus de tout lecteur américain cultivé, et je m'en excuse.

De nombreuses personnes m'ont généreusement conseillé durant la rédaction de ce livre. Il n'aurait pu exister sans l'aide et le soutien illimités de Natasha Fairweather, de A.P. Watt, qui a énormément travaillé pour trouver des éditeurs à ce manuscrit hautement polémique, et a été une source d'encouragement et de force dans les moments difficiles. Tim Bartlett, d'Oxford University Press, Michael Fishwick, de HarperCollins et Charlotte Cachin-Liébert, des éditions Jean-Claude Lattès ont non seulement été enthousiastes, mais ont aussi fait d'importantes suggestions et critiques quant à la forme du livre.

Je dois également beaucoup à Michael Lind et Stephen Holmes, qui m'ont fait profiter de leur excellente connaissance des traditions américaines et m'ont encouragé à persévérer dans ce projet. Owen Harries, Andrew Bacevich, Bill Maynes, Tom Hughes, William Pfaff, Norman Birnbaum, Stephen Walt, Michael Kraig, Adam Shatz, Justin Vaisse, Tom Geoghehan, Marina Ottaway, Minxin Pei, Robert Tombs, Andrew Gumbel, Charles King et mon frère, D.C.B. Lieven, ont tous généreusement pris le temps de me conseiller pour l'une ou l'autre partie du manuscrit. Dans le chapitre 6, concernant les relations israélo-américaines, David Chambers de l'Institut du Moyen-Orient à Washington a été d'une aide inestimable, de même que Brian Klug, Suzanne Goldenberg, Stephen Beller et James Zogby. La responsabilité des affirmations et explications contenues dans ce livre n'appartient naturellement qu'à moi. La faculté et les étudiants de Troy State University, en Alabama, m'ont témoigné beaucoup de gentillesse et de respect durant le séjour que j'y ai effectué en 1979.

Je remercie chaleureusement Jessica Mathews, présidente du Carnegie Endowment for International Peace, pour m'avoir permis de me lancer dans ce livre, ainsi que tous mes collègues du Carnegie Endowment pour leur aide et leur soutien. Ann Stecker a maintenu un semblant d'ordre dans ma vie, Rashed Chowdhury et Zhanara Nauruzbayeva ont énormément et brillamment travaillé sur les recherches. Leur intelligence, leurs intuitions et leurs points de vue m'ont également été d'un grand secours. Amanda Muller a permis de rassembler beaucoup d'informations sur la politique intérieure américaine. Remerciements particuliers à Kathleen Higgs et à l'équipe de la

Carnegie Library. Tous ont été d'une extraordinaire efficacité en matière de recherche documentaire, mais ils ont aussi montré beaucoup de patience à l'égard des requêtes les plus étranges et des retours tardifs.

Enfin, mon amour et ma gratitude vont à Sasha, qui a porté avec son élégance habituelle le double poids d'un nouveau bébé et d'un mari écrivain.

Introduction

On s'étonne d'abord en contemplant cette agitation singulière que font paraître tant d'hommes heureux, au sein même de leur abondance.

Alexis de Tocqueville [1]

Traumatisés par les attaques terroristes du 11 septembre 2001, les Américains ont naturellement réagi en recourant à de vieux modèles de croyance et de comportement. Le nationalisme en fait partie. Les convictions qu'il exprime et les principes qu'il défend ont pour l'Amérique et pour le monde une valeur indéniable ; il comporte néanmoins de très grands dangers. Par certains aspects, il met non seulement en péril le leadership global de l'Amérique, mais sa capacité même de combattre avec succès le terrorisme révolutionnaire.

À l'orée du XXIe siècle, la nature et l'ampleur de ce nationalisme apparaissent comme le principal facteur de division entre les États-Unis et une Europe de l'Ouest largement post-nationaliste. Aux yeux de certains auteurs néo-conservateurs et « réalistes », le comportement de l'Amérique dans le monde – et ses différences avec l'Europe – découlerait simplement de la puissance qui est la sienne et, partant, de ses responsabilités. Il serait plus juste de dire que cette puissance donne à l'Amérique une certaine marge de manœuvre. La façon dont elle agit, et réagit au comportement des autres, est dictée par la culture politique américaine, dont le nationalisme, avec ses différents courants, constitue une part non négligeable.

Dans la mesure où le nationalisme américain tend à se confondre avec une version chauvine du nationalisme israélien, il joue aussi un rôle désastreux dans les relations des États-Unis avec le monde musulman et alimente le terrorisme. On pourrait dire que, si l'Amérique veille à ce que sa maison soit toujours superbe et accueillante, elle n'en entretient pas moins, à la cave, une famille de démons. Généralement bien gardés, ils ont été libérés par le 11 Septembre.

Plus qu'aucun État avant elle, l'Amérique jouit d'une puissance globale. Elle domine le monde, non seulement militairement, mais aussi, dans une large mesure, culturellement et économiquement, et elle tire un bénéfice immense de la configuration internationale actuelle. Depuis la chute du communisme, qui avait représenté une version alternative de la modernisation, la démocratie libérale « de marché » qu'elle incarne jouit aussi d'une hégémonie idéologique universelle. Les États-Unis auraient donc toutes les raisons de se comporter en *hêgemôn* conservateur, c'est-à-dire de défendre l'ordre international en diffusant leurs valeurs par l'exemple. Après tout, n'ont-ils pas joué, au lendemain de la Seconde Guerre mondiale, un rôle majeur dans la création des institutions que l'administration Bush cherche, depuis 2001, à saper[2] ?

Au lieu de quoi, les États-Unis de Bush se sont mués en puissance insatisfaite, et même révolutionnaire, sciant la branche sur laquelle ils sont assis. Plus particulièrement, de nombreux observateurs ont pu voir, dans l'idée d'une guerre préventive contre des menaces potentielles (et non d'une guerre préemptive contre des menaces imminentes), un glissement décisif, non seulement vers l'unilatéralisme, mais vers une position révolutionnaire, hostile au *statu quo*, qui rappelle davantage l'Allemagne de Bismarck que l'Angleterre victorienne[3].

Ce livre a pour but d'expliquer pourquoi un pays qui avait eu la possibilité, après les attaques terroristes du 11 septembre 2001, d'établir une entente entre les principaux États du monde – y compris musulmans – contre le terrorisme révolutionnaire islamique, a choisi, au contraire de suivre une politique qui divise l'Occident, s'aliène le monde musulman, et enfin expose l'Amérique elle-même à un danger accru. La principale raison de ce choix tient à la spécificité du nationalisme américain, que je tente ici d'analyser, ensemble complexe, aux multiples facettes, formé d'éléments épars dans la culture politique américaine.

Cette étude d'une culture politique et de ses origines historiques n'est pas censée fournir l'explication détaillée de décisions ou d'événements particuliers, pas plus qu'une étude du nationalisme russe ou allemand n'aurait pour but de rechercher les raisons immédiates pour lesquelles le Tsar ou le Kaiser ont choisi d'agir comme ils l'ont fait en juillet et en août 1914. Des travaux de ce genre s'attachent plutôt à déterminer le contexte idéologique et culturel qui rendirent possibles ces décisions. Dans le cas des États-Unis, j'ai l'espoir que ce livre aidera à comprendre pourquoi de nombreux Américains ont eu, face aux attaques du 11 Septembre, la réaction qui fut la leur, et pourquoi plus tard, le gouvernement Bush a pu étendre à l'Irak la « guerre contre le terrorisme » avec le soutien d'une majorité d'Américains. C'est aussi en fonction des traditions intellectuelles, culturelles et politiques examinées ici que l'Amérique réagira si elle est à nouveau la cible – comme on ne saurait trop le craindre – d'une attaque d'envergure.

Nous n'avons guère l'habitude d'analyser le comportement de l'Amérique à travers le prisme du « nationalisme ». Aux yeux de la plupart des Américains, l'attachement qu'ils éprouvent pour leur pays est du patriotisme, même si celui-ci semble parfois exacerbé. Les critiques des États-Unis, qu'elles viennent de l'intérieur ou de l'étranger, se sont souvent concentrées sur ce qu'on a appelé l'« impérialisme » américain. Les États-Unis sont aujourd'hui le foyer de forces appréciables dont on peut qualifier d'impérialistes les conceptions et les desseins. Toutefois, leurs bataillons, bien qu'influents, sont relativement peu nombreux. Ils se recrutent dans certains cercles – qui se chevauchent – de l'intelligentsia, dans les milieux dirigeants de la politique étrangère et de la sécurité, et tout particulièrement chez ceux qu'on nomme « néo-conservateurs ».

À la différence de beaucoup d'Anglais, de Français et autres populations métropolitaines du temps des empires coloniaux, les Américains ordinaires, dans leur très grande majorité, ne se perçoivent pas eux-mêmes comme impérialistes ou en possession d'un empire. Ainsi que les conséquences de la guerre d'Irak semblent devoir le démontrer, ils ne sont tout simplement pas préparés aux engagements à long terme, aux lourds sacrifices qu'exigeraient l'exercice direct d'un empire et son maintien au Moyen-Orient ou ailleurs.

Outre les effets de la culture moderne sur l'attitude face au service militaire en particulier et au sacrifice en général, l'Amérique a derrière elle une longue tradition d'isolationnisme. Il s'agit là d'un phénomène complexe, qu'on ne peut expliquer simplement par un désir de se retirer du monde. L'isolationnisme constitue plutôt l'autre face tout à la fois du chauvinisme et du messianisme américains, sous la forme d'une croyance qui, remontant aux origines de l'Amérique moderne, la représente comme une cité, seule et unique, au sommet d'une colline*. Il est donc intimement lié à l'unilatéralisme en politique étrangère, car si les États-Unis n'ont pas d'autre choix que de se commettre avec des étrangers, inférieurs et odieux, ils doivent absolument contrôler le processus et ne se soumettre sous aucun prétexte à leur influence, ni même prendre leurs avis en considération.

---

* « The city upon the hill » : cette formule de John Winthrop, arrivé en Amérique en 1629 et premier « gouverneur » du Massachusetts, illustre l'inspiration biblique et messianique des immigrants puritains : ils allaient fonder la nouvelle terre promise, un îlot de pureté appelé à éclairer le monde.

L'identité nationale des États-Unis et ce qu'on a appelé le « Credo américain » se sont construits sur l'adhésion à la démocratie, ce qui ne fut pas le cas des empires. Quelque imparfaite que soit cette démocratie dans sa pratique intérieure et hypocrite lorsqu'elle est prêchée à l'étranger, la foi dont elle fait l'objet pose de réelles limites à l'exercice d'un gouvernement direct sur les autres peuples. Aussi les États-Unis sont-ils, depuis 1945, un empire indirect, qui ressemble plus à l'Empire hollandais dans les Indes orientales, aux XVIIe et XVIIIe siècles, qu'à l'Empire britannique en Inde.

Pour ce qui concerne la masse du peuple américain, cet empire, même indirect, demeure un empire qui refuse de se reconnaître comme tel ; en présentant aux électeurs ses projets impériaux, l'administration Bush, après le 11 Septembre, a pris soin de leur donner un habillage différent, et les a justifiés d'une part comme relevant d'une stratégie bienveillante de propagation des valeurs américaines de démocratie et de liberté ; d'autre part, comme essentiels à la défense non pas d'un empire américain, mais de la nation elle-même.

Car bon nombre d'Américains ne sont pas seulement intensément nationalistes, mais belliqueux lorsqu'il s'agit de répondre à tout ce qu'ils perçoivent comme une attaque ou une offense envers les États-Unis : « Ne me marche pas dessus ! », avertissait le serpent figurant sur le drapeau des insurgés pendant la guerre d'Indépendance. Cette attitude a été parfaitement résumée par John Wayne, icône du nationalisme américain, lorsque, incarnant pour son ultime rôle, dans *Le Dernier des géants*, un tireur d'élite atteint d'un cancer, il déclare : « On ne me traitera pas injustement, on ne m'insultera pas, personne ne portera la main sur moi. Je ne fais pas ça aux autres, et je leur demande d'en faire autant[4]. »

Dans la mesure où ils expriment la fierté, le sens de l'honneur et la capacité d'assumer sa propre défense, ce sont des mots sympathiques, voire admirables. Mais il n'est pas inutile, dans ce contexte, de se rappeler une vieille expression du XVIIIe siècle, « laisser traîner son manteau », qui signifiait provoquer délibérément une querelle : en laissant traîner son manteau par terre, on pouvait s'attendre à ce que quelqu'un d'autre marchât dessus, et l'on aurait alors une bonne raison de le provoquer en duel. On pourrait dire que les impérialistes américains ont une certaine tendance à laisser traîner un peu partout dans le monde le manteau de l'Amérique, sans même que la plupart des Américains s'en aperçoivent, lesquels réagiront, lorsque le manteau sera effectivement piétiné, avec la fureur nationaliste escomptée, dans la grande tradition du « Ne me marche pas dessus ».

Si l'on ajoute à cela un solipsisme aux dimensions nationales, l'ignorance du monde extérieur qui caractérise le public américain, ainsi que ses préjugés contre l'Islam, on comprend mieux comment la « guerre contre le terrorisme » a pu s'étendre, de façon catastrophique, depuis ses cibles originelles – et légitimes – que sont Al-Qaida et le régime des Talibans, jusqu'à l'Irak baasiste, aux groupes anti-israéliens de Palestine et du Liban, et se portera vraisemblablement, dans l'avenir, contre d'autres pays et d'autres forces encore. Et c'est dans cette réserve de nationalisme aigri qu'on a également puisé pour présenter un vaste éventail de négociations ou de conventions internationales, depuis le Tribunal pénal international jusqu'aux restrictions des émissions de gaz à effet de serre comme offensantes ou contrevenant à la souveraineté nationale.

L'adhésion de l'Amérique au protocole de Kyoto* aurait peut-être été définitivement compromise par la conjonction d'intérêts énergétiques et de la dépendance des Américains à l'automobile. Ses opposants ont toutefois reçu une aide vigoureuse de cette partie de l'opinion américaine que sa culture politique porte à considérer tout traité international imposant aux États-Unis sacrifices et engagements comme un complot ourdi par des étrangers

* En 1997, sous l'égide de l'ONU, les délégués de 178 pays réunis à Kyoto signèrent un protocole de réduction des émissions de gaz à effet de serre. Peu après son entrée en fonctions, G.W. Bush retira l'adhésion des États-Unis à ce protocole.

hostiles et fourbes. Tout cela, aux yeux de nombreux Américains, passe néanmoins sincèrement pour une question de légitime défense – défense de leur économie, de leur façon de vivre, de leurs libertés, et de la nation elle-même.

Cette toile de fond permet d'expliquer certaines statistiques tragi-comiques, et notamment qu'une majorité d'Américains puissent croire que leur pays consacre 20 % de son budget à l'aide internationale, et que celle-ci doive être réduite – quand à la vérité elle n'atteint pas 1 %, et qu'elle est la plus faible du monde développé. Ce qui permet aux critiques qui s'élèvent un peu partout contre l'hégémonie américaine de dépeindre les États-Unis comme une puissance impériale purement égoïste, sans générosité et sans vision véritable. Étrange scénario, et bien triste, si on le compare à la formidable générosité dont nombre d'Américains font preuve à l'égard de leurs concitoyens ou de leurs proches ; il révèle aussi à quel point le nationalisme chauvin peut ruiner les plus nobles élans[5].

Les États-Unis de Bush se dirigent vers l'empire, mais le carburant politique interne avec lequel on alimente le moteur est celui d'un nationalisme blessé et vengeur. Depuis le 11 Septembre, il est tout à fait sincère chez la plupart des Américains, et d'autant plus dangereux. En fait, si l'on en juge par l'histoire du monde, il n'y a certainement pas d'élément plus dangereux, dans tout mélange nationaliste, que ce sentiment d'être une victime vertueuse. C'est lui qui, dans le passé, a précipité le naufrage de l'Allemagne, de la Serbie et de nombreux pays encore ; et il est aussi à l'œuvre, aujourd'hui, en Israël.

Les deux âmes du nationalisme américain

Comme d'autres nationalismes dans le monde, le nationalisme américain offre de nombreuses facettes, et ce livre ne prétend pas les exprimer toutes. Il se concentre plutôt sur les deux éléments que je tiens pour les plus importants dans la culture historique dont il émane, et sur les relations complexes qu'ils entretiennent. Erik Erikson a écrit que « chaque caractère national est construit sur des polarités ». La remarque, comme je le montrerai, vaut pour les États-Unis qui, parmi tant d'autres choses, sont la société tout à la fois la plus moderne *et* la plus traditionaliste du monde développé[6].

Les conflits entre ces deux tendances contribuent à la polarisation politique croissante de la société américaine. Au moment où j'écris ces lignes, le peuple américain est plus nettement et plus également divisé selon des lignes partisanes qu'à aucun autre moment de son histoire. Cette division est aussi le reflet d'attitudes sociales et culturelles qui n'ont jamais été plus différentes sinon opposées depuis la guerre du Vietnam. Les protestants évangéliques blancs votent républicain, plutôt que démocrate, dans une proportion de presque deux contre un, ce que traduisent les positions des partis sur l'avortement et sur d'autres questions morales. Le fossé est presque aussi grand s'agissant du nationalisme, avec 71 % de républicains se décrivant eux-mêmes en 2003 comme « très patriotes », contre 48 % de démocrates. Traduction, pour une part, d'allégeances ethniques, puisque 65 % des Blancs se considèrent, la même année, comme « très patriotes », ce qui n'est le cas que de 38 % des Noirs. Les écarts concernant la délinquance et la foi dans le capitalisme américain sont encore plus importants[7].

Toutefois, ce n'est pas l'opposition, mais la combinaison de ces différents courants, qui détermine l'identité nationale américaine et façonne, dans une large mesure, les attitudes de l'Amérique et sa politique à l'égard du monde extérieur. C'est ce qu'a démontré le gouvernement Bush, qui, comme nous le verrons au chapitre 5, a bâti sa rhétorique sur les deux courants principaux du nationalisme américain.

Le premier de ces courants qui fera l'objet du chapitre 2, découle de ce qu'on a pu nommer le « Credo américain », ce que j'appelle aussi, pour ma part, la « thèse américaine » : un ensemble de convictions fortes et de principes démocratiques, juridiques et individualistes, qui forment le socle de l'État et de la Constitution. Ces principes fondateurs du nationalisme civique permettent aussi de relier les États-Unis à la communauté plus vaste des autres États démocratiques. Ils sont communs à d'autres sociétés démocratiques, mais jouent en Amérique un rôle particulier, dans la mesure où ils rassemblent une nation disparate, et, comme le suggère le terme « credo », font l'objet d'une adhésion fervente et quasi religieuse.

Le second élément qui constitue ce que j'ai appelé l'« antithèse » du nationalisme américain a des racines ethno-religieuses. Par certains aspects, cette tradition relève de ce qu'on a pu nommer le « nationalisme jacksonien », du nom du président Andrew Jackson (1767-1845) ; elle sera analysée dans les chapitres 3 et 4 [8]. Mais les États-Unis, si vastes et si complexes, ne sont pas un pays tout à fait comme les autres, et ils ont en outre beaucoup changé au cours du temps ; cette tradition nationaliste est donc à leur image. À la différence de l'identité monolithique qui caractérise le nationalisme ethno-religieux de la Pologne ou de la Thaïlande, il s'agit plutôt ici d'une masse diffuse d'identités et de tendances, parmi lesquelles on peut ranger les sentiments anti-immigrés d'une partie de l'Amérique blanche traditionnelle, la culture spécifique du Sud blanc, ainsi que les convictions et les programmes des *lobbies* ethniques. Le plus souvent, ces derniers traits se distinguent clairement des principes du Credo américain et du nationalisme civique ; et bien que l'ensemble soit à plus d'un titre spécifiquement américain – notamment en ce qui concerne le rôle du protestantisme fondamentaliste –, on peut aussi le relier à d'autres types de nationalisme ethno-religieux dans le monde.

Cependant, d'une façon générale ces courants du nationalisme américain sont subordonnés au nationalisme civique issu du credo, qui domine la culture politique officielle des États-Unis. Courants qui tendent naturellement à remonter à la surface en temps de crise ou de conflit. Dans le cas particulier de l'attachement de l'Amérique à Israël, les facteurs ethno-religieux sont devenus prééminents, avec des conséquences extrêmement dangereuses en ce qui concerne la guerre contre le terrorisme.

Les raisons pour lesquelles le terme de « nationalisme civique » paraît plus approprié que celui de « patriotisme » pour qualifier le courant dominant de la culture politique américaine ont été clairement résumées en 1983 par l'un des pères de l'école néo-conservatrice, Irving Kristol :

« Le patriotisme a sa source dans l'amour que l'on éprouve pour le passé de la nation ; le nationalisme naît de l'espoir que l'on a de son avenir, dans la grandeur qui la distingue des autres. Les objectifs de la politique étrangère américaine doivent aller bien au delà de la "sécurité nationale" entendue dans un sens étroit et littéral. La sécurité de l'Amérique, c'est l'intérêt national d'une puissance mondiale, défini par la croyance dans le destin de la nation[9]. »

Les explications de Kristol renvoient à la distinction classique entre patriotisme et nationalisme établie par Kenneth Minogue, l'un des grands historiens du nationalisme. Minogue définit le patriotisme comme essentiellement conservateur, comme un désir de défendre son pays tel qu'il est vraiment ; tandis que le nationalisme s'affirme dans la dévotion à un idéal, à une abstraction, à une notion idéalisée de son pays, souvent reliée à la croyance que celui-ci a une mission plus vaste à remplir au sein de l'humanité. En d'autres termes, le nationalisme a toujours eu un côté révolutionnaire. À l'orée du XXIe siècle, on trouve certainement dans la culture politique américaine un très fort élément de patriotisme, d'attachement aux institutions et au pays dans sa forme actuelle, mais, comme le laissent entendre les propos de Kristol, un élément révolutionnaire est aussi présent, en l'occurrence une vision messianique de la nation et de son rôle dans le monde[10]. Cet aspect du nationalisme civique américain sera examiné dans le chapitre 2.

Comme l'a écrit l'historien Richard Hofstadter, « le défaut le plus marquant et le plus répandu [de la culture politique américaine] est une fâcheuse prédisposition à avoir des accès de fièvre morale, et par conséquent à partir en croisade, qui pourrait être fatale, si elle n'était tôt ou tard tempérée par une certaine dose d'indifférence et de bon sens[11] ». Ce schéma paraît se vérifier aujourd'hui avec la guerre en Irak, dont les suites devraient ramener à la modération la politique et l'opinion américaines. Dans l'intervalle, cependant, le gouvernement Bush aura fait appel, avec le succès que l'on sait, à l'esprit de croisade et au messianisme pour lancer les États-Unis dans la guerre.

Si l'on accepte la distinction faite par Minogue et Kristol entre patriotisme et nationalisme, alors il faut admettre que le terme adéquat, pour décrire le sentiment national spécifique des Américains, est bien « nationalisme », plutôt que « patriotisme ». Et cette caractérisation relie aussi le nationalisme américain d'aujourd'hui aux nationalismes insatisfaits et tardifs de l'Allemagne, de l'Italie et de la Russie, plutôt qu'au patriotisme de l'Empire britannique, défenseur du *statu quo* ; ce qui explique en outre l'air étrangement vindicatif et wilhelmien de la politique et de l'opinion américaines en ce commencement du XXIe siècle.

Mais si l'un des courants du nationalisme américain, parce qu'il regarde en avant, qu'il est tourné vers « l'avenir de la nation et sa grandeur », apparaît comme radical, l'autre ne l'est pas moins, tourné cette fois, obstinément, en arrière, vers un passé national disparu et idéalisé. Cette antithèse du Credo américain caractérise le conservatisme radical : le monde de la droite républicaine, plus particulièrement la droite chrétienne, exhortant à restaurer une Amérique plus purement américaine parce que fidèle à son passé. Examinée dans les chapitres 3 et 4, cette tendance très ancienne de la culture et des mœurs politiques de l'Amérique reflète la persistance d'une religiosité conservatrice chez de nombreux Américains ; cependant, elle est aussi et a toujours été l'expression de grandes inquiétudes sociales, économiques, ethniques et surtout raciales.

Ces inquiétudes viennent en partie du fait que les populations « originelles » blanches, anglo-saxonnes, écossaises et irlandaises, plus tard rejointes par d'autres, ont progressivement perdu leur suprématie. À quoi il faut ajouter des inquiétudes de classe – autrefois, l'hostilité des petites villes des campagnes envers les grandes cités peuplées d'immigrants ; aujourd'hui, le déclin économique de la classe ouvrière blanche. Dans l'Amérique actuelle, nation suprêmement victorieuse, un grand nombre d'Américains se perçoivent pourtant comme des vaincus – résultat du changement économique, culturel et démographique. L'angoisse engendrée par cette situation déborde sur les attitudes à l'égard du monde extérieur, et 64 % des Américains pensaient en 2002 que « leur mode de vie avait besoin d'être protégé contre les influences étrangères » ; on peut comparer ce chiffre aux 51 % de Britanniques et aux 53 % de Français qui partagent cette conviction ; il s'inscrit d'ailleurs à mi-chemin entre ceux de l'Europe occidentale et ceux des pays en voie de développement (telle l'Inde, 76 %) – ce qui est pour le moins piquant, car les « influences étrangères » les plus craintes en Inde ou par d'autres nationalismes culturels sont bien entendu américaines[12].

Ces peurs contribuent à donner aux nationalistes américains ce côté curieusement aigri, mesquin et défensif, si peu en harmonie avec l'image que l'Amérique a d'elle-même et offre au monde d'une terre de succès, d'ouverture, de richesse et de générosité. Avec les années, la haine engendrée par ce sentiment de défaite et d'aliénation s'est étendue aux ennemis de l'intérieur comme de l'extérieur.

C'est là aussi un type ancien de nationalisme, que l'on retrouve un peu partout dans le monde. Historiquement parlant, en Europe du moins, le conservatisme radical et le nationalisme ont eu tendance à provenir de classes ou de groupes réellement sur le déclin ou qui se perçoivent comme tels, par suite de changements socio-économiques. L'un des angles de vue que l'on peut avoir sur le nationalisme américain et sur les relations troublées que l'Amérique entretient avec un monde que pourtant elle domine consiste assurément à comprendre que beaucoup d'Américains sont en révolte contre le monde que l'Amérique elle-même a créé.

Il faut toutefois préciser qu'à l'exception d'une frange extrême qui se recrute parmi les différents groupes paramilitaires, les néo-nazis, etc., ces forces ne sont pas ouvertement en révolte contre le Credo ou le nationalisme civique américains en tant que tels [13]. Ailleurs dans le monde, la plupart des mouvements nationalistes ou conservateurs radicaux se sont pour le moins opposés à la démocratie, ou ont réclamé un régime autoritaire. Les représentants américains de cette tradition, quant à eux, croient encore au credo démocratique et libéral. En revanche, ils croient aussi – consciemment ou inconsciemment, ouvertement ou en privé – que celui-ci est le produit d'une civilisation spécifiquement américaine et blanche, menacée par l'immigration, les minorités raciales et les influences étrangères. Je ne dis pas qu'ils aient nécessairement tort ; mais la discussion de ce point sort du champ du présent livre. Je veux seulement faire remarquer que ceux qui partagent de telles croyances sont généralement pleins d'amertume, sur la défensive et naturellement prêts à partir en guerre contre de nombreuses évolutions du monde contemporain [14].

Les groupes fondamentalistes protestants ne rejettent pas non plus le credo américain en tant que tel. Mais leur refus de l'Amérique contemporaine, si l'on considère leur attitude envers la culture et la vie intellectuelle, est encore plus profond, car il concerne des aspects fondamentaux de la modernité elle-même. Pour eux, la culture moderne de masse est une agression quotidienne contre des valeurs qu'ils défendent passionnément, et leur idéologie religieuse réactionnaire traduit une sorte de mobilisation sociale, culturelle et raciale dans leur clientèle de la classe moyenne blanche. Même si l'Amérique continue de vendre au monde le « rêve américain », ces Américains-là, et ils sont nombreux, ont l'impression de vivre, chez eux, un cauchemar [15].

Car la foi religieuse de très loin la plus profonde, la plus répandue et la plus conservatrice du monde occidental habite aussi l'Amérique, dont une partie de la population est même la proie d'espoirs, de peurs et de haines relevant d'un millénarisme déchaîné – et les deux phénomènes sont bien sûr intimement liés. Comme le montre une étude du Pew Research Center réalisée en 2002, les États-Unis, pris dans leur ensemble, au début de ce XXIe siècle, se situent plus près, en matière de croyances religieuses, des pays en voie de développement que du monde industrialisé. C'est la continuation d'un modèle mis en évidence par Tocqueville, valable dès les débuts du XIXe siècle, en des temps où la foi religieuse, déjà ébranlée en Europe durant plusieurs décennies par les Lumières et par la Révolution française, gardait la même ferveur et l'on pourrait dire la même universalité outre-Atlantique [16].

En 2002 toujours, avec 59 % de sondés déclarant que « la religion joue un rôle très important dans [leur] vie », les États-Unis se situaient entre le Mexique (57 %) et la Turquie (65 %), mais très loin du Canada (30 %), de l'Italie (27 %) ou du Japon (12 %). En purs termes de pourcentages, ils apparaissent plus près, sur cette échelle, du Pakistan (91 %) que de la France (12 %) [17]. En 1990, 69 % des Américains mais moins de la moitié des Britanniques croyaient à l'existence du Diable [18].

Quand un sénateur américain s'exclame (le propos est apocryphe), au sujet des Européens : « Quelles valeurs avons-nous en commun avec eux ? Ils ne vont même pas à l'église ! », c'est une vérité qu'il exprimait, concernant aussi bien les élites politiques américaines (il en va différemment des élites culturelles ou économiques) que la population en général. Les milieux fondamentalistes protestants ont toujours eu un fort penchant pour ce que Richard Hofstadter nomme « un style paranoïde », originellement dirigé contre les catholiques, les francs-maçons, etc., qui s'est perpétué avec la guerre froide et la menace communiste [19]. De nos jours, « l'engagement évangélique dans la vie publique traduit des habitudes culturelles que les protestants anglo-américains, libéraux ou rigoristes, ont contractées dans la crainte d'autres Américains, venant d'horizons ethniques et religieux différents [20] ».

L'extrême tension qui se manifeste entre ces valeurs religieuses et la culture moderne de masse qui les environne est une cause importante de la mentalité d'assiégé et de l'hystérie, si déroutantes pour les observateurs extérieurs, dont fait preuve la droite américaine. Dans de vastes territoires des États-Unis, ces croyances religieuses forment à leur tour une part centrale de l'identité de la population blanche descendant des premiers colons, surtout dans le Sud profond – « *nous* – les simples Américains de souche »[21], disait Lady Bird Johnson*.

Les croyances religieuses de larges segments de cette population sont sous la menace constante, quotidienne, de la culture séculière moderne, principalement véhiculée par les grands médias. Et peut-être, sur le long terme, le relatif déclin, ces dernières décennies, des revenus réels des « classes moyennes », où ces groupes se situent socialement, se révélera-t-il d'une importance comparable. Ce déclin ainsi que les changements économiques de grande ampleur survenus avec le choc pétrolier de 1973 ont eu pour effet secondaire de pousser toujours plus de femmes à travailler, minant ainsi les structures familiales traditionnelles au sein même des groupes qui leur sont le plus attachés.

Les relations entre, d'une part, ce monde traditionnel blanc et protestant et les forces du changement économique, démographique, social et culturel, d'autre part, pourraient être comparées à un système cyclonique. Une masse d'air chaud et humide se crée continuellement au-dessus de l'océan bouillonnant du capitalisme ; au contact de masses d'air plus froid, l'air chaud monte en créant une dépression qui aspire vers son centre l'air périphérique, c'est-à-dire, dans notre comparaison, l'immigration. Les couches froides sont les classes moyennes blanches des petites villes des banlieues dans une large partie des États-Unis, les anciennes populations blanches du Sud avec leur culture spécifique, et la couche la plus froide est celle des protestants fondamentalistes.

* Claudia Alta « Ladybird » Taylor, épouse du président Johnson.

Leur collision libère sous forme d'éclairs et de coups de tonnerre les charges d'électricité politique et culturelle accumulées. Comme dans un cyclone, le système est circulaire, et tourne sur lui-même ; autosuffisant, il génère sa propre énergie, jusqu'à ce qu'en un point quelconque et imprévisible du futur, l'océan bouillonnant du changement économique se refroidisse ou que la couche des croyances religieuses et de la culture traditionnelle se dissolve. La haine, et plus particulièrement la haine nationaliste, fait partie des énergies ainsi accumulées et libérées [22].

La haine chauvine dirigée vers l'extérieur doit donc être entendue comme un sous-produit de cette même haine que la droite américaine distille à l'intérieur, et qui s'est manifestée notamment dans sa répugnance pathologique pour le président Bill Clinton. En Europe, Clinton était généralement perçu comme une sorte de Tony Blair, un centriste ayant « modernisé » son vieux parti de centre gauche en déshabillant le centre droit et en adoptant un programme économique largement inspiré de la droite. Pour les conservateurs radicaux, tout cela était hors de propos. Ils n'ont pas haï Clinton pour ce qu'il a fait, mais pour ce qu'il *est* : le représentant d'une culture moderniste, pluraliste et multiraciale, d'une élite culturelle qu'ils craignent et méprisent tout à la fois. Exactement comme ils haïssent les nations d'Europe occidentale, athées, décadentes et efféminées, non pour ce qu'elles font mais pour ce qu'elles sont [23].

Dans le contexte américain, il est aussi crucial de se rappeler que, comme dans un cyclone ou un orage, les deux éléments qui se combinent pour produire le système n'opposent pas simplement leurs forces, mais travaillent de concert. Par un curieux paradoxe, le capitalisme sauvage de marché, qui menace de dissolution les vieilles communautés conservatrices, religieuses et culturelles de l'Amérique protestante, est promu, encouragé par les représentants, dans la classe politique, de ces mêmes communautés.

Il n'en a pas toujours été ainsi. Dans les années 1890 et 1900, ces secteurs de la population américaine formaient la colonne vertébrale du mouvement populiste qui s'élevait contre les excès du capitalisme et, dans les années 1930, ils votèrent massivement pour le New Deal de Roosevelt. Aujourd'hui, en revanche, la droite religieuse a noué des alliances solides à l'intérieur du parti républicain avec les forces les plus favorables au « libre marché », alors que ce sont précisément les mécanismes du capitalisme sauvage américain qui sont en train d'emporter le monde que les conservateurs religieux voudraient défendre.

À l'inverse, les forces du capitalisme radical aux États-Unis en viendront peut-être à faire de plus en plus appel au conservatisme et au nationalisme afin de gagner des voix et de défendre leurs intérêts de classe. Comme nous le verrons dans le chapitre 1er, les États-Unis sont, par bien des aspects, plus proches de l'Europe occidentale de 1904 que du monde développé de 2004. Le caractère radical du capitalisme américain, que reflètent nombre de choix politiques du gouvernement Bush, en est un, et non des moindres[24].

La contradiction entre les fidélités culturelles et sociales, et les exigences du changement capitaliste est un vieux dilemme des conservateurs culturels et sociaux qui sont dans le même temps attachés à la préservation d'une économie de marché. Comme l'a remarqué l'essayiste catholique Garry Wills : « Rien n'est moins conservateur que le capitalisme, toujours démangé par la nouveauté[25]. » Karl Marx a pointé les effets inexorablement destructeurs du capitalisme sur les sociétés traditionnelles en des termes qui nous rappellent que la mondialisation et le changement qui en résulte sont aussi vieux que le capitalisme lui-même :

« La bourgeoisie ne peut exister sans révolutionner constamment les instruments de production, et donc les rapports de production, c'est-à-dire l'ensemble des rapports sociaux. [...] Tous les rapports sociaux stables et figés, avec leur cortège de conceptions et d'idées traditionnelles et vénérables, se dissolvent ; les rapports nouvellement établis vieillissent avant d'avoir pu s'ossifier. Tout élément de hiérarchie sociale et de stabilité d'une caste s'en va en fumée, tout ce qui était sacré est profané, et les hommes sont enfin forcés d'envisager leur situation sociale, leurs relations mutuelles d'un regard lucide. [...] Par l'exploitation du marché mondial, la bourgeoisie donne un caractère cosmopolite à la production et à la consommation de tous les pays. Au grand regret des réactionnaires, elle a enlevé à l'industrie sa base nationale. Les vieilles industries nationales ont été détruites et le sont encore chaque jour[26]. »

L'une des fonctions vitales du mythe dans la culture politique est de réconcilier de telles tensions contradictoires, ou plutôt de donner l'apparence d'une réconciliation, qui soit, pour la société concernée, suffisamment convaincante[27]. Le chapitre 2 examinera comment les mythes nationaux et nationalistes y parviennent dans les États-Unis d'aujourd'hui.

Une hégémonie menacée

Du fait d'une croyance profondément ancrée (et partiellement justifiée) dans le caractère exceptionnel de l'Amérique, mais aussi du déclin des études d'histoire dans l'enseignement général et à l'université, les Américains n'ont pas l'habitude d'analyser leur propre nationalisme dans le contexte de l'histoire occidentale – or il est d'une importance capitale qu'ils consentent à faire cet effort. Car il ne viendrait à l'esprit de personne, au regard de l'histoire du nationalisme européen pendant le siècle qui a précédé 1945, de souhaiter que les États-Unis puissent volontairement suivre un tel chemin. Le nationalisme américain commence notamment à entrer très sérieusement en conflit avec toute version rationnelle de l'impérialisme, c'est-à-dire avec les intérêts mêmes des États-Unis en tant qu'*hêgemôn* mondial et héritiers du rôle qu'ont tenu la Rome antique et la Chine ancienne dans leurs zones d'influence respectives[28].

Le nationalisme fournit les clés des différences stratégiques et philosophiques qui opposent Bill Clinton et George Bush Jr., c'est-à-dire entre une approche cherchant à légitimer l'hégémonie américaine et une autre, qui s'appuie sur le culte public voué à l'exercice illimité de la volonté américaine (voir le chapitre 5). Nombre d'observateurs distingués, américains ou non, n'ont vu que peu de différences entre les politiques internationales de Clinton et de Bush. À gauche, les politiques des gouvernements américains successifs sont perçues comme la traduction des dynamiques à long terme et des nécessités du capitalisme américain. Selon l'historien marxiste anglais Perry Anderson :

« Les planificateurs actuels de la politique américaine sont les héritiers d'une tradition ininterrompue de calcul global, qui remonte aux dernières années de la Seconde Guerre mondiale [...]. Depuis le début, Washington poursuit deux objectifs stratégiques parfaitement connexes. D'une part, les États-Unis ont cherché à créer pour le capitalisme un monde sûr, ce qui a signifié la priorité absolue accordée à l'endiguement [*containment*] de l'URSS [...] ; d'autre part, Washington s'est montré déterminé à s'assurer une primauté incontestable à l'intérieur du monde capitaliste [29]. »

Walter Russell Mead, membre du Council on Foreign Relations, qui n'est pas marxiste, considère lui aussi la globalisation, par l'équipe Bush, de la doctrine Monroe*

* James Monroe fut le cinquième président (républicain) des États-Unis (1817-1825), artisan du « compromis du Missouri » (1820), qui interdisait l'esclavage au nord de la frontière sud de ce nouvel État (territoire de l'ancienne Louisiane, vendue aux États-Unis par Napoléon Bonaparte en 1803) et retarda d'une quarantaine d'années la guerre de Sécession. Monroe est surtout connu pour la « doctrine » selon laquelle, si l'Amérique ne doit pas se mêler des affaires européennes, les États européens n'ont quant à eux pas à intervenir sur le continent américain. C'est surtout le second volet de la doctrine qui, finalement, semble avoir été développé. Theodore Roosevelt (républicain) apporta en 1904 un « corollaire » à la doctrine Monroe justifiant les « interventions préventives » et affirmant le devoir de police internationale des États-Unis, notamment dans les Caraïbes et en Amérique du Sud.

comme un processus remontant à la Seconde Guerre mondiale. Andrew Bacevich et Chalmers Johnson, tous deux spécialistes des relations internationales, dont le travail s'appuie sur l'analyse de l'historien William Appleman Williams concernant les fondements économiques et institutionnels de l'impérialisme américain, insistent aussi sur la continuité, essentielle à leurs yeux, qui caractérise les administrations républicaine et démocrate, lorsqu'il s'agit d'étendre la puissance américaine[30].

Pour eux, l'Irak de Bush n'est que le Kosovo ou l'Haïti de Clinton, à une plus grande échelle et avec des risques d'autant plus importants. Après tout, Clinton n'a pas été long à s'opposer aux plans de la Russie qui tentait de préserver son influence sur le territoire de l'ancienne Union soviétique ; il n'a pas non plus montré de scrupules excessifs s'agissant des régimes qu'il a aidés dans cette affaire. Clinton a également cherché à préserver l'OTAN, alors considérée comme le principal véhicule de la domination stratégique des États-Unis en Europe, et s'est engagé dans la guerre du Kosovo, ainsi que l'explique Bacevich, en grande partie pour prouver l'efficacité stratégique de l'OTAN.

Toutefois Clinton, bien qu'il se consacrât sans aucun doute à renforcer l'hégémonie américaine, n'était pas chauvin. Si sa vision de l'ordre mondial impliquait que l'Amérique exerçât une direction hégémonique, elle ne prétendait pas que celle-ci dictât au monde ses volontés, préférant « placer l'Amérique au centre de chaque réseau », plutôt que d'imposer ses vues en toute circonstance. C'est d'ailleurs bien ainsi que voyait les choses la Christian Coalition*, dont l'un des dirigeants accusa Clinton d' « entraîner peu à peu [les États-Unis] dans un réseau d'organisations globales [31] ».

Tel est pourtant l'un des grands axes de la diplomatie américaine depuis la Seconde Guerre mondiale. Il résulte

---

* Groupe d'influence « évangélique » ou « néo-pentecôtiste » fondé par le télévangéliste Pat Robertson et dont la puissance n'a cessé de croître ces dernières années.

d'une part de la volonté de ne pas répéter l'erreur commise par les États-Unis après 1919, lors de leur phase de repli ; d'autre part, des besoins internationaux et de la sensibilité du capitalisme américain. Et si les partisans du gouvernement Bush qualifient de « wilsonienne » la rhétorique de démocratisation et d'intervention humanitaire développée par celui-ci, c'est au prix d'une certaine falsification de l'histoire, puisque Wilson croyait aussi passionnément en la création d'institutions internationales qu'en l'exercice, au travers de ces institutions, du pouvoir et de l'influence des États-Unis. C'est donc Clinton, et non Bush, qui fait aujourd'hui figure de wilsonien*.

De plus, la vision clintonienne du leadership mondial de l'Amérique, bien que souvent désapprouvée par d'autres chefs d'État, était tout de même nettement plus acceptable pour la plupart que celle de Bush entre 2001 et 2003. La stratégie de Clinton était détestée des Russes qui voyaient dans sa substance une menace contre leurs intérêts géopolitiques et considéraient ses encouragements à la démocratie arrogants, mensongers et hypocrites. Pourtant elle était clairement préférée par la plupart des gouvernements à celle du gouvernement Bush au cours de ses trois premières années de pouvoir, puisqu'elle prêtait attention à leurs intérêts et, tout aussi important, ne les humiliait pas publiquement devant leurs propres populations en exigeant des signes ostentatoires d'allégeance et d'obéissance[32].

Les forces dominantes du gouvernement Bush se sont montrées, par contraste, beaucoup plus ouvertement impérialistes que leurs prédécesseurs[33]. En outre, entraînées par leurs passions, mais également anxieuses de

---

* Rappelons que Wilson (démocrate), vainqueur en 1912 contre Theodore Roosevelt, puis réélu en 1916, n'était pas favorable, au début, à l'entrée des États-Unis dans le premier conflit mondial. On pourrait parler d'une sensibilité plus grande au premier volet de la doctrine Monroe. Ses « Quatorze Points » pour la paix, énoncés en janvier 1918, furent notamment à l'origine de la création de la Société des Nations, à laquelle l'adhésion des États-Unis fut toutefois rejetée par le Sénat. La stature de Wilson a fait de son héritage un enjeu très disputé.

séduire le peuple américain, elles ont aggravé les choses, en habillant l'impérialisme de nationalisme, et en adoptant un certain nombre de mesures et d'approches gratuitement unilatérales. Et ce ne fut pas affectation, ni même manipulation cynique du nationalisme américain. Bush, les principaux membres de son équipe et ses partisans dans les médias et chez les intellectuels sont véritablement mus par le nationalisme, d'une façon qui n'était pas celle de Clinton ; en tant que nationalistes, ils méprisent radicalement tout ordre global qui imposerait un contrôle, quel qu'il soit, sur le comportement ou les intérêts de l'Amérique.

Le caractère brutalement nationaliste du gouvernement Bush fut du reste évident dès son accession au pouvoir début 2001. Toute une série de mesures lui aliéna une grande part des autres pays et généra en Europe un niveau d'hostilité à l'égard de ce gouvernement qui contribua grandement au rejet massif de la guerre en Irak dans la plupart des pays européens [34]. Comme le responsable de la coordination antiterroriste le remarquait avec prescience au cours de l'été 2001, « si les types de ce gouvernement veulent une coalition pour envahir l'Irak l'année prochaine, on ne peut pas dire qu'ils se fassent beaucoup d'amis [35] ».

Le rejet de traités internationaux vitaux sur le contrôle des armes semblait motivé par un désir nationaliste aveugle de liberté d'action absolue pour l'Amérique et a augmenté le risque terroriste d'utilisation d'armes de destruction massive. La mentalité que cachent ces manœuvres a été décrite par John Bolton, par la suite secrétaire d'État pour le contrôle des armes et la sécurité internationale comme de l' « américanisme », mais nationalisme est un terme plus simple [36].

Cependant, cela ne semble pas poser problème pour un grand nombre d'Américains. Interrogées au cours de l'hiver 2004, 46 % des personnes sondées affirmaient que le gouvernement Bush tenait normalement compte des intérêts et opinions des alliés des États-Unis, tandis que 18 % le trouvaient trop accommodant. Seuls 30 % considéraient qu'il négligeait les préoccupations de ses alliés. L'écart entre ces points de vue et les perceptions du public ailleurs était tout simplement ahurissant, avec jusqu'à 61 % des citoyens britanniques qui considéraient en mars 2004 que « les États-Unis n'accordent que peu ou pas d'attention aux intérêts de leur pays en prenant des décisions sur le plan international »[37].

Mais le plus dommageable au prestige des États-Unis en Europe fut sans conteste le franc rejet du Protocole de Kyoto sur les émissions de gaz à effet de serre et le renoncement de la part des représentants américains à toute recherche de solutions substitutives – une décision qui fut prise comme un signe de mépris flagrant, pour la communauté internationale et les alliés des États-Unis, mais aussi pour les secteurs les plus modérés du gouvernement Bush. Cette indifférence à l'égard des menaces contre l'environnement restera sans doute comme le plus grand reproche à adresser aux États-Unis et à leur hégémonie par les générations futures. Le comportement affiché par l'équipe Bush en matière de politique environnementale affaiblit donc les États-Unis non seulement aujourd'hui, mais aussi à plus long terme, à travers son rôle de nouvelle Rome ou puissance civilisationnelle transcendant son époque.

Car si l'on y ajoute l'engouement croissant pour les véhicules à quatre roues motrices dans les classes moyennes américaines (les « SUV », *sport utility vehicles*), cela montre mieux que tout autre élément que les Américains n'entendent utiliser leur domination de la planète que dans leur seul intérêt, égoïstement et dans une vision à court terme, et que tout discours sur les responsabilités plus vastes des États-Unis n'était que pure hypocrisie[38]. L'ancien secrétaire à l'Énergie, Paul O'Neill, attribua la décision de la Maison Blanche à l'idée que « l'Américain de base aime ça, et puis de toute façon on n'en sait rien » – pas vraiment un point de vue susceptible d'accroître dans les autres pays du monde la confiance dans le leadership américain et sa capacité de décider [39].

Telle qu'exposée dans le nouveau National Security Strategy de 2002 (NSS 2002) et incarnant la prétendue

Doctrine Bush, la souveraineté américaine devait demeurer absolue et sans conditions. La souveraineté des autres pays, en revanche, devait être largement conditionnée par l'Amérique, et aucun pays n'était autorisé à avoir sa sphère d'influence, même dans son voisinage. Selon cette conception, l' « équilibre des pouvoirs » – formule qui revient régulièrement dans le NSS – était une sorte de double langage orwellien. La véritable intention consistait en fait à être si puissant qu'aucun autre pays n'aurait d'autre choix que de se rallier aux États-Unis, remettant tout vrai pouvoir et liberté d'action entre les mains de l'Amérique[40].

Cette vision était au fond une tentative d'étendre une version dure et interventionniste de la doctrine Monroe (le « corollaire Roosevelt » à la Doctrine, dû au président Theodore Roosevelt) au monde entier[41]. Ce plan est mégalomane, complètement inapplicable (comme l'a montré l'occupation de l'Irak) et parfaitement inacceptable pour le reste du monde. Cependant, comme il a été énoncé selon les termes du nationalisme américain traditionnel, soulignant la nécessité de se défendre et de répandre la liberté dans le monde, il est tout à fait acceptable et même normal pour la plupart des Américains[42].

On peut dès lors porter contre le gouvernement Bush l'accusation suivante : à l'instar des élites européennes d'avant 1914, il a laissé son propre chauvinisme et son ambition sans limite compromettre la sécurité et la stabilité du système capitaliste mondial, dont les États-Unis sont pourtant les gardiens et les principaux bénéficiaires. En d'autres termes, il s'est montré irresponsable et dangereux, non pas d'un point de vue marxiste, mais du point de vue de son propre intérêt. Il a porté atteinte à la « paix capitaliste ».

Pour ce qui concerne la stabilité du monde et l'hégémonie des États-Unis, la différence est cruciale. Une version relativement bénigne de l'hégémonie américaine n'est nullement inacceptable pour la plupart des peuples sur cette terre – à la fois parce que leurs voisins sont souvent plus à craindre que l'Amérique elle-même et parce que leurs classes dirigeantes sont dans une mesure de plus en plus large intégrées à une élite capitaliste globale dont les valeurs sont en grande partie définies par celles de l'Amérique. En revanche, la puissance impériale américaine au service d'un nationalisme américain (et israélien) étroit constitue un fondement extrêmement instable de l'hégémonie. Une telle conception induit un pouvoir sur le monde qui n'accepterait aucune responsabilité quant aux questions globales ni aux effets de l'attitude des États-Unis envers les autres pays – et le pouvoir sans responsabilité a été défini par Rudyard Kipling comme « l'apanage, au cours des âges, de l'hétaïre ».

Le nationalisme américain a d'ores et déjà joué un rôle clé en empêchant l'Amérique de tirer parti du moment salutaire et sans précédent de l'histoire du monde qui a suivi la chute du communisme. Comme l'établira le chapitre 5, alors qu'il eût été possible d'utiliser cette situation exceptionnelle pour créer un « concert des puissances » et non seulement soutenir la stabilité mondiale fondée sur une croissance capitaliste régulée, mais aussi lutter contre la pauvreté, les maladies et autres fléaux sociaux, le nationalisme a surtout servi à guider l'Amérique dans sa quête de nouveaux ennemis.

Un tel nationalisme, outre qu'il encourage ses adeptes à cultiver des haines à proprement parler nationales, peut aussi éveiller leur hostilité envers toutes sortes d'idéaux, d'ambitions, de mouvements, de lois et d'institutions dont le but est de transcender la nation pour exprimer l'intérêt général de l'humanité. Cette forme de nationalisme est bien entendu en opposition directe avec les idéaux universalistes et les buts du Credo américain – sur lequel repose, finalement, le rôle de l'Amérique en tant qu'empire et civilisation, héritière de la Chine et de Rome, sur lequel se fonde la prétention de l'Amérique à offrir aux yeux du monde un exemple positif. Ces idéaux forment le cœur de ce que Joseph Nye, ancien secrétaire adjoint à la Défense dans le gouvernement Clinton, a nommé la « puissance douce » dans sa forme spécifiquement américaine[43].

Certains ont pu dire, et parmi eux de soi-disant « hommes de gauche », que les intellectuels américains, face à une menace aussi monstrueuse que celle du terrorisme international, n'avaient d'autre choix, pour défendre leur pays, que de resserrer les rangs dans un même élan patriotique. Julien Benda leur a déjà répondu, en 1927, dans *La Trahison des clercs*, où il s'attaquait à la corruption des intellectuels européens par le nationalisme, et mettait en garde contre les catastrophes à venir :

« On nous représentera que, depuis un demi-siècle [...], l'attitude de l'étranger à l'égard de la France était telle que la partialité nationale la plus violente était imposée aux Français qui voulaient sauvegarder leur nation, et que ceux-là seuls qui consentirent à ce fanatisme furent de vrais patriotes. Nous ne disons pas le contraire. Nous disons seulement que les clercs qui ont pratiqué ce fanatisme ont trahi leur fonction, laquelle est précisément de dresser, en face des peuples et de l'injustice à laquelle les condamnent les religions de la terre, une corporation dont le seul culte est celui de la justice et de la vérité[44]. »

Le nationalisme risque ainsi de saper les valeurs mêmes pour lesquelles l'Amérique est admirée dans le monde et qui, en fin de compte, constituent tout à la fois le pilier de sa puissance dans le temps présent et l'assurance que les générations futures, en regardant en arrière, la considéreront comme un guide bienveillant et positif pour l'humanité.

Au vu des précédents historiques, les dangers de sentiments nationalistes irraisonnés ne devraient être que trop évidents, et ne s'appliquent que trop à la politique actuelle des États-Unis. Sur le terreau du nationalisme prospèrent des haines irrationnelles ; à travers son prisme, les autres nations ou groupes ethno-religieux apparaissent irrémédiablement malfaisants et hostiles. Hier, cela fut vérifié par l'attitude de nombreux nationalistes américains envers la Russie ; aujourd'hui, le cas risque de se reproduire avec les mondes arabe et musulman et, dans une moindre mesure, avec n'importe quel pays défiant les appétits ou les besoins de l'Amérique. D'où l'étonnante explosion de chauvinisme dirigée contre la France et l'Allemagne lors des préparatifs de la guerre en Irak[45].

Dans un essai frappant consacré à l'antiaméricanisme, Fouad Ajami, professeur à l'université John Hopkins, où il dirige le Programme d'études du Moyen-Orient, illustre, sans le vouloir, le danger central, pour les États-Unis et pour le monde, du nationalisme chauvin américain, quand bien même ce dernier se parerait des fastes impériaux ; il a d'ailleurs lui-même situé ce nationalisme dans le contexte d'une histoire nationaliste et impérialiste. Le seul trait spécifiquement américain de tout cela, ce sont précisément ses propres origines, non américaines – bien que ce point, lui aussi, eût semblé parfaitement normal dans les grands empires du passé. Comme le rappellera le chapitre 1er, à l'instar de l'Amérique d'aujourd'hui, ces empires ne faisaient aucune distinction entre les origines raciales de leurs sujets, pourvu que ceux-ci servissent l'État impérial et acceptassent sans réserve son idéologie. Pour prendre un exemple historique au Moyen-Orient, Ajami pourrait être vu comme une sorte de Flavius Josèphe arabe, travaillant à la propagande impériale d'une Amérique romaine.

En apparence, l'essai d'Ajami traite de l'antiaméricanisme. Il balaie d'un revers de la main les résultats de Pew, Gallup et autres instituts de sondages respectés, qui montrent que l'hostilité à l'Amérique s'est considérablement accrue en réaction à la politique menée par le gouvernement Bush. Au contraire, affirme Ajami, l'antiaméricanisme dans le monde – pas seulement dans le monde arabe ou musulman, mais aussi en Europe, en Asie et en Amérique latine – est congénital, invétéré, et n'est qu'une réponse à la richesse, au succès, à la modernité de l'Amérique, qui forcent les autres pays à adapter leurs propres systèmes. À l'en croire, la politique américaine n'aurait aucun rapport avec la façon dont on considère les États-Unis dans le monde et la sympathie affichée par la France et par d'autres pays après le 11 Septembre n'aurait été que pure hypocrisie :

« Pour conserver la sympathie de la France et celle du journal *Le Monde*, les États-Unis auraient dû tendre l'autre joue aux meurtriers d'Al-Qaida, épargner les Talibans, et s'engager avec le monde musulman dans quelque dialogue raffiné de civilisation. Mais qui, à Marseille, cherche à gagner des points dans les sondages[46] ? »

Dans un article de *Time Magazine*, tout bonnement intitulé « En finir avec la sympathie », l'un des principaux commentateurs de droite, Charles Krauthammer, a repris, sous une forme encore plus grossière, les arguments d'Ajami. Il y attaque « le monde » en général et cherche à mettre dans le même sac antiaméricain les opposants politiques de l'intérieur :

« Apparemment, le monde aime les États-Unis lorsqu'ils sont à genoux. Ce dont les démocrates ont déduit leur diplomatie – restons à genoux, humbles et suppliants, et profitons de ce que le monde nous applaudit et nous "soutient" [...]. Il est vain de chercher une logique à l'antiaméricanisme. Il est dans l'air que le monde respire. Il plonge ses racines dans l'envie et le dégoût de soi – chez des peuples qui aspirent à la modernité mais ne peuvent y accéder, et trouvent une manière de compensation dans le mépris qu'ils affichent pour son plus bel exemple. Ils l'ont fait taire, ce mépris, le 11 Septembre. Un jour ! La belle affaire[47] ! »

En 1998, Phyllis Schlafly, dirigeante en vue de la droite chrétienne, fustigeait ainsi l'engagement de Bill Clinton dans un certain nombre de traités internationaux :

« Conférences et traités globaux sont une menace directe pour chaque citoyen américain [...]. Le Sénat devrait rejeter automatiquement tous les traités des Nations unies. Il n'en est pas un qui ne réduira nos droits, notre liberté et notre souveraineté. Cela va des traités concernant les enfants, les femmes, jusqu'à la cour internationale, la mer, le commerce, la bio-diversité, le réchauffement de la planète, le patrimoine mondial, etc.

[...] Notre Déclaration d'indépendance et notre Constitution sont la source de la liberté et de la prospérité dont jouissent les Américains. La république constitutionnelle qui est la nôtre est si unique, si précieuse, elle a si bien réussi, que ce serait une folie pure de nous atteler au même joug qu'une autre nation, quelle qu'elle soit. Saint Paul

(IIe épître aux Corinthiens, VI, 14) nous avertit : “Ne vous attachez point à un même joug avec les infidèles ; car quelle union peut-il y avoir entre la justice et l’iniquité ? quel commerce entre la lumière et les ténèbres ?” Les principes de vie, de liberté et de propriété ne peuvent s’associer à ceux du génocide, du totalitarisme, du socialisme et de la persécution religieuse. Nous ne devons pas signer d’engagements et de traités avec les infidèles[48]. »

Ce passage illustre magnifiquement l’imbrication à l’œuvre dans certaines parties de la société américaine entre le sentiment de l’exception démocratique et celui de l’exception religieuse, mais montre aussi comment l’isolationnisme, lié à un profond sentiment nationaliste, vient nourrir l’unilatéralisme. Ou encore, comme l’a révélé l’animateur vedette de Fox News, Bill O’Reilly, donnant son explication des différences criantes entre médias américains et presse internationale dans la couverture de la campagne pour la guerre en Irak : « La vérité, c’est que ce ne sont que mensonges partout ailleurs dans le monde[49] ! »

Le secrétaire à la Défense, Donald Rumsfeld, a été qualifié par le *Financial Times* d’« antidiplomate », et les mêmes reproches ont été adressés au sous-secrétaire d’État John Bolton et à d’autres membres du gouvernement Bush. Le vice-président Dick Cheney est réputé nourrir une « aversion viscérale » contre les Nations unies. Les passages que nous venons de citer révèlent quelques-unes des origines idéologiques et culturelles de cette « antidiplomatie ».

Est-il vraiment nécessaire de montrer tout ce que ces arguments ont de fallacieux ? Pour ne prendre que deux exemples : si les choses allaient effectivement comme le disent ces « auteurs », comment pourraient-ils expliquer le glissement de l’opinion en Grande-Bretagne entre la guerre d’Afghanistan (qui a bénéficié d’un fort soutien) et celle d’Irak ? La société britannique serait-elle, comme les autres, un exemple de modernité ratée ? ou encore congénitalement antiaméricaine ? On pourrait aussi leur demander d’appliquer la logique imparable de leurs arguments à d’autres pays. Ainsi, de nombreux Polonais, pour de vieilles raisons historiques, n'aiment guère et n'aimeront probablement jamais les Russes. Cela signifie-t-il que les relations russo-polonaises ne sauraient être affectées si la politique russe envers la Pologne se teintait soudain d'hostilité et de mépris ? qu'en serait-il, dans le même ordre d'idée, de la Grèce et de la Turquie ? de la Corée du Sud et du Japon ?

Tout l'intérêt de ces arguments, c'est qu'ils tentent précisément – à l'instar de n'importe quel discours nationaliste – de décharger l'Amérique de la responsabilité morale de ses actes, de la laisser libre de faire ce que bon lui semble. À cette fin, les faits sont falsifiés, ou ignorés (par exemple le fait que la France ait accordé tout son soutien aux États-Unis en Afghanistan), et les critères ordinaires du jugement se trouvent suspendus. Des sondages d'opinion sérieux, qui dans un autre contexte seraient utilisés comme source d'information ordinaire et digne de foi, sont soudain déclarés hors de propos – tout n'est plus mesuré qu'à l'aune des préventions nationales et d'une supériorité pleine de suffisance.

Les autres nations sont réputées irrationnellement, immuablement et incorrigiblement hostiles. Dans ces conditions, il devient certes inutile de rechercher avec elles des compromis, ou d'accepter leurs intérêts et leurs points de vue. Et parce qu'elles sont irrationnelles et barbares, l'Amérique est libre de leur dicter ses volontés, voir d'en faire, pour leur propre bien, la conquête. Tel fut justement le discours des nationalistes des principaux États européens jetés les uns contre les autres, discours repris à l'encontre des races inférieures, dès avant 1914, et qui a précipité l'Europe dans les catastrophes que l'on sait. Il tint aussi une part centrale dans le développement de l'antisémitisme.

Il est donc encore plus navrant que les arguments de cette sorte soient souvent liés, aux États-Unis, à des positions très similaires prises au nom d'Israël, qu'elles tendent à décharger, de la même manière, de toute responsabilité quant aux conséquences de ses actes – thème que nous explorerons au chapitre 6. Selon les mots du philosophe Brian Klug :

« Si Israël est au fond victime de la persécution d'un monde antisémite, alors il n'est pas responsable de la situation dans laquelle il se trouve : l'objet d'une condamnation de plus en plus répandue [...]. Rien de ce que l'État juif pourrait faire ou s'empêcher de faire ne pourrait en être à l'origine ou tenter de la prévenir. Tout ce qu'Israël peut faire, s'il est vraiment ce "Juif collectif parmi les nations", reprenant son rôle de paria, c'est combattre pour sa survie, défiant le monde et le tenant à distance[50]. »

Dans ce genre de discours nationaliste radical, l'ennemi est perçu, aussi bien aux États-Unis qu'en Israël, comme à peu près universel. Dans les autres pays, les nationalistes réservent leur hostilité à un nombre limité de nations – et bien sûr, depuis des années, j'ai vu reprise cette accusation d'antiaméricanisme incorrigible et malveillant à l'encontre des Arabes, des Russes, des Chinois, excusant ainsi l'Amérique d'adopter envers eux les politiques qu'elle choisissait à sa guise. Mais il n'y a qu'en Amérique et en Israël sans doute qu'une plume influente, Krauthammer, puisse désigner le monde entier comme ennemi. Et ce langage n'est pas celui de quelque arrière-salle de bistrot, ou d'émission de télévision bas de gamme ; il est bel et bien tenu dans les colonnes des journaux les plus importants et des revues de politique étrangère les plus prisées. Mme Schlafly non plus n'est pas une figure anecdotique ; elle et ses amis de la droite religieuse exercent une grande influence sur le parti républicain.

Si de telles vues se répandaient aux États-Unis, les conséquences en seraient désastreuses, non seulement pour les intérêts et la sécurité de l'Amérique, mais pour tout ce qui fait son âme. Ces haines pathologiques et la peur du monde extérieur en viendraient à nourrir, sur le plan intérieur, les mêmes passions, jusqu'à ce que tombe en ruine la grandeur culturelle et morale de l'Amérique, jusqu'à ce que le legs de l'Amérique aux générations futures ne soit irrémédiablement compromis. J'aimerais plutôt voir l'Amérique d'aujourd'hui profiter des leçons qu'elle a pu tirer, un temps, de la guerre du Vietnam – en espérant qu'elle n'aurait pas à perdre pour cela des dizaines de milliers de vie. Ces leçons ne lui furent pas seulement enseignées par la gauche, mais aussi par des hommes profondément conservateurs et réalistes, tels le diplomate George Kennan ou le sénateur J. William Fulbright.

Ce livre est donc une analyse des différents courants qui composent le nationalisme américain et de la façon dont ils interagissent, mais son objectif est aussi politique et moral. Et, invoquant les mots de Julien Benda, c'est un appel aux intellectuels américains, pour qu'ils fassent eux-mêmes ce qu'ils demandent aux intellectuels des autres pays de faire, c'est-à-dire qu'ils reconnaissent et affrontent leur propre nationalisme, qu'ils le transcendent au nom de valeurs universelles supérieures. Aux élites politiques américaines, cet essai voudrait rappeler les catastrophes où le nationalisme et le messianisme national ont conduit, dans le passé, d'autres grands pays. C'est un plaidoyer pour le retour aux traditions éprouvées d'une diplomatie réaliste tempérée par l'éthique et la conscience. Suivre ces traditions ne signifie en aucun cas que l'Amérique doive « capituler » devant les autres pays ; mais qu'il lui faut marquer pour leurs vues et leurs intérêts vitaux un « respect décent » et chercher en conséquence des compromis pragmatiques.

Dans *L'Arrogance du pouvoir*, où il se livre à une vaste critique des raisons qui ont conduit l'Amérique à intervenir au Vietnam, Fulbright écrivait :

« Seule une nation en paix avec elle-même, avec ses erreurs comme avec ses succès, est capable de comprendre les autres avec générosité [...]. Une nation puissante, manquant de confiance en elle, a toutes les chances de se conduire envers les autres et envers elle-même de façon dangereuse. Ressentant le besoin de prouver ce qui aux autres apparaît évident, elle commence à confondre pouvoir et pouvoir total, responsabilité et responsabilité totale. Elle ne peut reconnaître aucune erreur ; elle doit avoir gain de cause dans toute querelle, si triviale soit-elle [...]. Graduellement, mais indiscutablement, l'Amérique montre les signes de cette arrogance du pouvoir, dont ont souffert, dans le passé, de grandes nations, qui les a affaiblies, et parfois détruites. Dans ces conditions, nous ne sommes plus à la hauteur de nos possibilités et de nos promesses en tant qu'exemple de civilisation donné au monde. La mesure de ces attentes et de ces déceptions est celle d'un devoir patriotique de dissidence[51]. »

Notes

1. Alexis de Tocqueville, *De la démocratie en Amérique*, Paris, C. Gosselin, 1835-1840 / *Democracy in America*, traduit par Henry Reeve, avec introduction de Joseph Epstein (Bantam Classics 2000), p. 662.

2. Cf. G. John Ikenberry, "America's Imperial Ambition", *Foreign Affairs*, Septembre/octobre 2002.

3. Cf. Stephen Walt, "Keeping the World Off Balance : Self Restraint and US Foreign Policy", John F. Kennedy School of Government, Harvard Research Working Papers Series, Octobre 2000.

4. Don Siegel (réalisateur), *The Shootist*, avec John Wayne, Lauren Bacall, 1976.

5. Cf. PIPA, "Americans on Foreign Aid and World Hunger : A Study of US Public Attitudes", 2 février 2001 ; Robert Bellah, dans Richard Hughes, *Myths America Lives By* (University of Illinois Press, Urbana, 2003), p. X.

6. Erik Erikson, *Childhood and Society*, cité dans Robert Bellah, *The Broken Covenant : American Civil Religion in a Time of Trial* (Seabury, New York, 1975), p. 63.

7. Dans l'enquête d'opinion "Evenly Divided and Increasingly Polarized : 2004 Political Landscape", The Pew Research Center for the People and the Press, Washington, 5 novembre 2003. Voir www.people-press.org.

8. Sur les exemples du « nationalisme jacksonien », voir Walter Russell Mead, *Special Providence : American Foreign Policy and How It Changed the World* (Routledge, New York, 2002), pp. 218-263 ; Michael Kazin, *The Populist Persuasion : An American History* (Harper Collins, New York, 1995), pp. 21-22, 166 ; Samuel Eliot Morison, Henry Steele Comager et William E. Leuchtenburg, *The Growth of the American Republic* (Oxford University Press, New York, 1969), pp. 419-443 ; Robert V. Remini, *The Life of Andrew Jackson* (Harper Collins, New York, 2001), *passim.*

9. Irving Kristol, *Reflections of a Neo-conservative* (Basic Books, New York, 1983), p. XIII. Voir aussi Kristol, *Neo-Conservatism, Autobiography of an Idea* (Free Press, New York, 1994), p. 365 ; et Shadia B. Drury, *Leo Strauss and the American Right* (St Martin's Press, New York, 1997), pp. 149-153.

10. Kenneth Minogue, *Nationalism* (Basic Books, New York, 1997).

11. Richard Hoftstadter, *The Age of Reform* (Vintage Books, New York, 1955), p. 15.

12. Dans "Global Attitudes 2002 : 44-Nation Major Survey", The Pew Research Center for the People and the Press, Washington, 5 novembre 2003. Voir www.people-press.org.

13. Gunnar Myrdal, *An American Dilemma : The Negro Problem and Modern Democracy* (Harper and Bros., New York, 1944), p. XLVIII.

14. Cf. David H. Bennett, *The Party of Fear : From Nativist Movements to the New Right in American History* (Random House, New York, 1988), pp. 7-8 ; pour un résumé de la position « nativiste » sur le credo, par l'un des principaux intellectuels conservateurs, voir Samuel Huntington, "The Hispanic Challenge", *Foreign Policy*, mars-avril 2004 ; et "Dead Souls : The Denationalization of the American Elite", *National Interest*, no.75, printemps 2004.

15. Ralph Reed, *Separation of Church and State : 'Christian Nation' and Other Heresies* dans Conrad Cherry (éd.), *God's New Israel : Religious Interpretations of American Destiny* (University of North Carolina Press, Chapel Hill, 1998), pp. 373-379.

16. Tocqueville, *op. cit.*, p. 51 ; sur le déclin du sentiment religieux en Allemagne avant 1914, voir Hans-Ulrich Wehler, *The German Empire 1871-1918* (Berg Publishers, Leamington Spa), p. 115. Voir aussi Sébastien Fath, *Dieu bénisse l'Amérique, la religion de la Maison Blanche*, Le Seuil, 2004.

17. "Among Wealthy Nations, the US Stands Alone in its Embrace of Religion", Global Attitudes Project report, 19 décembre 2002, The Pew Research Center for the People and the Press, Washington, enquête publiée le 5 novembre 2003. Voir www.people-press.org.

18. Seymour Martin Lipset, *American Exceptionalism : A Double-edged Sword* (W.W. Norton, New York, 1976) ; p. 62.

19. Cf. Richard Hofstadter, *The Paranoid Style in American Politics and Other Essays* (1952, rééd. Harvard University Press, Cambridge, 1996), Phillips, *op. cit.*, p. 614 ff, Lind, *The Next American Nation*, p. 99.

20. D.G. Hart, "Mainstream Protestantism, 'Conservative' Religion, and Civil Society", *in* Hugh Heclo and Wilfred M. McClay (eds.), *Religion Returns to the Public Square : Faith and Policy in America* (Woodrow Wilson Center Press, Washington, 2003), p. 197.

21. À propos du speaker de la Chambre Sam Rayburn, élu du Texas. Cité dans Robert A. Caro, *The Years of Lyndon Johnson* (Alfred A. Knopf, New York, 2002), vol. 1 : *The Path to Power* (Vintage Books, New York, 1990), p. 759.

22. Hofstadter, *The Paranoid Style in American Politics and Other Essays* (Harvard University Press, 1996), p. 3.

23. Clinton Rossiter, *Conservatism in America* (Random House, New York, 1962), p. 206.

24. Sheldon Hackney, "The Contradictory South", dans *Southern Cultures*, hiver 2001, p. 77 ; cf. également Jerome L. Himmelstein, "The New Right", dans Robert C. Liebman, Robert Wuthnow (eds), *The New Christian Right : Mobilization and Legitimation* (Aldine, New York, 1983), pp. 21-24.

25. Garry Wills, *Reagan's America : Innocents at Home* (Doubleday, New York, 1987), p. 382.

26. Karl Marx et Friedrich Engels, *Manifeste du parti communiste*, 1848 ; 1872 pour la première traduction française (partielle), 1885 pour la première traduction complète en français (Laura Lafargue). Ici, traduction revue par Michèle Tailleur, Éditions sociales, 1976, p. 35.

27. Sacvan Berkovitch, *The Puritan Origins of the American Self* (Yale University Press, New Haven, 1975), p. 185.

28. Pour une définition de l'hégémonie, voir G. John Ikenberry et Charles A. Kupchan, "Socialization and Hegemonic Power", *International Organization*, vol. 44, n° 3, été 1990 ; pour la définition originelle du concept, voir Antonio Gramsci, *Selections from the Prison Notebooks*, édité et traduit par Quintin Hoare et Geoffrey Nowell Smith (Lawrence et Wishart, Londres, 1971), pp. 52-120, 206-276. En français, les *Cahiers de prison* sont publiés par les éditions Gallimard.

29. Perry Anderson, "Force and Consent", *New Left Review*, septembre-octobre 2002. Pour les positions de l'administration Clinton sur la politique à mener envers les « États voyous », en tant que précédent à l'« Axe du Mal » de Bush, voir Anthony Smith (National Security Adviser), "Confronting Backlash States", *Foreign Affairs*, mars/avril 1994.

30. Cf. William Appleman Williams, *The Tragedy of American Diplomacy* (Del Publishing Co., New York, 1959) ; Andrew J. Bacevich, *American Empire : The Realities and Consequences of US Diplomacy* (Harvard University Press, 2002) ; Chalmers Johnson, *The Sorrows of Empire : Militarism, Secrecy and the End of the Republic* (Metropolitan Books, New York, 2004).

31. Phyllis Schlafly, "Beware of Clinton's 'web' of Treaties", discours devant la Christian Coalition, Washington, 18 septembre 1998, disponible sur www.eagleforum.org.

32. Ikenberry, "America's Imperial Ambition", *op. cit.*

33. Sur le rejet par Bush du cadre international défini par Roosevelt, voir Peter Gowan, "US : UN", *New Left Review*, novembre-décembre 2003.

34. Cf. Melissa August et al., "Unilateralism in the U.S.", *Time*, 6 août 2001 ; Ivo Daalder et James Lindsay, *America Unbound : The Bush Revolution in Foreign Policy* (Brookings Institution Press, Washington,

2003), pp. 71-79, 189-193 ; Dana Milbank et Dan Morgan, "Some Pet Programs Are Targeted for Cuts", *Washington Post*, 5 février 2004.

35. Richard Clarke, *Against All Enemies : Inside America's War on Terror* (Free Press, New York, 2004), p. 273. Traduction française : *Contre tous les ennemis : Au cœur de la guerre américaine contre le terrorisme* (par Jean Bonnefoy, Laurent Bury et Pierre Girard, Albin Michel, 2004).

36. John Bolton, "Should We Take Global Governance Seriously ?", *Chicago Journal of International Law* 1, no. 2 (2000) ; cf. également G. John Ikenberry, "The End of the Neo-Conservative Moment", *Survival* 46, no. 1 (printemps 2004) ; John Newhouse, *Imperial America : The Bush Assault on the World Order* (Alfred A. Knopf, New York, 2003), pp. 5-34.

37. Pew Research Center for the People and Press, Washington, 16 mars 2004. Rapport d'études : "US Image Still Poor" (News Interest Index).

38. Concernant la décision de rejeter le Protocole de Kyoto, voir les souvenirs du secrétaire au Trésor Paul O'Neill dans Ron Suskind, *The Price of Loyalty : George W. Bush, the White House and the Education of Paul O'Neill* (Simon and Schuster, New York, 2004), pp. 99-106, 113-114, 120-128.

39. *Ibid.*, p. 124.

40. Cf. Jack Snyder, "Imperial Temptations", *The National Interest*, n° 71 (printemps 2003). Pour un commentaire prosélyte des intentions du NSS par un de ses auteurs, voir le texte de Philip Zelikow qui l'accompagne, "The Transformation of National Security : Five Redefinitions".

41. Cf. Walter Russell Mead, "The US-EU Split", discours devant la New America Foundation, 13 février 2003. Pour une autre référence au « corollaire Roosevelt » dans ce contexte, voir Daalder et Lindsay, *America Unbound*, p. 6. Pour le corollaire d'origine, voir Samuel Eliot Morison, *Oxford History of the American People*, vol. 3 (Penguin, New York, 1994), p. 149 ; pour son impact sur la politique étrangère américaine en Amérique latine, voir Tony Smith, *America's Mission*, pp. 66ff ; pour sa généralisation sous Franklin D. Roosevelt et ses successeurs, voir Smith, *America's Mission*, pp. 113ff.

42. Cf. Ikenberry, "America's Imperial Ambition" ; Snyder, "Imperial Temptations".

43. Joseph S. Nye, *Soft Power : The Means to Success in World Politics*, (Public Affairs, New York, 2004).

44. Julien Benda, *La Trahison des clercs*, éd. Bernard Grasset, Paris, 1926 ; rééd. Les Cahiers rouges, Grasset, 2003, p. 176.

45. Je dois cette comparaison au Dr David Chambers du Middle East Institute à Washington.

46. Fouad Ajami, "The Falseness of Anti-Americanism", *Foreign Policy*, septembre/octobre 2003.

47. Charles Krauthammer, "To Hell With Sympathy", *Time Magazine*, 17 novembre 2003 ; voir également *What's So Great About America* (Regnery Books, 2002) par un autre intellectuel nationaliste de droite issu de l'immigration récente, Dinesh d'Souza.

48. Phyllis Schlafly, "Beware of Clinton's 'web' of Treaties", discours devant la Christian Coalition, Washington, 18 septembre 1998, disponible sur www.eagleforum.org.

49. Dans *The O'Reilly Factor*, Fox News Channel, 17 janvier 2003.

50. Brian Klug, "The Collective Jew : Israel and the New Antisemitism", *Patterns of Prejudice*, Vol. 37, n° 2, 2003.

51. J. William Fulbright, *The Arrogance of Power* (Random House, New York, 1966), p. 22 / *L'Arrogance du pouvoir*, Stock, 1968, traduit de l'anglais par Denise Maurier.

1.
Un nationalisme hors normes ?

> Depuis trop longtemps déjà nous étions une grande puissance. Blasés quant à notre situation, elle ne nous donnait plus la joie que nous en attendions. Avoué ou non, le sentiment que nous n'y avions en rien gagné, que nos rapports avec le monde, loin de s'améliorer, avaient empiré, hantait les esprits. Une nouvelle percée semblait nécessaire pour imposer notre hégémonie mondiale [...]. La guerre donc, et puisqu'elle était fatale, la guerre contre tous pour convaincre et gagner la terre entière, tel était l'arrêt du destin [...] et dans un transport d'enthousiasme nous partions, persuadés que l'heure séculaire de l'Allemagne venait de sonner ; que l'histoire étendait sa main sur nous ; qu'après l'Espagne, la France, l'Angleterre, c'était notre tour de marquer le monde à notre empreinte et le guider ; que le XXe siècle nous appartenait [...].
>
> Thomas Mann, *Docteur Faustus*
> (sur l'esprit de l'Allemagne en août 1914)[1]

Les attaques terroristes du 11 septembre 2001 touchèrent un pays qui, par la force de son nationalisme, était déjà un « cas » dans le monde développé[2]. Depuis lors, ce trait de la culture politique américaine s'est affirmé comme l'un des facteurs essentiels de l'isolement des États-Unis vis-à-vis de leurs plus proches alliés en Europe et ailleurs. Car il les éloigne des principaux modèles de la modernité d'après 1945, tels que les Européens (avec leur propre eurocentrisme) ont été amenés à les concevoir, c'est-à-dire en dépassant, dans le cadre d'une civilisation « moderne », une culture marquée par des nationalismes belliqueux et en remplaçant l'unilatéralisme par la coopération internationale. Aux désaccords purement politiques s'ajoute la perception de profondes différences culturelles.

C'est ce nationalisme général, profondément ancré et quelque peu irréfléchi qu'enflammèrent avant tout les attaques du 11 Septembre, et que des sections dominantes de l'administration Bush exploitèrent à leurs propres fins : à l'extérieur, l'expansion de la puissance impériale ; à l'intérieur, la consolidation du pouvoir et de la richesse de ceux qui constituent, selon le terme du chroniqueur Michael Lind, la « surclasse[3] » américaine.

Dans un sondage de 1999, 72 % des Américains se déclaraient fiers de leur pays. Au Royaume-Uni, qui se classait en seconde position, le taux était de 53 % ; de 35 % en France. Ces chiffres sont stables sur le long terme : ceux de 1999 ont très peu modifié les statistiques réalisées quinze ans plus tôt, au milieu des années 1980 (respectivement 75, 54 et 35 %). En 2003, six Américains sur dix jugeaient que « leur culture est supérieure aux autres », tandis que les Français – à l'encontre de tous les stéréotypes – n'étaient qu'un tiers à le penser.

En revanche, les chiffres américains s'approchent de ceux de certains pays en voie de développement – ou encore de ceux de l'Europe du passé : selon le même sondage, 71 % des Indiens, 78 % des Mexicains et 85 % des Philippins expriment la même fierté de leur pays. La similarité est d'autant plus troublante que, dans les deux derniers cas au moins, on considère généralement que cette fierté reflète une certaine inquiétude quant au fait national et même un complexe d'infériorité. La jeunesse américaine exprime aussi, dans de fortes proportions, un désir de « faire quelque chose pour servir [son] pays » : 81 %, contre 46 % au Royaume-Uni et 55 % en France – même si, bien sûr, comme le suggèrent les réactions de l'opinion américaine aux développements de la guerre d'Irak, cette affirmation doit être reconsidérée lorsque s'approche la perspective d'un service difficile, long et dangereux[4].

La symbolique nationale, très présente dans la culture populaire et dans le langage, est intimement liée à ce phénomène. Elle s'étend de la représentation la plus évidente – le drapeau – jusqu'aux manuels d'école primaire qu'on peut trouver dans les rayons des supermarchés, en passant par les commémorations patriotiques. Tout cela rappelle beaucoup plus l'Europe de 1904 que celle de 2004. Mais les sempiternelles références à la nation fleurissent aussi, de façon plus discrète ou anodine, tout au long de la vie américaine, comme dans l'Europe d'avant 1914.

Slogans et symboles nationalistes sont utilisés dans les campagnes publicitaires, comme cela se pratiquait dans l'Europe des générations précédentes. Des plus explicites – publicités subventionnées de firmes qui félicitent les forces armées, par exemple – aux plus subtiles, ainsi ce slogan du fonds Freddie Mac pour l'accession à la propriété, lors d'une campagne dans le *Washington Post* intitulée « La Vie, la liberté et la poursuite du bonheur » : « Créer une nation de propriétaires »[5].

« Les manifestations conscientes de nationalisme, l'exhibition des symboles patriotiques ont troublé plus d'un visiteur. On apprend aux enfants à saluer le drapeau, qui flotte également sur de nombreuses demeures. Le mot “américain” est employé avec toutes sortes de sous-entendus ; et qualifier une institution, une coutume d'“américaine”, se définir soi-même comme “américain”, c'est affirmer implicitement tout un ensemble de valeurs positives. Le *boy* cent pour cent américain est devenu matière à plaisanterie, mais c'est toujours ainsi que la plupart des parents américains rêvent leur fils. Inversement, être non-américain (*un-american*), c'est être anti-américain, non seulement étranger ou inconnu, mais dangereux, immoral, subversif, dans l'erreur. Les discours solennels du 4 Juillet sont le lieu d'expression traditionnel du patriotisme américain, mais ces exercices rhétoriques n'ont pas le monopole de l'emphase ; aux oreilles étrangères, le discours des homme publics semble marqué à un point extraordinaire par la référence au caractère unique et au destin du peuple américain[6]. »

C'est ce qu'écrivait le professeur William R. Brock en 1974 – et cela ne sonne pas moins vrai une génération plus tard : au supermarché près de chez moi, j'ai acheté *A Celebration of America : Your Helpful Guide to America's Greatness*[7] (qu'on pourrait traduire par « Célébrons l'Amérique : guide de la grandeur de l'Amérique ») dans la collection « *Better your Home* » (« J'embellis mon foyer »). À l'automne 2003, la section jeunesse de la librairie Dalton de Washington abrite elle aussi un rayon « *Celebrate America* », où l'on pouvait trouver des titres tels que *American Patriots*, *God Bless America* ou *America's Promise*, petit recueil hagiographique dû à la plume de Laura Bush, la First Lady, ainsi qu'un *Patriotic Primer* (« Abécédaire patriotique »), « niveau de lecture, 4-8 », de Lynne Cheney, la femme du vice-président Dick Cheney. Voici comment il commence : « A, pour l'Amérique, la terre que nous aimons » ; et comment il finit : « Z, fin de l'alphabet, mais non de l'histoire de l'Amérique. Forts et libres, nous continuerons d'être pour le monde une source d'inspiration[8]. »

À l'instar de l'Europe d'autrefois, l'affection portée aux forces armées (ce qui ne signifie pas toujours, nécessairement, l'accord avec les missions entreprises) est virtuellement omniprésente dans les grands médias. Le supplément dominical du *Washington Post*, « Parade », fait régulièrement sa une sur des thèmes militaro-patriotiques. Classique du genre, le dernier numéro de l'année 2003 offrait en couverture la photo d'un médecin militaire portant dans ses bras un enfant irakien blessé – l'oncle d'Amérique en quelque sorte.

Un autre numéro de « Parade » consacre sa couverture à l'ex-prisonnière de guerre (POW – *prisonner of war*) Jessica Lynch, qui déclarait, en titre : « Le Serment [au drapeau] va pour moi bien au-delà des simples mots » (des mois, par ailleurs, après que le journal eut reconnu avoir exagéré, pour des motifs patriotiques, les détails de sa capture et de sa libération)[9]. Les courriers du cœur, comme, par exemple, « Dear Abby* », font régulièrement allusion à la façon dont les lecteurs peuvent manifester leur soutien aux troupes engagées à l'étranger. Même en Angleterre et en France, qui sont sans doute les deux pays d'Europe les plus enclins à l'esprit militariste et où de telles images étaient autrefois omniprésentes, ce genre de chose n'a plus guère cours[10].

Également caractéristiques de la vieille Europe sont les affirmations rituelles d'appartenance à la nation, notamment la récitation quotidienne, dans les écoles, du Serment au drapeau, et les commémorations du Memorial Day**, dans la moindre bourgade : « le sentiment continuellement réaffirmé par ces cérémonies sacrées, c'est la conviction que la nation américaine est appelée par Dieu à un destin particulier[11] ». Toutes les nations ont leurs rituels. Mais rarement célébrés avec la même ferveur qu'aux États-Unis.

Pour Max Lerner, l'une des grandes figures intellectuelles de la gauche libérale au XXe siècle, « le culte de la nation en tant que mythe social parcourt comme un fil conducteur toute l'histoire américaine[12] ». Alexis de Tocqueville en avait remarqué, dans les années 1830, la prégnance, qu'il attribuait au fait que « les institutions

---

* « Chère Abby » ; c'est le titre d'une de ces chroniques, publiée dans le *Washington Post*, où Abigail Van Buren, Jeanne Phillips de son nom de jeune fille, a succédé à sa mère, Pauline Phillips.

** Le Jour du souvenir, le dernier lundi de mai. À l'origine commémoration de la guerre de Sécession instituée dans la petite ville de Waterloo, dans l'État de New York, puis, de proche en proche, dans les États du Nord. Décrété fête nationale par Richard Nixon en 1971, et étendu à la célébration de tous les soldats morts dans toutes les guerres où les États-Unis se sont engagés. Lectures et chants patriotiques, défilés d'enfants, etc. L'Adresse de Gettysburgh, du président Lincoln, y est souvent déclamée.

démocratiques donnent en général aux hommes une vaste idée de leur patrie et d'eux-mêmes ». (Dans un moment d'irritation, il note aussi qu'« on ne saurait concevoir de patriotisme plus incommode et plus bavard[13] ».) À l'époque, même en France, les gens de la campagne n'avaient pas encore une idée bien nette de l'identité nationale, et leur attachement au pays ne s'exprimait, le plus souvent, que par des fidélités purement locales[14].

Le nationalisme de masse américain, en son âge florissant, est intimement lié à d'autre traits caractéristiques du sentiment d'« exception » nationale. Les colonies d'Amérique du Nord héritèrent de l'Angleterre une identité culturelle nationale assez clairement déterminée, centrée sur un mélange de religion protestante, de foi en la liberté, de croyance dans les institutions, dans la loi et dans le gouvernement représentatif[15]. Tout cela s'incarnait dans leurs propres institutions et constituera plus tard le socle de la Constitution américaine.

De nombreux spécialistes, depuis Tocqueville, ont avancé que les Américains, colons d'une terre nouvelle, étaient en quelque sorte « nés égaux », et qu'il fallait voir là l'origine d'une différence fondamentale entre les cultures et les traditions politiques de l'Europe et des États-Unis. Dépourvus de tradition féodale et d'aristocratie, ces derniers échappèrent aussi à la révolution sociale, au socialisme, et à la plupart des formes et des traditions politiques issues de ces mouvements et de ces affrontements.

Il en résulte, sous l'écume des batailles politiques, une idéologie nationaliste civique, universellement acceptée, remarquablement homogène, continue et à peu près inchangée – le fameux Credo américain, que nous analyserons au prochain chapitre. Au fond cela reste vrai, bien que les choses soient plus compliquées, puisqu'il fallut recourir à des idéologies justifiant l'esclavage dans les États du Sud. Et comme nous le verrons, cette foi universelle en l'Amérique a toujours eu tendance, dans les moments de crise, telle celle qui a suivi le 11 Septembre, à l'absolutisme moral et même à l'autisme national, à ce qu'un chercheur comme Louis Hartz a pu nommer « un américanisme absolu, aussi vieux que le pays lui-même[16] ».

Le philosophe politique Herbert Croly écrivait en 1909 :

« La foi des Américains dans leur pays est religieuse, sinon dans son intensité, du moins dans son autorité, presque absolue et universelle. Elle pénètre l'air que nous respirons. Enfants, nous l'entendons affirmée ou supposée par les conversations de nos aînés. Chaque nouvelle étape de notre éducation fournit un témoignage supplémentaire en sa faveur. Journaux et romanciers, orateurs et auteurs dramatiques, quand bien même ils ne seraient pas grand-chose, sont du moins de loyaux prêcheurs de la Vérité. Le sceptique n'est pas contredit ; il est ignoré. C'est le genre de foi qui mobilise la pensée sans en être l'objet ; et, que nous en ayons conscience ou non, elle exerce une grande influence sur nos vies personnelles[17]. »

L'esprit de 1914 et l'exploitation du nationalisme

De tels sentiments ont bien sûr retrouvé une grande force avec les attaques du 11 Septembre, pour un temps génératrices d'un esprit d'unité nationale et d'exaltation, qui n'est pas sans rappeler celui des États européens lorsque éclata la guerre de 1914 et les différentes versions nationales de l'Union sacrée à la française. Cette année-là, le poète anglais Rupert Brooke pouvait rendre grâce à Dieu « qui nous a rappelés, égaux, à Son tribunal, a pris notre jeunesse et nous a réveillés de l'endormissement[18] ».

Dans un livre intitulé *Why We Fight*, en des termes qui trouvèrent écho auprès d'innombrables Américains de tout le spectre politique, le catholique conservateur William J. Bennett notait « la remontée spontanée du sentiment national qui a suivi le 11 Septembre, le jour du choc. En un clin d'œil, tout ce qui, dans notre vie nationale, était petit, égocentrique, rancunier, décadent et hostile semblait avoir été balayé. Notre drapeau était partout, hissé partout. Nous avions à nouveau des héros – et quels héros :

des policiers et des pompiers, des sauveteurs, des soldats et des civils qui avaient sauté de leur siège pour prendre part au combat avec le diable en personne.

C'était vrai ; pendant des semaines et même des mois après le 11 Septembre, les querelles partisanes semblèrent se dissoudre dans l'urgence, les divisions raciales se réduire à zéro. On déclara que le cynisme et l'ironie étaient passés de mode ; l'amour simple de la patrie était du dernier cri [...]. Quelque chose dans ces événements, écrivait une Peggy Noonan* inspirée, "quelque chose dans le fait que toutes les couleurs, les fois, les races s'entraidaient, unies dans la même ferveur, mutuellement dépendantes et se soutenant mutuellement, vous faisait dire : nous l'avons scellé ce jour-là. Nous avons scellé le pacte, scellé la promesse que nous avions faite autrefois... Nous sommes des Américains[19]". »

Dans la même veine, le Kaiser Guillaume II déclarait en août 1914 : « Je ne connais pas de partis, je ne connais que des Allemands. » Ou, selon les termes de l'écrivain allemand Ernst Glaeser, tentant de traduire l'état d'esprit qui régnait alors en Allemagne : « Enfin la vie avait retrouvé un sens. Les grandes vertus que sont l'humanité, la fidélité, le patriotisme, le don de soi pour un idéal [...] triomphaient de l'esprit marchand et boutiquier [...]. La guerre allait laver l'humanité de toutes ses impuretés[20]. » Un peu plus tôt la même année, le journaliste Georges Ducrocq écrivait : « Agir. Ne plus douter de mon pays ni de mes propres forces. Agir. Servir... Ne plus discuter, ne plus m'interroger[21]. »

Mais, comme le montre l'histoire de l'Europe après 1914 et l'attitude des républicains après le 11 Septembre, de tels arguments, repris par les politiciens et les gouvernements, comportent une part consciente ou inconsciente de duplicité, surtout lorsqu'il s'agit d'une prétendue sus-

---

* Éditorialiste au *Wall Street Journal*, plume et biographe de Ronald Reagan. Auteur de *A heart, a Cross and a Flag : America today* (« Un cœur, une croix et un drapeau : l'Amérique aujourd'hui »), juin 2003.

pension des « querelles partisanes ». L'administration Bush et le parti républicain (auquel appartiennent M. Bennett et Mme Noonan) ne se sont guère embarrassés de sentiments lorsqu'il s'est agi de récupérer à leur profit la situation d'urgence ainsi créée ; ils n'ont pas laissé passer cette occasion de renforcer leur position politique sur le plan intérieur et de faire voter leurs programmes.

Il est fort improbable, par exemple, que les républicains eussent repris le contrôle du Sénat en novembre 2002 ou pu faire voter des réductions d'impôt favorisant si ostensiblement les riches, sans le secours de la propagande nationaliste[22]. Ainsi ont-ils également pu gagner le soutien de bon nombre d'Américains qu'une guerre contre l'Irak inquiétait réellement. En témoigne cette interview de Jill Long Thompson, de South Bend, dans l'Indiana, avant l'invasion de l'Irak : « Je crois que les gens se font beaucoup de souci à l'idée d'une attaque [contre l'Irak], mais nous sommes très patriotes dans le Second District, et nous soutiendrons nos troupes et notre président[23]. »

Les stratèges républicains ont souvent fait preuve, sur cette question, d'une franchise remarquable. Comme le rapportait le *Washington Post* en janvier 2004, avant le discours du président Bush sur l'état de l'Union :

« Les officiels de la Maison Blanche disent vouloir utiliser l'allocution télévisée, qui sera suivie par plus de 60 millions de téléspectateurs, pour conforter l'image d'un président de guerre, au-dessus des luttes politiques – celle d'un commandant en chef plutôt que d'un candidat [...]. Selon les conseillers de la présidence, ce sera le point central du discours, qui comprendra des passages solennels, mais sur un ton général optimiste : "Nous sommes une nation en guerre. Les décisions audacieuses que j'ai été amené à prendre ont rendu l'Amérique plus sûre, mais nous ne sommes pas encore en sécurité. La politique intérieure de mon gouvernement nous a rendus plus forts et plus prospères. Mais je ne suis pas satisfait, et le Congrès doit encore faire des efforts pour accepter ce que je lui ai proposé[24]." »

Lorsque des propagandistes républicains comme Bennett en appellent au « *non-partisanship* », c'est-à-dire à en finir avec l'esprit ou les attitudes « sectaires » après le 11 Septembre, c'est donc à la manière de certains écrivains « patriotes » allemands, tel Thomas Mann durant la Première Guerre mondiale, revendiquant un « apolitisme » auquel ils exhortaient leurs compatriotes[25]. Il ne s'agissait pas seulement, pour eux, de soutenir l'effort de guerre, ou même un programme politique nationaliste ; ils cherchaient encore à défendre une classe particulière et à conforter sa position politique sur le plan intérieur. L'usage du nationalisme pour créer les bases d'une adhésion de masse à des partis acquis aux intérêts de classe des propriétaires terriens, des capitalistes ou de certains secteurs professionnels fut, avant 1914, la stratégie classique des élites européennes menacées.

Ce qui ne signifie pas nécessairement hypocrisie ou manipulation cynique de l'opinion publique, bien qu'on ne puisse pas écarter complètement de tels ressorts. L'essentiel, c'est que, à l'instar de leurs homologues dans l'Europe d'autrefois, la droite nationaliste aux États-Unis et les forces dominantes de l'administration Bush s'identifient totalement et sincèrement à la nation, au point que la présence de tout autre groupe au gouvernement sera considérée non pas comme une défaite, mais comme une usurpation, quelque chose d'intrinsèquement, de profondément illégitime, de « non-américain ». Ils pensent plus encore incarner l'« Amérique » que le Kaiser et les Junkers n'ont cru représenter l'« Allemagne », le Tsar et les élites nobiliaires russes, la « Russie ».

Impérialisme et nationalisme

L'exploitation du nationalisme à des fins impérialistes – du reste considéré par les élites comme un bien national de première importance, que les masses ne peuvent comprendre et qu'on doit leur imposer, le cas échéant en le trompant – est étroitement lié à cette identification des élites avec leurs pays. Rudyard Kipling et d'autres impérialistes méprisaient le petit peuple de leurs pays, avec leurs vies et leurs rêves pathétiques, leur banale indifférence aux visions impériales et leur mauvaise volonté à mourir pour de telles visions.

C'est ainsi que le gouvernement Bush semblait réellement considérer le peuple américain. Comme toute une série d'observateurs, depuis l'historien Andrew Bacevich jusqu'à l'humoriste Bill Maher, l'ont fait remarquer dès les jours qui ont suivi le 11 Septembre, le gouvernement Bush a soigneusement expurgé les appels au sacrifice de sa rhétorique destinée aux Américains et les a même encouragés à reprendre une vie normale pour aider l'économie : « La première responsabilité du citoyen moyen est restée pendant toute la durée de l'état d'alerte ce qu'elle était en des temps plus paisibles : être un moteur de la consommation. » Le sacrifice devait se limiter aux forces armées[26].

Dès le début de l'année 2004, il était clair que les États-Unis manquaient à la fois de la volonté nationale et des moyens pour affronter durablement une guérilla en Irak (même avec peu de morts américains, au regard des standards historiques). Les États-Unis auraient de plus beaucoup de difficultés à mener de front plus d'un conflit majeur en même temps, comme exigé par la doctrine militaire américaine, du moins si de tels conflits impliquent non seulement la marine et les forces aériennes, mais aussi d'importantes troupes au sol – à moins que la nation elle-même ne soit directement attaquée une nouvelle fois. Plus encore : l'occupation de l'Irak a souligné une fois de plus le manque d'appétit des Américains de la rue pour la possession d'un empire, avec ce que cela implique de coûts financiers et en vies humaines[27].

Manque d'appétit pour les guerres impériales, dans le cas de la guerre en Irak, bien qu'un grand nombre d'Américains persistent à croire – sans preuve, mais encouragés dans ce sens par les plus hauts responsables du gouvernement Bush et par les médias favorables à la guerre, tels que Fox News (une chaîne d'information continue appartenant à Rupert Murdoch) que Saddam Hussein est directement impliqué dans les attaques du 11 Septembre et donc que la guerre contre l'Irak était un acte légitime et habituel d'autodéfense. Un sondage Harris de février 2004 révélait que 74 % des personnes interrogées croyaient encore que l'existence d'un lien entre l'Irak et Al-Qaida avant la guerre était certaine ou probable. Un sondage de NBC montrait en mars que 57 % pensaient toujours que l'Irak avait eu des armes de destruction massive[28].

Étant donné cette certitude d'un lien entre l'Irak et Al-Qaida, on peut d'une certaine façon s'étonner non pas que le soutien en faveur de la guerre soit si fort, mais qu'il ne le soit pas plus encore. Après tout, si j'avais été convaincu que Saddam Hussein avait attaqué les États-Unis le 11 Septembre, j'aurais soutenu la guerre contre l'Irak, de même que j'ai soutenu la guerre contre Al-Qaida et les Talibans en Afghanistan. Et comme en Afghanistan, j'aurais soutenu tout engagement à long terme nécessaire pour protéger et pérenniser les fruits de la victoire. De tels sentiments sont assurément vrais pour beaucoup d'autres opposants à la guerre en Irak.

Au cours de la campagne présidentielle de 2000, des sujets tels que la politique étrangère et la sécurité nationale furent totalement absents des débats et des préoccupations des électeurs américains telles qu'exprimées par les enquêtes d'opinion. Même des partisans déclarés de George W. Bush interrogés en septembre 2000 plaçaient la politique étrangère et la sécurité nationale en septième position sur leur liste de priorités, et seuls 6 % affirmaient que les positions de leur candidat en la matière étaient ce qui avait le plus compté à leurs yeux. Les principales préoccupations étaient les impôts et l'avortement, avec 22 % chacun. Les électeurs de Gore ne citaient même pas la défense comme une priorité. Aucun des deux camps ne citait la politique étrangère en tant que telle[29].

Selon le commentaire du *New York Times* à propos de l'indifférence de Bush à ces questions : « D'ailleurs, peut-être Bush a-t-il décidé que trop parler de politique étrangère était une mauvaise affaire. Il a souvent parlé à des amis et connaissances de la défaite de son père face à Bill Clinton il y a huit ans, quand le vieux Bush se concentrait sur les affaires étrangères et que le néophyte de l'Arkansas préférait l'économie[30]. »

Ce manque d'enthousiasme chez les masses à l'idée de devoir faire d'importants sacrifices pour l'empire n'est pas nouveau. Jusqu'à la Première Guerre mondiale, l'Empire britannique s'était dans une large mesure construit et maintenu à bas coût (en grande partie grâce par l'intermédiaire de populations autochtones – ce qui n'est pas sans rappeler la situation des Américains en Afghanistan après 2001), et c'était également le cas des autres empires. La Royal Navy coûtait naturellement cher, mais c'était un moyen de défense indispensable pour les îles Britanniques elles-mêmes contre les invasions ou les blocus.

Alors et comme maintenant, avec l'écrasante supériorité de la puissance de feu occidentale et de son organisation militaire, de vastes territoires pouvaient être conquis à vil prix et avec peu de risques. Quand les empires européens s'aventuraient dans des zones qui seraient réellement difficiles à conquérir et à garder – les Britanniques en Afghanistan, les Italiens en Éthiopie –, ils avaient tendance à reculer. Selon l'historien de l'Empire britannique Niall Ferguson, les lourdes pertes britanniques lors de la guerre des Boers, sans précédent, peuvent être considérées comme le point de départ du processus de désagrégation de l'empire[31].

Ce manque de goût du sacrifice pour l'empire chez les masses européennes était un élément dont les états-majors et les dirigeants conservateurs en Europe étaient très conscients. Ayant étudié de près à la fois Clausewitz et les rapports de police sur les humeurs du prolétariat, ils connaissaient l'importance du soutien des masses à toute guerre importante et les limites de l'utilisation qu'on pouvait faire de l'empire aux fins de mobilisation des masses. Par conséquent, chaque fois que cela était possible, les gouvernements les plus éclairés ont toujours eu recours à des troupes volontaires et à des mercenaires étrangers, non à la conscription, pour conduire les guerres coloniales. Aujourd'hui, le résultat de la large démilitarisation de la culture occidentale est que même le recours à l'armée de métier est devenu impopulaire, comme le montre le mécontentement croissant aux États-Unis avec le nombre de pertes en Irak.

En France, la Légion étrangère fut précisément créée dans ce but. L'armée britannique était composée d'un petit nombre de volontaires, mais la Grande-Bretagne utilisait autant que possible des troupes indiennes dans le cadre des guerres coloniales et des tâches policières. Quand des pays ont bel et bien eu recours à des conscrits dans des guerres coloniales, les résultats ont souvent été désastreux à la fois pour la campagne elle-même et pour la stabilité politique du pays – voir l'Italie après la défaite à Adowa en Éthiopie en 1896, la Russie après la guerre russo-japonaise de 1904-1905 et l'Espagne après la catastrophe d'Anoual au Maroc en 1921, qui marque en quelque sorte le début du processus historique qui a conduit à la guerre civile[32].

L'adoption par les États-Unis de la « Révolution dans les affaires militaires », avec l'accent mis sur le développement des hautes technologies comme substitut à la main-d'œuvre, associée à l'utilisation d'auxiliaires locaux en Afghanistan et ailleurs, a pu être décrite comme une nouvelle version impérialiste de l'utilisation par les Britanniques des « cuirassés et Gurkhas » afin d'épargner ses propres troupes[33]. Mais comme la débâcle irakienne l'a montré, la haute technologie et les auxiliaires locaux ne peuvent tout. Dans le cadre d'une stratégie authentiquement impériale, l'emploi d'un nombre important de soldats américains sera également nécessaire – et ce ne sera pas populaire au pays, à moins de prouver qu'ils ne se battent pas pour l'empire, mais pour la nation elle-même.

Dans ses recherches sur la conquête du Maroc par les Français, Douglas Porch livre de fascinantes descriptions des divers stratagèmes que le maréchal Hubert Lyautey et d'autres impérialistes français ont utilisés pour convaincre une opinion publique sceptique de soutenir cette aventure, que beaucoup considéraient absurde du point de vue économique et même coûteuse, distrayant le pays de la nécessité de se renforcer contre la vraie menace, l'Allemagne. Les conscrits français ont été utilisés jusqu'à un certain point en Algérie (qui n'était pas une colonie, mais une partie de la France), une corvée extrêmement impopulaire dans la jeunesse française. La peur du service militaire dans les colonies s'est ajoutée à des haines plus anciennes à l'égard du service militaire, avec ses dangers, sa dureté et son caractère oppressif, en particulier pour les paysans, une peur qui s'est étendue au reste de l'Europe[34].

L'ultranationaliste français Paul Déroulède déclarait avoir perdu deux sœurs, l'Alsace et la Lorraine, et que les colonialistes français lui offraient en compensation « vingt serviteurs noirs »[35]. D'où l'importance de la propagande portant sur la « mission civilisatrice » de la France et de la nécessité de créer un État marocain moderne et de mettre fin à la « barbarie », mais aussi de l'idée que l'Allemagne ayant des visées sur le Maroc, le grand combat contre l'Allemagne voulait que la France contrôlât le pays[36].

La stratégie politique privilégiée par les élites capitalistes sur le plan domestique en Europe avant 1914 consistait à se reposer moins sur l'impérialisme que sur le nationalisme pour recueillir un soutien démocratique en défense contre le socialisme. Et en 1914, le mouvement qui poussa les masses européennes à soutenir la guerre et à s'immoler dans cette dernière était le nationalisme, universellement exprimé dans la croyance authentique que le sol national était menacé d'un danger imminent.

Comme Jean-Jacques Becker le souligne dans le cas de la France, malgré l'intense nationalisme au cœur de la culture française avant la Première Guerre mondiale, la réaction du peuple à la crise de juillet 1914 fut l'inquiétude et le désir de paix. Ce n'est que lorsque l'ultimatum allemand apparut comme un cas d'agression caractérisée contre le territoire national que l'enthousiasme des masses pour la guerre s'accrut[37]. Malgré toutes les poussées de fièvre liées aux rivalités coloniales au cours des décennies précédant 1914, les grandes puissances européennes ne sont pas parties en guerre pour un problème de colonies (à l'exception de la Russie et du Japon en 1904). Une des raisons essentielles à cela était l'incertitude, non sans fondements, aux yeux des gouvernements européens et des militaires, quant à la réaction des masses à une guerre sanglante qui aurait évidemment commencé comme une altercation entre deux prédateurs avides dans un bourbier africain au nom imprononçable.

Les attaques terroristes du 11 Septembre 2001 étaient une véritable et atroce agression contre le territoire américain. N'importe quel gouvernement américain – et même n'importe quel pays au monde qui se respecte – aurait dû répondre en s'efforçant d'éliminer les responsables. La guerre conduite afin de détruire les forces d'Al-Qaida en Afghanistan et leurs alliés talibans était une réponse parfaitement légitime au 11 Septembre, comme le sont les actions américaines contre Al-Qaida et ses alliés partout dans le monde. Cependant, ce que le gouvernement Bush a fait consiste à instiller dans l'opinion publique américaine la peur de menaces plus graves provenant d'Irak, d'Iran et de Corée du Nord – des États qui n'ont aucun lien avec Al-Qaida. C'est pourquoi le gouvernement a suscité l'idée que tout ce que l'Amérique faisait était au final de se défendre et de répondre au « terrorisme ». En poussant les Américains à croire cela, ces derniers pouvaient être dans une large mesure mobilisés pour la guerre impériale[38].

Mais même le gouvernement Bush devait rester dans certaines limites. L'hostilité commune envers les Musulmans et l'incapacité de faire la distinction y compris entre des États, des traditions et des idéologies musulmans très différents entre eux ont permis de mélanger l'Irak et Al-Qaida dans l'esprit d'une majorité d'Américains ; mais même Bush n'aurait pu déclarer que les terroristes du 11 Septembre étaient chinois, russes ou nord-coréens. De fait, la première campagne électorale de Bush a délibérément caché les ambitions impérialistes de son équipe – comme le montre son observation selon laquelle les États-Unis devraient adopter une attitude plus « humble » en matière d'affaires internationales : « Je ne tiens pas à surexposer notre puissance militaire dans le monde. J'en ferais un usage judicieux[39]. »

La distinction entre impérialisme et nationalisme doit être gardée à l'esprit. Une façon importante de comprendre la stratégie politique du gouvernement Bush depuis le 11 Septembre est de voir qu'elle s'est surtout efforcée – comme ce fut le cas de certains pays européens – de faire avancer son projet d'hégémonie impérialiste en utilisant l'énergie d'un nationalisme blessé mais aussi confus et désorienté.

Épargnés par l'histoire

Tout comme ils s'identifient à leur patrie, ne faisant aucune différence entre les intérêts de celle-ci et les leurs, les partisans de la droite nationaliste ne conçoivent sincèrement les ambitions nationales qu'en termes de bien, de civilisation, de progrès, au nom de l'humanité tout entière[40]. Le problème, ici, c'est que des gens partageant la même culture politique, poussés, eux, par un mélange d'idéologie et d'intérêt personnel, souffrent du même aveuglement. En d'autre termes, selon le joli mot de Max Weber, « L'homme est un animal pris dans une toile de significations qu'il a lui-même tissée[41] ».

Pour l'exprimer autrement : le regain de la culture nationaliste en Europe fut en partie le produit d'une stratégie délibérée des élites européennes soucieuses de combattre les mouvements socialistes et de préserver leur position dominante ; le nationalisme fut pour elles un moyen d'obtenir le soutien des masses. Mais il devint aussi la cause pour laquelle d'innombrables enfants de ces élites, qui étaient animés d'une foi sincère et formaient les corps d'officiers de la vieille Europe, sacrifièrent leur vie[42].

Les élites nationalistes de la droite américaine n'ont jamais montré un goût excessif pour le sacrifice de soi ; mais leur discours rappelle fâcheusement celui de leurs prédécesseurs européens. Deux obsessions connexes traduisent plus particulièrement cet état de fait : celle du déclin culturel et moral, celle de l'ennemi intérieur. Toutes deux ont des racines culturelles, raciales et religieuses très anciennes ; elles se sont redessinées, renforcées et perpétuées avec la guerre froide et, après le 11 Septembre, ont encore gagné en virulence. Ainsi Sean Hannity, animateur vedette de la chaîne conservatrice Fox News, peut-il réunir dans le même opprobre, au titre des grandes menaces qui ont pesé ou pèsent sur les États-Unis, le mariage gay et Adolf Hitler ; et déclarer : « Nous avons une bataille à livrer, dans ce pays, contre ceux qui veulent détruire les valeurs fondamentales et judéo-chrétiennes qui ont fait sa force[43]. »

William Bennett illustre parfaitement cette propension à faire de la « décadence » la source de la faiblesse nationale, avec une fixation particulière sur l'intelligentsia de gauche et les universités[44]. Il faut toutefois admettre que certaines des critiques adressées à la gauche « universitaire » sont justifiées. Le prochain chapitre abordera quelques-unes des errances du « politiquement correct » universitaire, que même un vétéran radical comme Richard Rorty dénonce : « Ce n'est pas une gauche qui rêverait de transformer le pays qu'on retrouve maintenant chez de nombreux étudiants et professeurs, mais une gauche tatillonne, passive et railleuse[45]. »

Mais plutôt que de stimuler ou d'engager le débat sur ce qui pourrait être amélioré aux États-Unis et dans la politique américaine, Bennett et ses alliés, comme Lynne Cheney, ont évidemment l'intention de le clore. Là encore, les antécédents sont extrêmement troublants. Leur langage, qui oppose le peuple américain, patriotiquement sain, aux intellectuels déracinés et moralement méprisables, pourrait être emprunté presque mot pour mot à certains documents européens d'autrefois, telle cette déclaration nationaliste dans l'Allemagne de 1881, dénonçant les « funestes puissances » qui sapent la religion, la moralité et le patriotisme, c'est-à-dire la « base saine et éprouvée de notre caractère national[46] ». Cette façon de penser s'est bien entendu nourrie de la guerre froide, avec son lot d'angoisses sur les capacités des États-Unis, affaiblis moralement et physiquement, à rivaliser avec une Union soviétique supposée, tout au contraire, « résolue, sérieuse et disciplinée[47] ».

Congressman républicain, ancien président de la Chambre des Représentants (*speaker*), Newt Gingrich enseignait, dans différents *colleges** conservateurs de Georgie, la « Rénovation de la civilisation américaine » ; les cassettes de ses cours étaient distribuées aux militants républicains. Les mots utilisés pour qualifier les opposants politiques ressortissaient à un lexique bien particulier – « décadence, échec, ombre, traîtres, pathétiques, corrompus, incompétents, malades[48] ». Et c'est aussi, bien sûr, le langage que servent à leur immenses audiences les grandes vedettes des médias de droite, lorsqu'elles brocardent les démocrates, les intellectuels et autres Européens.

Ce déploiement d'éloquence rappelle fortement ce que le grand historien George Mosse a nommé la « rhétorique de l'angoisse » chez les nationalistes d'avant 1914, axée à la fois sur la menace extérieure et sur la subversion morale, sexuelle et politique, à l'intérieur. Le ton, notablement hystérique, de ces objurgations est aussi caractéristique[49]. Et il ne s'agit pas seulement de quelques pétards médiatiques ; comme le chapitre 3 le montrera, cette rhétorique « anti » – anti-intellectualiste, anti-élitiste, anti-laïcité et anti-moderniste – fait vibrer la corde sensible d'une large minorité d'Américains, qui se sentent profondément étrangers au monde tel qu'il est devenu.

Comme le rappelle le travail de Mosse, il est un aspect pour ainsi dire universel du langage de la droite nationaliste à travers l'histoire, intimement lié à cette rhétorique de l'angoisse : à savoir l'obsession des menaces qui pèsent sur la virilité nationale et, corollairement, la lâcheté efféminée des critiques, à l'intérieur comme à l'étranger. Selon le mot de Robert Kagan** : « Les Américains viennent de

* Établissements d'enseignement supérieur ; un cycle de quatre ans d'étude y conduit au *Bachelor's Degree.*

** Géopoliticien, l'un des théoriciens d'un ordre international fondé sur la puissance militaire des États-Unis. Le 12 septembre 2001, dans un éditorial du *Washington Post*, il écrivait : « Le Congrès, en fait,

Mars, les Européens de Vénus. » Plus crûment, les Européens sont des « Euronains » (*Eurowinnies*). Le journaliste Lee Harris voit dans « la rudesse spartiate » l'« origine de la civilisation » ; Robert Kaplan appelle les Américains à retrouver les « vertus païennes » dans la guerre [50].

Récapitulant les expressions employées aux États-Unis pour désigner l'Europe, l'historien britannique Timothy Garton Ash rappelle :

« Si les Antiaméricains, en Europe, voient "les Américains" comme des cow-boys ou des brutes épaisses, les Antieuropéens, en Amérique, voient "les Européens" comme des femmelettes ou des tantes. L'Américain est un mâle viril, hétérosexuel ; l'Européen est femelle, impuissant ou castré. Le mot "eunuque" est employé, ai-je découvert, sous la forme "EUnuque" [51]. »

On pourrait ne voir là que sottises insignifiantes, si elles n'avaient, comme le montrent l'attitude et le langage d'un Donald Rumsfeld, secrétaire à la Défense, de sérieuses conséquences dans le monde réel. D'une plus grande signification, plus alarmant aussi, le langage de la droite nationaliste concernant l'ennemi intérieur ou le traître à la patrie. En Amérique comme dans tant d'autres pays, il a en effet nourri et justifié, dans le passé, la répression intérieure ; et, comme l'indiquent certaines attitudes de l'administration Bush, le 11 Septembre et une guerre contre le terrorisme dont on ne voit pas la fin en ont fait, à nouveau, un profond sujet d'inquiétude [52].

Ce langage a été employé contre des groupes musulmans aux États-Unis – avec parfois quelque raison. Mais il a surtout servi à diffamer les opposants politiques et intellectuels de la droite nationaliste. *Treason*, le dernier et stupéfiant livre d'Ann Coulter, l'égérie hypermédiatisée de l'ultra-droite, est une charge soutenue contre les libéraux*

---

devrait immédiatement déclarer la guerre. Il n'a pas besoin de désigner un pays ennemi. »

* Les libéraux dont il est ici question sont des réformateurs ou des réformistes, comme on disait en France, pour qualifier le centre-gauche. Tous les démocrates ne sont pas nécessairement « libéraux ».

– et les démocrates, qu'elle traite de la même façon – autrefois dépeints comme des traîtres à l'Amérique, pendant la guerre froide, et aujourd'hui, à l'heure de la « guerre contre le terrorisme ». Comme nous l'avons déjà vu, ces accusations sont reprises en chœur par les stars des médias de droite, Sean Hannity, Bill O'Reilly, Rush Limbaugh et autre Michael Savage, qui bénéficient d'un public aussi large qu'admiratif et sont soutenus par la puissance et les moyens formidables de *networks* comme Fox News [53].

À la suite du 11 Septembre, une organisation présidée par Lynne Cheney produisit une liste de 117 cas de propos jugés « moralement équivoques » ou antiaméricains tenus par des universitaires ou des étudiants : au motif que « le lycée et l'université sont les maillons faibles de la réponse de l'Amérique aux attaques ». Les propos dénoncés vont du franchement inacceptable – « Je voterai pour celui qui sera capable de faire sauter le Pentagone » (n° 14) – au plus élémentaire bon sens – « On devrait construire des ponts et des relations, pas simplement des bombes et des murs » (n° 19) ou encore « L'ignorance engendre la haine » (n° 49) [54].

D'anciens hauts responsables influents, des commentateurs respectés, comme Richard Perle, David Frum ou Irving Kristol, en ont aussi fait l'axe de leur rhétorique, Frum dénonçant non seulement les libéraux, mais les conservateurs « antipatriotes » opposés à la guerre d'Irak, qui livreraient « une guerre contre l'Amérique » [55]. Le dernier livre de Hannity est tout bonnement intitulé *Deliver Us From Evil : Defeating Terrorism, Despotism and Liberalism* (« Délivrez-nous du mal : vaincre le terrorisme, le despotisme et le libéralisme ») [56]. L'état d'esprit qui traduisait la vieille et détestable insulte nationaliste allemande, « *Nestbeschmutzer* » (celui qui « souille le nid ») n'est que trop vivant dans l'Amérique d'aujourd'hui.

L'empressement que montrent nombre de politiciens et d'intellectuels américains à utiliser un tel langage est intimement lié à ce qui constitue la racine la plus profonde de l'« exception » américaine, dans son acception positive – c'est-à-dire le fait que les États-Unis aient été épargnés par les grands désastres qui ont ravagé l'Europe au cours des deux derniers siècles, « heureusement séparés par la nature et par un vaste océan des dévastations d'un quart de la planète », selon le mot de Jefferson[57].

Le premier péril – crucial – auquel ont échappé les États-Unis, c'est, comme l'a remarqué Tocqueville, la Révolution française de 1789 et celles qui l'ont suivie en Europe ; et, par conséquent, les réactions extrêmes auxquelles elles ont donné lieu. Ensuite, et c'est d'une immense importance dans ce qui les distingue du reste du monde développé, les États-Unis ont échappé aux effets fulgurants de la guerre et de la révolution au XXe siècle. Bien sûr, ils ont pris part aux deux guerres mondiales ; les forces armées des États-Unis y ont combattu avec une abnégation et un courage admirables, et certaines unités ont souffert de terribles pertes, mais les morts et les blessés, en proportion de la population du pays, étaient peu nombreux si on les compare à ceux des principaux États européens, et surtout, l'Amérique elle-même n'a connu ni invasion ni bombardements.

Trop d'Européens et de Japonais, accusés de « trahison », ont été torturés, emprisonnés ou exécutés – ou ont torturé et tué des « traîtres » – pour que ces mots puissent, dans ces pays, être employés à la légère. Trop de gens ont été tués, mutilés, violés, ou sont morts de faim dans les guerres pour que le langage d'un nationalisme militant tourné contre l'étranger y soit acceptable, non seulement dans les milieux politiques ou intellectuels, mais dans la grande majorité des populations. Dans la mémoire familiale d'un Européen, même le moins éduqué, il y a toujours place pour un grand-père tué à Ypres, un oncle mutilé à Stalingrad, une maison détruite à Cologne ou à Varsovie, des femmes violées ou forcées à la prostitution, de Naples à Berlin et à Krasnodar.

Et c'est précisément parce que le langage d'un Bennett a été employé à tort et à travers par les intellectuels et les politiciens de tous les grands États européens en 1914-1915, et à nouveau, en Allemagne et en Italie, vingt ans plus tard, qu'il est très difficile, pour un Européen d'aujourd'hui, d'écrire ou de parler dans ces mêmes termes. Il ne s'agit pas seulement de comportements qui pourraient être violemment défendus en privé, mais ne sauraient s'exprimer publiquement, comme le racisme aux États-Unis. Il est *psychologiquement* extrêmement difficile pour des Européens ne serait-ce que de penser en ces termes[58]. Ce qui est vrai des élites comme des populations dans leur ensemble. La course à la mort dans laquelle s'est alors précipitée l'Europe commença par éliminer les enfants de ces élites, et après 1945, elle avait détruit leur domination et dans de nombreux cas, jusqu'à leur pays.

Mais les capitalistes américains, tout comme l'Amérique dans son ensemble, échappèrent aux catastrophes qui ravagèrent l'Europe dans la première moitié du XXᵉ siècle. Ce fut bien sûr une chance pour l'Amérique, mais cela signifie aussi que les États-Unis et leurs dirigeants n'ont peut-être pas compris les leçons les plus terribles qui furent jamais données au monde quant à la nécessité de maintenir à l'intérieur de certaines limites les ambitions et les passions, qu'elles soient sociales, économiques ou nationales. Le radicalisme du capitalisme américain plonge ses racines dans le passé de l'Amérique, épargnée par les conséquences atroces des excès auxquels peut mener ce même capitalisme, et cette forme du capitalisme américain nourrit à son tour le radicalisme de la droite américaine et de la culture nationaliste américaine. Cet ensemble complexe d'attitudes radicales est parfaitement visible dans les pages éditoriales du premier quotidien américain du monde des affaires, le *Wall Street Journal*. Pour apprécier les différences culturelles et politiques entre les capitalistes américains, pris dans leur ensemble, et leurs homologues européens, il n'est sans doute rien de mieux que de comparer ces pages du *Wall Street Journal* avec celles des quotidiens qui jouent, en Europe, un rôle équivalent – *Financial Times*, *Frankfurter Allgemeine Zeitung*, *Corriere della Sera*, etc. Les principaux articles du *Financial Times*, par exemple, consacrés au réductions d'impôts de Bush témoignent d'une réaction horrifiée.

Ce qui, surtout, est frappant dans le *Journal* – représentant l'opinion d'une classe capitaliste dominante qu'on présumerait satisfaite – c'est la propension de ses auteurs à la fois au radicalisme et à la haine pure et simple. Les éditoriaux du *Wall Street Journal* traitaient le président Bill Clinton comme un usurpateur étranger, un dangereux radical, un traître à la cause nationale. Ce qui rappelle les propos parfaitement injurieux tenus par le même quotidien et par les classes capitalistes en général, dans les années 1930, contre le « communiste » Franklin Delano Roosevelt – l'homme qui a probablement fait plus que tout autre pour la préservation et l'extension du capitalisme américain dans le monde. Les explications de ce comportement sauvage sont à rechercher pour partie dans les angoisses culturelles et raciales des conservateurs (qui seront examinées au prochain chapitre), mais aussi, à part égale – à la manière de ce qui s'est passé avant 1914 –, dans l'appropriation par les capitalistes américains d'une droite inconditionnelle, afin de dominer l'État et de maintenir leurs profits.

Ce qu'est devenu le parti républicain traduit bien la nature particulière du capitalisme américain. Comme ailleurs dans le monde, le nom historique des principaux partis politiques a perdu depuis longtemps toute valeur descriptive. Il ne serait certainement pas facile de trouver un nom qui décrive parfaitement les démocrates, étant donné l'énorme et curieux mélange de points de vue de classe, ethniques, culturels et idéologiques qu'ils représentent. « Libéraux progressistes » serait peut-être le meilleur, et sans doute moins bon qu'il n'y paraît. Pourtant, si nous cherchions un nom pour les républicains, qui puisse les situer convenablement dans un contexte historique et international plus large, nous n'aurions guère à hésiter : les républicains seraient rebaptisés « parti nationaliste américain ».

La politique étrangère menée par les républicains, leur culture politique commune n'en constituent pas l'unique raison. Bien plus, le mélange républicain d'aujourd'hui, dans son ensemble, rappelle les positions classiques tenues autrefois par les mouvements nationalistes conservateurs en Europe et ailleurs. À l'extérieur, elles reposaient sur un « nationalisme péremptoire » et soutenaient souvent des politiques impérialistes. À l'intérieur, elles défendaient la propriété privée en général et les intérêts des classes supérieures en particulier, avec une insistance particulière sur les questions d'héritage. Bien sûr, tous ces gens se peignaient eux-mêmes en défenseurs des valeurs familiales et religieuses, de la tradition nationale, contre la marée montante de la décadence, d'origine étrangère, cosmopolite, libérale et socialiste. Et le danger existe, qu'à l'instar de leurs doubles européens d'avant 1914, les républicains, s'ils s'en tiennent à la politique radicale en faveur des riches qu'ils ont adoptée sous l'administration Bush pour la période 2000-2004, soient poussés toujours plus avant vers la surenchère nationaliste, seule solution restant à leur disposition pour briguer les faveurs de la masse.

Peuples élus

Il est une croyance qui sous-tend le nationalisme, non seulement de la droite américaine, mais de la culture américaine en général, croyance en une Amérique spécialement « élue » et donc, selon le mot de Madeleine Albright, ancienne secrétaire d'État de Bill Clinton, en une « nation indispensable » – qu'elle ait été élue de Dieu, du « Destin » ou de l'« Histoire », ou même simplement appelée à la grandeur et à la puissance parce qu'elle est censée posséder la plus grande, la plus vieille et la mieux développée des démocraties. Ainsi Woodrow Wilson durant la Première Guerre mondiale : « L'Amérique a eu l'infini privilège d'accomplir son destin et de sauver le monde. » Ce messianisme sera étudié dans le prochain chapitre[59].

Au milieu du XXe siècle, ce fut en effet le cas ; et c'est aussi l'une des raisons pour lesquelles cette croyance a persisté. Lorsqu'un évangéliste aussi populaire que Billy Sunday déclarait, au début de la guerre contre l'Allemagne, en 1917 : « L'Amérique est placée dans une position telle que le destin du monde dépend largement de notre conduite. Si nous perdons la tête, c'en sera fini de la civilisation », il se lançait dans une hyperbole nationaliste. Dans les années 1940 et au début des années 1950, cela n'avait rien d'exagéré[60].

Cette conception de l'Amérique, non seulement comme une vision ou un rêve inaccompli, mais aussi comme un pays porteur d'une mission, occupe une place centrale dans la construction de l'identité nationale, et forme le cœur de cette foi de l'Amérique en sa propre « exception »[61]. Elle était inscrite sur le grand sceau de la République lorsque l'Amérique naquit en tant que nation : *Novus Ordo Seculorum* (« Un nouvel ordre pour les siècles »).

Aujourd'hui, cette croyance rend en effet les Américains exceptionnels dans le monde développé. Dans le passé, elle était pourtant très répandue : « Depuis des temps immémoriaux, les nations se sont forgé d'elles-mêmes une conception supérieure et se sont donné pour mission de dominer les autres peuples ou de conduire le reste du monde sur des chemins de lumière. » Nombre de nations au cours de l'histoire – peut-être même la grande majorité – se sont crues tout spécialement « élues » par Dieu ou le destin, pour accomplir quelque grande « tâche », et ont souvent employé, pour décrire leur mission, le même langage ou presque[62]. Et parmi les plus ardents zélateurs de la mission universelle de l'Amérique on compte bien sûr des sujets de la Couronne, répétant, dans les grandes lignes, les propos tenus par leurs pères et leurs grands-pères lorsqu'il était question de l'Empire britannique[63].

Selon les mots d'Herman Melville : « Nous, Américains, sommes le peuple élu – l'Israël de notre temps ; nous portons l'arche des libertés du monde. Dieu a conçu de grandes choses pour notre race, l'humanité les attend ; et dans nos cœurs, nous sentons de grandes choses. Le reste des nations marchera bientôt derrière nous. Nous sommes les pionniers du monde, l'avant-garde, envoyée à travers la jungle des choses irréalisées, pour frayer un chemin dans ce Nouveau Monde qui est le nôtre[64]. »

Comme l'écrit le professeur Conrad Cherry, « le thème du peuple élu, en Allemagne et aux États-Unis, entre 1880 et 1920, illustre le caractère protéiforme d'un mythe : le nationalisme religieux. Il s'est montré capable d'endosser des identités multiples, bibliques ou non bibliques, sans perdre sa puissance mythique ». La différence, aujourd'hui, est évidemment qu'en Allemagne ce mythe a été totalement détruit (du moins dans sa forme nationaliste) par les horreurs de la période 1933-1945, ce qui, dans une très large mesure, est également vrai pour toute l'Europe de l'Ouest ; tandis qu'aux États-Unis, il est encore très vivant[65].

La forme protestante de ce mythe doit être recherchée dans l'Angleterre, la Suède et la Hollande des XVIe et XVIIe siècles, avant même qu'il ne migre aux États-Unis. Selon les mots de Milton, au milieu du XVIIe siècle : « Que l'Angleterre n'oublie pas sa prééminence parmi les nations et qu'elle leur enseigne à vivre ! » Comme ce sera le cas en Amérique, il s'ensuivait généralement une identification explicite à l'Israël biblique. Toute une imagerie protestante et biblique envahit la rhétorique impériale anglaise, même chez le bien peu religieux (puisqu'il était maçon) Rudyard Kipling. Étrangement, les thèmes de la christianisation, de la libération et du développement y voisinent toujours avec ceux de la supériorité raciale et de la force victorieuse.

On retrouve également chez toutes les grandes puissances de l'histoire moderne une conception de soi, à l'américaine, comme « nation universelle », réunissant le meilleur de l'humanité, embrassant l'humanité tout entière dans des valeurs universelles. Ce qui leur permet en retour de se réclamer d'un nationalisme ou d'un patriotisme positif, tandis que celui des autres nations serait négatif, moralement étique, car ne servant que leurs propres intérêts.

Avant 1914, les Allemands pensaient que « l'Allemagne pouvait guérir le monde », grâce à son sens particulier de l'ordre et du progrès technique, à sa « culture » organique, ancrée dans une « communauté » (*Gemeinschaft*). Ces valeurs étaient opposées par les penseurs allemands à une « civilisation » prétendument décadente, peu profonde et atomisée, la « société » (*Gesellschaft*) déracinée de l'Angleterre, de la France ou des États-Unis, et à la barbarie de la Russie. Un siècle plus tôt, Johann Gottlieb Fichte n'affirmait-il pas : « Seul l'Allemand peut être patriote ; lui seul, pour l'amour de son peuple, peut contenir toute l'humanité ; à l'opposé, le patriotisme de tout autre peuple s'avérera égoïste, étroit, hostile au reste de l'humanité [66]. »

Les Russes aussi, sous les tsars, avaient leur propre acception de leur mission universelle et de ce qui fait une nation : ils se considéraient comme les héritiers non seulement de Byzance, mais de l'Empire romain chrétien de Constantin. Le linguiste et grammairien slavophile Konstantin Aksakov écrivait : « Le peuple russe n'est pas une nation, c'est une humanité ; s'il peut apparaître comme un peuple, c'est uniquement parce qu'il est lui-même environné de peuples dont l'essence est exclusivement nationale, et son humanité est alors représentée par sa nationalité [67]. » Pour Dostoïevski, les Russes étaient « le seul peuple sur terre qui [portât] Dieu, destiné à régénérer et à sauver le monde ». Ce même esprit devait plus tard se communiquer au communisme soviétique, pour lequel la langue russe et certains aspects de la culture russe constituaient des éléments essentiels à la construction d'une nouvelle nation socialiste, laquelle, à son tour, fournirait un modèle à toute l'humanité.

Mais c'est avec l'histoire de France que s'établit le parallèle le plus intéressant. Pour un sujet britannique d'aujourd'hui, pragmatique et empirique, le vieux désamour entre les États-Unis et la France ressemble à une querelle entre deux frères se disputant un même héritage [68]. Car la France, comme l'Amérique, a réclamé pour elle-même, au cours des deux siècles passés, l'héritage des Lumières, de paix, de démocratie et de progrès, ainsi que le droit de diffuser ces principes parmi les autres nations. Cette foi remonte à la Révolution française, mais elle s'appuie sur la conviction plus ancienne, dans la France d'Ancien Régime des XVIIe et XVIIIe siècles, d'incarner la « Grande Nation », ayant pour mission culturelle de conduire l'Europe. Bien sûr, des racines plus profondes peuvent être décelées beaucoup plus tôt, dans les images médiévales, catholiques et proto-nationales de la France, « fille aînée de l'Église ».

Longtemps après la Révolution, la France était encore considérée comme « une glorieuse mère, dont nous ne sommes pas l'enfant unique, et qui doit conduire chaque peuple vers la liberté [69] ». Comme le dit Thomas Jefferson, « Chaque homme a deux patries – la sienne et la France » ; ce qui, culturellement parlant, vaudrait aujourd'hui pour le monde entier, ou presque, vis-à-vis des États-Unis [70]. Ou, dans les termes, très américains, d'un Charles de Gaulle, tels que les rappelle le socle de sa statue sur les Champs-Élysées : « Il existe un pacte vingt fois séculaire entre la grandeur de la France et la liberté du monde. » Tout comme aux États-Unis, cette croyance en un destin particulier peut aussi servir d'arme en politique intérieure. Ainsi en janvier 2004, l'ancien ministre socialiste Jack Lang, reprochant au gouvernement de droite son attitude excessivement amicale envers la Chine, pouvait-il déclarer que « l'Assemblée nationale avait incarné pendant deux siècles le combat pour les droits de l'homme » – un sentiment qu'on pourrait entendre s'exprimer de la même façon au Congrès, mais qui, dans les deux cas, emplirait certainement de surprise un ancien combattant viêtnamien [71].

De Gaulle, qui se faisait « une certaine idée de la France », l'imaginait, « telle la princesse des contes [...], vouée à une destinée éminente et exceptionnelle », la voulait choisie par la Providence. Cette foi patriotique n'est pas morte dans les élites française, mais elle est beaucoup moins répandue, et, comme le montre le sondage cité au début de ce chapitre, le nationalisme de masse est beaucoup moins fort, en ce début de XXIe siècle, en France qu'aux États-Unis. Pour Edgar Quinet, seule la France avait « l'instinct de la civilisation, le besoin de prendre d'une façon générale l'initiative pour amener le progrès dans la société moderne [...]. C'est ce besoin désintéressé autant qu'impérieux [...] qui fait l'unité de la France, qui donne un sens à son histoire et une âme à la patrie[72] ».

De tels sentiments sont encore partagés, jusqu'à un certain point, non seulement en France, mais plus largement en Europe de l'Ouest. Pourtant, ils diffèrent fondamentalement, dans leur nature même, de ceux qui ont cours aujourd'hui aux États-Unis. Car, depuis la Seconde Guerre mondiale, les Européens se sont peu à peu détachés de l'imaginaire et de l'imagerie nationalistes, pour s'attacher, de plus en plus, au « projet européen », exprimé dans l'Union actuelle et dans les constructions communautaires qui l'ont précédée.

Dans sa volonté affichée de répandre la démocratie, les droits de l'homme et le développement, l'Union européenne n'est pas très éloignée des États-Unis ; elle continue en quelque sorte la « mission civilisatrice » des anciens États impériaux qui la constituent. Mais, à la différence des États-Unis, le dépassement du nationalisme et de ses manifestations sur la scène internationale constitue une part essentielle de cette mission. C'est un point fondamental. Et c'est la raison d'être du « projet européen » lui-même : empêcher à tout jamais les conflits nationaux qui ont ravagé l'Europe par le passé : « Les Européens ont fait quelque chose que personne n'avait fait avant eux : créer une zone de paix d'où la guerre soit bannie, absolument bannie. Ils sont aussi convaincus que ce modèle est valable pour les autres parties du monde[73]. »

La France elle-même s'est fondue dans l'Union européenne et, avec elle, sa vieille « mission civilisatrice » et ses ambitions de grande puissance. À la fois par pure faiblesse, mais aussi, du moins pour ce qui concerne son interventionnisme et son unilatéralisme, vis-à-vis du monde non européen, parce que les guerres d'Indochine et d'Algérie (1946-1954 et 1954-1962) ont vidé de tout contenu ce type de sentiments.

L'expérience de plusieurs pays européens, qui ont vécu des processus de décolonisation décevants, chaotiques et souvent sanglants, l'échec de la démocratie et du développement dans la plupart des anciennes colonies ont aussi constitué un vaccin efficace contre les formes les plus optimistes et les plus violentes de la « mission civilisatrice ». On ne croit donc plus guère en Europe que la civilisation puisse ou doive s'étendre par la force des armes, beaucoup moins en tout cas qu'aux États-Unis. Toutefois, ces dernières années, ce genre de conviction a connu un certain regain, suite aux échecs honteux et désastreux de la politique européenne dans l'ancienne Yougoslavie et à son incapacité de prévenir les guerres et les atrocités dont elle a été le théâtre. Mais en ces matières, lorsqu'il s'agit de mettre sur pied un programme de développement appuyé par la force, sans contrôle américain, les ambitions de l'Europe se limitent à sa périphérie immédiate, à savoir les Balkans.

Thèse et antithèse

La France fournit cependant d'autres parallèles, très intéressants, quant à l'un des aspects du nationalisme américain qui constitue le sujet central de ce livre : j'entends par là sa séparation historique en courants culturels et idéologiques très différents, et fréquemment opposés. Ceux-ci, en raison des convulsions idéologiques et politiques qui ont régulièrement agité la France entre 1789 et 1958, s'y sont plus clairement définis et radicalisés qu'aux États-Unis, mais il sont à plus d'un titre très comparables.

En effet, depuis 1789, la France a développé, comme les États-Unis, ce qu'on pourrait appeler une idéologie nationale, un credo, une thèse civique et nationaliste qui l'a représentée aux yeux de ses propres citoyens et à ceux du monde – à la différence des États-Unis, toutefois, celle-ci n'a pas toujours fait, même en public, l'unanimité des Français. Elle s'appuie sur les valeurs fondamentales de la Révolution française, intégrées par la suite, dans une plus ou moins large mesure, au bonapartisme et aux républiques qui se sont succédé : à savoir la souveraineté populaire (quand bien même celle-ci serait manipulée par des gouvernements plébiscitaires), les « droits de l'homme », l'égalité devant la loi, la laïcité, et « l'ouverture des carrières aux talents[74] ».

Ces principes furent amenés à cimenter la branche dominante du nationalisme : c'est-à-dire le sentiment officiel d'une mission universelle et l'idée que l'identité et la citoyenneté française, à l'intérieur, se fondaient, non pas sur l'ethnicité ou la religion, mais sur la loyauté à l'égard de l'État. Il s'ensuit que la France fut longtemps la société la plus ouverte d'Europe (si l'on excepte la Russie) pour ce qui concerne l'assimilation des étrangers[75]. Assimilation, et non pas pure et simple tolérance. Des étrangers à qui l'on accordait de devenir français, on attendait qu'ils le devinssent effectivement. Comme aux États-Unis. Ainsi la France fut-elle, longtemps avant les autres, le premier pays qui émancipa sa minorité juive ; mais avec la notable intention, exprimée par Napoléon, qu'elle se fondît dans la grande masse du peuple français – approche très différente de celle de l'Angleterre, par exemple. Ces dernières décennies – comme en témoigne la décision très controversée, prise en 2003, d'interdire aux jeunes filles musulmanes le port du voile à l'école – la même tension est réapparue, à l'égard cette fois de la minorité musulmane et du rôle de l'Éducation nationale dans la préservation des valeurs laïques – donc d'assimilation – de la République[76]. En France, le nationalisme civique est assimilationniste, il n'est pas pluraliste.

Mais la France, comme les États-Unis, a hébergé des tendances politiques, des cultures et des idéologies allant clairement contre la « thèse » française. Elles furent plus évidemment représentées au XIXᵉ siècle, dans la longue opposition des forces catholiques et conservatrices, qui refusaient d'accepter la République et les valeurs qui la fondaient. Comme aux États-Unis, la continuité des allégeances politiques n'est pas pour autant le trait marquant de cette « antithèse ». Les derniers restes du monarchisme français, très édulcorés, se sont assez gentiment rangés au loyalisme envers la Vᵉ République gaullienne, et l'Église catholique a, elle aussi, depuis longtemps fait la paix avec la République et la démocratie. En outre, pendant de longues périodes, l'extrême droite elle-même s'est très largement fondue dans le courant principal de centre droit.

Il serait donc erroné de vouloir établir, en ce début de XXIe siècle, une filiation politique directe entre les Chouans contre-révolutionnaires et loyalistes des guerres de Vendée et le Front national de Jean-Marie Le Pen. Au contraire, comme l'a souligné l'historien Hans Rogger, la droite, parce qu'elle eut tendance à se composer, historiquement et au plan international, autour de communautés, ou de regroupements de sensibilités plutôt qu'autour d'une idéologie précise, entretient à l'intérieur d'elle-même « des différences [...] plus prononcées encore qu'à gauche ; et c'est pourquoi il est si difficile de généraliser, de parvenir à des définitions universellement valables[77] ».

Il est plus intéressant de tracer des continuités de sensibilité ayant pris, au cours des générations, des formes politiques différentes. Ces tendances ont revendiqué pour la France une identité nationale non pas fondée sur une idéologie séculaire, mais sur une appartenance culturelle ou ethnique plus ou moins exclusive. C'est ce que traduisit longtemps l'adhésion au catholicisme ; puis, dans les dernières décennies du XIXe siècle, culminant sous Vichy, l'antisémitisme. Aujourd'hui, cela signifie surtout être blanc, parler un bon français et n'être pas musulman. Une extrême hostilité aux élites parisiennes, administratives, culturelles ou du monde des affaires, y est généralement de mise, et bien sûr à Paris lui-même, à sa population multiethnique et à sa culture moderne (quand bien même les dirigeants ou les idéologues de cette tendance seraient des intellectuels parisiens).

En Amérique, comme l'écrit le politologue Walter Russell Mead : « La certitude que l'essence de la nationalité américaine repose sur la défense de principes universels est constamment battue en brèche par l'idée que l'américanité n'appartient qu'au peuple américain et doit être défendue contre les influences étrangères plutôt que partagée avec le reste de l'humanité[78]. »

C'est aussi vrai, essentiellement vrai, de la France. Comme toute tendance de ce genre, cette tradition, aux États-Unis et en France, prétend représenter le « pays réel », la nation immémoriale, authentique, véritable, contre le « pays légal » des élites culturelles et administratives – un refrain ressassé par les politiciens de droite dans leurs diatribes contre Washington[79]. En France, cette tendance, également à l'œuvre partout en Europe, est violemment hostile, par esprit, à l'Union européenne et à la mondialisation – conçues toutes deux comme le projet politique des élites cosmopolites, contraire aux intérêts des gens ordinaires, des « vrais » Français. Dans le passé, l'aristocratie traditionaliste ainsi que des fractions de la petite bourgeoisie et de la paysannerie formaient le vivier naturel de ce courant de pensée ou d'opinion. Il embrasse aujourd'hui beaucoup d'ouvriers, souvent ex-communistes.

Si la vocation à une mission transnationale prend en France ses racines longtemps avant la Révolution, il en va de même du courant décrit plus haut, dont l'origine peut être ramenée à la résistance des provinces, non seulement contre la Révolution, mais aussi contre les efforts de centralisation et de normalisation de l'Ancien Régime, notamment en matière de conscription et d'impôt. Là aussi, on peut aisément tracer un parallèle avec le monde de l'« antithèse » aux États-Unis.

La vive méfiance envers le « gouvernement », qui caractérise tant d'Américains, est généralement attribuée, suivant en cela l'analyse faite à la fin du XIXe siècle par l'historien Frederick Jackson Turner, à la tradition individualiste de la Frontière ; ce qui, bien sûr, est juste. Mais le phénomène reprend aussi certains aspects de la suspicion traditionnelle dans laquelle la paysannerie européenne tenait autrefois l'autorité de l'État, trop souvent incarnée – c'est d'ailleurs toujours le cas dans les pays « en voie de développement » – par les collecteurs d'impôts, une police cruelle, des sergents recruteurs brutaux, et une soldatesque se livrant au pillage et au viol, tous ces gens parlant de surcroît des langues ou des dialectes étrangers. Et l'on peut considérer ces habitants du vaste territoire américain, violemment individualistes et hostiles à l'État, comme des paysans de l'Europe traditionnelle, enfuis par les forêts et les montagnes, pour échapper aux pressions de l'État. Ceux-ci sont juste allés un peu plus loin.

Les courants « antithétiques », en France, ont naturellement tendance à remonter à la surface lors des périodes de crise économique, ou lorsque le pays est vaincu, humilié, se sent décliner. Ce fut le cas après la défaite de 1870-1871 contre la Prusse, avec un apogée au moment de l'affaire Dreyfus[80]. En 1872, le poète Sully Prudhomme reniait en vers son internationalisme défunt :

> « Je m'écriais avec Schiller :
> « Je suis citoyen du monde »
> [...]
> De mes tendresses détournées
> Je me suis enfin repenti.
> Ces tendresses je les ramène
> Étroitement sur mon pays
> Sur les hommes que j'ai trahis
> Par amour de l'espèce humaine[81]. »

Le retour de l'antithèse eut des conséquences encore plus désastreuses lors du ralliement de la population au maréchal Pétain après la défaite de 1940 avec l'instauration du régime de Vichy. L'État fut encore menacé ou transformé dans les années 1950, avec la défaite d'Indochine et le bourbier algérien. Mais comme l'indique la popularité d'un Le Pen et de son mouvement, il n'est pas certain que sur fond de crise économique, d'immigration et de terrorisme, il n'atteigne pas à nouveau, dans l'avenir, un seuil véritablement dangereux.

Aujourd'hui, comme tous les mouvements de ce type en Europe occidentale, ce courant nationaliste est profondément défensif, et même, jusqu'à un certain point, « isolationniste ». Il est centré sur la défense de la culture nationale « traditionnelle » et de l'ethnicité (c'est-à-dire, comme aux États-Unis, du mélange ethnique en partie légué par les précédentes générations d'immigrés), contre l'immigration récente, les nouvelles formes de culture ou les nouveaux modèles économiques. Ce genre de nationalisme dégénère facilement en violences relevant du droit commun, voire fascisantes.

Mais ces violences sont à la fois justifiées et ressenties par ceux qui les exercent comme des actes d'autodéfense, au nom d'intérêts vitaux et collectifs : il faut prendre des mesures pour préserver l'âme de la communauté nationale, le travail, « la loi et l'ordre », etc., contre les étrangers. Ils ne rêvent pourtant pas d'aller reconquérir Wroclaw, quand ils sont allemands ou Lvov, quand ils sont polonais. Et il ne suffit pas pour le comprendre d'invoquer l'idéologie, la réalité internationale ou la culture contemporaine ; c'est aussi le reflet ou la traduction des souvenirs amers laissés par l'histoire, encore très présents, comme nous l'avons déjà fait remarquer, dans la société européenne. Frapper des immigrés au coin d'une rue est une affaire un peu moins redoutable que de s'embarquer dans une guerre.

Aujourd'hui, il semble fort peu vraisemblable que cette antithèse française puisse accéder au pouvoir, du moins dans les années à venir. Si l'on cherche un exemple – celui-ci est assez fascinant – d'une antithèse nationaliste qui y soit parvenue, l'Inde est un bon terrain d'observation. Là aussi, comme en France et aux États-Unis, l'État et les élites, après 1947, ont mis en avant une thèse nationaliste et offert au public indien et au monde une certaine vision du pays. Contrairement à la France et aux États-Unis, cette thèse s'est nourrie de la domination impériale étrangère, mais dans son contenu, elle est à peu près semblable : l'Inde comme démocratie séculaire – « la plus grande démocratie du monde », selon la formule – vouée au progrès et aux droits de l'homme, assurant à tous ses citoyens l'égalité des droits et des chances. Durant quelque trois décennies après l'indépendance, une forme non totalitaire, modérée, d'économie socialiste fut intimement associée à ce credo civique à l'indienne. Sur le plan international, elle concordait avec le désir de fournir à l'ancien monde colonial une direction éclairée, dans sa lutte contre le néocolonialisme et l'hégémonie occidentale.

Ce nationalisme civique et démocratique est associé, plus qu'à tout autre, au nom de Jawaharlal Nehru et au parti du Congrès qu'il dirigea (et qui, au moment où j'écris ces lignes, est conduit par la veuve de son petit-fils, laquelle – preuve de l'ouverture d'esprit incarnée par cette tradition – est d'origine italienne). Pourtant, dès le début, le parti du Congrès abrita en son sein des éléments de l'antithèse nationaliste, fondés sur une idée de l'Inde non plus communauté de citoyens, mais religieuse, culturelle et jusqu'à un certain point ethnique. En dehors du Congrès, des variantes bien plus extrémistes étaient représentées par une multitude de groupes politiques hindous, souvent teintés de fascisme, tant sur le plan des idées que sur celui du mode d'organisation, qui allaient finalement se regrouper pour former le parti qui dirigerait l'Inde de 1998 à 2004, le Bharatiya Janata Party, ou BJP.

Comme dans les antithèses française et américaine, cette tradition nationaliste rejette l'ouverture et l'universalisme du credo nationaliste et civique de Nehru, au profit d'une vision de l'Inde considérée comme une communauté culturelle fermée, constituée dans ce cas précis d'Hindous. Ce qui exclut de la « vraie » nation politique indienne, implicitement ou explicitement, les musulmans, les chrétiens et d'une manière générale les cultures ne relevant pas de l'hindouisme. À la différence d'autres mouvements du même genre, celui-ci s'est engagé dans la voie de la croissance et de l'ouverture économiques (en grande partie parce qu'il entend disputer à la Chine son rôle de grande puissance asiatique), et il a bénéficié d'un large soutien de la part de la diaspora indienne aux États-Unis ; mais il fait preuve de la plus grande aversion pour les élites ostensiblement occidentalisées et laïques à l'intérieur même du pays. Comme autrefois les tendances antithétiques en France et aux États-Unis, il peut se montrer très violent dans ses relations avec les minorités, dans la mesure où elles menacent à ses yeux les intérêts de la communauté « d'origine » et le contrôle que celle-ci exerce – ce que démontre une longue et sanglante tradition d'émeutes et de pogroms communautaires[82].

Avec le temps, les nationalistes hindous – ce fut le cas, également de leurs homologues américains – ont fini par intégrer des éléments importants du nationalisme civique. Y compris ce qui semble être devenu un véritable attachement à la pratique démocratique de base – encore qu'il s'agisse ici d'une version indienne de la « démocratie du *Herrenvolk** », où la domination est exercée par un groupe religieux dominant plutôt que par une race ou une communauté ethnique. Cette fusion partielle des nationalismes religieux et civique n'était pas du tout vérifiée au moment de l'indépendance. Dans les décennies qui suivirent, le BJP semble avoir peu à peu reconnu que la démocratie, tout du moins le constitutionnalisme, était le seul système capable de maintenir l'unité d'un pays tel que l'Inde. Le statut démocratique de l'Inde devenant en outre, à ses yeux, partie intégrante de la grandeur nationale, motif supplémentaire de fierté – indice, et non le moindre, de la supériorité de l'Inde sur le Pakistan détesté.

La seconde ressemblance avec les États-Unis s'articule autour de la relation complexe entre cette tradition et la communauté ethnique. La base du BJP est principalement constituée par les populations hindoues de langue hindi du nord de l'Inde, généralement des castes supérieures ou moyennes. Après l'échec face à la résistance opiniâtre du Sud des tentatives de faire de l'hindi la langue nationale –, le BJP semble avoir fait sienne la vision d'une Inde fondée sur le nationalisme hindou, la démocratie, le succès économique et l'honneur militaire. Ainsi, aucun des nationalismes indiens ne peut être qualifié d'ethnique – ce qui

---

* Le terme ne figure plus aujourd'hui dans les dictionnaires courants d'allemand. *Herren* : nom pl. : « messieurs », « seigneurs » ; *Volk* : « peuple ». Si l'on traduit : « peuple (ou race) des seigneurs ». L'historien George Fredrickson, dans son livre *The Black Image on the White Mind* (1972), utilise le concept de *Herrenvolk democracy* pour caractériser la société esclavagiste du Sud : l'égalité à l'intérieur de la classe dominante – les Blancs – s'appuie sur l'infériorité permanente dans laquelle est maintenue une autre classe – les esclaves.

montre les limites des modèles inspirés par des nationalismes ethniques « classiques » d'Europe centrale lorsqu'on veut étendre le champ d'étude au reste du monde.

La comparaison avec l'Inde est intéressante, car elle met en évidence les similarités et les différences entre le nationalisme de droite aux États-Unis et les mouvement conservateurs et nationalistes radicaux ailleurs dans le monde, aussi bien hier qu'aujourd'hui. Le point essentiel est bien l'attachement « exceptionnel » de la droite américaine à la démocratie – ce qui ne signifie aucunement que celle-ci doive être « pluraliste » ou « libérale » –, plus exactement, pourrait-on dire, aux institutions et aux formes d'une démocratie préférée à la dictature.

De la démocratie du *Herrenvolk* à l'empire-civilisation

Cet attachement à la démocratie et aux principes universalistes du credo américain a joué un rôle essentiel dans la transformation de l'Amérique ; il lui a permis de transcender son passé raciste et de construire, à partir d'une démocratie du *Herrenvolk*, fondée sur les règles rigides et sur l'implacable coercition de la supériorité et de l'exclusion raciales, un véritable « empire-civilisation ».

Toutes les grandes missions nationales et autres appels de la destinée se sont appuyés, dans l'ancienne Europe, sur une certaine image de l'Empire romain. Ce parallèle a également une longue histoire dans la pensée américaine. Il s'est considérablement développé dans le débat public aux États-Unis, à mesure que l'Amérique s'affirmait comme unique superpuissance mondiale[83]. Comme la Chine et plus tard les premiers califats de l'Islam, Rome fit plus que de réunir sous la même langue et la même culture des communautés ethniques nombreuses et différentes ; son héritage continua de modeler l'histoire et le caractère de l'Europe longtemps après sa chute. Ces empires furent mieux que des États, des civilisations. Ils surent transcender, à l'intérieur de leurs frontières, les divisions raciales et ethniques, et leur influence fut sensible bien au-delà de leurs frontières dans l'espace et le temps.

Ces « empires-civilisations » doivent être distingués des empires purement militaires, comme celui des Mongols, mais aussi des empires maritimes du *Herrenvolk* européen qui, s'ils ont sans aucun doute transformé nombre de cultures et de sociétés, n'en ont pas moins tracé une ligne de démarcation incontournable entre les maîtres blancs européens et les peuples soumis, à la peau plus foncée. Les Soviétiques eurent aussi l'ambition de fonder un empire-civilisation : ils cherchèrent à créer un nouveau genre d'homme civilisé, aux origines multi-ethniques, mais attaché à une culture et parlant une langue qui seraient la même pour tous, à l'intérieur, et se répandraient au-delà des frontières de l'Union soviétique pour influencer l'humanité tout entière.

Sur leur propre territoire, la taille immense des États-Unis, leur dynamisme économique, leur capacité d'assimiler d'impressionnantes masses d'immigrants (blancs), à les intégrer au credo et à la culture américains, leur ont conféré, depuis toujours, certains traits caractéristiques d'un tel empire. Comme l'a dit le juge Oliver Wendell Holmes*, au début du XXe siècle : « Nous sommes les Romains du monde moderne – le grand peuple assimilateur[84]. »

Au-delà de leurs frontières, le succès économique foudroyant des États-Unis, la vitalité de leur culture, ont aussi créé une version informelle de l'empire-civilisation. En témoigne l'admiration des jeunes élites russes à la fin des années 1980 et au début des années 1990, qui a contribué à ébranler leur foi en l'Union soviétique et dans le communisme. En termes d'influence ou de puissance, « dure » ou « douce », c'est-à-dire pour ce qui concerne la flotte américaine, la langue américaine, la nourriture américaine, la

* Oliver Wendell Holmes (the Younger, 1841-1935), fils d'Oliver Wendell Holmes (the Elder). Le père, médecin, connut la gloire en tant que poète. Le fils, juge à la Cour suprême, était réputé pour ses opinions libérales.

culture populaire américaine et les règles économiques américaines, les États-Unis d'aujourd'hui soutiennent bien entendu la comparaison avec les grands empires-civilisations du passé.

Pourtant, les aspirations des États-Unis au rôle d'empire-civilisation ont longtemps été paralysées par le racisme, ce que reconnaissent beaucoup d'Américains, même hors de toute problématique impériale. Le racisme profond, typiquement sudiste, d'un Woodrow Wilson, par exemple, greva grandement et continue de miner l'internationalisme libéral dont il fut le champion, aux yeux des Japonais et de nombreux autres peuples non blancs du monde[85]. Comme l'écrivit en 1943 le théologien Reinhold Niebuhr : « Notre orgueil racial est incompatible avec nos responsabilités dans la communauté mondiale. Si nous ne parvenons pas à le corriger, nous échouerons dans notre tâche. » En 1944, c'est entre autres parce qu'il craignait que le racisme, à l'intérieur, n'affaiblît l'Amérique dans sa lutte contre le totalitarisme, que Gunnar Myrdal écrivit son fameux livre, *An American Dilemma*[86].

Et c'est en grande partie parce qu'elles comprirent combien le sort des Noirs discréditait la puissance américaine dans sa lutte contre le communisme, que les élites nationales prirent la décision, dans les années 1950 et 1960, d'en finir avec les aspects les plus criants du racisme[87]. Abraham Lincoln, en son temps, n'avait-il pas compris que l'esclavage affaiblissait l'Amérique dans sa mission démocratique en l'exposant à l'accusation d'hypocrisie[88] ?

Lorsqu'on compare les États-Unis d'aujourd'hui avec les grandes civilisations du passé, il est extrêmement important de distinguer racisme et préjugés culturels. En Chine, les empereurs de la dynastie des Han affichaient les plus violents préjugés envers les « barbares », à l'intérieur et à l'extérieur de leurs frontières. Mais il a suffi que ceux-ci adoptent la langue et la culture chinoises, se convertissent (s'ils voulaient rejoindre l'élite) à l'idéologie officielle confucéenne, pour qu'ils deviennent chinois et que cessent les préjugés à leur égard. Car l'une des conditions *sine qua non* de l'empire-civilisation demeure la bonne grâce avec laquelle il permet que se substituent aux critères d'appartenance fondés sur la race et la communauté ethnique de nouvelles conditions d'accès déterminées par la langue, le credo et la culture, ce qui fut formellement accompli, pour l'Empire romain, en 212 apr. J.-C., avec l'octroi du droit de cité à tous les sujets libres.

Contrairement aux Noirs, aux Indiens d'Amérique ou aux Chinois dans l'Amérique d'autrefois (et bien sûr dans les empires maritimes d'Europe occidentale), les barbares purent toujours être assimilés par les élites des grands empires asiatiques. En témoigne l'origine tartare ou circassienne d'un très grand nombre de noms aristocratiques russes : Youssoupov, Nabokov, Kotchoubey, Tourgueniev, etc. Lénine était le fruit d'un complet mélange ethnique, mais foncièrement russe, culturellement parlant. Le général An Lushan, qui conduisit la révolte de 755 et mit fin à la première période Tang était un Turc sinifié d'Asie centrale ; et le plus grand poète Tang, Li Baï, était probablement lui aussi d'origine turque [89].

L'idée qu'il suffisait d'« une goutte de sang » pour être noir, et par conséquent exclu – quels que fussent l'éducation reçue, les biens qu'on possédait ou les états de service dans l'armée dont on pouvait arguer –, inassimilable, notamment par le mariage, au peuple dominant et à sa classe dirigeante eût semblé, dans ces États, proprement impensable. Ainsi des codifications raciales sophistiquées de la Java coloniale hollandaise, de La Nouvelle-Orléans, du Brésil ou des Antilles (avec leurs quarterons, octavons, mulâtres, et ainsi de suite). De telles règles eussent rendu impossible l'expansion de ces empires (bien que les différences culturelles fussent évidemment moins grandes entre les Han et les Miaos ou les Russes et les Bachkirs qu'entre les Blanc américains et les Indiens peaux-rouges, ou les Noirs réduits à l'esclavage) [90].

Ces empires-civilisations intégrèrent à leurs élites quiconque acceptait leur culture ; mais ils conservèrent une hostilité marquée, à l'égard de certains groupes internes – comme les Juifs en Russie –, qui rejetaient, voulait-on croire, cette culture, ou tentaient de l'infiltrer, de la subvertir à leurs propres fins. Comme les États-Unis d'aujourd'hui, ils étaient violemment hostiles aux peuples « barbares » du dehors qui refusaient leur culture. Bien sûr, l'identité et l'idéologie de ces empires étaient construites, en grande partie, sur la différence avec l'« Autre » barbare.

Les élites publiques de l'Amérique d'aujourd'hui se conforment d'assez près à ce modèle historique de diversité raciale assortie d'une homogénéité culturelle marquée dans certains domaines clés – culte du credo et des divinités impériales officielles. Ainsi les présentateurs de CNN, choisis de façon à traduire la diversité raciale, ne sont en fait différents que par la couleur de leur peau. En termes strictement raciaux, ils représentent une réelle percée de l'égalité, mais certainement pas en termes de culture ou même de communauté ethnique dans le vrai sens du mot. Leur présence est un véritable hommage à la réussite de l'Amérique en tant que civilisation – mais, consciemment ou inconsciemment, elle est aussi conçue pour être perçue comme telle.

À cet égard, des changements positifs, énormes, ont toutefois été réalisés aux États-Unis dans les deux dernières générations. L'attitude envers le mariage entre Blancs et Noirs en est un exemple frappant. En 1963, 64 % d'Américains étaient en faveur du maintien des lois interdisant de tels mariages, qui subsistaient alors dans de nombreux États*. En 1998, ils n'étaient que 13 % en faveur d'un retour à de telles lois – bien qu'une proportion plus importante exprime en privé son malaise au sujet du

* Il fallut attendre 1967 et l'arrêt de la Cour suprême des États-Unis « Loving v. Virginia », pour que fussent abrogées les lois interdisant le mariage mixte encore en vigueur dans 16 États. Richard et Mildred Loving, mariés en 1958 à Washington D.C., revenus vivre en Virginie, où les mariages mixtes étaient interdits, furent condamnés en 1959 par un tribunal de cet État à un an de prison, peine commuable en un bannissement de vingt-cinq ans. En 1963, ils firent appel pour anticonstitutionnalité. En 1966, la Cour suprême de Virginie rejeta cet appel et maintint la loi, avant que sa décision ne fût infirmée par la plus haute juridiction fédérale.

« flirt » interracial[91]. Il s'avère de plus que républicains et démocrates sont également attachés à la légitimité du mariage mixte. Les attitudes racistes demeurent profondément enracinées dans le Sud blanc et dans le parti républicain. Mais il a bien fallu qu'elles évoluent, voire qu'elles se déguisent, souvent exprimées à travers des politiques qui ne sont pas ouvertement racistes (notamment pour ce qui concerne le *welfare*, l'immigration, la criminalité et la « guerre contre la drogue »). Auraient-elles gardé leur vieille rudesse, leur grossière impudence, il semble que, loin d'aider les républicains à devenir de 1968 à 2004 le « parti de gouvernement » normal des États-Unis (détenant la présidence pendant vingt-quatre ans, contre douze pour les démocrates), elles en eussent plutôt fait des parias et les eussent réduits à un statut minoritaire. On peut en prendre pour preuve la rapidité avec laquelle le parti, en décembre 2002, a exigé de Trent Lott qu'il se démette de ses fonctions de chef de la majorité sénatoriale, après qu'il eut publiquement loué la campagne ségrégationniste de Strom Thurmond* aux présidentielles de 1948[92].

Cette transformation ne fut pas non plus l'œuvre des seuls libéraux. Au contraire. Des institutions jouissant d'un grand prestige à droite et dans les milieux nationalistes ont joué un rôle clé : l'armée, des acteurs et réalisateurs de Hollywood, ainsi que certaines Églises évangéliques. Même dans le Sud blanc, les préjugés ne sont plus tant fondés sur la couleur de la peau que sur la culture (bien que l'une et l'autre soient évidemment imbriquées au plus haut point)[93]. À partir des années 1990, certaines figures de la droite chrétienne et une partie de la presse qui lui est affiliée semblent avoir fait à cet égard un effort sincère.

---

* Né en 1902, mort en 2003. Élu gouverneur de Caroline du Sud en 1946, sénateur de cet État en 1954 et toujours réélu depuis (8 mandats), jusqu'à sa retraite en 2002, après avoir fêté ses cent ans, à l'occasion desquels Trent Lott prononça son éloge. Ol'Strom est resté dans les annales du Sénat pour le plus long discours d'obstruction qui y fût jamais prononcé (24 heures et 18 minutes), en l'occurrence contre les droits civiques.

Notamment Ralph Reed*, qui a présenté ses excuses pour le passé raciste des Églises évangéliques, ou les magazines *Charisma* et *New Man* dans lesquels on a pu lire des articles consacrés à des mariages mixtes réussis [94]. Les nominations de Noirs, dans l'administration de George Bush Jr., à des postes en vue ne relèvent pas uniquement, loin de là, de la politique spectacle, elles marquent un changement de sensibilité réel et positif.

Dans la partie du champ religieux occupée par l'évangélisme, les fameux prêcheurs « télévangélistes », qui ont utilisé le grand média de masse pour attirer à eux un public toujours plus important, ont joué un rôle pionnier. À commencer par Billy Graham, certaines têtes d'affiche ont mis un point d'honneur, non seulement à recruter des fidèles dans toutes les communautés, mais à inclure dans leurs chœurs, à l'église, c'est-à-dire sous l'œil des caméras, les Noirs et les autres. Graham, en particulier, a soutenu nombre de causes noires [95].

Parmi les raisons de cette évolution, il faut compter la transformation de leur propre vision de l'Amérique, d'une démocratie du *Herrenvolk* à un empire-civilisation – bien qu'issu du Sud profond réactionnaire, de Caroline du Nord, Graham était aussi passionnément dévoué à la cause de l'anticommunisme que conscient des arguments fournis dans le « Tiers Monde » aux mouvements communistes par le racisme américain. Son évolution vers une forme assez terne de multiracialisme s'est inscrite dans le glissement d'une ligne fondamentaliste dure vers un œcuménisme mou, qui le rendit acceptable aux yeux d'Eisenhower et des présidents suivants, et en firent « une sorte d'aumônier national officieux » [96].

En outre, Graham et nombre de télévangélistes ont délibérément cherché à accroître leur audience dans le monde en voie de développement. Et à l'heure de la

---

* *Born again Christian*, comme le président George Walker Bush. Ancien directeur de la Christian Coalition de Pat Robertson. L'un des principaux stratèges de la campagne 2004 pour la réélection de M. Bush.

mondialisation, il n'est plus possible de maintenir des missions vers des pays étrangers qui seraient dans l'ignorance du comportement affiché à l'intérieur. Surtout depuis qu'aux États-Unis ces mêmes prédicateurs cherchent à s'attirer les faveurs des immigrants latinos en rupture de catholicisme. Certains pentecôtistes avaient déjà commencé à se rapprocher des Noirs dans les années 1950 et 1960 [97]. Ils ont également fait des incursions significatives en Amérique latine.

En d'autres termes, ceux qui, Noirs ou autres, se conforment à certaines pratiques respectables – et bien sûr au patriotisme et à la religion – sont aujourd'hui considérés, même par les nationalistes blancs les plus conservateurs, comme intégrés au « peuple des braves gens » américains, selon l'expression de Walter Russell Mead [98]. Condoleeza Rice et le général Colin Powell sont véritablement acceptés comme de bons Américains ; même si, bien sûr, c'est uniquement dans la mesure où ils adoptent ce que les radicaux noirs nommeraient un « comportement de Blanc » – en d'autres termes, où ils font leurs, en retour, la culture, le credo et les dieux de l'empire-civilisation.

Trois autres institutions, particulièrement prestigieuses dans le Sud, et à un moindre degré dans le « pays profond », ont également joué un rôle de première importance dans ce glissement : l'armée, l'industrie du sport et le courant patriotique viril de Hollywood. Ainsi, par étapes, au terme d'une évolution délibérée qui remonte aux années 1940, l'armée est-elle devenue la plus authentiquement multiraciale des institutions américaines, où Noirs et autres peuvent être promus aux grades les plus élevés sans avoir à subir l'accusation de favoritisme [99]. À partir de la décision prise par Truman en 1948 d'abolir la ségrégation dans l'armée, cette évolution a été encouragée par tous les présidents américains, dans l'intention affichée de renforcer l'attrait de la civilisation américaine aux yeux des peuples « de couleur » tentés par le communisme [100].

Pour l'armée elle-même, c'est aujourd'hui une question de nécessité, aussi bien que d'idéologie. Après l'abandon de la conscription dans le sillage de la guerre du Vietnam, elle est devenue de plus en plus dépendante pour son recrutement des groupes à bas revenus – dans lesquels les minorités raciales sont sur-représentées. Plus récemment, le service dans l'armée a même tendance à représenter pour les immigrants (y compris illégaux) un moyen de gagner rapidement la citoyenneté – pratique qui rappelle la fin de la Rome impériale.

L'armée reste aussi profondément marquée par les tensions raciales qui ont déchiré les troupes au Vietnam : composée de Noirs pour une grande part du contingent, elle y fut en effet commandée (en raison des préjugés de classe qui imprégnaient le système de conscription) par un corps d'officiers où la proportion de Blancs était écrasante. En 2003, lorsque la question de la préférence raciale à l'université (conjointement à une campagne menée par le président Bush contre la discrimination positive) a été portée devant la Cour suprême, la décision de celle-ci en faveur du maintien des lois existantes s'est largement appuyée sur les mémoires des « amis de la Cour* », en l'occurrence ici des officiers supérieurs à la retraite, arguant que la santé des forces armées reposait sur un réservoir suffisant de diplômés noirs pour répondre aux besoins en officiers.

Mais la réalité des états de service des Noirs et d'autres groupes raciaux dans l'armée, avec leur lot de courage, de succès et de sacrifice de soi, n'est pas tout. La mise en scène qu'a pu en faire Hollywood a toujours eu beaucoup d'importance. Elle fait d'ailleurs partie d'un modèle plus large, dans lequel les films de Hollywood, teintés d'une culture populiste et nationaliste (westerns, policiers, films sportifs), ont délibérément cherché à inclure une gamme de plus en plus vaste de personnages, en les présentant comme des citoyens – ou des soldats – méritants de l'Amérique.

* Sous réserve de l'accord des parties, un (ou plusieurs) tiers – considéré(s) alors comme « ami(s) de la Cour » (*amicus curiae*) – peut soumettre à la juridiction suprême un mémoire à l'appui des conclusions de l'une d'elles.

L'intégration d'anciens et de nouveaux Américains (et notamment, après la guerre de Sécession, des ex-Confédérés ou des anciens combattants de l'Union), à travers le service dans l'armée, la colonisation ou la défense de la Frontière, forme un thème récurrent dans l'œuvre de John Ford, avec une attention particulière pour les Irlandais – ce qui n'a rien d'étonnant, puisqu'il se nommait, à l'état civil, Sean Fenny. En 1956, dans *The Searchers (La Prisonnière du désert)*, le thème central devient la lente acceptation par le héros (incarné par John Wayne, la grande icône jacksonienne) d'un membre de sa famille qui a du sang cherokee. Tout cela, bien sûr, n'est possible que parce que le personnage est à la fois complètement blanc sur le plan culturel et l'allié du héros dans sa traque du sauvage comanche, qui doit être combattu sans merci. L'un des derniers films de Ford, *Sergeant Rutledge (Le Sergent noir)*, a pour héros un courageux soldat de la Frontière, accusé à tort du meurtre d'une fille blanche – traitement nationaliste d'un thème développé dans le roman contemporain de Lee Harper *To Kill a Mockingbird* (porté au cinéma par Robert Mulligan – *Du Silence et des Ombres*), avec le même credo, à ceci près que le premier prend pour toile de fond l'armée américaine et le second le système judiciaire[101].

Durant et après la Seconde Guerre mondiale, en particulier, Hollywood souligna la conduite courageuse des juifs américains au combat – par exemple dans le film de William Wellman *The Story of GI Joe (Les Forçats de la gloire)*, sorti en 1945, avec Robert Mitchum. Plus généralement, les films de guerre américains – comme leurs équivalents soviétiques – reprennent la formule de l'unité multi-ethnique, où l'on retrouve le WASP, le Sudiste, l'Irlandais, l'Italien, le Juif, etc.[102].

Dans la dernière décennie, les feuilletons télévisés ont commencé à jouer un rôle qui n'est pas tellement éloigné, dans la promotion de la mixité raciale, bien que le terrain soit ici celui de l'amour – ou du sexe – et non plus le champ de bataille. Après quelque quarante années de télévision où il était totalement absent, le « flirt » interracial est devenu, sinon commun – il n'est guère courant dans la société –, du moins présent (plutôt, toutefois, entre Blancs, Latinos et Asiatiques qu'entre Blancs et Noirs)[103].

Autre grand héros patriotique du cinéma, Clint Eastwood a pris soin, dans certains de ses films, de choisir un Noir (ou un Indien, notamment dans le magnifique *The Outlaw Josey Wales – Josey Wales hors la loi*) comme plus proche ami et soutien du héros ; non pas caricature et faire-valoir, mais personnage digne, honorable et intelligent, qui n'est pas avare, au besoin, de commentaires ironiques sur l'hypocrisie de la société blanche[104]. *Heartbreak Ridge (Le Maître de guerre)* est un exemple du film de guerre mixte – dans un style qui n'est pas sans rappeler le cinéma soviétique. De la part de réalisateurs et d'acteurs qui jouissent dans le Sud et le pays profond d'une grande admiration, cette démarche a eu plus d'effets que celle de réalisateurs explicitement antiracistes comme Norman Jewison ou Denzel Washington[105]. Car si Billy Graham *et* Clint Eastwood se mettent tous deux à suggérer un changement possible des attitudes raciales, alors le Blanc américain le plus ignorant, le plus aveugle, sentira, quelque part au fond de son cœur, que c'est aussi son Dieu qui lui parle.

Pourtant, malgré toute la valeur et la noblesse qu'on doit accorder à cette évolution, deux traits troublants du nouvel ordre méritent l'attention. Le premier, c'est qu'à Rome, dans la Chine ancienne ou dans le califat abbasside, une relative absence de racisme au sens strict du terme ne signifiait certainement pas l'abandon de toute hostilité, voire amertume, à l'égard des « barbares » culturellement différents et des infidèles.

Ainsi, un processus serait peut-être en œuvre aux États-Unis, qu'on pourrait appeler « principe de la mine Claymore ». Cette arme consiste en une enveloppe de métal renforcé, garnie d'explosifs et de billes d'acier. Contenue à l'arrière et sur les côtés, l'explosion se produit vers le haut et vers l'avant avec une force accrue. Les politiciens et même les figures des médias ou des affaires qui tiennent en public des propos racistes s'exposent aujourd'hui à en payer le prix, bien que chacun d'eux soit parfaitement conscient qu'en privé, de telles attitudes sont encore pratique courante dans la société blanche américaine.

Mais comme pour une mine Claymore, la censure de ces pulsions, à l'intérieur, pourrait ne faire que renforcer la violence avec laquelle elles s'expriment contre les étrangers, qui demeurent, eux, un objet de haine légitime et tolérée en public. Clyde Prestowitz, président de l'Institut de stratégie économique à Washington et ancien conseiller du secrétaire d'État au Commerce dans le gouvernement Reagan, a cru remarquer, chez les Américains d'aujourd'hui, « la croyance implicite que tout être humain est un Américain potentiel et qu'en dehors de cela son appartenance culturelle ou nationale n'est qu'un malheureux mais réversible accident » – conception que n'auraient ni Rome ni la Chine impériale [106]. En conséquence de quoi, si les gens, les autres, refusent malgré tout de se comporter comme les Américains, c'est qu'il doit y avoir en eux quelque chose de foncièrement mauvais et malveillant. En d'autres termes, ce nouvel ordre est peut-être à l'intérieur des États-Unis la recette de la tolérance ; il ne l'est pas à l'extérieur. Après tout, le solipsisme est la doctrine de « celui qui croit être le monde [107] ».

Et l'analyse que fit Max Lerner dans les années 1950 reste vraie aujourd'hui : « La répugnance pour tout ce qui n'est pas familier semble un des traits de caractère des Américains [...], d'autant plus curieux si l'on se souvient que l'Amérique est elle-même une "nation de nations" et abrite une multitude de traditions culturelles. Cela ne fait pourtant qu'accroître l'incompréhension des Américains vis-à-vis des étrangers : lorsqu'on a vu, dans son propre pays, des gens venus des horizons les plus divers, abandonner leurs coutumes et s'"américaniser", on ne peut pas comprendre pourquoi ceux des pays étrangers ne devraient pas en faire autant [108]. »

Lerner ajoute qu'« il n'y a pas dans cette attitude de véritable haine de l'étranger », ce qui vaut tant que ceux-ci apparaissent inoffensifs – et qui n'est certainement plus le cas, après le 11 Septembre, pour de nombreux Américains.

L'autre inconvénient du processus qui a mené à édifier cette nouvelle civilisation multiraciale américaine est lié au conformisme et à ce qu'on nomme le politiquement correct. Le prix à payer comprend un cinéma non seulement très agaçant, où Blancs et Noirs, dégoulinant de piété politiquement correcte, vont œuvrer ensemble à la victoire sportive (comme dans le film de Denzel Washington *Remember the Titans – Le plus beau des combats*), mais qui, de plus, entreprend, dans un style très soviétique, « globalement positif », de réécrire l'histoire, à la façon du *Chemin de la liberté (The Patriot)* de Mel Gibson, lequel, conformément aux préceptes du Credo américain et de l'idéologie nationale, présente la milice de Caroline du Sud durant la guerre d'Indépendance comme le premier creuset du patriotisme culturel américain, de l'harmonie entre les races et du respect mutuel. De la même façon que dans le cinéma soviétique, tout cela répond à la volonté délibérée de construire une nouvelle nation, américaine, celle-ci avec, il est vrai, la complicité active et non plus forcée des réalisateurs.

On peut voir là l'un des aspects de l'« absolutisme libéral » – et néanmoins spontané – du Credo américain, tel que l'ont décrit Hartz et de nombreux observateurs depuis l'époque de Tocqueville. Traduit en partie par le phénomène du « politiquement correct », il contribue aujourd'hui à limiter le débat sur le système américain à l'intérieur, mais aussi sur le rôle de l'Amérique dans le monde.

Notes

1. Thomas Mann, *Le Docteur Faustus, la vie du compositeur allemand Adrian Leverkuhn racontée par un ami*, traduit de l'allemand par Louise Serevien, Albin Michel, 1950, p. 384-385.

2. La formule est de Seymour Martin Lipset, in *American Exceptionalism : A Double-edged Sword* (W.W. Norton, New York, 1976) ; voir aussi Minxin Pei, "The Paradoxes of American Nationalism", in *Foreign Policy*, mai-juin 2003.

3. Michael Lind, *The Next American Nation : The New Nationalism and the Fourth American Revolution* (Simon and Schuster, New York, 1995), 100-102, 140-161, 215-216, etc.

4. Chiffres de 1999 extraits du World Values Survey, dans Pei, *op. cit.* Pour les chiffres de 1985, voir Richard Rose, "National Pride in Cross-cultural Perspective", *International Social Science Journal*, 37/1, 1985. Pour les chiffres de 2003, voir *Views of a Changing World 2003,* par le Pew Research Center for the People and the Press, Washington. Voir aussi Lipset, *op. cit.*, p. 51 ; et Tom W. Smith et Lars Jarkko, *National Pride : a Cross-Cultural Analysis* (National Opinion Research Center, Chicago, 1998). Voir aussi Samuel P. Huntington, "Dead Souls : The Denationalization of the American Elite", *The National Interest*, no.75, printemps 2004.

5. *Washington Post*, p. A5, 25 juin 2003.

6. William R. Brock, "Americanism", dans Dennis Welland (ed.), *The United States : A Companion to American Studies* (Methuen, Londres, 1974), p. 58.

7. Jim Brosseau (ed*), A Celebration of America : Your Helpful Guide to America's Greatness* (Meredith Publications, 2002).

8. Lynne Cheney, Robin Preiss Glasser (illustrations), *America : A Patriotic Primer* (Simon and Schuster Children's Publishing, New York, 2002) ; voir aussi George Grant, *The Patriot's Handbook* (Cumberland House Publishing, Nashville, 1996).

9. *Washington Post* "Parade", 9 novembre et 20 décembre 2003.

10. Michael Paris, *Warrior Nation : Images of War in British Popular Culture, 1850-2000* (Reaktion Books, Londres, 2000).

11. Cf. Conrad Cherry (ed), *God's New Israel, op. cit.*, Introduction ; Cherry, "American Sacred Ceremonies" dans Phillip E. Hammond et Benton Johnson (eds), *Social Patterns of Religion in the United States* (Random House, New York, 1970), pp. 303-316 ; W. Lloyd Warner, "An American Sacred ceremony", dans Russell E. Richey et Donald G. Jones, *American Civil Religion* (Harper and Row, New York, 1974).

12. Max Lerner, *American Civilization : Life and Thought in the US Today* (Simon and Schuster, New York, 1957), p. 903.

13. Alexis de Tocqueville, *De la démocratie en Amérique,* Vol. I, pp. 281, 704, 764-766.

14. Cf. Eugen Weber, *Peasants into Frenchmen : The Modernisation of Rural France, 1870-1914* (Stanford University Press, Stanford), p. 19 ; cf aussi Theodore Zeldin, *France 1848-1945 : Intellect and Pride* (Oxford University Press, New York, 1980), p. 3ff.

15. Concernant la formation de l'identité et du patriotisme britanniques au XVIIIe siècle à partir des différentes nationalités des îles Britanniques, voir Linda Colley, *Britons : Forging the Nation, 1707-1837* (Yale University Press, Londres, 1992). Concernant l'idée de Loi en tant que pilier de l'État dans l'Angleterre du XVIIIe siècle, cf. Douglas Hay et

al., *Albion's Fatal Tree : Crime and Society in 18th Century England* (Random House, New York, 1975), pp. 32-39.

16. Louis Hartz, *The Liberal Tradition in America* (Harcourt Brace Jovanovich, New York, 1955), p. 9, 307.

17. Herbert Croly, *The Promise of American Life* (première édition 1909, réédition par Northeastern University Press, Boston, 1989), *op. cit.*, p. 1.

18. Rupert Brooke, "Peace" (1914), *in* Frederick Brereton (ed), *The War Poets* (W. Collins and co., Londres, 1930), p. 53.

19. William J. Bennett, *Why We Fight : Moral Clarity and the War on Terrorism* (Doubleday, New York, 2002), pp. 132-133.

20. Ernst Glaeser, *Jahrgang 1902* (Berlin, 1929), cité dans Gordon Craig, *Germany 1866-1945* (Oxford University Press, 1981), p. 340 ; cf. aussi "Days of Victory, August 4 and August 5", publié par Protestant Press Agency, Berlin, août 1914 ; cité dans Hartmut Lehmann, "God Our Old Ally : The Chosen Nation Theme in late 19th and Early 20th Century German Nationalism", dans Hutchison et Lehmann, *Many are Chosen, op. cit.*, p. 87 ; cf. aussi Heinrich von Treitschke, *The Nature of Politics*, traduit par Blanche Dugdale (Constable, Londres, 1916), extrait dans Hans Kohn (ed), *Nationalism and Realism 1852-1879* (D. Van Nostrand Co., Princeton, New Jersey, 1958), pp. 162-166.

21. Georges Ducrocq, *Adrienne* ; extrait dans Raoul Girardet (ed.), *Le Nationalisme Français 1871-1914* (Armand Colin, Paris, 1966), pp. 249-250.

22. Concernant l'usage victorieux de la « carte patriotique » par les républicains au cours des élections au Congrès en 2002, voir par exemple "Politics and the talk of war", *San Francisco Chronicle,* 26 septembre 2002 ; Tatsha Robertson, "War Stance Influencing Close Races : Even Veterans Face Queries on Patriotism", *Boston Globe,* 1er novembre 2002 ; Joan Vennochi, "Kerry Walks A Fine Line", *Boston Globe*, 19 novembre 2002 ; Jim Tharpe, "Cleland, Chambliss Trade Barbs", *Atlanta Journal-Constitution,* 4 juillet 2002. Pour trouver une justification de l'utilisation de cet argument par l'équipe Bush en vue de sa réélection, , voir "Is 9/11 an Issue ?", éditorial du *Wall Street Journal*, 5 mars 2004. Exemples de livres attaquant l'équipe Bush pour avoir recouru à cette tactique, voir Joe Conason, *Big Lies : The Right-wing Propaganda Campaign and How It Distorts the Truth* (St Martin's Press, New York, 2003), pp. 52-73 ; Molly Ivins et Lou Dubose, *Bushwhacked : Life in George Bush's America* (Random House, New York, 2003), pp. 248-275.

23. Cité par E.J. Dionne, "Finding Answers in Indiana", *Washington Post*, 27 septembre 2002.

24. Mike Allen, "Address will depict Bush as above Politics", *Washington Post*, 18 janvier 2004 ; voir aussi Dana Milbank et David S Broder, "Hopes for Civility in Washington are Dashed", *Washington Post*, 18 janvier 2004.

25. Comme dans Thomas Mann, *Betrachtungen eines Unpolitischen – Considérations d'un apolitique* (Grasset, 2002), traduction de Louise Servicen.

26. Bacevich, *American Empire*, p. 237 : Bill Maher, *When You Drive Alone You Drive With Bin Laden : What the Government Should Be Telling Us tu Help Fight the War on Terror* (New Millenium Pres, Beverly Hills, 2003), introduction.

27. Voir Joe Galloway, "Thanks to Rumsfeld, Iraq Is Still America's to Lose", www.military.com, 17 décembre 2003 ; Max Boot, "Washington Needs a Colonial Office", *Financial Times* (Londres), 3 juillet 2003 ; Hendrik Hertzberg, "Building Nations", *New Yorker*, 9 juin 2003.

28. Sondages sur www.ropercenter.uconn.edu.

29. "Presidential Debate Clouds Voters' Choice", *Pew Research Center for the People and the Press*, 10 octobre 2000, sur http ://people-press.org/reports.

30. *New York Times*, 10 août 2000.

31. Niall Ferguson, *Empire : The Rise and Demise of the British World Order and the Lessons for Global Power* (Public Affairs, New York, 2003).

32. Voir Sébastien Balfour, *Deadly Embrace : Morocco and the Road the Spanish Civil War* (Oxford University Press, 2002) ; pour une tentative de replacer le désastre tchétchène dans une perspective historique, voir mon *Chechnya : Tombstone of Russian Power* (Yale University Press, 1998), pp. 150-151 et passim.

33. Bacevich, *American Empire*, pp. 141-146.

34. Voir Weber, *Peasants into Frenchmen*, pp. 292-302. Concernant l'impopularité du service militaire en Afrique du Nord, voir le roman *Biribi* (1890) de Georges Darien et la très populaire chanson d'Aristide Bruant "A Biribi" (1891), sur le CD *Anthologie de la chanson française : soldats, conscrits et déserteurs* (EPM Musique, 1996).

35. Cité par Roger Magraw, *France 1815-1914 : The Bourgeois Century* (Fontana, Londres, 1983), p. 261.

36. Douglas Porch, *The Conquest of Morocco* (Alfred A. Knopf, New York, 1983), pp. 187-188, 293-294.

37. Jean-Jacques Becker, *1914* (Presses de la Fondation Nationale des Sciences Politiques, Paris, 1977) ; Alfred Cobban, *A History of Modern France, 1871-1962* (Penguin, Londres, 1990), p. 105.

38. Voir Perry Anderson, "Force and Consent", *New Left Review* (Septembre/octobre 2002).

39. Transcription du débat avec Al Gore, Winston Salem, Caroline du Nord, 11 octobre 2000.

40. Cf. William Pfaff, *Barbarian Sentiments : America in the New Century* (Farrar, Strauss and Giroux, New York, 2000), p. 9.

41. Max Weber, cité dans Clifford Geertz, *The Interpretation of Cultures* (Fontana, Londres, 1993), p. 5.

42. Pour des recherches sur l'Allemagne de Guillaume II qui ont corrigé à la fois l'approche traditionnelle fondée sur le *Primat der Aussen-*

politik (la prééminence de la politique étrangère) et les points de vue marxistes simplistes sur la manipulation des élites, voir Geoff Eley, "The Wilhelmine Right : How It Changed", dans Richard J. Evans (ed), *Society and Politics in Wilhelmine Germany* (Croom Helm, Londres, 1978), pp. 112-135 ; Wolfgang J. Mommsen, *Imperial Germany 1867-1918 : Politics, Culture and Society in an Authoritarian State* (traduit par Richard Deveson, Arnold, 1995), p. 166ff ; David Blackbourn, *The Long 19th Century : A History of Germany 1780-1918* (Oxford University Press, Oxford, 1997), Introduction ; Klaus Epstein, *The Genesis of German Conservatism* (Princeton University Press, 1966).

43. Sean Hannity, "The Battle over Competing Visions of the Family and Family Values", discours devant la United Families International Conference, 21-22 novembre 2003, sur www.unitedfamilies.org.

44. Cf. aussi Robert Bork, *Slouching Towards Gomorrah : Modern Liberalism and American Decline* (Regan Books, 1997) ; Dinesh D'Souza, *What's So Great About America* (Regnery Books, 2002), se demande également si « une société ouverte, où de telles critiques sont permises et même encouragées, a le pouvoir et la volonté de résister aux assauts venant de l'extérieur ».

45. Richard Rorty, *Achieving Our Country : Leftist Thought in Twentieth Century America* (Harvard University Press, 1998), p. 35.

46. Craig, *Germany 1866-1945, op. cit.*, p. 206.

47. George Kennan, cité dans John Hellmann, *American Myth and the Legacy of Vietnam* (Columbia University Press, 1986), pp. 42-43.

48. Cité dans David Brock, *Blinded by the Right : The Conscience of an Ex-Conservative* (Three Rivers Press, New York, 2002), p. 75.

49. George L. Mosse, *Nationalism and Sexuality : Middle Class Morality and Sexual Norms in Modern Europe* (University of Wisconsin Press, Madison, 1988) ; cf. aussi Fritz Stern, *The Politics of Cultural Despair* (University of California Press, Berkeley, 1974) ; pour trouver un lien entre homosexualité et déclin national chez un nationaliste américain d'extrême droite, voir Norman Podhoretz, "The Culture of Appeasement", *Harper's*, octobre 1977 ; pour une recherche reliant la « débauche » sexuelle de Clinton avec la « faiblesse » de sa politique étrangère, voir le livre du lieutenant colonel à la retraite Robert "Buzz" Patterson, *Dereliction of Duty : The Eyewitness Account of How Bill Clinton Compromised America's National Security* (Regnery Publishing, Washington, 2003).

50. Lee Harris, *Civilization and Its Enemies : The Next Stage of History* (Free Press, New York, 2004), pp. 69-84 ; Robert D. Kaplan, *Warrior Politics : Why Leadership Requires a Pagan Ethos* (Vintage Books, New York, 2003).

51. Timothy Garton Ash, "Anti-Europeanism in America", *New York Review of Books*, vol. 50, n° 2, 13 février 2003.

52. Cf. *Forfeiting 'Enduring Freedom' for 'Homeland Security' : A Constitutional Analysis of the USA Patriot Act of 2001 and the Justice*

Department's Anti-Terrorism Measures (The Rutherford Institute, Charlottesville, 2002) ; *Unpatriotic Acts* (The American Civil Liberties Union, juillet 2003) ; Muzaffar A. Chishti et al., *America's Challenge : Domestic Security, Civil Liberties and National Unity after September 11* (Migration Policy Institute, Washington, 2003).

53. Cf. Eric Alterman, *What Liberal Media ? The Truth About Bias and the News* (Basic Books, New York, 2003), p. 277.

54. *Defending Civilisation : How Our Universities are Failing America and What Can Be Done About It*, American Council of Trustees and Alumni, novembre 2001.

55. David Frum, "Unpatriotic Conservatives : A War Against America", *National Review,* 7 avril 2003.

56. Sean Hannity, *Deliver Us From Evil : Defeating Terrorism, Despotism and Liberalism* (Simon and Schuster, New York, 2004).

57. Saul Padover (ed), *The Complete Jefferson* (Irvington Publishers, New York, 1943), p. 385-386.

58. Cf. Edward Shils, "Ideology and Civility : On the Politics of the Intellectual", *The Sewanee Review* n° 66, 1958.

59. John Hellmann, *American Myth and the Legacy of Vietnam* (Columbia University Press, New York, 1986), pp. 5-7.

60. Cité dans James H. Moorhead, "The American Israel : Protestant Tribalism and Universal Mission", dans Hutchison et Lehmann, *Many are Chosen, op. cit.*, p. 163 ; sur la façon dont cette croyance se retrouve dans les ouvrages scolaires américains des années 1940 et 1950, voir Frances FitzGerald, *America Revised : What history textbooks have taught our children about their country, and how and why those textbooks have changed in different decades* (Vintage Book, New York, 1980), pp. 116-117.

61. Cf. Hartz, *op. cit.*, pp. 35-38.

62. Cf. Conor Cruise O'Brien, *God Land : Reflections on Religion and Nationalism* (Harvard University Press, 1987) ; Lind, *The Next American Nation, op. cit.*, pp. 227-234.

63. Cf. Paul Johnson, "God and the Americans", *Commentary*, janvier 1995.

64. Herman Melville, *White-Jacket* (Holt, Rhinehart and Winston, New York, 1967), p. 150.

65. Conrad Cherry, dans Hutchison and Lehmann, *op. cit.*, p. 111 ; McDougall, *Promised Land, Crusader State, op. cit.*, p. 204ff.

66. Fichte, « Discours à la nation allemande » (1806), éditions Aubier Montaigne, 1981 ; cité dans Lind, *The New American Nation, op. cit.*, p. 227.

67. Cité dans Lind, *ibid.*, p. 230.

68. Cf. Niebuhr, *Irony of American History, op. cit.*, pp. 68-69.

69. Jules Michelet, cité dans Rogers Brubaker, *Citizenship in France and Germany* (Harvard University Press, Cambridge, 1992), p. 2.

70. Concernant l'influence française sur le Bill of Rights américain, voir Mark Hulliung, *Citizens and Citoyens : Republicans and Liberals in America and France* (Harvard University Press, Cambridge, 2002), p.19ff.

71. Repris dans le *Financial Times*, 28 janvier 2004.

72. Cité dans Zeldin, *op. cit.*, p. 9 ; cf. aussi Jules Michelet, *Le Peuple* (traduction anglaise de John P. McKay (University of Illinois Press, Champlain, 1973), pp. 93-94.

73. Karl Kaiser, cité dans Garton Ash, *op. cit.*

74. Cf. Hulliung, *op. cit.*, p. 162ff.

75. Cf. Brubaker, *Citizenship*, *op. cit.*, pp. 7-8, 13-14, 35-49.

76. Cf. Johannes Willms, "France Unveiled : Making Muslims into Citizens", *Open Democracy*, 26 février 2004.

77. Rogger et Weber, *The European Right, op. cit.*, p. 579.

78. Walter Russel Mead, "The Jacksonian Tradition", *The National Interest*, no. 58, hiver 1999/2000.

79. Eugen Weber, *op. cit.*, p. 24.

80. Cf. Roger Magraw, *France 1815-1914 : The Bourgeois Century* (Fontana, Londres, 1983), pp. 255-284 ; Alfred Cobban, *A History of Modern France, 1871-1962* (Penguin, Londres, 1990), pp. 48-57, 86-91, etc. ; Anthony D. Smith, *Nationalism*, *op. cit.*, pp. 128-129.

81. *« Je m'écriais avec Schiller :/ Je suis citoyen du monde.../De mes tendresses détournées/Je me suis enfin repenti./Ces tendresses je les ramène/ étroitement sur mon pays/Sur les hommes que j'ai trahis/Par amour de l'espèce humaine. »* Sully Prud'homme, extrait dans Girardet, *Le Nationalisme français, op. cit.*, p. 50.

82. Concernant la force d'un tel sentiment dans la diaspora indienne en Occident, voir les violentes attaques contre les historiens de l'Inde en Occident supposés « dénigrer » l'hindouisme et le rôle des Hindous dans l'histoire indienne, reprises par Shankar Vedantam, "Wrath Over A Hindu God", *Washington Post,* 10 avril 2004.

83. Pour une comparaison datant des années 1950, voir Lerner, *American Civilization, op. cit.*, pp. 934-938.

84. Cité dans Hans Kohn, *American Nationalism : An Interpretative Essay* (Macmillan, New York, 1957), p. 133.

85. McDougall, *op. cit.*, p. 126.

86. Reinhold Niebuhr, "Anglo Saxon Destiny and Responsibility", extrait de *Christianity and Crisis,* 4 octobre 1943 ; repris dans Cherry, *God's New Israel, op. cit.*, pp. 296-300 ; Myrdal, *An American Dilemma, op. cit.*, pp. 1018-1024 ; cf. aussi Eric Foner, *Who Owns History ? Rethinking the Past in a Changing World* (Farrar, Straus et Giroux, New York, 2002), pp. 65-68.

87. Lind, *The Next American Nation*, p. 105ff ; Francis Butler Simkins et Charles Pierce Roland, *A History of the South* (Alfred A Knopf, New York, 1972), p. 588 ff.

88. Eric Foner, *Who Owns History, op. cit.*, p. 61.

89. Cf. Arthur Cooper (traducteur et curateur), *Li Po and Tu Fu*

(Penguin, Londres, 1973), pp. 24-26. Comme l'empire russe, l'empire chinois est supposé avoir inclus lui aussi des groupes ethniques de semi-parias tolérés avec des rôles sociaux strictement définis. Ils étaient souvent employés dans le secteur du divertissement et de la prostitution : en Russie les Tsiganes, dans la Chine t'ang les Tanka, une ancienne tribu de la côte sud. En Russie, les Juifs avaient aussi un rôle socio-économique à part et subissaient des représailles s'ils tentaient de s'en affranchir ou de quitter les limites du territoire où ils étaient confinés.

90. Concernant la différence entre séparation stricte et subordination dans le système américain dit d'« une goutte de sang », et les nuances de celui du Brésil, sensiblement plus complexe et tolérant, voir George M. Fredrickson, "The Strange Death of Segregation", *New York Review of Books*, Vol. 46, n° 8, 6 mai 1999.

91. Robert J. Blendon et al., "America's Changing Political and Moral Values", dans E.J. Dionne et John J. DiIulio (eds), *What's God Got To Do With The American Experiment* (Brookings Institution Press, Washington, 2000), p. 26, 29 ; Chiffres sur le « flirt » interracial dans le sondage "Evenly Divided and Increasingly Polarized : 2004 Political Landscape", The Pew Research Center for the People and the Press, Washington, 5 novembre 2003, pp. 45-50. Voir www.people-press.org.

92. Cf. Adam Clymer, "Divisive Words : GOP's 40 Years of Juggling on Race", *New York Times* 13 décembre 2002 ; David von Drehle et Dan Balz, "For GOP, South's Past Rises in Tangle of Pride, Shame", *Washington Post*, 15 décembre 2002.

93. Pour la permanence de comportements racistes sous d'autres formes, voir David K. Shipler, *A Country of Strangers : Blacks and Whites in America* (Alfred A. Knopf, New York, 1998), en particulier sa mise en question de l'étude de 1990 réalisée par l'université de Chicago ; Orlando Patterson, *The Ordeal of Integration : Progress and Resentment in America's "Racial" Crisis* (Counterpoint, 1997) ; voir George M. Fredrickson, "America's Caste System : Will It Change ?", *New York Review of Books*, Vol. 44, no.16, 23 octobre 1997.

94. Sara Diamond, *Not By Politics Alone ; The Enduring Influence of the Christian Right* (The Guilford Press, New York, 1998), pp. 220-228.

95. Cf. Ronald R Stockton, "The Evangelical Phenomenon : A Falwell : Graham Typology", dans Corwin E Smidt (ed), *Contemporary Political Involvement : An Analysis and Assessment* (University Press of America, Lanham, 1989), pp. 45-69.

96. Williams, *America's Religions*, *op. cit.*, p. 378.

97. Cf. Howard Elinson, "The Implications of Pentecostalist Religion for Intellectualism, Politics and Race Relations", *The American Journal of Sociology*, vol. 70, issue 4, janvier 1965.

98. Cf. Mead, *Special Providence*, *op. cit.*, pp. 260-261.

99. Cf. C. Vann Woodward, *The Strange Career of Jim Crow* (réédition Oxford University Press, New York, 2002), pp. 134-139.

100. Lind, *The Next American Nation*, *op. cit.*, pp. 105-106.

101. Cf. Joseph McBride, *Searching for John Ford* (St Martin's Press, New York, 2001), pp. 452-455, 560-572, 603-611.

102. Cf. Lind, *New American Nation, op. cit.*, p. 81.

103. Cf. Michelle Cottle, "Color TV : How Soaps Are Integrating America", *The New Republic*, 27 août 2001.

104. Cf. Clint Eastwood, *Impitoyable* (1992), avec Morgan Freeman.

105. Cf. *Dans la chaleur de la nuit* et *A Soldier's Story* de Norman Jewison, et *Le plus beau des combats*, de Denzel Washington.

106. Clyde Prestowitz, *Rogue Nation : American Unilateralism and the Failure of Good Intentions* (Basic Books, New York, 2003), p. 42.

107. Cf. Loren Baritz, *Backfire : A History of How American Culture Led Us Into Vietnam and Made Us Fight the Way We Did* (William Morrow, New York, 1985), p. 40.

108. Lerner, *American Civilization, op. cit.*, p. 921.

2.
Splendeur et misère du credo américain

> « Même une bonne idée peut être un peu effrayante lorsqu'elle est la seule idée qu'un homme ait jamais eue. »
>
> Louis Hartz [1]

> « Les nations, comme les individus, qui de leur propre estime sont complètement innocents, sont insupportables dans les rapports humains. »
>
> Reinhold Niebuhr [2]

La thèse américaine, c'est ce qu'on appelle aussi le Credo américain ou l'idéologie américaine : un ensemble de propositions concernant l'Amérique que celle-ci énonce pour elle-même et pour le monde extérieur. Selon les mots de Gunnard Myrdal : « Les Américains de toutes origines nationales, de toutes classes, toutes religions, toutes croyances et de toutes couleurs ont quelque chose en commun : un ethos social, un credo politique [3]. »

Emerson* voyait dans l'adhésion aux principes de gouvernement de l'Amérique une forme de conversion reli-

* Ralph Waldo Emerson (1803-1882). Philosophe « transcendantaliste », ami du poète Henry David Thoreau.

gieuse. Ce Credo, avec les mythes nationaux qui l'accompagnent, forme le socle du nationalisme américain, et fait des États-Unis l'exemple par excellence du nationalisme civique[4]. En théorie, « quiconque accepte la thèse américaine quelles que soient sa langue, sa culture, son origine nationale, peut devenir américain, de même que quiconque adhérait au communisme pouvait devenir citoyen soviétique[5] ».

Les principes qui sous-tendent la thèse américaine sont aussi rationalistes et universalistes ; aux yeux des Américains, ils sont applicables à tous les peuples et à toutes les sociétés, et bien sûr à toutes les époques. Selon le mot de Tocqueville, les Américains « sont unanimes quant aux principes généraux qui doivent régir la société humaine » ; et ce n'est pas moins vrai au début du XXIe siècle que cela ne l'était dans les années 1830.

Il s'ensuit, pour une bonne part, que ce credo est résolument optimiste. L'Amérique est non seulement censée avoir réalisé la forme la plus accomplie de système politique, mais celui-ci peut être étendu au reste de l'humanité. Longtemps, avant que Francis Fukuyama se soit rendu célèbre, l'idée que l'Amérique représentait la « fin de l'histoire » imprégnait déjà la pensée américaine et plus encore le subconscient américain. « Moi seul inaugurant la grandeur, culminant le temps[6] », chantait Walt Whitman au nom de son pays.

Selon Richard Hofstadter : « Notre destin en tant que nation a été de ne pas avoir d'idéologies, mais d'en être une[7]. » Cette thèse est aussi, à la fois dans l'esprit des Américains et dans la réalité, le fondement de la « puissance douce » que les États-Unis exercent dans le monde et de leur rôle d'empire-civilisation. C'est la version américaine de la romanité. Depuis toujours, par conséquent, le Credo américain a profondément influencé la conduite de la politique étrangère des États-Unis[8].

La foi dans la liberté, le gouvernement constitutionnel, la loi, la démocratie, l'individualisme, l'égalitarisme politique et culturel, tels sont les éléments essentiels du Credo et du nationalisme civique américains ; ils sont restés à peu près inchangés au cours de l'histoire des États-Unis[9]. Ils sont principalement issus des Lumières, et plus spécifiquement des Lumières anglaises, de la philosophie libérale de John Locke et d'une foi plus ancienne encore dans la loi et les « droits des Anglais nés libres ».

L'égalitarisme économique ne fait pas, bien sûr, partie du Credo. Au contraire, celui-ci est intimement lié à la foi dans la supériorité absolue du capitalisme de marché, une liberté économique sans limite et l'excellence de la société de consommation. Ces éléments du Credo sont toutefois contestés par un plus grand nombre d'Américains que ne le sont les éléments politiques, lesquels sont partagés par une écrasante majorité. Depuis quelques dizaines d'années, la tolérance et l'égalité raciales semblent devoir être considérées comme des articles essentiels du Credo, et l'on parle aussi des droits des femmes – bien que ceux-ci soient quelque peu contestés, en privé du moins, par un nombre considérable d'Américains. D'une manière plus informelle, la conviction que l'Amérique incarne le seul modèle de modernité réussie tient une place importante dans le credo : « Les Américains voient l'histoire comme une ligne droite, dont eux-mêmes, représentant l'humanité tout entière, occupent le point extrême[10]. »

En ce début de XXIe siècle, les composantes de la thèse américaine ne caractérisent pas, bien sûr, la seule Amérique ; la plupart sont aussi défendues par d'autres démocraties développées, et, en public du moins, par la plus grande partie du monde. La démocratie américaine est une partie de l'ensemble que forment des États démocratiques occidentaux, tout comme le capitalisme américain, malgré ses traits particuliers, est inextricablement imbriqué dans le système capitaliste mondial.

Deux aspects du Credo présentent un caractère singulier : la passion intransigeante avec laquelle il est défendu, et sa consubstantialité au nationalisme américain. Louis Hartz, dans les années 1950, parlait du « nationalisme compulsif » du Credo et de sa « force étonnante : un libéralisme dogmatique, figé, régissant un mode de vie libéral »[11]. Les mythes attenant au Credo incluent la conviction très répandue que l'Amérique, dans son allégeance à la démocratie et à la liberté, est une exception, et qu'elle est aussi, par conséquent, exceptionnellement bonne. Et parce que l'Amérique est exceptionnellement bonne, elle mérite d'être exceptionnellement puissante et ne peut, par nature, utiliser cette puissance à des fins mauvaises. Le Credo américain implique donc la croyance en l'innocence foncière de l'Amérique[12].

Pour Samuel Huntington : « On peut parler d'un corps d'idées politiques constituant l'"américanisme", en un sens où l'on ne pourra jamais parler d'"anglicisme", de "gallicisme", de "germanisme", ou de "japonisme". L'américanisme est comparable aux autres idéologies et religions [...]. Rejeter les idées centrales de cette doctrine, c'est être antiaméricain [...]. Cette identification de la nationalité à des valeurs ou à un credo politiques fait des États-Unis un cas virtuellement unique[13]. »

De fait, comme on l'aura noté au chapitre précédent, d'autres États ont formulé leurs propres versions d'une telle thèse, avec différentes variantes du nationalisme civique. Toutefois, dans la plupart des cas, la thèse, lorsqu'elle n'a pas été contestée par un grand nombre de gens, comme en France, était principalement le fait des élites nationales ou impériales, comme dans la Chine des Mandchous. Ce qui est inhabituel, dans le cas de l'Amérique, c'est la stricte unanimité de la croyance dans les principes qui régissent la vie de la nation.

Le sociologue canadien Sacvan Bercovitch a décrit comment il a découvert en Amérique « une centaine de sectes et de groupes, chacun en apparence différent des autres, mais prêchant tous la même mission ». Le consensus idéologique, dit-il, est investi de « tout l'attrait moral et émotionnel d'un symbole religieux ». Et cette découverte lui a procuré « une sensation proche de l'émerveillement qu'éprouve l'anthropologue lorsqu'il découvre le symbole-clef d'une tribu »[14]. Au commencement du XXIe siècle, les États-Unis sont peut-être la société la plus véritablement idéologique au monde.

L'Amérique n'est pas pour autant l'*État* le plus idéologique qui soit. Bon nombre d'États revendiquent, sur les pensées de leurs administrés, un droit de contrôle infiniment plus rigoureux, et plus étendu que ne l'a jamais exercé et ne l'exercera jamais l'État américain. Ainsi en était-il des États communistes à leur apogée. Pourtant, ces idéologies se sont heurtées, même à ce moment-là, à la résistance de vastes secteurs de la population ; et, après quelques dizaines d'années, non seulement la plus grande partie de l'intelligentsia, mais la plupart des gens ordinaires avaient perdu toute foi en elle, même si en public ils continuaient à s'en réclamer. Il en alla également ainsi de l'Iran théocratique, au cours des années 1990.

Des intellectuels russes et chinois de ma connaissance, venus en Amérique dans les années 1990, après avoir vécu dans cette atmosphère de cynisme qui régnait en privé vis-à-vis de l'idéologie officielle, réagirent souvent avec le plus sincère étonnement, et parfois même avec crainte, lorsqu'ils découvrirent à quel point les Américains ordinaires célébraient, dans la conversation privée, les croyances de leur pays, ses institutions, ses lois, ses pratiques économiques, non par simple fierté patriotique, mais persuadés qu'elles étaient applicables à l'humanité entière : « Ils croient vraiment tout ça ?! Personne ne les force à en parler[15] ! » Le sens de la mission nationale, que nous avons évoqué dans le chapitre précédent, est intimement lié à ce type de comportement : « Toutes les nations [...] ont pensé qu'elles étaient des peuples élus ; l'idée d'un destin singulier est aussi vieille que le nationalisme. Mais aucune nation dans l'histoire moderne n'a été aussi constamment dominée par la foi en une mission particulière sur cette terre que ne l'ont été les États-Unis[16]. »

Comme le souligne le sociologue Seymour Martin Lipset, la plupart des dissidents américains, au cours de l'histoire, n'ont pas exprimé leurs protestations comme un rejet du Credo américain en tant que tel, mais bien comme une demande faite aux Américains ou aux gouvernements américains de revenir à des formes plus pures du credo, ou à une adhésion plus sincère à ses principes. Les groupes s'écartant réellement du credo sont rapidement marginalisés ou voués à la disparition. Pour la grande masse de la population blanche, au moins, il est considéré comme allant de soi.

Selon le stéréotype bien connu, les États-Unis sont un pays neuf, jeune, en perpétuelle évolution. Remarquons pourtant que, si les Américains sont si fortement attachés à leurs institutions, c'est aussi en raison de leur ancienneté. Elles existent depuis plus longtemps, et ont moins changé que dans tout autre État au monde, à l'exception du Vatican. Car depuis que la constitution américaine a été adoptée, en 1787, les institutions de presque tous les autres États ont connu au moins une transformation révolutionnaire. Et, durant ces deux derniers siècles, le système politique britannique a lui-même été plus profondément bouleversé que celui de l'Amérique.

Les principes qui sous-tendent ces institutions et la thèse américaine qu'elles incarnent sont plus anciens encore. Selon Huntington : « Les principaux éléments de la constitution anglaise furent exportés au Nouveau Monde et ils y commencèrent une vie nouvelle, au moment même où on les abandonnait dans leur pays d'origine. Formés sous les Tudors, ils avaient donc, de façon significative, un caractère médiéval [...]. Le cadre institutionnel établi en 1787 a quant à lui bien peu changé en 175 ans[17]. » Loin d'être un État « jeune » ou « neuf », l'Amérique a donc quelque droit de revendiquer le titre de plus ancien État du monde. C'est, du moins, « la plus ancienne république, la plus ancienne démocratie, le plus ancien système fédéral ; elle a la plus vieille constitution écrite et peut se vanter d'avoir les plus anciens partis politiques dignes de ce nom[18] ».

Les origines de ces institutions remontent, on l'a dit, à l'Angleterre médiévale et plus encore à celle des Tudors, avant l'essor des monarchies centralisées sur le continent européen ou du gouvernement parlementaire centralisé en Grande-Bretagne. Huntington relie la foi constante des Américains en une loi fondamentale et immuable à la tradition médiévale anglaise : « *nolumus mutare leges*

Angliae », « Nous ne voulons pas changer les lois de l'Angleterre », dirent les barons à Runnymede* : « Identifiée dès lors à une constitution écrite, cette vieille idée d'une loi fondamentale transcendant toute intervention humaine prit une autorité nouvelle[19]. » Telles sont donc les croyances anciennes qui garnissent la carapace sèche, rationaliste de la Constitution américaine[20].

Le nationalisme civique américain a été au cœur du processus d'assimilation, au cours des siècles, d'un si grand nombre d'immigrants, et de la transition qui s'ensuivit, de la démocratie du *Herrenvolk* à l'empire-civilisation. Comme le déclara le Dr. Martin Luther King au Lincoln Memorial, le 28 août 1963 : « J'ai tout de même un rêve. C'est un rêve profondément enraciné dans le rêve américain, qu'un jour cette nation se lèvera et vivra en accord avec son Credo[21]. »

Les articles du Credo américain sont donc d'une importance cruciale pour l'Amérique et pour le reste de l'humanité. À plusieurs reprises dans l'histoire des États-Unis, le Credo a conduit les Américains non seulement à faire des sacrifices pour leurs propres compatriotes et pour l'humanité, mais à remettre en cause certains de leurs desseins, à améliorer leurs institutions et leur comportement. Il a aussi contribué à dissuader les États-Unis de commettre certains crimes propres aux empires, et rendu moins probable l'exercice direct du leur, en renforçant, au moins superficiellement, le respect pour la démocratie et le droit à l'autodétermination des peuples.

On pourrait dire que la thèse américaine, comme la démocratie en Inde, est aussi une question de nécessité. Elle est indispensable pour empêcher qu'une Amérique disparate, avec ses nombreux groupes ethniques, religieux, culturels et sociaux parfois intransigeants, ne vole en éclats. Le nationalisme du Credo et la confiance dans les valeurs de la thèse américaine sont peut-être les seuls

* C'est à Runnymede, près de Windsor, que fut signée, en 1215, la Grande Charte, imposée par les barons d'Angleterre au roi Jean sans Terre.

choses que puissent partager des pentecôtistes texans et des gays de San Francisco[22].

Le credo américain et les institutions qu'il détermine sont, bien sûr, la plus grande gloire de l'Amérique et demeureront, après que les États-Unis eux-mêmes auront disparu, en laissant un riche legs à l'humanité. Les fruits de la politique économique américaine peuvent se révéler, à long terme, ambigus et même désastreux, mais les principes qui ont permis à des masses de gens si divers de vivre ensemble sur cet immense territoire, d'y prospérer sans contrainte, resteront pour toujours riches d'enseignements.

Restaurer l'innocence

Pourtant, en dépit de leurs grands mérites, ce nationalisme civique et le consensus idéologique qu'il exprime portent en eux de terribles dangers. Comme l'écrivait Reinhold Niebuhr : « L'ironie, c'est que certaines incongruités de la vie, en apparence fortuites, puissent se révéler, examinées de près, bien moins fortuites qu'on ne l'aurait cru. [...] Moralement, les périls que nous courons ne sont pas ceux de la malveillance consciente ni d'une soif explicite de pouvoir. Nous ne les identifierons que si nous comprenons que les vertus ont tendance, ironiquement, à se changer en vices lorsqu'on les invoque avec trop de complaisance ; que le pouvoir tend, de même, à devenir importun si l'on accorde une confiance trop candide à la sagesse qui l'inspire[23]. »

Deux de ces périls, en particulier, ont été soulignés par les historiens et les commentateurs américains : le conformisme et le messianisme. En temps normal, ils demeurent à l'état latent et sont tenus en échec par les traditions américaines d'empirisme, de pragmatisme et de libre discussion[24]. Mais lorsque survient un choc ou un traumatisme national, comme le 11 Septembre, ils redeviennent actifs et déterminent, en grande partie, la réponse de l'Amérique.

Ces deux tendances puisent à un ensemble de mythes,

si profondément intériorisés qu'ils opèrent en deçà du niveau de conscience de la plupart des Américains. Ces mythes ne font pas à proprement parler partie du credo, mais ils lui confèrent beaucoup de leur force émotionnelle. Ils affirment notamment l'idée que l'Amérique est innocente[25]. Ce que le président George Bush Jr. a formulé à sa manière : « Je suis stupéfait que notre pays soit si mal compris que les gens en viennent à nous détester. Je suis comme la plupart des Américains. Je ne peux tout simplement pas le croire, parce que je sais combien nous sommes bons[26]. »

Comme le rapport officiel sur la Stratégie nationale de sécurité (NSS) l'indiquait en 2002 : « Aujourd'hui, les États-Unis jouissent d'une puissance militaire sans précédent et d'une grande prééminence économique. Fidèles à notre héritage et à nos principes, nous n'utilisons pas notre force pour pousser unilatéralement notre avantage. Nous cherchons au contraire à créer un équilibre des forces en faveur de la liberté : les conditions dans lesquelles toutes les nations, toutes les sociétés pourront relever les défis de la liberté politique et économique et en retirer les fruits[27]. »

Cette foi en une Amérique « exempte du péché originel » est à la fois très ancienne et très puissante[28]. Elle contribue de façon décisive à renforcer le nationalisme et à empêcher la nation d'écouter les autres pays, lesquels sont vus, en retour, comme souillés par le péché originel. Comme toutes les croyances de ce genre, elle pousse l'Amérique à commettre son péché suprême : le péché d'orgueil, qui, dans la théologie catholique, est le premier des péchés capitaux, celui dont découlent tous les autres... Il fut par la suite adopté avec enthousiasme par des réfugiés reconnaissants, fuyant la persécution et la guerre chez eux[29].

À l'origine, c'est un mythe puritain de Nouvelle-Angleterre, un mythe « yankee », selon lequel les colons, élus de Dieu, étaient nés une deuxième fois dans le Nouveau Monde, lavés de toutes les turpitudes et de tous les péchés de l'Angleterre et de l'Europe. Dès 1782, Hector Saint-Jean de Crèvecœur, un Français établi dans le Vermont, lui donna, pour ainsi dire, la bénédiction de l'Europe. Dans ses *Lettres d'un fermier américain*, il célèbre l' « Homme nouveau », qui vient de renaître, dans l'espèce d'état de nature rousseauiste que forment ces vastes étendues sauvages et par conséquent purgé de son passé européen[30].

Historiquement, les Blancs du Sud se sont toujours montrés très méfiants vis-à-vis de ce mythe, qu'ils tenaient pour responsable de l'arrogance moralisatrice des Yankees à leur égard, sur l'esclavage d'abord, puis sur les droits civiques. On retrouve cette attitude dans le profond scepticisme qu'un patricien du Sud comme William Fulbright, sénateur de l'Arkansas, opposa au messianisme déréglé qui, selon lui, entraîna les États-Unis dans la guerre du Vietnam et dans d'autres conflits inutiles[31]. La méfiance persistante de nombreux républicains conservateurs du Sud à l'égard du « *nation-building** » en est un autre exemple. Mais, en même temps, le nationalisme passionné de la tradition sudiste a conduit ses prosélytes à faire de l'image de l'Amérique une « cité sur la colline », partie intégrante de leur foi en la grandeur unique de l'Amérique et de sa suprématie morale.

Se demandant comment les États-Unis avaient pu s'engager dans la guerre en Irak, contre l'évidence et en dépit de tous les avertissements, Richard Cohen, éditorialiste de gauche, écrivait en février 2004 : « Cette guerre ne témoigne pas seulement d'une faillite de l'intelligence mais d'une faillite morale. Pourquoi ? [...] Finalement, c'est notre suffisance qu'il faut incriminer – cette croyance en la destinée exceptionnelle de l'Amérique – qui a tant ulcéré les non-Américains. Personne ne l'incarne mieux que Bush lui-même[32]. »

« Nous avons perdu notre innocence dans les années 1970 et, pour la première fois, dans une guerre » se lamentait en 1980 le *New York Magazine*, à quoi le diplomate et historien irlandais Conor Cruise O'Brien répondit :

---

* « Construction de nation ». C'est le processus à l'œuvre en Afghanistan et en Irak.

« La guerre perdue n'est pas difficile à identifier, mais quant à l'innocence, il est permis de s'interroger. La France perdit une guerre (ce n'était certes pas la première), dans les années 1960, en Algérie, d'une façon très similaire et pour des raisons très proches de celles pour lesquelles, dix ans plus tard, les États-Unis perdirent la guerre en Indochine. Les généralisations négatives sont d'habitude risquées, mais je puis vous assurer qu'aucun journal français n'a imprimé, à la fin des années 1960, que la France avait perdu, en même temps que la guerre, son innocence [...]. Ainsi, le thème de l'innocence américaine – qu'elle soit perdue, préservée ou qu'il faille la reconquérir – est-il bien plus qu'un poncif sentimental ; il représente un ferment de sens actif et puissant, à l'œuvre dans toute l'histoire américaine[33]. »

La mauvaise volonté ou l'incapacité dont font généralement preuve les Américains, lorsqu'il s'agit de mettre en question la pureté américaine nourrit à son tour une culture du conformisme, qui a été abondamment commentée. Selon les mots de William Fulbright, « dans l'abstrait, nous célébrons la liberté d'opinion comme une part de notre héritage patriotique ; ce n'est que lorsque des Américains l'exercent que d'autres Américains sont choqués [...]. L'intolérance pour les différences d'opinion est un trait bien connu du caractère national[34] ». Ce n'est pas vrai partout aux États-Unis, et certainement pas à l'université ; mais c'est assurément vrai, si j'en crois mon expérience, dans les secteurs dominants des médias, de la politique et du monde intellectuel à Washington ainsi que dans les élites dirigeantes. Tocqueville (le plus célèbre *admirateur* européen de l'Amérique) déclarait : « Je ne connais pas de pays où il règne, en général, moins d'indépendance d'esprit et de véritable liberté de discussion qu'en Amérique [...] La majorité trace un cercle formidable autour de la pensée. Au dedans de ces limites, l'écrivain est libre ; mais malheur à lui s'il ose en sortir[35]. »

Ces lignes pourraient passer pour une exagération de la vérité, comme la description de la Russie sous Nicolas Ier par le marquis de Custine, compatriote et contemporain de Tocqueville. Au cours de son histoire, l'Amérique, après tout, a produit des esprits non conformistes célèbres. Mais leur influence, en comparaison de nombreux autres pays développés, a toujours été limitée. La vague de contestation des années 1960 et du début des années 1970 fut, dans une très large mesure, un épiphénomène, rejeté par la grande masse du peuple américain. En outre, l'esprit critique et l'anticonformisme peuvent être en partie identifiés avec certaines traditions régionales ou ethniques qui ne s'étendent pas à la majorité des Américains : « Malgré tout le respect qu'ils affichent pour les différences culturelles, les Américains semblent ne pas avoir les moyens de penser la relation entre des groupes vraiment différents, du point de vue culturel, social et économique[36]. »

Le credo américain et le nationalisme civique puisent une part de leur immense force dans le fait qu'ils combinent les Lumières *et* les branches « protestantoïdes » de la tradition américaine, d'une façon que résume assez bien le *Battle Hymn of the Republic** de Julia Ward Howes, avec son mélange d'imagerie biblique et progressiste : « En donnant au retour du messie un caractère temporel et séculier, le clergé protestant a assimilé le Royaume de Dieu à la République américaine ; et l'idéologie protestante s'est attachée par là au nationalisme américain[37]. »

À mesure que le courant dominant du protestantisme, au cours du XXe siècle, devenait, dans la plupart des États (à l'exception, comme nous le verrons, du Grand Sud), plus libéral et latitudinaire, une forme diffuse, vaguement protestante, de « religion civile » occupait peu à peu le centre de ce consensus national. Cette religion civile devait beaucoup au déisme des fondateurs de la République, qui avaient toujours insisté sur l'importance de la religion pour la survie des institutions, mais sans jamais préciser de quelle religion il s'agissait (bien qu'ils entendissent sans aucun doute une certaine forme de protestantisme).

---

* Hymne patriotique de la guerre de Sécession, entonné sur l'air d'un très célèbre « spiritual ».

« Notre système de gouvernement n'a de sens que s'il est fondé sur une foi profonde – et peu m'importe laquelle », a déclaré un jour le président Eisenhower[38]. L'identification des vertus civiques de la religion avec le nationalisme fut encore renforcée par la lutte contre le « communisme athée[39] ». Cette culture religieuse diffuse, judéo-chrétienne mais sans se réclamer d'aucune église ou dénomination, a nourri à son tour ce que certains sociologues – Will Herberg, Robert Bellah et d'autres – ont appelé la « religion civile » de l'Amérique, laquelle, composée d'un mélange de principes issus du credo et de mythes historiques et culturels concernant la nation[40], a fini par constituer l'assise culturelle du nationalisme civique.

Un manuel de *social studies* pour la classe de quatrième (dix ans), intitulé *Notre Peuple*, résume certains aspects de cette religion civile, avec notamment pour objectif l'intégration des minorités : il s'ouvre sur la « présentation d'un grand moment de la vie américaine, l'investiture du Président, et sur une visite au Mémorial de Lincoln et à d'autres hauts lieux de Washington. Cette présentation a clairement pour but de faire naître un sentiment d'appartenance à la communauté nationale. Le chapitre se termine sur cette réflexion d'un personnage fictif : "Oui, dit Maria à Pedro. C'est un grand pays. Nous sommes tous américains."[41] »

Le conformisme idéologique reflète en partie la définition que donnent d'eux-mêmes la majorité des Américains : ils disent appartenir à la « classe moyenne ». Une telle définition n'a aujourd'hui que fort peu à voir avec la classe au sens économique, mais tout avec le fait d'être « respectable » ; ce qui signifie, essentiellement, partager certaines valeurs communes, au premier rang desquelles le credo et le nationalisme américains.

L'héritage des années 1960 et de traditions radicales plus anciennes ne survit aujourd'hui que dans les universités – bien que celles-ci souffrent assez souvent de leur propre forme de conformisme de gauche. De surcroît, les mythes américains, tant dans leur origine que dans leur diffusion présente, sont, il faut le souligner, principalement des mythes *blancs*. Les Noirs et les membres des autres minorités qui veulent rejoindre l'*establishment* doivent adorer les dieux de l'empire-civilisation américain, au moins en public ; mais, comme l'a remarqué Richard Hughes, bien que les Noirs croient au Credo et s'en soient réclamés, les mythes qui y sont liés prennent un sens on ne peut plus ironique du point de vue de leur histoire ou de celle des Indiens [42].

Pour ce qui concerne le monde officiel et semi-officiel de Washington, je peux témoigner, d'après ma propre expérience, de la vérité persistante de ces lignes écrites dans les années 1950 par Louis Hartz, l'un de ceux qui ont le mieux étudié le credo américain et ses effets :

« Lorsque vos valeurs fondamentales sont acceptées de quelque côté que vous vous tourniez, le langage tautologique de ce qui va de soi surgit assez aisément. Voilà l'esprit de l'absolutisme américain : la croyance toute simple que ses normes vont de soi. C'est l'un des absolutismes les plus puissants au monde [...]. Il est si sûr de lui, qu'il n'a pour ainsi dire pas besoin d'être exprimé, si confiant qu'il peut même soutenir un pragmatisme qui semble, en surface, le contredire. Le pragmatisme américain a toujours été trompeur, car, comme un glacier, il repose sur une vaste étendue de convictions sous-jacente, et l'ethos conformiste qu'engendre cette conviction a toujours été exaspérant, car il refuse d'honorer ses critiques du moindre argument [43]. »

D'où une tendance marquée à traiter critiques et contestataires, même patentés, comme des bouffons. Ils agitent leurs clochettes et osent parfois même brandir une vessie sur la tête du souverain démocratique et lui dire qu'il est fou. Le roi rit bruyamment et leur jette un os. Mais les écoute-t-il ? Souvent, comme le roi Lear, lorsque l'évidence des faits ne lui laisse pas d'autre choix, et qu'il est trop tard pour que l'avis du bouffon lui soit d'une quelconque utilité. Peut-être ne doit-on pas s'en plaindre. L'Amérique d'aujourd'hui ne réprime pas physiquement la contestation et il vaut mieux, tout compte fait, porter le bonnet du fou que les chaînes du prisonnier, pour ne rien dire de la corde du bourreau.

Ce conformisme est néanmoins dangereux, non seulement pour la liberté, mais pour la franche et honnête discussion des problèmes de la vie publique ; plus spécialement en temps de guerre, lorsqu'il est exacerbé par le nationalisme. Il est particulièrement alarmant lorsqu'il se combine avec la confiance et la loyauté que beaucoup d'Américains, en temps de guerre, ressentent instinctivement pour leur président et pour son gouvernement, et que traduisit, durant de longs mois, la déférence avec laquelle les grands médias américains ont traité le gouvernement Bush après le 11 Septembre[44].

L'une des conséquences de cette sorte de discours national, fondé sur un consensus idéologique rigide, c'est qu'il donne à certains mots le pouvoir de ce que le poète W. H. Auden appelait en 1967 « magie noire » – le pouvoir de suspendre la capacité de jugement et l'indépendance de pensée : « Plus mortel que le lieu commun est l'usage des mots comme une magie noire [...]. Pour des millions de gens, aujourd'hui, le communisme, le capitalisme, l'impérialisme, la paix, la liberté et la démocratie ont cessé d'être des mots dont on pouvait questionner le sens et discuter, et sont devenus des bruits, agréables ou désagréables, qui suscitent une réponse aussi involontaire qu'un réflexe du genou[45]. »

Lorsque le président Eisenhower, dans son discours d'investiture de 1952, déclarait : « La liberté a pour adversaire l'esclavage, comme la lumière, l'ombre », il exprimait bien sûr une vérité sur le communisme stalinien, mais il en appelait aussi à l'esprit d'absolutisme qui régnait en Amérique et que lui-même sembla déplorer plus tard[46]. Ce remords tardif a d'ailleurs caractérisé certains des plus célèbres thuriféraires du messianisme américain, Herman Melville (dans son poème *Clarel*), Walt Whitman, et bien sûr Reinhold Niebuhr, à qui l'on doit la formule « les enfants de la liberté et ceux des ténèbres », à propos de la lutte contre le totalitarisme durant la Seconde Guerre mondiale, mais qui devint plus tard l'un des critiques les plus incisifs de l'arrogance américaine, de la capacité des États-Unis à fabriquer des mythes et de leur aveuglement[47].

On a pu observer à loisir comment l'usage fait par le gouvernement Bush des mots « terrorisme » et « mal » après le 11 Septembre avait presque rendu impossible de débattre intelligemment de la stratégie américaine. Mais ce n'est pas moins vrai de l'emploi du mot « liberté », et de la façon dont il a été identifié avec l'Amérique et à la politique américaine au Proche-Orient. Le gouvernement Bush a forgé toute une rhétorique incantatoire reprenant les principaux éléments du consensus idéologique ; et jusqu'à ce que la situation en Irak, après la fin officielle des combats, en ait partiellement dissipé la magie, elle lui a permis de subjuguer une grande partie de la nation sans soulever de critique sérieuse. Ce que l'historien Comer Vann Woodward écrivait à l'époque de la guerre du Vietnam n'a ainsi rien perdu de son actualité : « La réponse caractéristique de l'Amérique aux problèmes ordinaires de politique étrangère ou intérieure qui mettent en question nos mythes nationaux n'est pas d'abandonner ces mythes, mais de les réaffirmer. Et l'on recherche alors des solutions conformes aux traditions [...]. Quelles que soient les différences et les inimitiés qui séparent les pour et les contre (et elles sont, de l'aveu général, énormes), les deux partis semblent inébranlables dans leur adhésion à l'un ou l'autre ou même à l'ensemble de nos mythes nationaux[48]. »

Il pourrait sembler surprenant que de tels constats sonnent aussi juste près d'une quarantaine d'années plus tard, si l'on considère les terribles leçons que l'expérience vietnamienne est censée avoir enseignées. Comme tant des meilleures œuvres littéraires et cinématographiques consacrées au Vietnam, le film de Francis Ford Coppola *Apocalypse Now* (1979) a remis profondément en question les mythes du nationalisme civique, et notamment l'irrésistible réussite de l'Amérique, l'innocence de l'Amérique, la générosité de l'Amérique, la mission de l'Amérique. Comme le dit le héros, le capitaine Willard (Martin Sheen) à propos de la tâche qui lui a été confiée : « Je voulais accomplir une mission, et pour mon malheur, ils m'en ont donné une [...]. C'était une mission de choix. Et quand elle a été terminée, je n'en ai plus jamais voulu d'autre[49]. »

À l'époque, cette conclusion aurait pu être reprise par une large majorité d'Américains. Un quart de siècle plus tard, il semble parfois que cet épisode de l'histoire ait été tout entier effacé de la mémoire américaine. Selon les mots amers de Loren Baritz, en 1985, dans un chapitre intitulé « La Berceuse américaine » :

« Notre puissance, notre suffisance, notre rigidité et notre ignorance ne nous ont pas permis de tirer profit de l'expérience vietnamienne pour ce que nous pensons de nous-mêmes et du monde [...]. Pendant quelque temps, vers la fin des années 1970, nous avons paru nourrir des doutes sur notre place dans le monde et notre ancrage dans la culture. Il a semblé que nous pourrions avoir le courage et la sagesse de nous inquiéter non seulement du Vietnam mais de nous-mêmes. Quand on ne doute plus, à quoi bon penser ? "L'ère du doute est révolue", assura le président Reagan aux cadets de West Point. Libérés de nos doutes, nous le sommes aussi de l'obligation de penser. Et beaucoup d'Américains, aujourd'hui, semblent s'en trouver mieux[50]. »

Impression fausse toutefois, du moins en partie. Certaines des leçons les plus amères du Vietnam ont en fait profondément pénétré dans la conscience américaine et, en 2003-2004, les suites sanglantes et chaotiques de la victoire en Irak les ont rappelées à la vie. Mais dans les deux ans qui suivirent le 11 Septembre, elles avaient été balayées par un raz de marée nationaliste, puisant sa force dans les mythes fondateurs, et contre lequel il était très difficile d'argumenter. La période pendant laquelle les souvenirs de la guerre du Vietnam s'effacèrent ne fut pas très longue – mais elle le fut assez pour précipiter l'Amérique en Irak[51].

La figure de Ronald Reagan est cruciale si l'on veut comprendre comment l'Amérique a assimilé l'héritage de la guerre du Vietnam, avec les conséquences qu'on peut en tirer aujourd'hui et pour l'avenir[52]. D'un côté, la politique extérieure de Reagan a démontré que lui-même et la plupart de ses ministres étaient déterminés à ne pas s'engager dans un conflit majeur, et comprenaient très bien qu'un tel engagement serait très impopulaire auprès des Américains. L'image classique, forgée par la gauche, d'un Reagan fauteur de guerre est donc assez fausse[53].

Le gouvernement Reagan s'est ainsi conformé à l'un des traits saillants des élites en charge de la sécurité et du complexe militaro-industriel : elles ont tendance à être « militaristes, mais pas belliqueuses ». Ronald Reagan, le « Grand Communicateur », fut pourtant, dans sa rhétorique, celui qui sut restaurer avec panache les mythes fondateurs du nationalisme américain, si sérieusement ternis par la guerre du Vietnam ; et cela parce que, sans l'ombre d'un doute, il y croyait au plus profond de lui-même ; et, en particulier, parce qu'il croyait en l'innocence de l'Amérique, en sa générosité, qu'il voyait en elle la terre d'élection de la liberté et du progrès. Que l'Amérique dût avoir une destinée exceptionnelle, il en était tout à fait convaincu, et il a professé « une foi innocente et inébranlable dans ce mythe[54] ». Selon la belle formule de Garry Wills, ce fut « un démagogue fauteur de calme[55] ».

Le mélange reaganien se révéla parfait pour rassurer les Américains après les chocs combinés de la défaite au Vietnam, des profondes divisions politiques qui s'ensuivirent à l'intérieur, du Watergate, et de la crise des otages en Iran. Mais l'ingrédient le plus important dans ce mélange était que Reagan, pour reprendre les mots de Woodward, a « réaffirmé » les mythes nationaux de l'Amérique. Il l'a fait dans un style qui a non seulement calmé mais rassemblé la plupart des Américains. Sa chaleur, son talent d'acteur et son identification sincère à son pays et à ses compatriotes en ont fait une figure nettement plus charismatique qu'un George Bush Jr., qui représente le même mélange nationaliste, mais sous une forme beaucoup plus dure.

Dans un brillant essai publié en 1982, un an après l'accession de Reagan à la présidence, « *The Care and*

Repair of Public Myth » (« Comment on soigne et répare les mythes officiels »), l'historien William H. McNeill, examinant les mythes classiques de la supériorité et de la générosité américaines, écrivait : « On ne se risque plus, aujourd'hui, à réaffirmer ces notions discréditées, même si la rhétorique officielle, sans y faire expressément référence, les reprend souvent à son compte. Les politiciens et les journalistes n'ont en réalité guère le choix, car les mythes présentables, nationaux ou internationaux, brillent par leur absence[56]. »

Ce passage fait ressortir la pleine responsabilité de Reagan, et bien sûr de ses électeurs. Car s'il fut élu, après tout, c'est en partie parce qu'il excellait à faire revivre les mythes de leur patrie, y compris la croyance que la guerre du Vietnam avait été une noble croisade[57]. Tandis qu'en leur for intérieur les Américains savaient tout ce que l'expérience vietnamienne avait eu de déplaisant, et pourquoi elle ne devait pas se répéter, ils étaient largement incapables d'en tirer les leçons les plus profondes ; et preuve a donc été faite qu'il était possible de « réaffirmer ces notions discréditées ».

En effet, si le Vietnam fut, pour ceux qui y ont combattu, une expérience terrible, ils étaient peu nombreux et – encore une fois, à la différence de ce qui s'est passé lors des guerres européennes et asiatiques et de ce qu'ont vécu les Vietnamiens eux-mêmes – les Américains, chez eux, n'en ont pas été physiquement affectés : « Pour la plupart des Américains, les conséquences tangibles de la débâcle dans le Sud-Est asiatique furent insignifiantes[58]. » Cette méconnaissance personnelle de la guerre, Reagan lui-même la partageait bien sûr, comme aujourd'hui George Bush Jr. et tous les membres de son gouvernement de 2000 à 2004 qui avaient été en âge de servir durant la guerre du Vietnam, mais qui, pour une raison ou pour une autre, n'ont pas été incorporés dans les unités combattantes.

D'un autre côté, le traumatisme causé par cette guerre était trop profond pour être exprimé : rien de moins que « la mort du dieu national », et de la religion nationale de l'innocence, de la bonté, de la réussite promise de toute éternité. Sans ces croyances, les Américains craignaient profondément, presque inconsciemment, que le nationalisme civique lui-même n'en vînt à se faner et à mourir. Le dieu national déchu fut donc laborieusement reconstitué, pièce à pièce, avant d'être replacé sur son piédestal[59].

De ce point de vue, il est intéressant de noter qu'aussi bien McNeill, dans son essai, que John Hellmann, dans la passionnante étude qu'il a écrite sur la façon dont le cinéma et la littérature ont abordé la guerre du Vietnam, en appellent tous deux à une reformulation des mythes américains, sur une nouvelle base, plus progressiste, honnête et moralement courageuse. Aucun d'eux ne suggère qu'il soit possible de se passer tout à fait de mythes[60]. *Josey Wales hors-la-loi*, le western tourné par Clint Eastwood en 1976, et qui s'inscrit dans la période post-Vietnam, peut aussi être interprété comme une tentative de cicatriser les blessures laissées par la guerre en mêlant les traditions du western hollywoodien et des attitudes sociales et culturelles nouvelles afin de créer une mythologie américaine multiculturelle, plus humaine et plus ouverte[61].

Conformisme et « politiquement correct » : l'ignorance au secours du mythe

Peut-être une société aussi diverse, aussi profondément divisée culturellement que l'est l'Amérique, et dont la diversité est sans cesse alimentée par l'immigration et par les vagues destructrices et créatrices du changement capitaliste, ne pourrait-elle tout simplement pas vivre sans de grands mythes communs, ni le puissant nationalisme civique qui s'en nourrit. Tandis que s'effaçait le souvenir de la guerre du Vietnam, d'autres évolutions dans la société américaine encourageaient une tendance à propager des versions douces, non conflictuelles, réduites au plus petit dénominateur commun, des mythes nationalistes et de l'histoire américaine. Elles consistaient à projeter sur le passé la forme contemporaine du Credo[62].

Assez curieusement, le style de Reagan était lié, d'une certaine façon, à un phénomène qui lui semble à première vue tout à fait étranger : le « politiquement correct », lancé par la gauche universitaire et les représentants des minorités ethniques et raciales, surtout tel qu'il est appliqué dans les écoles. À l'origine, il s'agissait de lutter contre les préjugés, exprimés dans un langage avilissant et méprisant, au nom desquels, depuis si longtemps, tant de minorités aux États-Unis enduraient humiliations et brimades. En cela, le mouvement du politiquement correct a largement atteint ses objectifs, même si ce succès doit être replacé dans le contexte plus vaste des changements intervenus dans la société et la culture. Et, pour quiconque se souvient des révoltants propos racistes d'autrefois, et des comportements qu'ils encourageaient, c'est incontestablement un bien.

Le problème, pourtant, c'est que le tableau qui en résulte, tel qu'il est présenté aux enfants des écoles, tend à rejoindre les mythes nationalistes d'une Amérique innocente, heureuse, sans conflits, et à propager la thèse américaine dans sa forme la plus fruste. Ainsi l'essayiste Frances FitzGerald donne-t-elle une description quasi soviétique des photographies qui illustrent les manuels scolaires consacrés aux États-Unis :

« Le traitement des minorités européennes est bien plus réaliste que celui des minorités non européennes, dont les éditeurs craignent d'offenser la sensibilité. Rares sont les photos montrant une personne non blanche brutalisée, sale, ou même pauvre – à moins que la photo n'illustre spécifiquement des "poches de pauvreté en Amérique" [...]. Vous trouverez des images de travailleurs agricoles *chicanos*, mais ceux-ci auront toujours l'air propre et donneront l'impression d'être heureux de leur travail ; et bien sûr ils sourient à la seule vue de César Chávez*. Les

* César Estrada Chávez (Yuma, Arizona, 1927 – Sans Luis, Arizona, 1993). Fondateur du syndicat des travailleurs agricoles (United Farm Workers of America).

Porto-Ricains sourient eux aussi et sont en bonne santé. Les Chinois sourient devant de beaux étalages de primeurs. En vérité, tout le monde sourit si fort que vous pourriez penser que les non-Blancs, aux Etats-Unis, prennent tous des pilules euphorisantes. (Les Russes, par contraste, paraissent bien malheureux. Leur air sinistre date des années 1950, quand des organisations de droite firent un énorme tapage pour une photographie qui montrait un enfant russe avec le sourire.) [...] Non seulement les fondamentalistes, mais les progressistes aussi ont fortement tendance à penser que les écoles devraient présenter le monde, ou le pays, comme une construction idéale. La censure qui s'exerce sur les livres scolaires n'est que la face négative d'une demande de livres montrant le monde comme l'utopie d'un éternel présent [...][63]. »

L'historienne des sciences de l'éducation Diane Ravitch a raconté comment un manuel d'histoire américaine de Gary B. Nash, dont les références progressistes sont pourtant irréprochables, avait été attaqué par la gauche et les représentants des minorités à la fin des années 1980 et accusé d'être « anti-Noir, antisémite, anti-musulman, anti-Indiens américains, anti-gay et anti-chrétien[64] ».

Or, quelque temps plus tard, au milieu des années 1990, le professeur Nash et ses collègues durent à nouveau subir de violentes attaques mais venant cette fois de la droite nationaliste – Lynne Cheney y jouant une fois de plus les premiers rôles – pour un rapport qui proposait de renouveler les critères en fonction desquels on doit écrire l'histoire nationale enseignée en classe et qui avait le tort, prétendait-on, d'ignorer les héros de l'Amérique, de semer le doute sur les mythes américains et de saper le patriotisme. Les groupes dont émanaient ces accusations étaient en gros les mêmes que ceux qui avaient obligé, en 1994-1995, le Smithsonian Institute de Washington à annuler une exposition montrant les effets du bombardement atomique sur Hiroshima et qui avaient forcé le directeur du musée de l'Air et de l'Espace à démissionner[65].

Cette tendance à façonner une image inoffensive de l'Amérique – d'un pays où les « crimes n'ont pas d'auteurs et les conflits n'ont pas de protagonistes », pour reprendre la formule de Frances FitzGerald – ne date pas d'hier[66]. Le portrait de l'« Amérique souriante » qu'elle a dressé fut publié pour la première fois en 1979, mais en 2003, un journaliste anglais résidant aux États-Unis, Andrew Gumbel, évoquant la rentrée scolaire de son fils, éprouvait des sentiments similaires. Son article mérite d'être largement cité, tant il apparaît comme la réaction consternée d'un citoyen britannique – c'est-à-dire ressortissant d'un allié anglophone vital pour les États-Unis –, se situant pourtant politiquement au centre, face à un comportement qui semble naturel à la plupart des Américains :

« Même après cinq ans passés aux États-Unis, je continue d'être frappé par l'omniprésence du conformisme patriotique [...]. C'est l'éducation de mon fils qui se joue ici, et je ne peux pas m'empêcher de faire le lien entre ce dont on gave des enfants d'à peine six ans et ce que les adultes américains finissent par savoir ou comprendre du monde extérieur. Il y a beaucoup de choses admirables dans l'idéalisme qui régit la société américaine, avec sa foi inébranlable dans les principes constitutionnels de liberté et de libre initiative. Trop souvent, pourtant, l'idéalisme n'est qu'un écran de fumée, masquant les réalités désagréables des États-Unis et la façon dont ils font peser sur le monde leur puissance économique, politique et militaire. Dès le début de leur parcours scolaire, les enfants sont recrutés dans ce qu'on pourrait appeler l'Équipe de l'Amérique, et dont voici le *mantra*, continuellement répété : Nous sommes les gars qu'il faut, nous cherchons toujours à faire ce qui est juste, nous vivons dans le plus grand pays au monde. Aucun autre point de vue, aucune autre mentalité, aucune autre culture ne sont sérieusement envisagés [...].

La manipulation de l'éducation est plus subtile et sans doute plus insidieuse qu'elle ne l'était il y a cinquante ans, à l'apogée de la Guerre froide et de la grande Peur des Rouges (*Red Scare*). À l'époque, la bataille pour conquérir les cœurs et les esprits se traduisait par l'exclusion pure et simple de certains livres ou de certains sujets pour des raisons politiques [...]. Aujourd'hui, le problème n'est plus qu'on interdise des livres, même si on continue de le faire dans certaines parties de l'Amérique profonde dominées par la droite chrétienne, mais plutôt celui que pose un conformisme systématique. Avant, un professeur ayant de la personnalité pouvait toujours passer outre les défauts de manuels ternes et sans saveur, et ne pas tenir compte des œillères imposées par la folie administrative. Mais avec des programmes homogénéisés, définis avec beaucoup plus de précision [...], les enseignants sont maintenant forcés de se rendre complices de manuels qui prétendent que les conflits historiques ont été résolus et qu'ils peuvent être résumés en quelques lignes insipides et à peu près dépourvues de sens[67]. »

Gumbel rapporte une chanson, apprise par son fils à l'école élémentaire :

« Amérique, je t'aime !
À toutes les races de la terre
Elle a été hospitalière
Les accueillant sur son sol
Leur offrant la protection
Par le suffrage universel
De lois librement choisies
Ces lois sont les tiennes et les miennes
Pour ta cause et pour la mienne
Et c'est pourquoi ce pays est devenu un grand pays[68]. »

Ces mots feraient grincer des dents n'importe quel Noir ou Indien américain connaissant l'histoire des États-Unis –, mais, comme le remarque Gumbel, ils sont, pour la plupart des enfants américains, rien moins que naturels. Le déclin des études d'histoire, et, bien sûr, de la culture générale (qui n'est pas propre aux États-Unis) ne fait que favoriser le nationalisme ambiant. Résultat : si la connaissance que les Américains ont du monde et de leur passé n'a pas diminué au cours des soixante dernières années, elle ne s'est pas non plus améliorée et n'a pas décollé du niveau déplorable de cette époque. En 2001, 57 % des élèves du secondaire étaient au dessous du niveau élémentaire en histoire, 11 % seulement atteignant un bon ou très bon niveau [69]. Dans la plupart des cas, cela se traduit par de l'ignorance pure et simple. Mais on ne saurait en dire autant de la société prise dans son ensemble, qui a besoin, pour fonctionner, de ce qu'on pourrait appeler des principes culturels opératoires de base. Pour l'Amérique dans son ensemble, l'absence de connaissances historiques ne signifie pas ignorance mais présence du mythe.

Michael Lind a très pertinemment souligné que le mélange du politiquement correct et d'un système (très limité et sélectif) de discrimination positive en faveur des minorités servait, de fait, les intérêts de ce qu'il nomme la « surclasse ». Cette surclasse est blanche dans son écrasante majorité, et même WASP, mais elle prélève et coopte une petite partie des élites noires ou des autres minorités tout en détournant l'énergie des radicaux vers des luttes inutiles sur des symboles – loin des véritables questions trans-raciales comme le contrôle de l'immigration et l'augmentation du salaire minimum, qui apporterait une aide réelle aux membres ordinaires des minorités ethniques, lesquels, en moyenne, restent, de façon prononcée, plus pauvres que la population blanche [70].

Vu sous cet angle, le politiquement correct n'est pas seulement le résultat d'un virage à gauche de l'université qui a coïncidé avec la radicalisation d'une grande partie de la droite. Il traduit aussi de profonds changements intervenus dans la société américaine depuis les années 1960 : la montée des Noirs comme force politique importante, et la reprise d'une immigration de masse sans restrictions raciales. La société nouvelle qui en est issue a déterminé les Américains d'orientations politiques différentes à réagir en conséquence.

Ainsi, non seulement la propagande patriotique officielle, mais la propagande visuelle de la droite nationaliste et religieuse est-elle maintenant, en général, délibérément multiraciale (l'abécédaire patriotique de Lynne Cheney est rempli de dessins qui montrent des bambins américains noirs et asiatiques agitant des drapeaux et jouant aux soldats[71]). En vérité, pour être honnête, on pourrait presque dire que l'Amérique, en une génération environ, est devenue si compliquée que son système éducatif est plus ou moins *forcé* de s'appuyer sur des mythes simplistes, car il serait physiquement impossible d'enseigner la réalité telle qu'elle est, ou d'en discuter.

Pourtant, cette connexion entre la diversité et le conformisme n'est pas seulement involontaire, elle est également parfaitement délibérée. Si la culture officielle de l'Amérique est aussi conformiste, c'est *parce que* l'Amérique est extrêmement diverse, et parce que, s'agissant des autres races, son histoire avant les années 1950 a souvent été ignoble. Dans ce sens, le « politiquement correct » peut être interprété comme l'une des conséquences de ce qu'a dit Renan de la création des nations modernes : « L'oubli, et je dirais même l'erreur historique, sont un facteur essentiel de la création d'une nation, et c'est ainsi que le progrès des études historiques est souvent pour la nationalité un danger [...]. L'essence d'une nation est que tous les individus aient beaucoup de choses en commun, et aussi que tous aient oublié bien des choses[72]. »

Et précisément, parce qu'un grand nombre de gens et de groupes qui font l'Amérique d'aujourd'hui ont réellement très peu de choses en commun, il peut apparaître nécessaire aux Américains, s'ils veulent rester une nation, d'oublier encore plus que les autres peuples.

L'exemple pris par Renan était celui de la Saint-Barthélemy et des massacres du Midi au XIIIe siècle. S'il avait vécu jusqu'au lendemain de la Seconde Guerre mondiale, il aurait pu prendre celui de l'occupation allemande et de Vichy. Que l'oubli soit nécessaire pour édifier une nation est encore plus vrai du passé d'oppression raciale aux États-Unis. Dans ce sens, on pourrait dire que les Américains « ne tiennent ensemble que par des idées », comme on le disait des citoyens soviétiques. Heureusement, les idées que véhicule le nationalisme civique américain sont bien plus positives et précieuses que ne l'étaient celles du communisme soviétique – mais cela ne change rien au fait qu'elles ne peuvent pas être sérieusement remises en question sans que soit mise en danger la stabilité de toute la structure. Leur caractère idéologique influe sur l'idéologie qui sous-tend la politique étrangère des États-Unis, rendant encore plus difficile, même pour les Américains bien éduqués et informés, de se faire sur celle-ci une opinion détachée et objective. Si c'était facile, sans doute les liens unissant les Américains en dépit de leur extrême diversité risqueraient-ils de se distendre[73].

Un messianisme exemplaire et dynamique

Le Credo américain – l'idéologie – imprègne à tel point la culture américaine qu'un homme comme Henry Kissinger, qui n'est pourtant pas un grand idéaliste, en est arrivé à écrire : « Le rejet de l'histoire exalte l'image d'un homme universel, vivant en accord avec des maximes universelles, sans se soucier du passé, de la géographie ni d'autres facteurs immuables [...]. Le refus de l'Amérique d'être liée par l'histoire et l'importance qu'elle accorde à la possibilité de renouveau donnent une grande dignité, voire de la beauté, au mode de vie américain. La crainte que ceux qui ne jurent que par l'histoire produisent des prophéties appelées à se réaliser témoigne d'une grande sagesse [74]. »

Ainsi l'idéologie américaine, comme le marxisme classique, croit-elle qu'il est possible de « sauter du royaume de la nécessité dans celui de la liberté ». Ou, comme Reagan le disait souvent (citant Tom Paine*), « il est en notre pou-

---

* Thomas Paine (Thetford in Norfolk, 1737- New York, 1809). Né en Angleterre dans une famille quaker très pauvre, il devint journaliste à Philadelphie. Pamphlétaire de talent, il attaqua la monarchie anglaise et défendit la supériorité de la démocratie républicaine. Son *Sens commun* (1776) connut un grand retentissement. Renvoyé des armées de Washington, il revint en Angleterre, où il écrit *Les Droits de l'homme* (1791), en réponse aux *Réflexions sur la révolution française* d'Edmund Burke. Condamné pour haute trahison, il s'exila et acquit la nationalité

voir de recommencer le monde » – que ce fût là un des slogans favoris des radicaux des années 1960 montre de nouveau quelle influence pénétrante exerce l'idéologie américaine[75].

Mais Kissinger a aussi souligné que l'Amérique, au XXIe siècle, devra, autant que possible, user de sa puissance et son influence par des moyens multilatéraux, si elle ne veut pas que sa domination s'affaiblisse[76]. Et c'est là que le credo américain, ainsi que les mythes attenants et le genre de nationalisme qu'ils produisent, peuvent poser de sérieux problèmes. Car l'identification de l'idéologie américaine à la nation américaine nourrit aussi le messianisme américain, cette croyance que l'Amérique a le devoir de sauver le monde. La plupart des Américains ont alors beaucoup plus de mal à imaginer l'Amérique comme un pays parmi d'autres, ou à concevoir une « communauté internationale » qui comprendrait l'Amérique en tant que membre plutôt qu'*hêgemôn*[77].

Ce messianisme contribue à réduire le nombre des internationalistes authentiques aux États-Unis. Pour des raisons qui seront exposées plus loin, il peut même mener à une sorte de racisme. Comme l'a écrit Richard Hughes, « les Américains n'ont peut-être pas de tâche plus urgente que d'apprendre à voir le monde avec les yeux d'autrui ». Or, le messianisme résultant d'une combinaison du credo et des mythes nationaux rend cet apprentissage encore plus difficile[78], puisqu'il nourrit « une tendance invétérée à juger les autres à l'aune de ce qu'ils peuvent faire pour nous imiter[79] ».

On aurait cependant tort de penser que le messianisme américain implique nécessairement un désir de sauver le monde par l'action. Également forte, et aussi plus répandue historiquement, est la croyance que la mission de l'Amérique consiste avant tout à lui servir d'exemple pour le reste

---

française. Devenu délégué girondin à la Convention, il fut emprisonné, puis libéré grâce à l'insistance de Monroe. C'est en prison qu'il rédigea *Le Siècle de la raison*, essai critique sur les fondements de la foi chrétienne. Il retourna aux États-Unis en 1802.

de l'humanité[80]. Dans les débats qui opposèrent Al Gore et George Bush lors de la campagne présidentielle de l'an 2000, les deux candidats insistèrent sur la mission de l'Amérique dans le monde, mais tous deux remarquaient également qu'elle devrait surtout se manifester par l'exemple : « Je pense qu'ils [les peuples du monde] devraient nous voir comme un pays qui comprend la liberté, déclara Bush, un pays où qui vous êtes, comment vous y êtes arrivé, d'où vous venez, ne doit pas vous empêcher de réussir [...]. Ainsi je ne pense pas que les autres peuples devraient nous voir autrement que comme ce que nous sommes. Nous sommes une nation qui aime la liberté. Et si nous sommes une nation arrogante, alors c'est comme cela qu'ils nous verrons. Mais si nous sommes une nation humble, ils nous respecteront comme une nation honorable[81]. »

L'un des plus fameux et des plus précoces plaidoyers dans ce sens a été formulé en 1821 par le président John Quincy Adams :

> « L'Amérique ne sort pas de chez elle en quête de monstres à détruire. Elle est partout l'amie de la liberté et de l'indépendance. Elle n'en est le champion que pour elle-même. C'est en contenant sa voix, par la bienveillante sympathie qu'éveillera son exemple, qu'elle servira la cause générale. Elle sait bien qu'en s'enrôlant sous d'autres bannières que la sienne, fussent-elles d'une indépendance étrangère, elle s'impliquerait elle-même, inextricablement, dans toutes les guerres que mènent l'intérêt et l'intrigue, l'avarice, l'envie, l'ambition, parées des couleurs de la liberté, usurpant ses valeurs [...]. Elle deviendrait le dictateur de ce monde. Elle ne serait plus maîtresse de son propre esprit[82]. »

Comme ces mots le laissent entendre, l'une des inquiétudes sous-jacentes des nombreux Américains qui se sont opposés aux interventions outre-mer – y compris celles qui furent menées au nom du Credo – c'est qu'elles pourraient ternir la force de l'exemple américain ; et par conséquent rendraient plus difficile sur le long terme la diffusion dans le monde des leçons du credo [83]. C'est un argument auquel je souscrirais moi-même, pour avoir vu comment le prestige de la démocratie américaine et de sa réussite matérielle a pu ébranler et détruire la foi des jeunes élites soviétiques en leur système et contribuer à le ruiner. Ce qui confirmait la prédiction de George Kennan : « L'influence la plus déterminante que les États-Unis puissent exercer sur l'évolution intérieure de la Russie continuera d'être celle de l'exemple : influence définie par ce qu'ils sont, non seulement pour les autres mais pour eux-mêmes [84]. »

Malgré tout, la riche veine du messianisme constitue, dans le vaste gisement de la culture politique américaine, une sorte de ressource latente, que certains événements peuvent toujours ramener à la surface et que certaines forces politiques ne se priveront jamais d'exploiter. On le vit bien après le 11 Septembre, lorsque le gouvernement Bush put, pour une bonne part, appuyer la rhétorique officielle sur la croyance en l'exception américaine, sur le droit qu'aurait l'Amérique d'apporter aux autres nations la liberté, la démocratie, les droits de l'homme et le progrès, et sur son aptitude à le faire.

Les universités américaines et tout ce qui gravite autour d'elles ont contribué de façon importante mais complexe à entretenir les illusions et des mythes qui soustendent ce messianisme, bien que le monde universitaire en général échappe à l'univers des mythes et au conformisme que j'ai rapidement décrits. Il a non seulement produit, au centre, des critiques distinguées de ces tendances, mais il a même donné naissance à une gauche intellectuelle qui continue d'être très influente dans l'université elle-même et dans une partie du monde des organisations non gouvernementales, lequel soutient également un certain nombre d'intellectuels respectables.

C'est la raison pour laquelle la haine de la droite nationaliste se concentre particulièrement sur les universités. Et bien sûr, comme partout, certaines des attaques de la gauche intellectuelle contre l'idéologie américaine et le système en place méritent de sévères critiques, en raison de leur extrémisme, de leur bêtise et parfois même de leur franche malveillance. La gauche n'en est pas puissante pour autant. Les intellectuels de gauche sont presque complètement exclus des médias dominants et des branches de l'université qui entretiennent des rapports étroits avec le gouvernement. Leur seul rôle dans ces secteurs est de servir de souffre-douleur à la droite.

Avec le temps, à mesure que les produits d'un monde universitaire pluraliste trouveront leur chemin dans la politique et les cercles gouvernementaux, cette image peut changer ; mais les indices qui laisseraient présager une telle évolution sont jusqu'à présent peu nombreux. Il peut sembler naturel que la gauche radicale soit exclue du « courant dominant », sauf sur un point : la droite radicale, elle, ne l'est pas. Même dans les pages réservées aux commentaires et aux tribunes libres des journaux de gauche, ou du moins largement considérés comme tels, comme le *New York Times* ou le *Washington Post*, on retrouve jour après jour les signatures de nationalistes de la droite pure et dure que sont George Will, William Kristol, Robert Novak, William Safire ou Charles Krauthammer[85].

Dans les domaines de la sécurité et des relations extérieures, les liens étroits tissés entre le gouvernement, certains départements des universités, les centres d'études de réflexion (« think tanks » financés par des fondations privées) et les journalistes spécialisés ont enrayé ou découragé les tentatives de libre débat sur ces principes. Paradoxalement, le système américain des nominations politiques, ce que l'on appelle le système des dépouilles, qui permet au Président de choisir environ quatre mille agents non issus de la fonction publique, a contribué plus que tout à réduire le nombre des avis parvenant au gouvernement. Plutôt que d'ouvrir la bureaucratie, il a eu pour effet de bureaucratiser les sections de l'université qui jouent un rôle dans les débats sur la politique étrangère. Parce qu'ils sont divisés en deux tribus politiques, ces para-bureaucrates conservent une capacité de critique. Mais à quelques rares exceptions près, comme la plupart des bureaucrates, ils sont tout à fait incapables de prendre de la distance avec les mythes qui soutiennent le système étatique dont eux-mêmes dépendent.

En raison de cet ensemble de facteurs, le consensus de base en politique étrangère est, selon Andrew Bacevich, « si profondément enraciné que les termes dans lesquels il est formulé relèvent pour ainsi dire de l'évidence, que ses prémisses ne souffrent aucune mise en cause ». C'est pourquoi, selon lui, une bonne part du débat public et médiatique sur les questions internationales n'est rien de plus, aux États-Unis, que du « théâtre politique[86] ». En dehors des États-Unis pourtant, ces prémisses indiscutées sont généralement perçues comme très discutables, étant donné la façon dont l'Amérique s'est parfois conduite au cours de l'histoire.

Les effets de l'accouplement de la bureaucratie et de l'université se sont conjugués avec des courants plus larges dans certains secteurs de l'université contemporaine. L'histoire et l'étude des pays étrangers ont été dévalorisées au profit de « disciplines » fondées non pas sur la recherche empirique, mais sur des théories générales pseudo-scientifiques qui ne sont qu'une façade de la mainmise idéologique et culturelle occidentale. La théorie du choix rationnel[87]*, très influente dans les études des relations internationales, en constitue l'exemple le plus criant. Comme s'en est étonné le professeur Michael Lehmann, qui protestait en 1994 contre la domination croissante qu'elle exerçait au sein de l'université de Californie : « Je n'ai jamais compris comment une analyse anhistorique, intemporelle, qui fait abstraction des développements techniques, institutionnels ou sociaux puisse servir à discerner le cours d'événements humains. Je ne peux pas plus comprendre l'orthodoxie idéologique qui privilégie une telle orientation à l'exclusion des autres[88]. »

* C'est une théorie de l'action, dans le sens de la tradition analytique. Elle postule que les individus sont guidés par leur seul intérêt, que leurs actions se déterminent en fonction de leur capacité d'atteindre de nouveaux objectifs.

On saisit mieux la signification de ce courant si on le voit, en partie, comme une excroissance sophistiquée de l'idéologie américaine et du nationalisme civique américain, favorisée, après 1989, par le triomphe de l'Amérique sur le communisme. Dans les années 1950, Louis Hartz et Reinhold Niebuhr déploraient déjà que la participation de l'Amérique aux affaires du monde, qui s'était considérablement accrue après la Seconde Guerre mondiale, allât de pair avec un isolement, un déterminisme et un dogmatisme également accrus dans les « sciences sociales ». Un phénomène encore accentué par la tendance écrasante, à l'université comme au lycée et à l'école, qui pousse à étudier isolément l'histoire américaine, à la traiter comme si aucune autre expérience d'aucun autre pays ne pouvait être d'un quelconque enseignement pour les États-Unis – au risque, comme en avait averti l'historien Robert Bolton, de produire une « nation de chauvins »[89]. Trois générations après qu'Herbert Butterfield eut entrepris de démolir la « théorie whig de l'histoire »*, une croyance naïve, issue du XIXe siècle, en une marche ascendante et irrésistible de l'humanité, continue de dominer une bonne partie de l'enseignement de l'histoire aux États-Unis[90].

En réalité, la théorie du choix rationnel est fondée sur une foi quasi théologique dans la valeur universelle d'un individualisme économique et dogmatique à l'américaine. Dans la foi chrétienne traditionnelle, tous les êtres humains, s'ils reçoivent le bon enseignement et sont protégés des charmes du diable, deviendront chrétiens. C'est

---

* En 1931, un jeune historien anglais, Herbert Butterfield publia un petit livre qui fit beaucoup de bruit, *The Whig Interpretation of History*. Il fustigeait une histoire qui ne faisait que ratifier ou glorifier le présent, ses acteurs étant jugés à l'aune des progrès ou des retards qu'ils auraient imprimés au développement du libéralisme et de la démocratie. Les whigs, opposés au catholique Jacques II d'Angleterre, fils de Charles Ier (exécuté par Cromwell), déclenchèrent la révolution de 1688, qui vit Guillaume d'Orange, stathouder de Hollande, accéder à la couronne d'Angleterre. Ils conservèrent le pouvoir durant toute la première moitié du XVIIIe siècle. Le parti whig se montra plus sensible aux révolutions américaine et française (Fox) que son adversaire tory.

leur condition « par défaut ». Dans la théorie du choix rationnel – et dans la croyance instinctive de nombreux Américains moyens – le mode par défaut de l'humanité amène chacun à devenir américain. Cette croyance utopique, quasi religieuse, a encore été renforcée par la chute du communisme[91].

Mais le style abscons, « scientifique » qu'affectionnent les prestidigitateurs du choix rationnel permet de dissimuler dans le modèle même des hypothèses aussi rudimentaires[92]. Ou comme le notait, deux générations plus tôt, le sociologue Edward Shils : « Il n'est pas difficile de comprendre comment le fait d'embrasser la tradition scientiste peut induire à accepter un millénarisme sécularisé et mener ainsi à une politique idéologique. » Il pensait alors au lien unissant scientisme et communisme, mais sa remarque vaut tout autant pour l'idéologie américaine[93]. Ainsi la grande majorité des discussions officielles et semi-officielles sur la démocratisation auxquelles j'ai pu assister à Washington se déroulaient-elles comme si jamais aucune étude sérieuse en histoire, en sociologie ou en anthropologie politique n'avait été réalisée.

Comme dans le cas du communisme, les limitations intellectuelles qu'implique ce genre de démarche peut mener assez vite, lorsqu'il s'agit de comprendre l'évolution réelle des sociétés, à adopter ce que l'historien Charles Beard appelait la « théorie du Diable », c'est-à-dire qu'on impute la plupart des problèmes à une « manipulation » opérée par des agents extérieurs et contingents : agitateurs, communistes, terroristes, élites avides et cyniques, régimes étrangers. Cette tendance est encore encouragée par une naïve croyance progressiste en la bonté naturelle, et en la perfectibilité du « peuple », quel que soit le pays[94].

En outre, si « l'histoire, c'est de la foutaise », si l'étude de la religion ou de la culture politique doit être écartée au prétexte qu'elle relèverait d'un « essentialisme » inepte et même dangereux (ce qui ressemble à une accusation à peine voilée de racisme), alors on ne peut expliquer le succès ou les échecs d'un pays qu'en évoquant les qualités ou les défauts de ses dirigeants, leur capacité ou non à comprendre et mettre en œuvre les politiques appropriées (c'est-à-dire inspirées par les États-Unis[95]). Autant dire qu'on en revient à une acceptation de l'Histoire expliquée par les grands hommes, que les historiens sérieux ont rejetée ou sévèrement critiquée il y a un demi-siècle. Comme l'a noté Michael Lind, « la théorie du diable est plutôt optimiste. Il suffit de remplacer les diables par des anges, et tout va pour le mieux dans le meilleur des mondes[96] ».

Je ne sais combien de fois j'ai entendu des « spécialistes » de l'Afghanistan parler des « seigneurs de la guerre » comme s'il étaient une sorte d'espèce martienne implantée dans ce pays, et non pas les chefs de groupes puissants et les produits – détestables, mais authentiques – de la société afghane locale, du commerce de l'héroïne et des guerres qui affligent l'Afghanistan depuis les années 1970. D'où la naïve croyance que si de tels diables disparaissaient, comme par enchantement, sous l'effet d'une volonté extérieure résolue, ils pourraient être remplacés, de la même manière, par de nouveaux dirigeants, angéliques cette fois. Bien sûr, les illusions de ce genre ne sont en aucun cas l'apanage des États-Unis, pas plus que les courants intellectuels décrits plus haut. L'Europe les partage largement. À une différence près toutefois : parce que l'Amérique est militairement beaucoup plus puissante et n'a pas souffert de la guerre dans le passé, les Américains ont tout loisir de croire qu'ils possèdent réellement le pouvoir, grâce à une intervention armée, de donner vie à de tels fantasmes. Les conséquences de cette croyance sur le messianisme américain, sur sa forme dynamique ou interventionniste, n'en sont que trop claires.

L'incapacité – ou le refus – d'étudier sérieusement les autres sociétés rend aussi les Américains particulièrement vulnérables à la flatterie. Les représentants de pays étrangers, qui y voient aussi leur intérêt, sont ainsi portés à ne leur dire que ce qu'ils veulent entendre. Quant à ceux qui travaillent, dans leur pays, pour des institutions subventionnées par les Américains, ils sont toujours impatients, on le comprend, de complaire à leurs bienfaiteurs. Tous les grands empires ont dû affronter ce problème, mais l'absolutisme de l'idéologie américaine et l'hégémonie internationale qu'exerce l'idéologie démocratique libérale parmi les intellectuels augmentent encore les risques de flagornerie. Au mieux, cela peut conduire à une sorte de jeux de miroir, un genre de copulation spéculaire où les Américains et leurs informateurs se tromperaient mutuellement. Au pire, l'Amérique se laissera séduire par des versions contemporaines de la reine des Brigantes, Cartimandua, qui appela les légions romaines en Grande-Bretagne pour briser la rébellion de ses sujets.

Ces dernières années, un large éventail de d'intellectuels, parmi lesquels il faut compter George Kennan, Samuel Huntington, Andrew Bacevich, William Pfaff, Michael Lind, Fareed Zakaria et bien d'autres ont porté de rudes coups à ce genre d'illusions ; tel a été aussi le résultat des expériences menées au nom du progrès en Somalie, en Afghanistan et, aujourd'hui, en Irak. Mais elles sont si profondément ancrées dans le nationalisme civique américain qu'après chaque tempête elles semblent resurgir. Même la défaite au Vietnam, nous l'avons vu, ne semble pas les avoir durablement affaiblies.

La chute de l'URSS et du communisme soviétique a grandement contribué à redorer le blason idéologique et mythique de l'Amérique, terni par l'expérience vietnamienne, mais elle a aussi réduit encore un peu plus le besoin de prendre en compte l'opinion du monde extérieur. Combinant ses effets avec les éléments messianiques de la tradition américaine, elle a engendré une attitude que résume la thèse de la « fin de l'histoire » défendue par Francis Fukuyama.

Une thèse si extrême qu'elle a été largement combattue ; et Fukuyama lui-même a depuis évolué vers des positions plus modérées et plus subtiles. Pourtant, comme je l'écrivais en 1996, l'état d'esprit qu'elle révélait est devenu si omniprésent dans les médias et dans le discours politique qu'on ne le remarque presque plus, et qu'on l'analyse ou le critique moins encore. Il consistait à croire en une version monolithique du progrès définie par l'expérience américaine, impliquant qu'il n'y a qu'une « voie » et une seule, « vers la démocratie et le marché ». Les connotations religieuses du mot – la « voie » – sont particulièrement significatives. Dans les années 1990, au moins, cette approche globale avait en effet des aspects quasi théologiques, imperméable à tout argument elle promettait des bienfaits sans nombre et cette promesse était censée faire oublier les vicissitudes du présent[97].

Selon le point de vue de l'écrivain canadien John Ralston Saul, les théories radicales du marché de la génération précédente, ainsi que la théorie du choix rationnel, qui a contribué à les nourrir, se caractérisent par l'impossibilité de répondre à la « question philosophique élémentaire de l'intelligence fonctionnelle et de la morale – la capacité à imaginer l'Autre »[98]. Je peux sans difficulté confirmer, au regard de ma propre expérience, que dans le cas de la Russie après la chute du communisme, seul un très petit nombre d'Américains (et pour être honnête d'Européens de l'Ouest) parmi les experts officiels et semi-officiels consacraient ne serait-ce qu'une infime partie de leur temps à s'imaginer dans la peau des Russes ordinaires, sans parler de les rencontrer. Cette indifférence à leur bien-être physique, en fait à leur survie, était à la fois frappante et profondément choquante ; elle n'est pas sans rappeler l'attitude des colons américains envers les Indiens, telle que l'a décrite Robert Bellah : « Pendant longtemps, en vérité pendant plusieurs siècles, les colons et ceux qui les ont suivis n'ont pas su comprendre que les gens qui étaient là vivaient un rêve différent du leur. Que l'Indien fût considéré comme un être noble ou comme un noble sauvage, il était toujours traité comme un protagoniste du rêve européen, comme si lui-même n'avait pas son propre rêve[99]. »

Il y a par conséquent en Amérique une très forte tendance – maintenant institutionnalisée par les organisations, gouvernementales ou non, qui se consacrent à la « démocratisation du monde » – à vivre ce que Frances FitzGerald et d'autres ont nommé l'« éternel présent »[100].

Selon cette vision du monde, si profondément intériorisée qu'elle est presque inconsciente et donc en deçà de toute discussion possible, non seulement l'humanité dans son ensemble s'achemine sur la voie linéaire du progrès mais ses différentes parties se trouvent toutes, potentiellement, au même stade et au même moment de leur histoire. Exactement de la même façon que, pour les missionnaires, tous les peuples étaient naturellement à même de comprendre les Évangiles. Cette attitude envers l'histoire et la société est à peu près aussi éloignée de toute réalité historique que l'étaient les postulats du communisme doctrinaire.

Sans doute procède-t-elle aussi d'un authentique désir de libérer les autres peuples de leur histoire. Ses partisans en appellent à l'antiracisme, puisqu'ils tiennent pour certain que tous les peuples peuvent faire de rapides progrès vers la démocratie, quels que soient leur race, leur culture ou leur niveau de développement économique. Mais qu'en est-il si les peuples concernés refusent une telle libération ou ne sont pas en mesure de l'accepter ? Selon un modèle familier à tous ceux qui ont étudié la tradition et la mentalité missionnaires, cette attitude peut aussi dériver vers le mépris agressif, chauvin, et finalement raciste. Cette tendance est nourrie d'abondance par les très forts courants de nationalisme ethno-religieux qui coexistent dans la vie américaine.

Car après tout, si le Message est vrai au point de devenir évident, s'il est universel et universellement recevable, aucun échec ne peut lui être imputé. Il sera bien plutôt le fait du public, soit par vilenie congénitale, soit parce que le cœur de ce public a été endurci par quelque agent malfaisant – élites nationalistes manipulatrices, anciens communistes, émissaires de Satan...

Affirmer qu'il n'est point de morale hors de la culture politique de votre pays, c'est déjà adopter une position que le reste du monde acceptera difficilement, à laquelle il sera fortement tenté de résister en s'appuyant sur les épisodes les plus sombres de votre passé – et en réveillant, par la même occasion, ses fantômes. L'affirmer et en déduire, comme William Kristol et Robert Kagan, que « les objectifs moraux [de l'Amérique] ont presque toujours été en harmonie avec ses intérêts fondamentaux », c'est dire à peu de choses près : « Mon pays a toujours raison[101]. »

En matière de relations extérieures, cette attitude caractérisait déjà la politique des États-Unis longtemps avant le 11 Septembre. Lorsqu'ils parlaient de la Russie dans les années 1990, la grande majorité des analystes supposaient que les démocrates russes feraient spontanément la promotion des intérêts américains sur la scène internationale, mais aussi des ambitions géopolitiques des États-Unis dans l'ancienne Union soviétique – parce que, consciemment ou inconsciemment, ils partaient de l'hypothèse que celles-ci s'identifiaient avec la justice et le progrès et qu'elles servaient l'intérêt bien compris de la Russie elle-même. Toute tentative de s'opposer à ce postulat délirant ne provoquait souvent que le scandale et l'incompréhension. Et cela se passait, notons-le, pendant la présidence de Clinton et non celle de Bush, preuve s'il en était besoin que ces illusions sont largement répandues sur tout le spectre politique.

« Mon pays, à tort ou à raison », est peut-être une formule moralement désagréable, du moins n'en constitue-t-elle pas moins une déclaration rationnelle de loyauté[102]. Ceux qui la font leur sont capables d'apprécier leurs homologues étrangers qui éprouvent pour leur pays les mêmes sentiments et de négocier avec eux. En revanche, dire : « mon pays a toujours raison » signifie que l'on n'admet pas de négociation. Un tel point de vue sape bien évidemment les fondements du droit international et la croyance en toute forme de communauté internationale.

C'est le lien fondamental entre les bases idéologiques du nationalisme du Credo et l'impérialisme. Tant qu'ils pourront utiliser cette rhétorique pour justifier leurs objectifs, les impérialistes disposeront, auprès de leurs concitoyens, de formidables moyens de séduction. C'est, dans sa version américaine, la vieille mission des grands empires-civilisations : le devoir de Rome et de la Chine impériale – tel que l'imaginaient leurs dirigeants, leurs élites et leurs intellectuels – d'étendre aux barbares d'au-delà des frontières leur civilisation ; celui de l'Espagne de christianiser le Nouveau Monde, celui des « missions civilisatrices » des empires coloniaux européens au XIXe siècle, celui de l'Union soviétique enfin d'apporter au reste de l'humanité la lumière du communisme. Et, comme on l'a déjà souligné, l'Amérique n'est pas, à cet égard, un héritier indigne de la Chine et de Rome ; les leçons qu'elle peut enseigner sont pour l'humanité d'une réelle valeur – bien que les autres démocraties occidentales puissent en revendiquer leur part.

C'est là un point crucial. Les formes d'État romaine et chinoise, pour universalistes qu'elles fussent, n'en étaient pas moins autoritaires et bureaucratiques et il n'y avait nulle contradiction pour Rome et la Chine à imposer leur loi par la force, ni même pour d'autres monarchies à l'adopter. La forme de gouvernement américaine est réputée démocratique et elle est censée être adoptée volontairement par les peuples. Jusqu'où, dès lors, ces leçons peuvent-elles être présentées comme exclusivement américaines et utilisées pour alimenter l'orgueil et la puissance des seuls États-Unis ? Jusqu'où peuvent-elles être diffusées par la force des armes, et jusqu'où peut-on les associer aux préjugés nationaux de l'Amérique, à ses intérêts, à ses ambitions géopolitiques sans perdre leur valeur et détruire leur pouvoir de séduction ? Comment une vision soi-disant fondée sur la démocratisation peut-elle réussir si elle affiche un franc mépris non seulement à l'égard de l'opinion publique internationale en général, mais aussi des élections démocratiques dans certains pays ?

À l'intérieur des frontières de l'Amérique, cette stratégie fonctionne très bien pour ce qui concerne l'attractivité politique et l'adhésion des élites à la stratégie américaine. À l'extérieur, cela donne l'impression que la conscience américaine est susceptible d'avoir des reflets changeants, au gré des avantages tactiques, comme une lumière stroboscopique dans une discothèque miteuse. Cette perception internationale de l'hypocrisie américaine est largement accrue par des haines puissantes et qui ne sont que trop visibles envers d'autres pays et d'autres peuples.

Cette tendance est illustrée par Freedom House, une organisation politiquement indépendante, mais d'utilité publique, dont le rapport annuel sur la liberté et la démocratie dans le monde est considéré comme parole d'évangile par de nombreux journalistes et commentateurs américains. Pourtant, c'est une institution qui, sur son échelle des libertés, a promu la Chine d'un échelon au cours des trentes dernières années, puisque celle-ci est passée de 7 à 6. Ce qui signifie, si l'on en croit Freedom House, qu'en 2004 les Chinois, après une génération de libéralisation économique et de transition du totalitarisme fanatique vers l'autoritarisme, sont à peine plus libres qu'ils ne l'étaient au plus noir de la Révolution culturelle, en 1972. En 2002, l'Inde était dans la catégorie 2, malgré la sévère répression au Cachemire et le massacre au Gujarat de plus de deux mille membres de la minorité musulmane, avec la complicité active de la police et du gouvernement locaux. Et ainsi de suite [103]. En cela, Freedom House suivait simplement l'exemple de nombreuses institutions américaines durant la guerre froide, qui classaient un très large éventail de dictatures pures et dures en Afrique, en Amérique latine ou ailleurs parmi les pays du « monde libre », parce que leurs alliés étaient les alliés géopolitiques des États-Unis [104]. Une approche semblable fut adoptée par Mark Palmer, un ancien ambassadeur des États-Unis, dans son livre présentant une « stratégie » pour mettre fin aux dictatures du monde d'ici à 2025 – une réflexion caractérisée par une extrême superficialité dans son analyse des pays concernés et par une incroyable ambition idéologique [105].

Et bien sûr, au niveau des discussions politiques, les abus en matière de droits de l'homme, réels ou exagérés, peuvent être invoqués en toute circonstance pour justifier l'hostilité envers un pays donné. Ainsi, exemple insignifiant mais typique, un journaliste du *New York Times*, plaidant pour une attitude hostile à l'égard du programme spatial chinois, déclara-t-il : « Au milieu des appels à une coopération scientifique et commerciale dans l'espace pour améliorer les relations sino-américaines, les fonctionnaires de Washington devraient se demander quel genre de coopération est opportun avec un régime qui ne partage pas la tradition de liberté et de respect des droits de l'homme qui est celle des États-Unis[106]. »

Ce genre de propos se diffuse dans la société américaine. En février 2004, le supplément « Parade » du *Washington Post* demandait à ses lecteurs : « Selon vous, qui est le pire dictateur au monde ? », regroupant indistinctement dans la même catégorie – exactement comme Freedom House – le Chinois Hu Jintao et le Nord-Coréen Kim Il Jong, le Zimbabwéen Robert Mugabe, le Birman Than Swe, le Guinéen Teodoro Obiang Nguema ou le prince héritier saoudien Abdallah. En d'autres termes, une liste établie sans tenir compte de la nature du régime, du rôle des dirigeants dans ce régime, ni surtout de la capacité de celui-ci à garantir bien-être matériel et liberté économique à ses sujets – critères que les Américains, lorsqu'ils pensent à eux-mêmes, considèrent comme une part essentielle de leur liberté[107]. Hu Jintao arrivait en troisième position, ce qui en faisait un chef d'État pire que les dirigeants de régimes aussi désastreux que ceux du Zimbabwe et la Guinée équatoriale, ou que l'islamisme wahhabite saoudien. Associé aux discours incessants des politiciens, des médias et des groupes de défense des droits de l'homme sur la liberté dans d'autres pays, il y a là largement de quoi nourrir l'hostilité chauvine de l'Amérique à l'égard des pays tiers : une averse continuelle et fertile de plaidoyers *pro domo* exaltant la croyance des Américains dans leur supériorité.

Nombreux sont ceux – en particulier dans les États anciennement colonisés – qui ne voient dans cette mixture qu'une simple répétition des *missions civilisatrices* de l'Europe du XIXe siècle, un voile hypocrite jeté sur la croissance d'un empire. Et ils ont souvent raison. En outre, comme nous le verrons, la mission universelle de l'Amérique contient certains éléments de « valeurs universelles » qui ne sont en réalité nullement universels, mais font manifestement partie d'une culture et d'un mode de vie purement américains[108].

Ce qui n'est que trop clairement perçu dans les pays que les Américains se proposent de libérer au nom de valeurs prétendument universelles.

Bush et la thèse américaine

La rhétorique du gouvernement Bush après le 11 Septembre décrivant l'Amérique comme une force essentielle de démocratisation et de liberté a à la fois traduit et exacerbé un grand nombre de ces problèmes. Cette rhétorique était messianique et enracinée dans le credo américain et – comme le credo lui-même – elle était également universaliste. Elle soulignait l'idée que les valeurs américaines étaient le salut de l'humanité. Ce que montrent les premières lignes du nouveau texte sur la Stratégie de sécurité nationale :

« Les grands combats du XXIe siècle entre la liberté et le totalitarisme ont abouti à une victoire décisive des forces de la liberté – et à une seule forme de réussite nationale : la liberté, la démocratie et la libre entreprise. Au XXIe siècle, seules les nations qui partagent la volonté de protéger les droits fondamentaux de l'homme et les libertés économiques seront en mesure de libérer le potentiel de leurs peuples et d'assurer leur future prospérité. Partout les gens veulent pouvoir s'exprimer librement, choisir ceux qui les gouvernent, pratiquer leur religion, éduquer leurs enfants – garçons et filles –, être propriétaires et jouir des fruits de leur travail. Ces valeurs de liberté ont la même justesse et la même vérité pour tous, dans toutes les sociétés – et le devoir de protection de ces valeurs contre leurs ennemis est l'aspiration commune de tous les peuples épris de liberté à travers le monde et le temps[109]. »

Bush et son entourage avaient donc une vision bien à eux, extrême, simpliste et minimaliste de l'Amérique, qui est en fait largement répandue à travers le pays et a de profondes racines historiques : « Les États-Unis partent avant tout en guerre contre le mal, non pas parce que c'est le mal, mais pour défendre leurs intérêts matériels [110]. » Le gouvernement Bush et ses partisans ont recouru à l'argument messianique selon lequel l'Amérique devait envahir l'Iraq pour libérer son peuple comme justification substitutive de la guerre. Après le renversement du régime baasiste et l'impossibilité de trouver les prétendues armes de destruction massive, c'est devenu la principale justification [111].

Comme l'a dit Harry Truman, l'Amérique était devenue puissante mais avait renoncé à la course à la puissance, et son rôle était de « mobiliser ceux qui croient à un monde juste contre le matérialisme bolchevique ». Le messianisme de Truman coexistait étrangement avec son comportement brutalement chauvin à l'égard de presque toutes les autres nations, comme c'est le cas aujourd'hui aux États-Unis de nombreux avocats de la démocratisation aussi bien à l'égard des Arabes qu'ils affirment vouloir conduire à la démocratie mais aussi d'autres pays qui en sont déjà mais sont en désaccord avec les États-Unis [112].

Les paroles de Truman sont stimulantes mais véhiculent également de graves dangers pour l'analyse et l'action politique. Le fait de désigner l'ennemi comme ennemi de la civilisation et incarnation du mal – même si c'est tout à fait exact dans le cas de Staline – suggère aussi qu'il était inutile d'essayer de comprendre ses motivations même si c'était un moyen de mieux lui résister. En d'autres termes, c'est précisément le contraire de la vision prêchée par Kennan et d'autres pragmatiques dans le cadre de la guerre froide. Cette vision a également signifié l'uniformisation de différents mouvements communistes nationaux pour former un seul ennemi communiste, global et gigantesque.

Comme l'ont remarqué William Fulbright et d'autres, cette attitude a directement entraîné la débâcle vietnamienne, car avant la guerre, les analystes et les décideurs américains considéraient les Nord-vietnamiens simplement comme des « communistes » et avaient complètement échoué à comprendre leur vraie nature, leur force colossale et l'importance de leur inimitié historique sous-jacente avec leur soutien communiste, la Chine – bien que certains experts de la région, tels que Bernard Fall, avaient souligné cet élément[113]. De même, ils ont absolument échoué à évaluer la profondeur de la rupture sino-soviétique, qui conduirait en quelques années les deux États communistes au bord de la guerre nucléaire[114].

Par conséquent, les États-Unis ont régulièrement laissé passer l'opportunité d'utiliser un pays communiste comme rempart contre l'autre. Quelques années après la critique de Fulbright, Nixon et Kissinger reconnaissaient implicitement sa justesse en se réconciliant avec la Chine communiste. Cependant, au Moyen-Orient, l'équipe Bush a dû réapprendre ces leçons depuis le début, et de nombreux hommes politiques et commentateurs américains – en partie pour des raisons liées à Israël – sont déterminés à ce qu'elles ne le soient *pas*[115].

Cette tendance à diaboliser et à amalgamer différentes sortes d'« ennemis » a eu des conséquences très spécifiques et particulièrement néfastes dans le contexte du 11 Septembre et de la lutte contre le terrorisme. Immédiatement après le 11 Septembre, Bush a éliminé toute référence aux problèmes concrets existant entre les États-Unis et les islamistes radicaux de ses déclarations publiques et de celles de son gouvernement. De fait, sous la pression de l'essentiel des médias et de la classe politique, le débat public sur ces questions était largement éteint. À sa place, un discours manichéen fut encouragé, qui identifiait les valeurs américaines comme cible des terroristes, ces valeurs étaient incontestablement bonnes en elles-mêmes, mais aussi bonnes pour le reste du monde. Quand la rhétorique de « l'Axe du mal » (expression tirée du Discours sur l'état de l'Union de 2002) a étendu cette vision à une série d'autres États, l'effet a été de faire taire toute velléité de négociation et de demi-mesure chez la frange la plus nationaliste de l'opinion publique américaine.

Ou, comme le *New York Post*, tabloïd populiste, le dit, reflétant une opinion largement diffusée dans la société et les médias américains : « Pourquoi nous détestent-ils ?

C'est ce que les soi-disant intellectuels se demandent à propos des ennemis islamistes de l'Amérique... Et après ? Ousama [Ben Laden] a ordonné la mort de six mille innocents, pour la plupart américains, sur le sol américain. Quelle différence cela peut-il faire ? Rien ne justifie un tel mal. Il n'y a pas d'excuse. Et la seule question qui compte à présent, c'est de savoir comment on peut les éliminer le plus vite[116]. »

En encourageant ce type de comportements, le gouvernement Bush a oublié la plus vieille et la plus sage des stratégies : « Connais ton ennemi. » De cette façon, il a rendu une telle « éradication » de l'ennemi d'autant plus difficile. C'est moins important pour ce qui regarde Al Qaida, dont les buts et l'idéologie excluent toute tentative de compromis. Mais en refusant de comprendre d'où viennent les griefs des Musulmans, comme le soutien américain à Israël et la domination militaire américaine au Moyen-Orient, les Américains se sont aliéné les Musulmans ordinaires et ont créé de nouvelles recrues potentielles pour le terrorisme islamiste.

La vision commune de l'équipe Bush et des chefs du parti démocrate tendait donc à miner et même à bloquer le combat politique contre l'extrémisme islamiste, ainsi qu'à pousser la nation vers les options purement militaires. La confusion des esprits américains a encore été accrue par l'identification de l'ennemi pour Bush avec le « terrorisme » – une formulation étrange, comme cela a souvent été observé, qui revient à désigner les bombardements aériens ou les chars d'assaut comme « l'ennemi ».

Dans une déclaration au Congrès du 20 septembre 2001, Bush identifiait donc l'Amérique avec la Liberté et expliquait que c'est pour cela que l'Amérique avait été attaquée : « Les Américains se demandent : pourquoi nous détestent-ils ? Ils détestent ce qu'ils voient dans cette assemblée – un gouvernement désigné de manière démocratique... Un mal terrible nous a été infligé. Beaucoup sont morts. Et nous avons trouvé dans notre douleur et notre colère notre mission et notre volonté. La Liberté est en guerre contre la Peur. Les progrès de la Liberté – la grande conquête de notre temps, et le grand espoir de tous les autres – dépendent désormais de nous[117]. »

Comme les premières lignes du document sur la Stratégie de sécurité nationale, ces mots recueillent une approbation générale parmi le peuple américain, les voix discordantes restant peu nombreuses. À l'image des Soviétiques et de très nombreux Américains – de gauche et conservateurs – Bush voit également l'Amérique comme l'agent d'une téléologie historique[118]. Des déclarations comme « notre nation est du côté droit de l'histoire » sonnent comme l'écho du cliché soviétique, « le vent de l'histoire souffle pour nous »[119].

Et comme la rhétorique soviétique, cet élément idéologique dans le langage de George Bush était également universaliste par nature, s'adressant à l'Amérique et au monde au nom du Credo américain. Cette certitude a trouvé à s'exprimer de façon encore plus spectaculaire et messianique dans le discours de Bush devant les diplômés de l'académie militaire de West Point le 1er juin 2002, qui a du reste introduit la doctrine de la « guerre préventive : « Où que nous le portions, le drapeau américain ne représentera pas uniquement notre pouvoir, mais aussi la liberté (applaudissements). Le but de notre nation a toujours été plus ample que sa seule défense. Nous combattons, comme nous avons toujours combattu, pour une paix juste – une paix qui favorise la liberté humaine... Le XXe siècle a débouché sur une unique forme de progrès humain, fondé sur l'exigence non négociable de dignité humaine, sur la force de la loi, les limites au pouvoir de l'État, le respect des femmes et de la propriété privée, la liberté d'expression, l'égalité devant la justice et la tolérance religieuse[120]. »

Cette manière de s'exprimer chez Bush et les autres hauts responsables de son gouvernement aurait pu être celle – mot pour mot – de l'équipe Clinton, telle que formulée par Madeleine Albright et d'autres, et même du président Woodrow Wilson, qui déclara en janvier 1917 que « Ce sont là des valeurs américaines, des politiques américaines. Nous n'aurions pu en défendre aucune autre. Et ce sont également les valeurs et les politiques des hommes et des femmes tournés vers l'avenir partout dans le monde, dans toutes les nations, dans toutes les communautés éclairées. Ce sont les valeurs du genre humain, et ils doivent prévaloir ».

L'appétit des wilsoniens

Ce climat de messianisme national n'a pourtant pas été le fait de la seule équipe Bush, de ses médias et de ses partisans, mais aussi d'intellectuels de premier plan du parti démocrate. Cela, en raison de très anciennes traditions et des convergences de vues entre républicains et démocrates, qui considéraient la démocratisation comme une arme contre le communisme durant la guerre froide[121]. Après le 11 Septembre, ces efforts portèrent principalement sur la politique américaine dans le « grand Moyen-Orient », ce dont nous traiterons au chapitre 5. Mais ils ont aussi de plus vastes implications.

Cette fusion d'un usage sélectif de la « démocratisation » avec des stratégies basées sur un brutal « réalisme » a été au centre de la philosophie et de la stratégie des néoconservateurs, depuis leur entrée sur la scène politique dans les premières décennies de la guerre froide. Dans le projet néo-conservateur, l'Union soviétique devait être détruite par une combinaison de pressions militaires et économiques, par la répression brutale des révoltes inspirées du communisme dans les régimes clients des États-Unis – y compris, si nécessaire, au moyen d'interventions armées – et par de vigoureux plaidoyers en faveur de la démocratie et de la liberté en direction des sujets soviétiques eux-mêmes.

Le recours sélectif ou instrumentalisé à l'indignation vertueuse et aux appels à la libération – ce que l'ambassadrice aux Nations unies pendant la présidence Reagan, Jeanne Kirkpatrick, appelait assez candidement « la valeur utilitaire de la démocratie » – est une très vieille recette de la diplomatie, peut-être plus encore dans le monde protestant et anglo-saxon[122]. Rarement cependant avant les nationalistes américains, et plus particulièrement ceux du camp néo-conservateur, l'avait-on utilisée de façon aussi systématique, et avec un tel mépris pour tout semblant de cohérence ou d'honnêteté intellectuelle. Ainsi en 1980, Irving Kristol, attaquant les efforts du président Jimmy Carter pour traiter alliés et rivaux de l'Amérique sur le même pied, en matière de droits de l'homme et de démocratie, rejoignait-il dans sa critique du messianisme américain George Kennan, Samuel Huntington ou d'autres conservateurs réalistes :

« L'erreur fondamentale de la politique étrangère américaine est de croire, contre toute évidence, que, partout, tous les peuples ont immédiatement droit à un gouvernement constitutionnel et libéral – et strictement démocratique de surcroît... De fait, ce n'est que depuis la Première Guerre mondiale – une guerre menée au nom du "droit des peuples à disposer d'eux-mêmes" et du "renforcement de la démocratie" – que la politique étrangère américaine a commencé à négliger la réalité au profit de la poursuite don quichottesque d'idéaux chimériques. Avant la Première Guerre, les hommes intelligents savaient bien qu'on ne pouvait espérer que tous les peuples, partout et toujours, optent pour une démocratie constitutionnelle à l'occidentale[123]. »

Deux ans plus tôt, dans le cadre de la même campagne agressive contre Carter, Kristol s'était catégoriquement exprimé en faveur de la valeur d'exemple de l'Amérique :

« Le degré approprié de développement des droits politiques dans quelque nation que ce soit n'est pas quelque chose sur quoi notre Département d'État puisse émettre un avis sérieux. Il ne peut qu'être déterminé par le peuple de cette nation, qui s'appuiera sur son passé politique et culturel pour atteindre le bon équilibre en la matière. Nous pouvons essayer de donner l'exemple, de rendre autant que possible notre république démocratique digne d'admiration – comme nous l'ont instamment demandé nos Pères fondateurs. Mais c'est à peu près tout ce que nous pouvons faire – comme l'ont reconnu nos Pères fondateurs[124]. »

Mais Kristol et son école ont réservé cette modération aux alliés de l'Amérique, même les plus violents. C'est précisément ce type de considérations réalistes qu'ont attaquées les néo-conservateurs, lorsqu'elles ont été appliquées à des pays qu'ils voulaient affaiblir ou miner, et leurs attaques furent non seulement féroces mais formulées dans des termes qui sont ceux de la version la plus excessive de la mission messianique de l'Amérique en tant qu'intervention et non seulement comme exemple[125].

L'illustration la plus scandaleuse est la façon dont les néo-conservateurs et d'autres ex-anticommunistes ont joué sur la distinction entre régimes « totalitaires » et « autoritaires ». Dans les années 1980, cette distinction était considérée par nombre d'intellectuels anti-communistes comme une différence essentielle entre les dictatures pro-américaines d'Amérique du Sud, néanmoins relativement ouvertes sur les plans culturel, intellectuel ou économique, et les États communistes. De fait, cette distinction est tout à fait valable[126].

Lorsque la Russie et la Chine, chacune à leur manière, ont abandonné le communisme, il est apparu – de façon assez amusante – que ceux qui avaient le plus farouchement défendu la distinction entre régimes autoritaires et totalitaires ne la prenaient plus au sérieux. En lieu et place, là ou ailleurs (dans le cas de l'Iran par exemple), ils faisaient tout leur possible pour effacer la frontière entre totalitarisme et autoritarisme. Pour eux, cela n'avait été qu'un vulgaire artifice rhétorique pour tenter de démontrer que les turpitudes de Washington en Amérique du Sud valaient mieux que celles de Moscou en Europe de l'Est.

À la suite du 11 Septembre, un certain nombre d'intellectuels appartenant encore au parti démocrate ont emprunté le chemin déjà suivi, deux générations plus tôt, par les néo-conservateurs, dont la plupart appartenaient alors à l'équipe du sénateur démocrate Henry « Scoop » Jackson, violemment anticommuniste, partisan de la guerre du Vietnam et fervent soutien d'Israël[127]. Ainsi

Michael Tomasky a-t-il déclaré en 2003 que les démocrates devaient avoir une conception nouvelle de la politique étrangère, alternative claire et forte à celle des républicains :

« Le plus difficile est d'appuyer la critique [des républicains] sur une vision différente. Celle-ci doit être simple et découler, si nous voulons être cohérents, de cette critique elle-même : la première démocratie du monde doit soutenir... la démocratie. La guerre froide est finie ; le XXe siècle, celui où tous les "-ismes" ont disparu, est révolu. Nous sommes au XXIe siècle ; les États-Unis – du moins la gauche américaine – doivent proclamer qu'il sera celui de la démocratie [...].

Imaginez un président démocrate, ou même un candidat à la présidence, qui défende énergiquement cette cause sur la scène du monde. Et pour montrer qu'il ne plaisante pas, qui choisisse le cas emblématique d'un scandale sur lequel les États-Unis ont jusqu'à présent fermé les yeux – le sort des Kurdes en Turquie, par exemple, ou, mieux encore pour servir les besoins politiques intérieurs, la condition de la femme en Arabie Saoudite. Au début il se heurterait à des résistances, mais en fin de compte, qui peut durablement désobéir aux États-Unis ? Le monde, en traînant les pieds peut-être, commencerait à changer[128]. »

À partir de 2003, on trouve des passages très semblables dans les écrits de nombreux partisans du camp démocrate. Ils ont été notamment repris dans un document intitulé *Progressive Internationalism : A Democratic National Security Strategy* (« Internationalisme progressiste : une stratégie de sécurité nationale pour le parti démocrate »), rédigé par d'anciens hauts fonctionnaires, membres de « Think Tanks » et universitaires, en vue de peser sur la campagne des démocrates pour l'élection présidentielle et sur les orientations du futur gouvernement. Cette stratégie a été préparée sous l'égide du Progressive Policy Institute (PPI) de Washington, un groupe qui plaide en matière de politique intérieure pour une sorte de troisième voie à la Blair. Certaines de ses propositions sont du reste assez intéressantes, à l'instar des autres travaux de cette école[129]. Ce rapport se démarque également de la droite nationaliste en ce qu'il souligne, très certainement avec sincérité, la nécessité du multilatéralisme. Le problème réside pourtant dans ce que ses autres considérations sur l'usage de la force pour améliorer le monde sont si étrangères aux courants de pensée dominant en Europe et ailleurs que si elles étaient effectivement mises en œuvre, elles rendraient presque caduque toute tentative multilatérale.

Dana Allin, Michael O'Hanlon et Philip Gordon appellent, dans un essai consacré à ce que devrait être un futur gouvernement démocrate, au « respect » des alliés de l'Amérique[130] – contrairement à l'équipe Bush. Mais il est difficile de montrer du respect quand on rejette systématiquement l'avis de quelqu'un. À cet égard, une bonne partie de la déclaration du Progressive Policy Institute, et même son langage, ne se distinguent guère de la propagande néo-conservatrice[131]. Plusieurs de ses signataires se sont joints aux néo-conservateurs et à d'autres observateurs de la droite républicaine pour apporter leur soutien à la guerre d'Irak[132].

Un de ses signataires, le professeur de Stanford Michael McFaul, a écrit que « le principal objectif de la puissance américaine fut, au cours du XXe siècle, de s'opposer à la tyrannie, et lorsque c'était possible, de la détruire ». Une conception pour ainsi dire soviétique, dans son oubli de certains faits, gênants mais néanmoins patents. Invoquant une « doctrine de la liberté », qui servirait de principe à la politique extérieure et à la sécurité des États-Unis, McFaul écrit, en des termes que ne renieraient pas les néo-conservateurs : « La défense de la liberté requiert avant tout de contenir puis d'éliminer les forces qui s'opposent à la liberté, que celles-ci soient des individus, des mouvements ou des régimes... Pour promouvoir efficacement la démocratie à long terme, les États-Unis doivent conserver leur écrasante supériorité militaire sur le reste du monde. »

Selon McFaul :

« Les États-Unis ne peuvent se contenter de préserver l'ordre mondial actuel. Il leur faut au contraire devenir une puissance révisionniste – un pays qui s'efforce de bouleverser le système international pour parvenir à renforcer sa propre sécurité nationale. De plus, ce doit être une mission brutale, car les États-Unis ne peuvent pas se permettre d'attendre la prochaine attaque pour réagir. Nous devons plutôt chercher à isoler et à détruire nos ennemis en éliminant leurs régimes et leurs sanctuaires. Le but ultime de la puissance américaine doit être la création d'une communauté internationale d'États démocratiques dans toutes les régions de la planète[133]. »

Ailleurs, McFaul et ses amis ont appelé de leurs vœux la politique la plus dure envers l'Iran, fondée sur le refus de tout engagement et l'exigence d'un changement de régime et d'une vraie démocratie. Ils s'alignent donc sur les néo-conservateurs tenants de la ligne dure et sur le lobby israélien, contre Colin Powell et le Département d'État, mais aussi contre les principaux alliés européens des États-Unis, y compris la Grande-Bretagne. Et bien sûr, tout cela est supposé compatible avec le « multilatéralisme[134] ».

Le plus étrange, c'est l'idée exprimée par Tomasky et d'autres hommes de gauche autoproclamés selon laquelle cette approche constituerait une « alternative » à la politique de l'administration Bush. En effet, comme le montre le passage du rapport sur la Stratégie nationale de sécurité cité plus haut, le langage qu'ils emploient diffère à peine de celui du gouvernement républicain. Tout ce que Tomasky et ses amis peuvent assurer, c'est qu'ils appliqueraient ces principes de façon plus constante et systématique – mais c'est précisément ce que réclament les néo-conservateurs. Ce genre de rhétorique constitue depuis des années la base de la propagande internationale américaine et, fait dans une large mesure, implicitement partie du credo américain et des mythes qu'il véhicule[135].

Sur la guerre d'Irak, on aurait du mal à trouver dans la ligne de conduite des faucons démocrates ce qui la distingue des positions défendues par Bush. À l'époque où ces lignes ont été écrites, de nombreux intellectuels qui soutenaient son gouvernement affirmaient déjà que celle-ci avait désormais placé au cœur de sa politique étrangère le soutien à la démocratie. George Will, Max Boot et d'autres vantaient une supposée conversion de George Bush au « wilsonisme » et à l'idée de *nation building*[136] (« construction des nations »). La démocratisation, les droits de l'homme et la libération des femmes avaient déjà été invoqués pour justifier la guerre en Afghanistan. Et les deux premières de ces trois nobles causes étaient en passe de fournir un *casus belli* à l'administration pour déclencher la campagne d'Irak.

Le discours des démocrates de gauche comme Tomasky sur les échecs supposés des « réalistes » républicains fut même repris presque mot pour mot par Newt Gingrich dans ses virulentes attaques contre l'internationalisme de Colin Powell et du Département d'État. Dans les termes dont usait Gingrich, revient systématiquement la nécessité de « défendre la liberté et de combattre la tyrannie » : « Les États-Unis doivent incarner et promouvoir leurs valeurs dans le monde. Tous les êtres humains ont droit à la sécurité, à la santé, à la prospérité et à la liberté. Les États-Unis soutiennent les valeurs fondamentales que sont la liberté constitutionnelle, le droit à la liberté d'expression (en particulier la liberté de la presse), à l'indépendance de la justice, à l'économie de marché et aux élections libres, la transparence du gouvernement, l'égalité des femmes et l'égalité raciale, la liberté de croyance et de culte. Sans ses valeurs, il est difficile d'imaginer un monde où puisse être assurée la sécurité des États-Unis. Nous ne devrions pas confondre le respect des autres avec l'acceptation de leurs valeurs lorsque celles-ci violent les nôtres[137]. »

Ce passage s'inscrivait dans une offensive délibérée qui visait à réduire encore un peu le respect du gouvernement américain pour les opinions des ses alliés – fussent-ils des démocraties européennes –, à saper l'autorité du chef de la diplomatie américaine, à ouvrir un peu plus grand la porte à des interventions militaires unilatérales et à réduire le soutien au sein du gouvernement à la « Feuille de route » pour la paix entre Israël et la Palestine du président Bush.

Après la conquête de l'Irak et l'échec à trouver les armes de destruction massive pourtant promises, la démocratisation et les droits de l'homme sont devenus *a posteriori* la principale justification de l'intervention[138]. Et le soutien ostensible à la démocratisation ne se limitait pas aux pays sous occupation américaine. On affirma aussi que la démocratisation en Afghanistan et en Irak entraînerait celle de tout le Moyen-Orient, à commencer par l'Iran.

Bien sûr, l'accent mis sur la démocratisation dans certains secteurs de la droite américaine moderne ne date pas de 2002. Elle a été véritablement lancée par Ronald Reagan, lorsque celui-ci décida d'adopter le langage de la révolution démocratique et des droits de l'homme comme partie intégrante de sa lutte contre l'« Empire du Mal », c'est-à-dire contre l'Union soviétique. Il fallait aussi, pour ce faire, consommer la rupture avec les considérations « réalistes » supposées avoir dominé les politiques des précédentes administrations républicaines de Ford, Nixon et Eisenhower.

C'est pour des raisons en grande partie similaires que des intellectuels démocrates proches de Henry « Scoop » Jackson sont passés dans le camp idéologique des néoconservateurs et ont rejoint le camp politique des républicains. En d'autres termes, Tomasky et ses amis se sont contentés de suivre, en 2003, le chemin qu'avaient déjà emprunté Richard Perle, Irving Kristol et d'autres, une génération plus tôt[139].

La vision des « internationalistes de progrès » démocrates diffère sincèrement de celle de la droite nationaliste sur nombre de questions internationales d'intérêt vital, notamment l'environnement, l'aide extérieure, certains traités internationaux et, au-delà, la nécessité d'une « vision généreuse de la société mondiale et du rôle que l'Amérique doit y tenir[140] ». Ces orientations politiques, si elles étaient effectivement suivies – ce qui demeure hautement improbable étant donné l'attitude passée du parti démocrate au Congrès en la matière –, non seulement se révéleraient très positives en elles-mêmes, mais amélioreraient le climat entre les États-Unis et leurs alliés, entre autres européens.

Malgré cela, lorsqu'on en vient aux problèmes spécifiquement liés à la conduite de la guerre contre le terrorisme et à l'usage de la force pour rendre le monde meilleur, les « internationalistes progressistes » n'offrent aucune alternative à la politique menée par l'équipe Bush. Au contraire, à l'instar des néo-conservateurs, ils défendent une certaine forme d'impérialisme de gauche, qui rappelle celle qu'ont connue il y a un siècle l'Europe et les États-Unis. Si le tableau comporte évidemment des éléments spécifiquement voire exclusivement américains, il évoque aussi de tristes antécédents dans l'histoire des relations entre mouvements de gauche et mouvements nationalistes, aux époques précédentes et dans d'autres parties du monde.

L'ascendant psychologique du nationalisme sur la gauche dans ce type de relation est démontré avec éclat par l'immixtion d'un langage machiste nationaliste dans les passages cités plus hauts de Tomasky et de McFaul, dont l'esprit diffère très peu de celui des néo-conservateurs. L'Amérique y « élimine » les ennemis de la liberté. Elle déclare unilatéralement ce qu'elle veut, et le reste de la planète n'a qu'à suivre, car « qui peut durablement désobéir aux États-Unis ? » Le « monde », inévitablement, doit obtempérer, fût-ce en « traînant des pieds », ce qui permet de délégitimer toute critique et de démontrer une fois de plus combien est nécessaire une direction américaine ferme sur le reste de l'humanité.

Les « cas emblématiques » de scandale sont soigneusement choisis afin de frapper non pas l'opinion publique mondiale mais celle des États-Unis et de correspondre aux exigences diplomatiques et de sécurité du moment pour les États-Unis : il s'agit de punir les Turcs de n'avoir pas accordé leur aide lors de la campagne d'Irak, et les Saoudiens, pour leur hostilité envers Israël et leur insuffisante fermeté à l'égard d'Al-Qaida et de ses alliés. Comme les autres exemples cités plus haut, ces passages sont aussi nationalistes en ce qu'ils témoignent d'un profond solipsisme, confinant presque à l'autisme, dès lors qu'il s'agit de la réponse attendue des non-Américains à ce genre de discours, quelles que soient les réalités politiques des pays tiers. Combinés à l'inaptitude des démocraties à critiquer Israël, ces comportements ont un effet désastreux sur la capacité du parti à formuler des stratégies alternatives cohérentes dans la lutte contre le terrorisme.

Un internationalisme jacobin

Dans son livre *Barbarian Sentiments* (« Sentiments barbares »), le journaliste William Pfaff se souvient d'un échange assez piquant, l'année 2000, entre le sénateur Jesse Helms* et le député et ancien ministre socialiste Paul Quilès. Helms avait dit aux membres du Conseil de sécurité des Nations unies que « les États démocratiques, au premier rang desquels les États-Unis, qui œuvrent pour la liberté, ont toute autorité pour décider d'une intervention militaire et n'obéissent à aucun contrôle extérieur ».

Après le 11 Septembre, cette position devint l'année suivante partie intégrante de la « doctrine Bush », incluse dans le projet de *Stratégie de sécurité nationale 2002*. M. Quilès, dans un article publié par le journal *Le Monde*, tint à mettre en garde les États-Unis contre les dangers qu'un tel cap faisait encourir : « une méfiance de plus en plus grande de pays comme la Russie ou la Chine, ou d'autres encore, et les difficultés qu'auraient les États-Unis à assurer ainsi la sécurité collective ; le recours à des solutions de force par un nombre croissant d'États ; l'intensification et la généralisation du conflit[141]. »

Ce qui dans cet échange est effectivement piquant, c'est que le sénateur Helms, représentant l'aile la plus conservatrice de la puissance mondiale dominante,

* Sénateur républicain de Caroline du Nord (1972-2002), une sorte d'emblème de la réaction.

n'exprimait rien de moins qu'une philosophie révolutionnaire de soulèvement international, formulée, deux siècles plut tôt, par les ancêtres révolutionnaires de M. Quilès. Selon le grand historien du nationalisme Elie Kedourie :

« La société [traditionnelle] des États européens admettait toutes sortes de républiques, de monarchies électives ou héréditaires, de régimes constitutionnels ou despotiques. Mais les principes invoqués par les révolutionnaires [français] remettaient en question tous les gouvernements existant alors ; à partir du moment où ceux-ci ne tiraient pas des nations elles-mêmes leur souveraineté, ils devenaient des usurpateurs, avec lesquels il n'était pas nécessaire de se lier par des accords, et auxquels leurs sujets ne devaient point reconnaître allégeance. Une telle doctrine, à l'évidence, ne ferait qu'envenimer les querelles internationales, et rendrait plus difficile de les résoudre par les méthodes classiques de l'habileté diplomatique ; elle allait de fait bouleverser toutes les relations internationales, telles qu'on les connaissait jusqu'alors [142]. »

L'aspect révolutionnaire ou jacobin de cette vision aux États-Unis est bien sûr ouvertement reconnu par certains de ses partisans [143]. De telles déclarations, si elles étaient parfaitement honnêtes, auraient de quoi surprendre, de la part de représentants du principal *hêgemôn* capitaliste mondial. En fait, comme nous l'avons vu, leur intention est que l'application de ces principes soit hautement sélective, puisqu'il s'agit d'affaiblir certains États tout en fermant les yeux sur les alliés de l'Amérique. On crie au scandale à propos de l'Iran, mais on observe un silence circonspect sur les crimes infiniment plus graves de l'Ouzbékistan. Cette philosophie, si limitée et cynique qu'elle soit dans sa mise en œuvre, n'en demeure pas moins extrêmement dangereuse pour l'ordre international, la paix et la coopération.

De fait, l'histoire de la France révolutionnaire et napoléonienne devrait suffire à nous le rappeler. Car, si les armées françaises ont effectivement apporté un progrès authentique dans de nombreuses régions d'Europe, elles ont aussi suscité des résistances acharnées et des guerres qui ont ravagé l'Europe durant toute une génération. Ces conflits ne se sont pas soldés *in fine* pour la France que par une défaite écrasante, ils l'ont affaiblie à un point tel qu'elle ne put jamais retrouver sa prééminence en Europe et dans le monde. Ces résistances ne furent pas le seul fait des forces de la réaction, mais aussi de la paysannerie dans plusieurs pays, et en 1813 d'un soulèvement populaire en Allemagne, qui jeta les bases du nationalisme allemand. Selon le mot de Robespierre lui-même : « Personne n'aime les missionnaires armés. » Lorsque la Révolution française engendra Napoléon, même ses alliés libéraux se retournèrent contre la France, écœurés par des envahisseurs qui, sous prétexte de démocratie, produisirent de nouvelles monarchies héréditaires avec pour origine les frères de Napoléon et ses maréchaux.

Aujourd'hui une telle d'attitude messianique et révolutionnaire a trois types d'effets secondaires – bien qu'en pratique cela se traduise rarement par des actes. Le premier, c'est la façon dont elle alimente un courant nationaliste de droite aux États-Unis mêmes, ce *chauvinisme cocardier* qui fut justement reproché à la tradition jacobine française, et qui méprise ouvertement les intérêts et les vues des autres nations, drapé dans la vertu américaine, croyant, selon le précepte de la contre-réforme catholique, qu'« il n'est pas nécessaire d'avoir la foi pour combattre les hérétiques », selon les préceptes de la Contre-Réforme catholique[144].

En particulier, la nature autoritaire de la plupart de États du monde arabe et musulman est utilisée comme excuse pour rejeter d'emblée les vues non seulement de leurs dirigeants, mais aussi de leurs peuples – avec des conséquences potentiellement catastrophiques dans la lutte contre le terrorisme islamique. D'une façon plus générale, cette attitude messianique conduit à un curieux mélange, pourtant familier à l'historien, d'idéalisme effréné et d'absence totale de charité, au sens où l'entend la Bible[145]. C. Van Woodward l'avait déjà dénoncé, lors de la guerre du Vietnam, en des termes qui rappellent directement ceux de Kedourie :

« La véritable mission de l'Amérique, pour ceux qui soutiennent cette idée, est une croisade morale à l'échelle mondiale. Ces gens ont probablement toutes les raisons de refuser le moindre crédit, la moindre attention aux arguments du point de vue opposé, et d'en appeler à une loi plus haute pour justifier, au nom d'un but noble, des moyens révoltants et sanglants. Car, quelle fin plus noble peut-il y avoir, demandent-ils, que la libération de l'homme [...] ? L'ironie de cette approche moralisatrice, lorsqu'elle est exploitée par le nationalisme, c'est que le noble but d'en finir avec l'injustice et l'immoralité se traduit dans les faits par une guerre plus amorale, plus horrible qu'il n'en fût jamais et par le renversement des fondements mêmes de l'ordre politique et moral sur lequel la paix doit être construite[146]. »

La deuxième conséquence funeste de cette position idéologique qui sera développée au chapitre 6 concerne la politique américaine au Moyen-Orient. Elle fait oublier aux États-Unis les mesures urgentes à prendre, nécessaires au renforcement de la lutte contre le terrorisme, c'est-à-dire : la paix entre Israéliens et Palestiniens et des progrès économiques significatifs pour sortir la région du marasme. Le premier point permettant, dans une certaine mesure, de créer une telle diversion.

La troisième conséquence d'une idéologie messianique américaine a de profondes résonances non seulement au Moyen-Orient, mais dans les relations qu'entretiennent les États-Unis avec le reste du monde. Comme Kedourie et Woodward l'ont souligné, et comme l'admettent ses tenants, cette idéologie encourage le mépris et l'hostilité envers les États tiers ; non pas envers un État en particulier, mais d'un point de vue abstrait envers les États en général – du moins la grande majorité d'entre eux, qui ne se conforment pas aux critères américains de la démocratie et du succès économique ; et même envers ceux qui, à l'instar de l'Europe occidentale, sont accusés d'être trop faibles, trop cyniques ou trop décadents pour soutenir la mission courageuse et idéaliste de l'Amérique dans le monde.

Cette hostilité représente une sérieuse menace pour la stratégie américaine de « guerre contre le terrorisme ». Ainsi les révélations du coordinateur de la lutte antiterroriste Richard Clarke, en mars 2004, concernant la relative indifférence de l'administration Bush à l'égard du terrorisme avant le 11 Septembre, n'ont-elles conduit la plupart des médias américains et de la classe politique qu'à une remise en cause trop courtisane, centrée sur des points de détail et des questions du type « qui savait quoi et quand ? » pendant l'été 2001. C'est courir le risque de passer à côté d'une interrogation autrement plus importante, à savoir pourquoi le gouvernement Bush, et tant d'Américains des deux camps avec lui, était-il obsédé par la prétendue menace représentée par des États qui ne détenaient qu'une infime fraction de la puissance américaine et qu'il est possible de dissuader par la menace d'éventuelles représailles massives.

Cette hostilité envers les États tiers est aussi l'expression d'éléments de nature différente, parmi lesquels l'obsession concernant certains États rivaux, chez les tenants d'une philosophie dite « réaliste » en matière de relations internationales, qui continue de dominer le monde de la politique étrangère aux États-Unis ; et les positions de groupes ethniques spécifiques envers certains États – dont la plus notable est celle du lobby israélien envers les États musulmans opposés à Israël (c'est-à-dire la grande majorité d'entre eux).

En outre, cette hostilité aux États, qui va de pair avec l'ignorance des autres cultures politiques, est nourrie par les ONG occidentales et les organisations de défense des droits de l'homme. La contrepartie de leur engagement sincère en faveur des droits de l'homme et de la démocratie est souvent une incapacité d'écouter les voix provenant de cultures non occidentales, un rejet des mauvais souvenirs du colonialisme et une profonde ignorance de l'histoire[147].

Ces groupes occidentaux sont naturellement plus préoccupés par l'oppression telle que l'exercent les États que par les problèmes que peut faire surgir l'anarchie entre les peuples, et philosophiquement incapables d'envisager l'éventuelle nécessité d'un pouvoir fort, voire brutal, dans certaines sociétés – c'est-à-dire presque partout, dans une perspective historique –, afin de contenir et de transformer les forces plus sauvages encore que ne sont seigneurs de la guerre, barons (qu'on les entende au sens traditionnel ou sous leur moderne forme capitaliste, tels les oligarques russes, de « requins » de la finance et de l'industrie), clans, groupes ethniques, tous plus lourdement armés, anarchiques, prédateurs, pleins d'animosité les uns pour les autres, et de protéger les gens ordinaires contre leurs exactions. Ce fut aussi le cas, autrefois, de l'Amérique, et pourrait le redevenir. Comme l'écrivait Francis Lieber, le « père des sciences politiques américaines », en 1838, « un gouvernement faible est une négation de la liberté[148] ».

J'aimerais, dans ce contexte, rappeler l'exemple d'une Pakistanaise, travaillant pour une ONG occidentale, qui m'avait assuré que l'armée et la police étaient pour son pays de telles catastrophes qu'il aurait mieux valu qu'elles disparussent à tout jamais, le corollaire étant que le Pakistan serait libre de devenir une démocratie, où les droits de l'homme seraient respectés. Il en va du contraire, bien entendu. Dans ce cas, bien sûr, le Pakistan deviendrait un autre Afghanistan. Cela ne signifierait nullement un pas en avant, mais plutôt, pour cette femme, l'exil ou la mort.

Cette façon de penser est encouragée par l'idée, qui circule dans le monde des ONG, qu'une « société civile globale » est en train d'émerger et qu'elle pourrait constituer une alternative à la souveraineté des États[149]. C'est une position particulièrement discutable, étant donné l'incapacité absolue des ONG, non seulement à administrer quelque société que ce soit ou à en assurer l'ordre public, mais à assurer leur propre sécurité sans le secours des forces étatiques, que celles-ci appartiennent au pays en question ou sous la forme d'une intervention internationale. Les ONG ne peuvent remplacer l'État que brièvement et partiellement, lorsque celui-ci a déjà disparu ; étant parfaitement inaptes à assumer les fonctions d'un État, elles créent alors, inévitablement, un extraordinaire désordre [150].

La notion de « société civile globale » est aussi profondément élitiste. Car, bien qu'on ne veuille guère le reconnaître, elle se fonde sur l'idée que les élites éclairées peuvent et doivent moderniser et civiliser les peuples non civilisés, que ceux-ci le veuillent ou non. C'est ainsi, effectivement, que le progrès, au cours de l'histoire, s'est souvent imposé. Mais le monde des ONG est incapable d'admettre que cela ne fut généralement possible que lorsque les élites ou les groupes moteurs en question étaient appuyés par des États forts. Les femmes et les technocrates formés en Occident siégeant aujourd'hui à la grande assemblée nationale afghane (Loya Jirga) n'y ont pas été élus, mais désignés par le gouvernement afghan, à l'instigation de ses protecteurs occidentaux. Dans la Turquie d'Atatürk, l'Iran de Reza Chah Pahlavi, l'Irak de Saddam Hussein et dans une moindre mesure le Pakistan du président Pervez Musharraf, la condition féminine s'est améliorée par décrets gouvernementaux, des États autoritaires, parfois même brutalement autoritaires.

Le caractère absolutiste de la thèse américaine contribue aussi à nourrir des débats, parmi les interventionnistes de gauche, sur la « démocratie » et la « liberté », qui ne sont pas tant idéalisés qu'éthérés : l'histoire, l'économie, la culture politique, les intérêts de classe, ethniques ou politiques, et par-dessus tout le nationalisme, qui s'oppose à la bonne marche du développement économique et à la création de politiques démocratiques de masse, en sont absents [151].

Cet aveuglement sur la question du nationalisme est admirablement traduit par le terme même de *nation building*. Les États peuvent parfois se construire ou se reconstruire avec l'aide d'une intervention militaire extérieure – bien qu'il faille, là aussi, des fondations solides et préexistantes. L'Amérique a réussi de telles reconstructions en Allemagne et au Japon après la Seconde Guerre mondiale, de même que l'Empire britannique peut être crédité dans ce domaine de certains succès, quoique le processus ait souvent pris des décennies, voire des siècles.

Mais la genèse des vraies nations est autrement longue et compliquée, et dans presque toute l'Afrique et de larges zones du monde arabe, de telles nations n'ont encore véritablement pu voir le jour. L'Allemagne et le Japon – qui sont à ce jour les *seuls* exemples réussis de démocratisation résultant d'une occupation militaire américaine – existaient, sous une forme ou sous une autre, depuis des siècles, et leurs élites y ont développé, dès le XIXe siècle, une conscience nationale moderne[152].

L'idée que les États-Unis eussent « construit des nations » est historiquement grotesque. La comparaison faite par le gouvernement Bush, relayée par une portion considérable de la classe politique et des médias, entre l'Allemagne ou le Japon d'hier et l'Irak d'aujourd'hui, jette quant à elle un jour terrifiant sur les connaissances et les facultés de compréhension dont ces gens alimentent les analyses d'autres sociétés et la formulation de la politique des États-Unis envers elles[153].

Fleurissent alors toutes sortes d'expressions creuses : « gouvernance » (définie par le spécialiste de l'Afrique Alex de Waal comme « le gouvernement moins la politique » – soit une pure absurdité intellectuelle) et « société civile » remplacent l'analyse sérieuse d'autres cultures politiques et de vrais programmes de développement. Les effets de l'idéologie américaine sont en cela semblables à ceux du communisme, dont les défenseurs furent aussi poussés à idéaliser des systèmes qui, dans leurs contenus réels, n'avaient que peu de rapports avec leur vitrine publique. Ce sont des travers communs de la pensée occidentale. Une fois de plus, pourtant, cet échec est plus grave dans le cas des États-Unis, car c'est là et nulle part ailleurs que de telles croyances contribuent à une guerre interventionniste et à une débâcle telle que celle de l'Irak.

Leur hostilité envers les États a conduit les interventionnistes de gauche du monde des ONG à s'allier avec les impérialistes de gauche ; ce qui, aux yeux du monde, ne laisse pas de rappeler l'alliance, au XIXe siècle, entre missionnaires chrétiens et soldats des puissances coloniales occidentales[154]. Car, malgré l'authentique idéalisme et les bonnes intentions, ces missionnaires, en dernier ressort, dépendaient des militaires et n'avaient d'autre choix que de supporter l'ordre colonial, pourtant parfaitement contraire à la morale chrétienne.

Comme l'a remarqué le commentateur britannique Martin Jacques (dans une critique du livre de Michael Ignatieff *Empire Lite* – « L'Empire light »), le tort de trop nombreux interventionnistes de gauche est d'avoir généralisé à l'ensemble du monde issu de la colonisation les exemples certes déplorables de la plupart des États d'Afrique (mais aussi de la Yougoslavie et de l'Afghanistan). Par conséquent, ils dénigrent souvent grossièrement les réussites de nombreux États post-coloniaux d'Asie. Étant donné les déficiences démocratiques de la grande majorité des États du monde, ce mélange d'États en difficulté et d'États non démocratiques risque de donner une sorte de *carte blanche* morale aux interventions militaires américaines – sans respecter les réussites de ces États dans les autres domaines. En suivant cette ligne « impérialiste de gauche », comme le souligne encore Jacques, ces auteurs oublient que « certaines des plus grandes difficultés que ces pays ont dû affronter sont l'héritage direct de la domination impériale et coloniale[155] ».

Les empires coloniaux occidentaux ont totalement échoué à développer la plupart de leurs colonies, comme en témoignent le déclin catastrophique des industries de l'Inde et leur poids dans le commerce mondial sous le mandat britannique. Cela faisait partie du jeu, puisque ces pays étaient considérés comme des marchés captifs et non comme d'éventuels compétiteurs – la politique d'attribution de contrats suivie par l'administration Bush pour la reconstruction de l'Irak reproduit exactement le même modèle : ce ne sont pas les ministères du nouvel Irak qui sont sollicités, mais les entreprises américaines.

Les seuls empires ayant réussi à développer leurs possessions extérieures furent la Russie et le Japon, qui, économiquement, les considéraient comme des parties de la métropole elle-même. La domination japonaise sur Taïwan et sur la Corée (du Sud), malgré toute sa cruauté, jeta les fondations des progrès économiques et sociaux ultérieurs de ces deux pays[156]. Au contraire, les Philippines, l'ancienne colonie américaine d'Asie du Sud-Est, sont aujourd'hui le mauvais élève économique de la région.

Des États raisonnablement forts, puisant leur légitimité dans les traditions nationales, insufflant un dessein et une direction, sont en fait essentiels au progrès humain ; et plus immédiatement, à la lutte contre le terrorisme. Comme le démontre le désastreux exemple de l'essentiel de l'ex-Union soviétique dans les années 1990, ils ne sont pas seulement nécessaires à la protection des gens ordinaires et au maintien d'un ordre minimum, mais aussi au bon fonctionnement et à la croissance des économies de marché. Même si, selon les mots d'Adam Smith, l'État ne devrait être rien de plus qu'un « bon veilleur de nuit », il ne peut en aucun cas être moins que cela. Comme nous l'ont rappelé, en 2003-2004, les épidémies de SRAS (syndrome respiratoire aigu sévère) et de grippe aviaire, en Asie orientale et sud-orientale, l'intérêt général de l'humanité exige aussi des États suffisamment forts pour adopter des politiques de santé publique musclées. Bien sûr, la réussite des États n'est pas uniquement une question de force ; la légitimité de l'action publique est également essentielle. Mais il serait difficile de nier, en regardant l'histoire, que la capacité d'exercer la force, même brutale, a souvent joué un rôle clé.

Nous devrions nous souvenir que la création et le développement des États furent rarement un joli spectacle. Sur le plan moral, il n'est pas agréable de souscrire à l'affirmation de Bismarck selon laquelle les États se construisent « par le fer et le sang ». Du point de vue historique, c'est la pure vérité. C'est vrai jusque dans le monde anglo-saxon, si l'on remonte quelques siècles en arrière – témoin l'Angleterre des Tudors. C'est encore plus vrai en dehors de l'Occident, que de nombreux pays ont dû imiter en adoptant des formes d'organisation étatique qui souvent n'ont pas le moindre ancrage dans leurs traditions locales. Selon les mots de Henry Kissinger, en avril 2004 :

« Dire qu'il existe des conditions préalables à la démocratie, ce n'est pas nier que celle-ci puisse s'appliquer, en dernier ressort, aux autres sociétés, c'est seulement prendre note qu'une évolution pluriséculaire, compressée dans un cadre temporel impropre, peut avoir de considérables conséquences. Dans des sociétés structurées par des divisions religieuses et ethniques, nos pratiques courent le risque d'entériner une répartition du pouvoir précisément fondée sur ces divisions ethniques. Lorsque la minorité n'a aucun espoir de devenir la majorité, les élections peuvent se solder par la guerre civile ou le chaos – parfaite pépinière pour les organisations terroristes militantes [...].

Ceux qui demandent à la politique étrangère de l'Amérique de s'engager véritablement dans la défense de la démocratie ont gagné la bataille intellectuelle. Mais il faut plus qu'une doctrine pour construire des institutions, il faut une vision, capable de reconnaître et de comprendre la situation culturelle et historique. Une telle humilité ne signifie pas que l'Amérique doive renoncer à ses valeurs ; c'est le meilleur moyen de les mettre en œuvre efficacement[157]... »

Bon nombres de pays tentent en effet d'attraper le train du XXIe siècle, partant de la situation de Grande-Bretagne du XVe voire du Ve siècle. Comment s'étonner des désordres qui s'ensuivent, ou que le processus soit si souvent sanglant ? Historiquement parlant, nous avons certainement peu de raisons de croire que ces sociétés puissent, aujourd'hui, devenir de véritables démocraties, ou que le genre de démocratie dont elles sont capables leur apporte une croissance économique rapide et stable. Ce qui ne veut pas dire non plus qu'un régime autoritaire soit une sorte de recette universelle du succès économique, cela indique bien plutôt que nous n'en savons pas beaucoup sur l'existence, loin d'être avérée, de règles universelles dont l'application garantirait le progrès de l'humanité.

Dans ces circonstances, rigueur intellectuelle et générosité d'esprit devraient guider le point de vue américain et occidental concernant la démocratisation. Rigueur dans l'étude de l'histoire, de la culture politique, de l'ordre social, économique, ethnique des autres sociétés, afin de déterminer quelle sorte de système politique elles peuvent effectivement accepter, aujourd'hui, mais aussi à court et à moyen terme. Générosité d'esprit, à laquelle devraient nous inciter nos succès, mais aussi une nécessaire modestie. L'immense état de richesse et de sécurité de l'Occident comparé à la plupart des sociétés de la planète rend toute leçon qui se substituerait à l'aide économique franchement indécente. D'autant qu'il nous suffit de regarder quelques décennies en arrière pour constater que nos propres sociétés se sont rendues coupables de crimes racistes, d'agressions et d'oppression, et même de génocide.

Si nous voulons faire preuve d'un minimum de sens de l'histoire, nous devrions savoir que notre système ne représente pas la « fin » de celle-ci ; il n'a pas été créé par décret divin et ne durera pas éternellement. Il est clair, d'ores et déjà, que les défis qui nous attendent en matière d'environnement pourraient, s'ils prenaient des proportions dramatiques, avoir raison des démocraties et des économies de marché occidentales en général, et de leur version américaine en particulier, exactement comme l'ordre confucéen, en Chine, échoua à résoudre les problèmes posés au XIXe siècle par la modernisation occidentale, ce dont s'avèrent également incapables, aujourd'hui, de nombreuses sociétés musulmanes.

Julien Benda appelait les intellectuels occidentaux à se libérer du nationalisme. Le nationalisme américain lié au Credo a voulu identifier l'Amérique à l'avènement d'une modernité heureuse et même, avec la « fin de l'histoire », à travers l'accomplissement d'un modèle parfait et permanent pour le reste du monde. Cela signifie que si les intellectuels américains veulent se libérer de leur nationalisme, il leur faut aussi sortir de l'esclavage du temps.

Ils doivent pour cela s'abstraire du présent, contempler le panorama infiniment plus vaste de l'histoire humaine, et se situer eux-mêmes, quelque part entre le capitaine Marlowe d'*Au cœur des ténèbres*, se souvenant que l'estuaire de la Tamise, comme celui du fleuve Congo, fut autrefois « l'un des coins obscurs de la terre », et le visiteur imaginé par l'historien Thomas Macaulay, venu de Nouvelle-Zélande et perdu dans les ruines archéologiques d'un Londres futuriste[158]. C'est, on l'imagine, une tâche terriblement difficile. Elle n'est pourtant pas indigne des élites intellectuelles d'un pays qui définit son propre rôle, dans le long parcours de l'histoire des hommes, comme équivalent de celui que tint Rome, la « Ville éternelle ».

Mais au lieu de la rigueur intellectuelle et de la générosité d'esprit qui pourraient résulter d'un tel détachement, la façon dont on envisage aux États-Unis la démocratisation du reste du monde mêle trop souvent sensiblerie, sur le premier point et mesquinerie sur le second : la réflexion se teinte de mièvres nuances rose bonbon lorsqu'il est question de progrès et de démocratisation en général, qui s'acidifient étrangement, jusqu'à la sécheresse de cœur, lorsqu'on en vient à considérer certains pays qui ne parviennent pas à se hisser à la hauteur des exigences et des critères américains. À cela s'ajoute une absence totale de générosité quand il faudrait accorder une aide économique réelle aux peuples moins bien dotés que ne le sont les États-Unis – l'exact opposé de la « vision généreuse d'une société globale et du rôle de l'Amérique dans celle-ci », telles que les prônent justement Allin, Gordon et O'Hanlon.

La sensiblerie intellectuelle a pour origine le caractère absolutiste de la thèse américaine, que ce chapitre a tenté d'explorer, mais aussi les conséquences intellectuellement et moralement indignes qui résultent de la confusion entre cette thèse et les objectifs à court terme des gouvernements et des lobbies ethniques américains. La sécheresse de cœur et l'absence de générosité d'esprit sont plus surprenantes, si l'on se rappelle, notamment, les mots du sénateur Fulbright : « Une nation dont l'histoire moderne est presque une succession ininterrompue de réussites [...] devrait être assez sûre de sa propre puissance pour être capable de magnanimité[159]. »

Pourtant, comme nous le verrons, si l'histoire de l'Amérique dans son ensemble est faite de triomphes répétés, ce n'est assurément pas vrai pour de vastes pans de la population. Comme dans tant d'autres nations au cours de l'histoire moderne, leur sentiment de défaite et d'humiliation venu du passé vient à son tour alimenter des haines qui non seulement empoisonnent la politique intérieure, mais ont de graves répercussions sur le nationalisme propre à ce pays.

Notes

1. Hartz, *Liberal Tradition*, *op. cit.*, p. 175.
2. Reinhold Niebuhr, *Irony of American History*, p. 42.
3. Cf. Gunnar Myrdal, *An American Dilemma*, *op. cit.*, pp. 1-25. Pour l'origine de l'utilisation de la formule « Credo américain », voir G.K. Chesterton, *What I Saw in America* (Dodd, Mead and Co., New York, 1922), cité dans Lipset, *American Exceptionalism*, *op. cit.*, p. 31.
4. Cf. Lind, *The Next American Nation*, *op. cit.*, pp. 1-18.
5. David Frum, *Dead Right* (Basic Books, New York, 1994), p. 130.
6. Walt Whitman, *Democratic Vistas*, cité dans Sacvan Berkovitch, *The Puritan Origins of the American Self* (Yale University Press, New Haven, 1975), p. 183.
7. Cité dans Kohn, *American Nationalism*, *op. cit.*, p. 13.
8. Cf. Michael Hunt, *Ideology and US Foreign Policy*, en particulier pp. 125-170.
9. Cf. Tocqueville, *op. cit.*, p. 544ff et *passim* ; cf. aussi la définition du Credo dans Lipset, *American Exceptionalism*, *op. cit.*, p. 19 ; dans Michael Lind, *The Next American Nation*, *op. cit.*, pp. 90-91, 219-233 ; et dans Herbert McClosky, "Consensus and Ideology in American Politics", *The American Political Science Review* vol. 58, n° 2, juin 1964. Concernant la « Proposition américaine », voir *USA : The Permanent Revolution*, par les directeurs du magazine *Fortune*, 1951, cité dans Hartz, *Liberal Tradition*, *op. cit.*, p. 305.
10. Frances FitzGerald, *Fire in the Lake : The Vietnamese and the Americans in Vietnam* (Vintage Books, New York, 1973), p. 9.
11. Hartz, *op. cit.*, pp. 9, 15,175, 225-237.
12. Comme l'écrivit Reinhold Niebuhr dans les années 1950, à propos des États-Unis d'avant la Première Guerre mondiale : « Nous n'étions pas seulement innocents un siècle auparavant, baignant dans cette innocence que confère l'irresponsabilité ; nous avions une idée religieuse de

notre destinée nationale, nous concevions notre existence en tant que nation comme l'effort de Dieu pour donner un nouveau départ à l'histoire de l'humanité » (Reinhold Niebuhr, *The Irony of American History*, *op. cit.*, p. 4).

13. Samuel Huntington, *American Politics : The Promise of Disharmony* (Harvard University Press, 1981), pp. 2-3, 25.

14. Sacvan Bercovitch, cité dans Lipset, *American Exceptionalism*, *op. cit.*, p. 291.

15. Cf. Andrei K. Sitov, "America : Back in the USSR ?", *Tass*, Washington, 4 août 2003.

16. Russel Nye, *This Almost Chosen People : Essays in the History of American Ideas ;* cité dans William J. Cobb, Jr, *The American Foundation Myth in Vietnam : Reigning Paradigms and Raining Bombs* (University Press of America, New York, 1998), p. 4.

17. Samuel P. Huntington, *Political Order in Changing Societies* (Yale University Press, New Haven), pp. 96-98 ; cf. aussi R.A. Humphreys, "The Rule of Law and the American Revolution", dans John R. Howe (ed), *The Role of Ideology in the American Revolution* (Holt, Rinehart and Winston, New York, 1970), pp. 20-27.

18. Cité dans Lind, *The Next American Nation*, p. 225ff.

19. Huntington, *op. cit.*, p. 104.

20. Robert N. Bellah, *The Broken Covenant : American Civil Religion in a Time of Trial* (Seabury, New York, 1975), pp. 5-8 ; Cobb, *The American Foundation Myth in Vietnam*, p. 21.

21. Discours dans James Melvin Washington (ed) *A Testament of Hope : the Essential Writings of Martin Luther King, Jr* (Harper and Row, New York, 1986), pp. 217-220.

22. Cf. Lind, *The Next American Nation*, *op. cit.*, p. 90.

23. Reinhold Niebuhr, *The Irony of American History* (Charles Scribner's Sons, New York, 1952), pp. vii, 133.

24. *Ibid.*, p. 69ff.

25. Cf. Richard Hughes, *Myths America Lives By* (University of Illinois Press, Urbana, 2003), pp. 6-8, 153-186 ; Robert Bellah, *The Broken Covenant : American Civil Religion in Time of Trial* (Seabury Press, New York, 1975).

26. Cité dans "This is a Different Kind of War", *Los Angeles Times*, 12 octobre 2001.

27. *Ibid.*, prologue.

28. Garry Wills, *Reagan's America*, *op. cit.*, titre du chapitre 41, pp. 378-388.

29. Cf. Rabbi Isaac M Wise, cité dans Bellah, *The Broken Covenant*, *op. cit.*, p. 40-41 ; voir aussi Bellah, pp. 5-8 ; Cobb, *The American Foundation Myth in Vietnam*, *op. cit.*, pp. 7-10.

30. Hector Saint-Jean de Crèvecœur, *Letters From an American Farmer* (réédition Dutton, New York, 1926), pp. 40-44 ; voir aussi Gordon S.

Wood, "Republicanism as a Revolutionary Ideology", dans Howe, *Role of Ideology, op. cit.*, pp. 83-91.

31. Cf. Randall Bennett Woods, "Dixie's Dove : J. William Fulbright, the Vietnam War and the American South", *Journal of Southern History*, vol. LX, n° 3, août 1994 ; pour la condamnation par Fulbright du messianisme américain, voir son *The Arrogance of Power, op. cit.*, passim.

32. Richard Cohen, "Blame, Blindness...", *Washington Post*, 3 février 2004.

33. Conor Cruise O'Brien, "Purely American : Innocent Nation, Wicked World", *Harper's*, avril 1980.

34. Fulbright, *Arrogance of Power, op. cit.*, p. 27.

35. Alexis de Tocqueville, *De la démocratie en Amérique*, Éditions Gallimard, 1961, T.1, « Du pouvoir qu'exerce la majorité en Amérique sur la pensée », p. 266.

36. Robert Bellah et al., *Habits of the Heart : Middle America Observed* (University of California Press, Berkeley, 1985), p. 206.

37. John Higham, "Hanging Together : Divergent Unities in American History", *The Journal of American History*, vol. 61, n° 1, juin 1974 ; voir aussi Sidney E. Mead, *The Nation With The Soul of a Church* (Mercer University Press, Macon, 1985), pp. 71-77.

38. Cité dans Sidney Mead, *op. cit.*, p. 25.

39. Hughes, *Myths, op. cit.*, p. 171.

40. Cf. Will Herberg, "America's Civil Religion : what it is and whence it comes", dans Russell E. Richey et Donald G Jones (eds), *American Civil Religion* (Harper and Row, New York, 1974) ; Robert N. Bellah, "Civil Religion in America", *Daedalus* n° 96, 1967 ; et *The Broken Covenant, op. cit.*

41. Adam Gamoran, "Civil Religion in American Schools", *Sociological Analysis* vol. 51 n° 3, 1990, citant Fay Adams et Ernest W. Tiegs, *Our People : Tiegs-Adams Our Land and Heritage Series, Level 4* (Ginn, Lexington).

42. Chacun des chapitres du *Myths America Lives By* de Hughes est suivi par un appendice commentant le thème qu'il vient de traiter depuis un point de vue noir ; voir aussi Richard Rorty, *Achieving Our Country : Leftist Thought in Twentieth Century America* (Harvard University Press, 1998), pp. 31-32.

43. Hartz, *Liberal Tradition, op. cit.*, pp. 58-59.

44. Cf. Alterman, *op. cit.*, pp. 268-292.

45. W.H. Auden, "To Keep the Human Spirit Breathing", discours d'acceptation de la Medal for Literature pour l'année 1967, Smithsonian Institution, Washington, 30 novembre 1967. Discours repris dans le *Washington Post Book World*, 24 décembre 1967.

46. Cité dans Cherry, *God's New Israel, op. cit.*, p. 304.

47. Reinhold Niebuhr, "The Children of Light and the Children of Darkness", dans Robert McAfee Brown (ed), *The Essential Reinhold Niebuhr : Selected Essays and Addresses* (Yale University Press, New Haven,

1986), pp. 160-181 ; pour les regrets ultérieurs de Melville, voir Berkovitch, *Puritan Origins*, *op. cit.*, pp. 180-181.

48. C. Vann Woodward, *The Burden of Southern History* (Louisiana State University Press, Baton Rouge, 1968), p. 218.

49. Pour une analyse d'*Apocalypse Now*, voir Hellmann, *American Myth*, *op. cit.*, pp. 188-204.

50. Loren Baritz, *Backfire*, *op. cit.*, pp. 349-350.

51. Cf. Stanley Hoffmann, "The High and the Mighty", *American Prospect*, 13 janvier 2003.

52. Cf. Richard Slotkin, *Gunfighter Nation : The Myth of the Frontier in Twentieth Century America* (University of Oklahoma Press, Norman, 1998), pp. 643-654.

53. Stanley Hoffmann, "The Great Pretender", *New York Review of Books*, vol. 34, n° 9, 28 mai 1987 ; voir aussi "Haig's Revenge", *New York Review of Books*, 31 mai 1984, du même auteur.

54. Lou Cannon, *President Reagan : The Role of a Lifetime* (Simon and Schuster, New York, 1991), pp. 793.

55. Wills, *Reagan's America*, *op. cit.*, p. 94.

56. William H. McNeill, "The Care and Repair of Public Myth", *Foreign Affairs*, automne 1982 ; repris dans McNeill, *Mythistory and Other Essays* (University of Chicago Press, 1986). Pour une critique de cet essai, voir Slotkin, *Gunfighter Nation*, *op. cit.*, pp. 626-628.

57. Cf. Cobb, *The American Foundation Myth in Vietnam*, *op. cit.*, pp. 196-198.

58. Hellmann, *American Myth*, *op. cit.*, p. 222.

59. *Ibid.*, p. 135-136. Voir aussi Cobb, *American Foundation Myth*, *op. cit.*, pp. 151-192.

60. Cf. Loren Baritz, *Backfire*, *op. cit.*, p. 341.

61. Cf. Slotkin, *Gunfighter Nation*, pp. 632-633.

62. Cf. Eric Foner, *The Story of American Freedom* (W.W. Norton, New York, 1998), p. XXI.

63. FitzGerald, *America Revised*, *op. cit.*, pp. 100-101, 218.

64. Diane Ravitch, *The Language Police : How Pressure Groups Restrict What Students Learn* (Alfred A. Knopf, New York, 2003), p. 101 ; pour une sélection des actes et des mots les plus idiomatiques de la part de tenants du politiquement correct, voir David E. Bernstein, *You Can't Say That : The Growing Threat to Civil Liberties from Anti-Discrimination Laws* (Cato Institute, Washington, 2003).

65. Gary B. Nash, Charlotte Crabtree, Ross E. Dunn, *History on Trial : Culture Wars and the Teaching of the Past* (Alfred A. Knopf, New York, 1997), pp. 124-126, 149-277.

66. Dans *The Next American Nation* (*op. cit.*, p. 273) Michael Lind a montré comment « ce que les Américains empruntent aux autres cultures doit déjà être compatible avec la grammaire profonde de l'Américanité. Les importations culturelles sont alors américanisées, c'est-à-dire astiquées, désinfectées, blanchies, pour les rendre présentables,

inoffensives, sympathiques. [...] Il n'est à peu près rien qui ne puisse devenir sympathique en Amérique ».

67. Andrew Gumbel, "What Americans Know", *The Independent* (Londres), 8 septembre 2003. Les passages cités sont repris de l'article original, non publié, grâce à la gentillesse de l'auteur.

68. Pour le culte persistant de la guerre de Sécession, et l'élimination des Noirs de toute présentation du conflit, voir Eric Foner, *Who Owns History ?, op. cit.*, pp. 189-204.

69. National Assessment of Educational Progress, 2001 ; voir aussi Brian Friel, "Don't Know Much About History", 2 août 2003 ; Cheryl Wetzstein, "Seniors' History Scores Abysmal", *Washington Times*, 10 juin 2002 ; Georgie Anne Geyer, "What happened to Geography – And Just Where is Iraq ?", *Tulsa World*, 27 novembre 2002 ; pour une comparaison des niveaux de connaissance dans les années 1940, voir Scott Fornek, "What We Don't Know Hasn't Hurt Us", *Chicago Sun-Times* 31 juillet 2003.

70. Lind, *The Next American Nation, op. cit.*, pp. 139-188.

71. Cheney, *America, op. cit.*

72. Ernest Renan, *Qu'est-ce qu'une Nation ?* (1882), Mille et une Nuits, 1997, p. 13-15.

73. Hunt, *Ideology and US Foreign Policy, op. cit.*, p. 189.

74. Henry Kissinger, *Diplomatie*, Fayard, 1996, pp. 760-761.

75. Cf. Alan Brinkley, "Battle Formation", *Washington Post Book World*, 14-20 mars 2004.

76. Henry Kissinger, "The End of NATO as We Know It ?", *Washington Post*, 15 août 1999, cité dans Robert Kagan, *Paradise and Power, op. cit.*, p. 127.

77. Pour l'arrière-plan historique de cette croyance, voir Ernest Lee Tuveson, *Redeemer Nation : The Idea of America's Millennial Role* (University of Chicago Press, 1968) ; Richard Hughes, *Myths America Lives By* (University of Illinois Press, Urbana, 2003), pp. 19-41. Pour des visions de l'Amérique en tant que puissance libératrice et/ou rédemptrice dans le domaine de la fiction, voir Mark Twain, *A Connecticut Yankee in King Arthur's Court* (1889) et la série originale de *Star Trek*. Voir aussi Walter A.McDougall, *Promised Land, Crusader State : The American Encounter with the World since 1776* (Houghton Mifflin, 1997), p. 81ff ; Timothy L. Smith, "Righteousness and Hope : Christian Holiness and the Milennial Vision in America, 1880-1900", American Quarterly 31, n° 1 (printemps 1979), pp. 21-45.

78. Hughes, *op. cit.*, p. 1.

79. George Kennan, *American Diplomacy, 1900-1950* (University of Chicago Press, 1951) p. 135.

80. Cf. Hughes, *Myths, op. cit.*, pp. 106-108.

81. Transcription du deuxième débat présidentiel, Wake Forest University, Winston-Salem North Carolina, 11 octobre 2000, sur www.cnn.com/ELECTION/2000/debates.

82. John Quincy Adams, discours présidentiel du 4 juillet 1821, cité dans Mead, *Special Providence, op. cit.*, p. 185.

83. Michael Hunt, *Ideology and US Foreign Policy, op. cit.*, p. 92ff ; cf. Fulbright, *Arrogance of Power, op. cit.*, p. 21ff.

84. George Kennan, "America and the Russian Future", *Foreign Affairs*, vol. 29, n° 3, avril 1951.

85. Cf. Alterman, *op. cit.*, p. 270.

86. Andrew J. Bacevich, *American Empire : The Realities and Consequences of US Diplomacy* (Harvard University Press, 2002), pp. 9, 33.

87. Pour une introduction à ce sujet, voir Jon Elster (ed), *Rational Choice* (New York University Press, 1986).

88. Lettre du professeur Michael B. Lehmann, Département d'économie, University of San Francisco, cité dans Chalmers Johnson et E.B. Keehn, "A Disaster in the Making", *National Interest*, n° 36, été 1994.

89. Cf. Hartz, *Liberal Tradition, op. cit.*, pp. 29ff, 284ff ; Niebuhr, *Irony of American History, op. cit.*, p. 60ff ; Herbert Bolton cité dans Eric Foner, *Who Owns History ? Rethinking the Past in a Changing World* (Farrar, Straus and Giroux, New York, 2002), p. 53.

90. McNeill, "A Defense of World History", in *Mythistory, op. cit.*, pp. 71-95 ; Herbert Butterfield, *The Whig Interpretation of History* (G. Bell and Sons, Londres 1931).

91. Johnson et Keehn, *ibid.*

92. Cf. Stephen M. Walt, "Rigor or Rigor Mortis ? Rational Choice and Security Studies", *International Security* vol. 23, n° 4, printemps 1999.

93. Edward Shils, "Ideology and Civility : On the Politics of the Intellectual", *The Sewanee Review* n° 66, 1958.

94. Cf. Anatol Lieven, "Qu'est-ce qu'une nation ? Scholarly debate and the realities of Eastern Europe", *National Interest*, automne 1997, n° 49.

95. Cf. Richard Layard et John Parker, *The Coming Russian Boom : A Guide to the New Markets and Politics* (Free Press, Londres, 1996).

96. Lind, *The Next American Nation, op. cit.*, p. 99.

97. Pour la nature religieuse de l'image du « chemin vers la démocratie et l'économie de marché », voir Anatol Lieven, *Chechnya : Tombstone of Russian Power* (Yale University Press, 1998), pp. 8-11 ; et Harvey Cox, "The Market as God", *The Atlantic Monthly*, mars 1999 ; pour une dure critique de ces illusions idéologiques à propos du monde, voir aussi Samuel Huntington, *The Clash of Civilizations and the Remaking of the World Order* (Simon and Schuster, New York, 1996), en particulier pp. 19-39, 183-206, 301-322.

98. John Ralston Saul, "The Collapse of Globalism and the Rebirth of Nationalism", *Harper's*, vol. 308, n° 1846, mars 2004.

99. Bellah, *Broken Covenant, op. cit.*, p. 36.

100. Il faut bien sûr signaler que cette attitude va bien au-delà de l'Amérique. Une de ses expressions les plus fortes vient du Premier ministre britannique Tony Blair, au Congrès du Parti travailliste en

2002 : « Nos valeurs ne sont pas des valeurs occidentales. Ce sont des valeurs humaines et tous ceux qui le peuvent, partout dans le monde, les embrassent. »

101. William Kristol et Robert Kagan, "Towards a neo-Reaganite Foreign Policy", *Foreign Affairs*, juillet-août 1996.

102. Cette phrase est souvent une version erronée de la version originale du Commodore Stephen Decatur, qui est la suivante : « Notre pays ! Puisse-t-il voir juste dans ses rapports avec les nations étrangères. Mais notre pays, juste ou non. »

103. Cf. Adrian Karatnycky, "The 30th Anniversary Freedom House Survey", in *Journal of Democracy*, vol. 14, n° 1, janvier 2003. Pour la méthodologie de la Freedom House et son ordre de mission, voir www.freedom house.org/research/freeworld/2000/methodology.

104. Cf. Frances FitzGerald, *America Revised, op. cit.*, p. 119ff ; Edward S. Herman et Noam Chomsky, *Manufacturing Consent : The Political Economy of the Mass Media* (Pantheon Books, New York, 1988), 26-28, 211-228.

105. Mark Palmer, *Breaking the Real Axis of Evil : How to Oust the World's Last Dictators by 2025* (Rowman and Littlefield, New York, 2003).

106. Jacqueline Newmyer, "Will the Space Race Move East ?", *New York Times*, 20 octobre 2003.

107. Cf. Foner, *Story of American Freedom, op. cit.*, p. 263.

108. Lind, *The Next American Nation, op. cit.*, p. 3.

109. *The National Security Strategy of the United States of America* (NSS), septembre 2002, prologue sur www.whitehouse.gov.

110. Lipset, *American Expansionism*, p. 20 ; voir aussi Prestowitz, Rogue Nation, p. 23 ; pour une comparaison avec le langage des hauts responsables américains durant la guerre du Vietnam, voir C. Vann Woodward, *Burden of Southern History*, pp. 219-220.

111. Voir Max Boot, "George W. Bush : The 'W' Stands for Woodrow", *Wall Street Journal*, 1er juillet 2002 ; David Ignatius, "Wilsonian Course for War", *Washington Post*, 30 août 2002 ; William Safire, "Post-Oslo Mideast", *New York Times*, 27 juin 2002 ; "Bush the Crusader", éditorial du *Christian Science Monitor*, 30 août 2002 ; sur ce type de justifications *a posteriori* à la guerre, voir George Melloan, "Protecting Human Rights Is a Valid Policy Goal", *Wall Street Journal*, 10 juin 2003 ; Jim Hoagland, "Clarity : The Best Weapon", *Washington Post*, 1er juin 2003 ; Thomas L. Friedman, "Because We Could", *Washington Post*, 4 juin 2003.

112. Truman cité dans Hunt, *Ideology and American Foreign Policy*, pp. 157-163.

113. Voir Bernard Fall, *The Two Vietnams* (Praeger, New York, 1964).

114. Fulbright, *The Arrogance of Power*, pp. 81, 111-119, 154.

115. Pour une présentation plus complète des leçons de la guerre froide dans le cadre de la politique actuelle, voir Anatol Lieven, *Fighting*

Terrorism : Lessons from the Cold War, Policy Brief, n° 7, Carnegie Endowment for International Peace, octobre 2001.

116. Éditorial du *New York Post*, 9 octobre 2001.

117. Voir www.whitehouse.gov/news/releases à la date du 20 septembre 2001.

118. Voir le rapport de l'Atlantic Council, "The Teaching of Values and the Successor Generation" (Atlantic Council, Washington, 1983).

119. Extrait du discours de George W. Bush, "A Distinctly American Internationalism", devant la Reagan Presidential Library, 19 novembre 1999 ; cité par Bacevich, *American Empire*, p. 201 ; voir aussi James W. Ceaser, "Providence and the President : George W. Bush's Theory of History", *Weekly Standard*, 10 mars 2003.

120. www.whitehouse.gov à la date du 1er juin 2002.

121. Cf. Smith, *America's Mission*, *op. cit.*, p. 6, 189ff, 267ff.

122. Kirkpatrick cité dans Smith, *ibid.*, p. 286.

123. Irving Kristol, « "Moral Dilemmas" in Foreign Policy » (1980), repris dans Kristol, *Reflections of a Neoconservative : Looking Back, Looking Ahead* (Basic Books, New York, 1983), pp. 261-265 ; pour une attaque néo-conservatrice dans la même veine, voir James W. Ceasar, "The Great Divide : American Interventionism and its Oponents", dans Robert Kagan et William Kristol (eds) *Present Dangers : Crisis and Opportunity in American Foreign and Defense Policy* (Encounter Books, San Francisco, 2000), pp. 25-43.

124. Irving Kristol, "The 'Human Rights' Muddle", *ibid.*, pp. 266-269 ; pour un point de vue presque identique de la part d'une des principales cibles des excès néo-conservateurs, George Kennan, voir "Morality and Foreign Policy", *Foreign Affairs*, 1985. Sur la vieille hostilité des néo-conservateurs à l'égard de l'interventionnisme humanitaire, voir Ehrman, *op. cit.*, p. 50ff.

125. Cf. Joshua Muravchik, *Exporting Democracy : Fulfilling America's Destiny* (American Enterprise Institute, Washington, 1991), pp. 19-38, 64-81 ; William Kristol et Robert Kagan, "Towards a neo-Reaganite Foreign Policy", *Foreign Affairs*, juillet-août 1996.

126. Cf. Jeanne J. Kirkpatrick, *Dictatorships and Double Standards* (American Enterprise Institute, Washington, 1982).

127. Voir Lars-Erik Nelson, "Military-Industrial Man", *New York Review of Books*, 21 décembre 2000.

128. Michael Tomasky, "Between Cheney and Chomsky", dans George Packer et al., *The Fight is for Democracy : Winning the War of Ideas in America and the World* (Harper Collins, New York, 2003), pp. 41-42. Voir aussi le livre d'un ami de Tomasky, Paul Berman : *Terror and Liberalism* (W.W. Norton, 2003).

129. Concernant le programme du PPI et son idéologie, voir son site Internet, ppionline.org.

130. Dana Allin, Philip Gordon et Michael O'Hanlon, "The Democratic Party and Foreign Policy", *World Policy Journal*, vol. 20, n° 1, printemps 2003.

131. *Progressive Internationalism : A Democratic National Security Strategy*, at www.ppionline.org/specials/security_strategy.

132. Cf. "Statement on Post-War Iraq", 16 juin 2003, signé par Ronald Asmus, Max Boot, Ivo Daalder, Thomas Donnelly, Peter Galbraith, Robert Kagan et d'autres, sur www.brookings.edu/fp/projects/iraq/postwar.htm ; Leslie H. Gelb et Justine A. Rosenthal, "The Rise of Ethics in Foreign Policy", *Foreign Affairs*, vol. 82, n° 3, mai-juin 2003.

133. Michael McFaul, "The Liberty Doctrine", *Policy Review*, n° 112, avril-mai 2002.

134. Cf. Abbas Milani, Larry Diamond et Michael McFaul, "A Blurred Vision : The US failure to articulate a coherent policy toward Iran works against the goal of democratic change", *Los Angeles Times*, 20 juillet 2003. Cet article d'intellectuels démocrates avait des arguments vituellement similaires à ceux de néo-conservateurs sur le même sujet : cf. Reuel Marc Gerecht, "Going Soft on Iran : The Temptation of America's Foreign Policy 'Realists' ", *The Weekly Standard*, 8 mars 2004.

135. Voir l'étude magistrale de Tony Smith, *America's Mission : The United States and the Worldwide Struggle for Democracy in the Twentieth Century* (Princeton University Press, 1994).

136. Cf. Max Boot, "George W. Bush : The 'W' Stands for Woodrow", *Wall Street Journal*, 1er juillet 2002 ; David Ignatius, "Wilsonian Course for War", *Washington Post*, 30 août 2002 ; Michael Ledeen, "Our Revenge : Turning Tyrannies into Democracies", *New York Sun*, 12 septembre 2002 ; Condoleezza Rice, entretien avec James Harding et Richard Wolfe, *Financial Times*, 23 septembre 2002 ; éditorial du *Washington Post*, "No Exceptions", 29 décembre 2002.

137. Newt Gingrich, "The Failure of US Diplomacy", *Foreign Policy*, juillet-août 2003, pp. 42-48. Pour son discours, "Transforming the State Department du 22 avril 2003, voir le site Internet de l'American Enterprise Institute. Soutenant Gingrich contre la feuille de route, voir aussi Frank J Gaffney Jr, "Mideast Road Trap", *Washington Times*, 6 mai 2003.

138. Voir Condoleezza Rice, "Transforming the Middle East", *Washington Post*, 7 août 2003 ; George Melloan, "Protecting Human Rights is a Valid Foreign Policy Goal", *Wall Street Journal* (Global View), 10 juin 2003 ; 'A Wilsonian Call for Freedom", éditorial du *Washington Times*, 7 novembre 2003.

139. Pour un texte classique sur ce sujet, voir Charles Krauthammer, "The Poverty of Realism", dans le *New Republic*, Vol. 194, No. 7, Issue 3709, 17 février1986.

140. Allin, Gordon et O'Hanlon, *op. cit.*

141. William Pfaff, *Barbarian Sentiments*, *op. cit.*, pp. 270-271.

142. Elie Kedourie, *Nationalism* (Hutchinson, Londres, 1979), pp. 15-16 ; cf. aussi Girardet, *Le Nationalisme français*, *op. cit.*, p. 13.

143. Cf. Kagan et Kristol, *Present Dangers, op. cit.*, introduction ; Kagan, *Paradise and Power, op. cit.*, pp. 137-138.

144. Girardet, *Le Nationalisme français, op. cit.*, p. 13.

145. Cf. Niebuhr, *Irony of American History, op. cit.*, p. 145ff.

146. C. Vann Woodward, *Burden of Southern History, op. cit.*, pp. 205-207.

147. Alex de Waal, "The Moral Solipsism of Global Ethics, Inc", *London Review of Books*, 23 août 2001 ; cité dans Michael Edwards, *Future Positive : International Co-operation in the 21st Century* (Earthscan, 2000).

148. Cité dans Foner, *Story of American Freedom, op. cit.*, p. 53.

149. Cf. Mary Kaldor, *Global Civil Society : An Answer to War* (Polity, Londres, 2002) ; John Keane, *Global Civil Society ?* (Cambridge University Press, 2003).

150. Cf. Anatol Lieven, "The World is Still Made out of Nations" *Financial Times*, 19 décembre 2002.

151. Sur la manière dont le nationalisme américain masque aux Américains les sentiments des autres pays, voir Minxin Pei, "The Paradoxes of American Nationalism", dans *Foreign Policy*, mai-juin 2003.

152. Voir Minxin Pei et Sara Kasper, "Lessons from the Past : The American Record on Nation Building", Carnegie Endowment for International Peace, dossier n° 24, mai 2003.

153. Voir Ray Salvatore Jennings, "After Saddam Hussein : Winning a Peace If It Comes to War", *United States Institute of Peace Special Reports* n° 102, février 2003 ; Joshua Muravchik, "Bringing Democracy to the Arab World", *Current History*, janvier 2004. Pour une réponse sur le même sujet, voir Barak A. Salmoni, "America's Iraq Strategy : Democratic Chimeras, Regional Realities".

154. Voir Adam Garfinkle, "The New Missionaries", *Prospect Magazine* (Londres), avril 2003.

155. Martin Jacques, "The Interregnum", *London Review of Books*, vol. 26, n° 3, 5 février 2004 ; Michael Ignatieff, *Empire Lite : Nation-Building in Bosnia, Kosovo and Afghanistan* (Vintage Books, New York, 2003).

156. Cf. Samuel Pao-San Ho, "Colonialism and Development : Korea, Taiwan and Kwantung", dans Ramon H. Myers and Mark R. Peattie (eds), *The Japanese Colonial Empire, 1895-1945* (Princeton University Press, 1984), pp. 347-398.

157. Henry Kissinger, "Intervention with a Vision", *Washington Post*, 11 avril 2004.

158. Joseph Conrad, *Au cœur des ténèbres* (1re édition française 1917).

159. Fulbright, *Arrogance of Power, op. cit.*, p. 17.

3.
L'amertume de l'Amérique profonde

« Défaite des bouquets de trembles de Colorado Valley,
Des jacinthes sauvages des Rockies,
Et des lupins bleus qui couvrent les plaines du vieux Texas,
Contre les allées de Pittsburgh.
Défaite de la luzerne et du muguet.
Défaite du Pacifique et du grand Mississippi.
Défaite du jeune homme contre le vieil imbécile.
Défaite des ouragans contre les pestilences des villes.
Défaite de mon enfance, défaite de mon rêve. »

Vachel Lindsay (1879-1931), poète itinérant,
« Bryan, Bryan, Bryan, Bryan » (sur l'échec de la campagne populiste de William Jennings Bryan* lors de l'élection présidentielle de 1896)[1]

---

* Son discours à la convention du parti démocrate alors qu'il n'était âgé que de trente-six ans, est resté célèbre ; il se clôt par cette formule : « Vous ne crucifierez pas l'humanité sur une croix d'or ! » La croix en question n'est autre que l'étalon-or, dont Bryan proposait que les États-Unis l'abandonnassent unilatéralement au profit du bimétallisme, c'est-à-dire de l'introduction de l'argent comme métal convertible. Selon Bryan et ses partisans, la mesure aurait eu pour effet, en augmentant la masse monétaire (l'État aurait frappé librement des pièces d'argent),

Le nationalisme radical a de nombreux pères, mais sa mère est la défaite, dont le lait se nomme humiliation. De cette nourriture empoisonnée vient en partie la tendance à la haine chauvine qui traverse de si nombreux nationalismes dans le monde. Cela va de soi pour ceux qui se sont développés dans les anciennes colonies, qui sont nés de la conquête et de l'occupation de leur sol par des empires européens et non européens, de la destruction ou de la transformation forcée des structures économiques et des traditions préexistantes en matière d'autorité morale et politique.

Ce n'est pas moins vrai des pays qui échappèrent à la conquête directe mais qui, afin de se défendre eux-mêmes, ont été contraints d'imiter du mieux qu'ils purent les formes occidentales de gouvernement, d'économie, de société et de culture, et donc de se reconstruire radicalement. Les organisations politiques et sociales fondées sur un ordre religieux furent particulièrement menacées. Là où de telles traditions survécurent, ce fut souvent en s'associant à un nationalisme moderne, parfois même – comme au Japon – à des régimes de type quasi totalitaire.

La Russie, le Japon et la Turquie sont les exemples les plus connus de cette catégorie. Dans le cas de la Russie, malgré de grandes victoires militaires, les échecs répétés du pays dans son ensemble à rattraper le retard pris sur ses rivaux d'Europe occidentale et d'Amérique du Nord produisirent un complexe d'infériorité, qui hante depuis bientôt trois siècles la société et la culture russes.

Au sens large, ce modèle est valable non seulement pour l'essentiel de la planète, mais aussi pour la plupart des pays d'Europe : tous furent forcés, aux siècles précé-

---

de diminuer la valeur des dettes des paysans et de tous ceux que la crise économique avait fragilisés. Criant à l'aventurisme, une partie des démocrates fit sécession. Malgré le soutien de l'éphémère parti populiste, Bryan ne fut pas élu et le républicain McKinley l'emporta.

dents, de s'adapter tant bien que mal à une forme de modernité et de progrès qu'ils n'avaient pas créés et dont les modalités ne dépendaient pas d'eux ; que cette forme fût fixée par la Hollande, la France, l'Angleterre, ou, plus récemment, les États-Unis.

Les tensions, les risques et les haines engendrés par ce processus perdurent parfois longtemps après que le pays en question s'est libéré de ses oppresseurs et même dans les rares cas où il est parvenu à rattraper ses rivaux occidentaux. Ainsi, entre la fin du XVIIIe siècle et le début du XIXe, le nationalisme allemand est-il né en grande partie d'un profond sentiment d'infériorité et de vulnérabilité à l'égard de la France. Sur le plan culturel, ce sentiment était le fruit de la domination écrasante de la langue française dans l'Europe du XVIIIe siècle, qui s'est traduite en Allemagne par l'emprunt humiliant à la langue française de mots et de formes, emprunt amèrement dénoncé par Herder, Fichte et d'autres.

Pour les Allemands de la rue, il avait fallu faire l'expérience désagréable et répétée de l'invasion par les armées françaises, plus culminante avec la Révolution et l'Empire ; et, pour les élites allemandes, supporter le remodelage des structures politiques et sociales par le *diktat* français – toutes choses rendues possibles par la condition de désunion radicale de l'Allemagne, comparée à la *Grande Nation*. Les ressentiments qui découlaient de cette situation étaient de plus alimentés par un flot incessant de mépris français à l'égard de la lourdeur, de l'ivrognerie et de l'absurdité coutumières des Allemands, ce que les nationalistes n'ont pas manqué de relever[2].

Les Allemands développèrent donc un complexe national d'infériorité, qui perdura bien après leur réunification, en 1871, et leur émergence en tant que nation la plus puissante d'Europe sur le plan militaire et la plus dynamique sur le plan économique. Tendance psychologique que souligne cruellement Bismarck : « Il faut généralement à un Allemand deux verres de champagne pour se sentir tout à fait à la hauteur. » Cet héritage n'est pas la moindre cause de l'arrogance crispée, de la nervosité et de la paranoïa qui caractérisèrent la politique étrangère de l'Allemagne de Guillaume II à la fin du XIXe siècle, et qui, combinée à une écrasante puissance militaire, contribua tant à alarmer les autres puissances européennes, et à les coaliser contre elle.

Dans le cas des États-Unis, de telles tendances sont extraordinaires, non pas dans le contexte de l'histoire des nationalismes dans le monde, mais l'élément remarquable est une fois de plus le fait que la population américaine ait à première vue si peu de raisons sous-jacentes – au regard des humiliations et des souffrances qu'ont connues bien d'autre peuples – justifiant cet esprit d'amertume et de ressentiment à l'égard du monde extérieur, en particulier s'agissant de pays étrangers qui n'ont en aucune façon fait obstacle à la volonté nationale.

Pour comprendre certaines animosités, il faut examiner le rôle des groupes ethniques spécifiquement américains et le complexe armée, industrie et université (la formule est d'Eisenhower). Ces deux facteurs se sont par exemple combinés pour entretenir dans certains secteurs de l'establishment américain, dix ans après la chute de l'Union soviétique, un très répandu et irréversible esprit d'hostilité envers la Russie, qui avait cessé d'être une réelle menace. Il est par ailleurs certain que le lobby proisraélien a aussi joué son rôle dans la formation au fil des années d'un courant d'antipathie à l'égard des Arabes et des musulmans.

Ce serait pourtant une erreur d'accorder à l'un ou l'autre des ces facteurs une place centrale dans le processus global qui s'est institué longtemps avant que la Seconde Guerre mondiale et la guerre froide ne transformassent l'État américain, longtemps avant que les lobbies ethniques n'acquièrent leur importance actuelle. Ces groupes n'auraient pu remplir leurs objectifs s'ils n'avaient mis à profit le soutien de secteurs bien plus vastes de la population, naturellement prompts lorsqu'ils sont confrontés à un désaccord à adopter des attitudes catégoriques de rejet, et qui, face à l'opposition d'un pays tiers, se sentent automatiquement forcés d'opter pour des réactions de peur, d'hostilité, de revendication, d'intransigeance et d'autosatisfaction : en d'autres termes, des positions nationalistes classiques.

C'est la culture nationaliste, et non la seule ignorance de la population, qui permet d'expliquer comment l'administration Bush a pu détourner la colère des Américains, après le 11 Septembre 2001, vers des objectifs sans rapport avec l'attaque, et pourquoi l'opposition presque unanime du monde à la guerre d'Irak a déclenché une telle explosion de fureur chauvine dans certains secteurs de l'opinion publique et des médias américains.

Cette promptitude au nationalisme chauvin chez les Américains s'explique largement par le rôle du sentiment de défaite dans la genèse du nationalisme ; celui-ci, en effet, ne résulte pas nécessairement d'une défaite de la nation en tant que telle, mais de classes, de groupes et bien sûr d'individus en son sein. La haine et la peur dirigées vers l'étranger naissent souvent des tensions vécues à l'intérieur ; ce qui est particulièrement vrai des États-Unis.

L'apparition du nationalisme dans de nombreux pays a été très justement attribuée dans une large mesure à la montée et aux besoins de nouvelles classes bourgeoises, mais il est tout aussi vrai que certains de ses traits les plus sombres portent la marque de classes en déclin relatif ou complet, ou du moins craignant un tel déclin, car elles ont vu non seulement leur statut, mais aussi leur sécurité et leur univers culturel, affaiblis par le changement social et économique[3]. Ces sentiments sont d'autant plus susceptibles de se radicaliser lorsque prend fin une période de croissance économique, remplacée par la dépression ou la stagnation. Ainsi, en Europe, de nombreux mouvements ultraconservateurs modernes et nationalistes extrêmes ont-ils leur origine dans la première « Grande Dépression », dont les effets ont duré depuis le milieu des années 1870 jusqu'aux années 1890[4].

Si l'un des traits caractéristiques de nombreux nationalismes est la croyance en un avenir glorieux de la nation, un autre, tout aussi répandu, est le désir de retour vers un passé idéalisé, une nation plus pure, ethniquement et culturellement, une société stable et traditionnelle et une « économie juste », où les gens sérieux, ceux qui travaillent dur, sont assurés de trouver un bon emploi : séduisant mirage, insaisissable et doré, toujours présent, et qui sans cesse se dérobe. En Allemagne, par exemple, c'était le monde ancien des petites villes indépendantes, avec leur culture religieuse homogène, et leurs guildes, garantissant l'emploi et l'exclusion des étrangers à leurs respectables citoyens.

Aux États-Unis, ce sentiment de défaite et cette mentalité d'assiégés proviennent de quatre éléments de la tradition nationale américaine : le « noyau » blanc anglo-saxon et irlando-écossais de population des colonies britanniques en Amérique du Nord ; la culture historique et l'expérience propres au Sud blanc ; l'univers culturel du protestantisme fondamentaliste ; enfin la mémoire, les peurs et les haines de certains groupes et lobbies ethniques.

L'analyse du sociologue Daniel Bell en 1963 reste d'actualité :

> « Ce que la droite combat, dans le fantôme du communisme, c'est essentiellement la "modernité" – cet ensemble de croyances qui pourrait être défini, très simplement, par la confiance, pour appréhender le changement social, dans la faculté rationnelle du jugement plutôt qu'en la coutume établie – ; et ce qu'elle cherche à défendre, c'est sa domination déclinante, autrefois exercée au travers des institutions de l'Amérique des petits centres urbains, sur ce changement social. Mais ce sont précisément ces voies conventionnelles qu'une Amérique moderniste s'est vue contrainte de remettre en question[5]. »

Le « nativisme » et les anxiétés de la classe moyenne blanche

En Amérique, la vision d'un passé idéal s'est développée et transformée, pourrait-on dire, à chaque génération, à mesure que des groupes anciennement « étrangers » rejoignaient les classes moyennes blanches et formaient une nouvelle synthèse avec la culture protestante préexistante. À l'instar de la tradition nationaliste hindoue en Inde, cette tendance n'est plus aujourd'hui strictement ethnique. Toutefois, le flux de sentiments de dépossession s'est écoulé de façon continue, passant du « nativisme protestant » à travers le maccarthysme et jusqu'à la droite chrétienne et nationaliste actuelle.

À chaque génération se réinstalle la peur d'être « submergé » ou envahi. Cette peur n'est d'ailleurs pas le seul fait, loin de là, des Blancs les plus pauvres et les plus ignorants. En mars 2004, Samuel Huntington lançait un cri d'alarme : les États-Unis couraient le danger de perdre leur culture politique et même leur langue, à cause de l'immigration mexicaine ; il ajoutait sans ambages que le Credo et le rêve américains étaient les purs produits d'une « culture anglo-protestante spécifique ». Il allait jusqu'à prophétiser une violente réaction « anglo-blanche » si la tendance se confirmait. Le thème était déjà présent, quoique de façon moins explicite, dans son livre *Le Choc des civilisations*, où il range non seulement les Américains originaires d'Amérique latine et d'Asie mais aussi les Noirs, parmi les membres des civilisations non américaines[6].

La tournure radicale imprimée au conservatisme américain par cette crainte permet également de parler du nationalisme de droite qui lui est associé comme d'un « nationalisme » et non comme d'un simple « patriotisme[7] ». D'où le phénomène – si curieux au premier abord, mais parfaitement sincère, et caractéristique de l'histoire du nationalisme à travers le monde – que constitue l'existence de défenseurs profondément conservateurs du système capitaliste américain – un Newt Gingrich, par exemple –, se présentant eux-mêmes comme « républicains révolutionnaires » et adoptant un style et une rhétorique de rupture radicale avec la culture dominante et les supposées élites dirigeantes. D'où la popularité, au sein de la droite américaine, de discours, de livres ou de manifestes sur la nécessité de « reprendre l'Amérique », slogan révélateur s'il en est[8].

Ainsi Patrick Buchanan* déclarait-il, lors de la convention républicaine de 1992 : « Nous devons reprendre nos villes, notre culture, notre pays », de la façon (ajoutait-il) dont l'armée américaine avait, la même année, « repris » Los Angeles aux foules noires et latinos, lors des émeutes déclenchées par l'affaire Rodney King**[9]. Ralph Reed, des Coalitions Chrétiennes, a encouragé les chrétiens à « reprendre [le] pays, canton par canton ». Ce type de sentiments d'extrême-droite était parfaitement exprimé par Pierre Drieu La Rochelle, qui déclarait dans les années 1930 : « Il n'y a plus qu'une façon aujourd'hui d'aimer la France, c'est de la détester telle qu'elle est. »

Comme le soulignent ces mots, cet état d'esprit découle d'un sentiment de dépossession, voire de celui d'une occupation étrangère. Il est fréquent, dans ce segment du monde politique, d'affirmer que l'Amérique est soumise à une « dictature libérale (ou homosexuelle, ou féministe) ». De telles déclarations entretiennent les sinistres fantasmes d'une Amérique secrètement gouvernée par l'ONU ou quelque autre conspiration internationale, contribuant ainsi à nourrir une tendance apocalyptique générale dans certains pans de la culture américaine. Barry Goldwater***, qui a exploité cette tendance dans les années 60, était autrefois surnommé « l'enfant chéri d'un état d'esprit[10] ».

---

* Journaliste, ancien conseiller des présidents Nixon et Ford, ancien directeur de la communication de Ronald Reagan à la Maison-Blanche. Il se présenta deux fois, en 1992 contre Bush père et en 1996 contre Robert Dole, à l'investiture républicaine. Il fut en 2000 candidat du parti de la Réforme, fondé par Ross Perot, très marqué à droite.

** En avril 1992, le jury blanc d'un tribunal de Californie acquitte quatre policiers accusés d'avoir grièvement blessé un automobiliste noir, Rodney King, lors de son arrestation pour conduite en état d'ivresse. Le verdict déclenche des émeutes qui font plus de cinquante morts. À l'issue d'une nouvelle procédure, fédérale celle-ci, deux des policiers seront, en avril 1993, reconnus coupables de violation des droits civils et condamnés à une peine de trente mois de prison.

*** (1909-1998), cinq fois sénateur de l'Arizona, à partir de 1952. En

Le joli nom d'une organisation de droite texane des années 1960, le « Comité national de l'indignation », résume à lui seul cette tendance, qui présente de nombreuses et très effrayantes ressemblances avec l'histoire du conservatisme radical et du nationalisme européens. À l'instar des mouvements de la fin du XIXe siècle et du début du XXe siècle qui s'en réclamaient, cette indignation dérive de la confusion morale et culturelle des personnes les plus traditionalistes (majoritairement, mais non exclusivement, les petits-bourgeois et les paysans), et qui cherchent désespérément, avec la seule culture dont ils disposent, à comprendre un monde devenu étranger.

On pourrait par conséquent dire que les inquiétudes ethniques de certains segments de la population coloniale « originelle » ont créé, dans la société américaine, une humeur culturelle durable, une riche couche de sédiments à laquelle viennent s'ajouter les autres groupes ethniques assimilés, et sur laquelle, au fil des générations, ont poussé et fleuri différentes formes de paranoïa, de fanatisme et d'ambition nationale [11].

Au milieu du XIXe siècle, le mouvement nativiste des « *know nothing* »* rêvait de revenir à l'Amérique protestante des débuts, débarrassée des catholiques irlandais et du capitalisme émergent [12]. Dans les premières années du XXe siècle, toute une série de mouvements protestants nativistes rêvaient d'une Amérique privée de toute une série de groupes d'immigrants et d'automobile (du moins de sa banquette arrière), avec ses effets dévastateurs sur la moralité sexuelle. Aujourd'hui, les classes moyennes blanches rêvent, dans leur majorité (qui comprend bien sûr les

---

1964, après l'assassinat du président Kennedy, il est candidat malheureux du parti républicain contre le démocrate Lyndon Baines Johnson. Il est alors jugé trop à droite y compris dans les rangs de son propre parti.

* Au départ d'organisations plus ou moins secrètes, dont les membres avaient pour consigne de répondre, dit-on, à toute question évidemment indiscrète concernant leurs activités : « Je ne sais pas » *(I know nothing)*. Ils se structurèrent en Parti américain, espérant emporter l'élection présidentielle de 1856.

Irlandais et de nombreux autres groupes ethniques et métissés), d'une vision idéalisée des années Eisenhower, des années 1950, avant la révolution sexuelle et la montée des Afro-Américains, des homosexuels, des féministes, et autres minorités détestées. Cette nostalgie particulière imprègne le discours de la « révolution républicaine » du milieu des années 1990 et les écrits d'un Pat Buchanan ou d'autres personnalités de droite[13].

Les défaites, réelles ou imaginaires, qui ont nourri cette nostalgie, ont affecté et meurtri d'importants groupes d'Américains, tout comme elles ont été durement ressenties, ailleurs, par des groupes similaires. Les classes moyennes américaines n'ont peut-être pas tant souffert sur le plan économique – bien que la situation ait changé et que l'économie tende à générer moins d'emplois intermédiaires – mais l'ouverture à l'immigration a fait qu'elles ont encore plus souffert de la pression démographique, de la tension culturelle et des transformations qu'elle implique.

Ce choc a généré une bonne part du carburant qui alimente les turbines du nationalisme et d'autres tendances politiques radicales dans le monde. Un exemple classique en est fourni par le rôle de la noblesse déclinante et menacée, de la paysannerie et de la classe moyenne traditionnelle (*Mittelstand*) allemandes dans la naissance du « conservatisme extrémiste » et du nouveau nationalisme qui lui était intimement associé, à la fin du XIXe siècle[14]. Ces couches sociales ont engendré des mouvements qui mêlent souvent protestation radicale contre le nouveau capitalisme, nationalisme intense et conservatisme culturel[15]. Comme le montre le cas de la noblesse prussienne, une ancienne élite n'a pas besoin d'être totalement déchue pour se tourner vers des solutions extrêmes – la simple peur peut suffire.

On a vu dans l'antisémitisme le « socialisme du petit-bourgeois », mais il s'inscrit en fait dans un ensemble beaucoup plus vaste d'attitudes extrémistes et de ressentiments. L'ultra-nationalisme et le reproche adressé aux « élites cosmopolites » de n'être pas assez nationalistes ont longtemps constitué une voie d'expression pour les griefs socio-économiques de groupes qui ne peuvent embrasser le socialisme : « Ayant pris pied dans le monde de la respectabilité bourgeoise, ils courent le danger de replonger dans ce qu'ils considèrent comme un abîme d'impuissance et de dépendance. C'est cette peur qui a fait de la classe moyenne, bien plus que de ceux qui étaient réellement déracinés et indigents, un groupe politiquement volatil[16]. »

Les États-Unis ne sont pas seulement la patrie d'une modernisation capitaliste incessante et rapide, et d'un changement permanent ; ils abritent aussi d'importants groupes de la classe moyenne qui, à certaines époques de l'histoire – y compris de nos jours –, ont durement souffert des effets de ce même capitalisme ; d'autant plus que le capitalisme américain est moins encadré que celui d'autres pays développés, que ses conséquences y sont moins atténuées par les contrôles de l'État et par les systèmes d'aide sociale garantis par celui-ci.

Au cours des siècles, les angoisses socio-économiques de la classe moyenne blanche et des populations rurales ont souvent fusionné avec des peurs ethniques et raciales. Peurs qui proviennent de ceux qu'on nomme les Américains « natifs » – non pas les Indiens américains, mais les populations blanches anglo-saxonnes et irlando-écossaises des colonies britanniques du XVIIIe siècle[17].

Au moment de l'Indépendance, les treize colonies, loin de représenter une grande diversité culturelle et ethnique, étaient peut-être plus homogènes encore que les royaumes de France ou d'Angleterre. C'est évidemment faux si l'on y inclut les Noirs et les Indiens – mais, en ce temps, les non-Blancs ne faisaient *pas* partie des États américains tels qu'ils se comprenaient et se définissaient eux-mêmes, et il en serait ainsi pendant presque deux cents années supplémentaires.

Si l'on excepte les Noirs et les Indiens, l'Amérique blanche était, au moment de l'Indépendance, très majoritairement constituée de deux groupes ethniques, les Anglo-Saxons et les Écossais d'Irlande (protestants écossais et Anglais du Nord qui s'étaient installés en Irlande dans le cadre des guerres entre Irlandais catholiques et Celtes natifs), avec un nombre non négligeable de Hollandais à New York et d'Allemands, en Pennsylvanie et dans quelques autres lieux. Et bien qu'ils fussent alors presque tous protestants, ces Allemands inspiraient aux colons anglais une hostilité et une peur très vives, à tel point qu'un homme apparemment aussi pragmatique et tolérant que Benjamin Franklin n'était pas convaincu que les Allemands et les autres Européens fussent véritablement des Blancs : « Le nombre des peuples purement blancs dans le monde est proportionnellement très petit [...]. En Europe, les Espagnols, les Italiens, les Français, les Russes et les Suédois ont généralement ce qu'on appelle un teint sombre, ainsi que les Allemands ; seuls les Saxons font exception, qui, avec les Anglais, forment le gros des peuples blancs sur la face de la terre. Je souhaite que leur nombre augmente[18]. »

La grande majorité de la population américaine blanche parlait anglais et, point également important, était protestante. Elle se divisait en plusieurs Églises et sectes, et affichait des différences culturelles très considérables (notamment entre les Anglais de Nouvelle-Angleterre et les Écossais d'Irlande sur la Frontière et au Sud). Mais elle partageait aussi bon nombre d'attitudes, dont une profonde méfiance à l'égard du catholicisme. Dans le Sud et sur la Frontière, en particulier, les Américains perpétuaient non seulement la culture religieuse protestante anglaise et écossaise des XVIe et XVIIe siècles, mais certains aspects du langage et de la culture populaire de ces pays. Et les Anglais avaient déjà développé de forts éléments d'une identité nationale commune, avant que le premier colon ne prît pied en Amérique du Nord[19].

Comparée à la Grande-Bretagne et à la France, l'Amérique n'a pas connu l'équivalent des populations catholiques de langue gaélique d'Irlande, de celles du pays de Galles, qui parlent encore le gallois, des nombreuses langues et dialectes parlés par les Français, ni même de cette minorité protestante du centre et du sud de la France.

La population de ces nouveaux États-Unis, relativement homogène, sur le plan ethnique et culturel, au regard des critères historiques, l'était aussi, au regard des critères européens, sur le plan social. À l'exception des grands planteurs des États du Sud, il n'y avait pas d'aristocratie – encore ces riches propriétaires terriens étaient-ils beaucoup plus proches des masses de la population blanche qu'un duc de Norfolk ou un prince de Rohan ne l'était de leurs paysans.

En réalité sinon en droit, c'était une nation protestante où les catholiques et autres croyants étaient protégés et tolérés, et cette tolérance fut longtemps « considérée comme un arrangement entre les différentes sectes protestantes et non comme un principe universel » (à ce sujet, on peut rappeler que John Locke, père philosophique des Lumières américaines et du credo national, rejeta explicitement toute tolérance envers les catholiques en Grande-Bretagne)[20]. « La plupart des partisans des différentes positions religieuses ne croyaient vraiment ni à la liberté ni à la tolérance. La liberté parvint dans l'Ouest par les voies de la Providence et par une sorte d'inadvertance de l'histoire[21]. »

Cette attitude ne pouvait être qu'encouragée à mesure que de plus en plus de protestants allemands immigrèrent et rejoignirent par la suite les élites. Le politologue James Reichley a parlé d'une nation essentiellement protestante, garantissant constitutionnellement aux minorités la liberté de culte, vision toujours très partagée au XXe siècle, au moins jusqu'à l'élection du premier président catholique (le seul à ce jour), John F. Kennedy, en 1960[22].

Bien sûr, ce courant nativiste a beaucoup évolué avec le temps. Surtout, il n'a cessé d'attirer à lui des pans entiers des populations immigrantes, celles qui précisément concentraient auparavant les peurs des « Américains de souche ». En même temps, il transmettait à ces groupes son « style paranoïaque »[23].

Bien que certains segments du vieux noyau de peuplement se soient sentis menacés et même vaincus, la force de ses convictions et de ses traditions fut telle que pendant deux siècles il a effectivement pu faire d'une Amérique d'immigrants une nation « protestantoïde », où les classes moyennes blanches (y compris une large fraction du prolétariat) partageaient, dans une bonne part du pays, une culture plutôt homogène et surtout, comme on l'a vu, très conformiste.

Comme l'a écrit Walter Russell Mead, le sentiment américain d'une « communauté populaire » (au sens allemand du terme, *Volks-*), non seulement blanche mais protestante et composée d'Anglo-Saxons et d'Écossais d'Irlande, s'est peu à peu identifié, dans l'esprit de ses adeptes à la « classe moyenne américaine » – fermée à de nombreuses catégories d'étrangers, dont l'appartenance est fondée sur des valeurs culturelles strictement définies[24]. Ce conformisme offre de fantastiques opportunités à toute force politique qui pourrait s'emparer à ses propres fins des symboles du consensus officiel.

En outre, aussi bien la taille de l'Amérique que la nature du système américain font du compromis entre ces groupes une nécessité. Ainsi, malgré la crainte pathologique du catholicisme qui agitait au XIXe siècle les protestants évangéliques, une alliance politique s'est-elle nouée, par intermittence, entre la tradition « jacksonienne » du Sud et de l'Ouest et certains catholiques irlandais du Nord-Est, depuis les années 1820. L'un des ingrédients essentiels du ciment maintenant cette alliance a toujours été une haine commune des « élites de la côte Est[25] ». Aujourd'hui encore, on assiste à des tentatives déterminées, et partiellement couronnées de succès, en vue d'établir une alliance du même type entre cette tradition et certains groupes juifs américains, sur la base du soutien à Israël et à une politique militaire musclée des États-Unis au Moyen-Orient ainsi que d'une hostilité à l'égard des Musulmans, des Arabes, mais aussi des Américains et des Européens qui critiquent Israël.

L'un des ressorts de cette histoire tient aux efforts des groupes immigrants les plus anciens pour se faire accepter, qui les conduisent à détourner l'hostilité dont ils sont victimes soit vers des groupes d'immigration plus récente, soit vers des minorités raciales, voire les deux. L'alliance jacksonienne des Blancs du Sud et des Irlandais et autres groupes du Nord doit beaucoup à leur crainte et à leur antipathie commune envers les Noirs. Après la Première Guerre mondiale, « même des libéraux comme Fiorello LaGuardia* et le représentant Samuel Dickstein** se mirent à combattre les Asiatiques et les Mexicains afin de protéger les juifs et les Italiens »[26].

Au milieu du XIXe siècle, les principales cibles des mouvements nativistes protestants comme les « Know Nothings » avaient été les catholiques irlandais. Un siècle plus tard, les héritiers de cette tradition firent d'un catholique, descendant d'immigrants allemands et irlandais, l'un de leurs plus grands héros. Un progrès, sans doute ? pas tout à fait. Il s'agissait du sénateur Joseph R. McCarthy***. De la même façon, il peut sembler, à première vue, tout à fait positif que la droite chrétienne se soit débarrassée de son antisémitisme traditionnel au point de s'identifier à l'État d'Israël. Le problème est que l'État d'Israël devient ici celui du Likoud d'Ariel Sharon, voire de forces plus extrémistes dans la société israélienne et parmi les colons des Territoires occupés.

Tradition jacksonienne et tradition de la Frontière

Comme on le verra dans le chapitre 6, la compassion à l'égard d'Israël manifestée par la droite nationaliste américaine doit beaucoup au terrible passé de conflit racial du continent nord-américain. Cette histoire a aussi engendré la figure qui, plus que toute autre, symbolise la tradition nationaliste populiste aux États-Unis et a même donné son

---

** (1882-1947), descendant d'immigrants hongrois et italiens. 99e maire de New York (1934-1945).

** (1885-1954), né à Vilna (Vilnius) en Russie. Représentant (démocrate) de New York (1923-1945).

*** (1908-1957), sénateur républicain du Wisconsin de 1947 à sa mort. Tristement célèbre pour avoir déclenché et organisé la « chasse aux sorcières », dans une Amérique en proie à la Peur des rouges. En 1954, il fut désavoué par son parti et blâmé par le Sénat.

nom à l'un de ses courants dominants : le président Andrew Jackson (1767-1845).

La tradition jacksonienne provient avant tout de l'expérience de la Frontière, qui concerna, à un moment ou à un autre, tous les États du pays, et qui demeure très présente encore aujourd'hui dans le Sud et dans l'Ouest[27]. Mais, comme l'ont rappelé David Hackett Fisher et d'autres historiens et démographes, elle a également des racines plus anciennes à travers les traditions et l'expérience des protestants écossais d'Irlande, qui, après avoir colonisé l'Ulster et y avoir en grande partie exterminé la population irlandaise catholique et gaélique, ont par la suite emporté avec eux leur protestantisme fondamentaliste et leur comportement guerrier aux Amériques. Selon les termes d'un des premiers biographes de Jackson, qui pourraient être repris par tout spécialiste de l'histoire récente de l'Irlande du Nord : « Il semble plus difficile à un Irlandais du Nord qu'à n'importe qui d'autre d'admettre chez un adversaire une simple divergence d'opinion, de sorte qu'il tend à considérer les mots "adversaire" et "ennemi" comme synonymes[28]. »

Né en Caroline du Nord d'une riche lignée d'Écossais d'Irlande, puis établi dans le Tennessee, Jackson a bâti toute sa carrière sur le conflit au Sud avec les Indiens et leurs alliés anglais, français ou espagnols. Bien que la plus grande victoire du général Jackson eût été remportée sur les Anglais, en 1815 à La Nouvelle-Orléans, la plupart de ses campagnes furent menées contre les Cherokees, les Creeks et autres. C'est comme ennemi des Indiens et chef de milices locales que Jackson prit de l'importance dans le Tennessee. Et si le « nationalisme jacksonien » comporte d'autres éléments significatifs, tels que le nativisme, l'anti-élitisme, l'anti-intellectualisme et l'aversion pour le Nord-Est, une forte conscience de l'identité blanche et une violente hostilité envers les autres races en ont été au cœur depuis toujours[29].

Un conflit exemplaire opposa en 1831, durant la présidence de Jackson, cette branche du nationalisme jacksonien aux principes fondamentaux du credo, tels qu'ils étaient explicitement formulés. La nation cherokee, installée dans ce qui est devenu le nord de la Géorgie et une partie du Tennessee et de l'Alabama longtemps avant l'arrivée des Blancs aux Amériques, fit appel devant la Cour suprême des États-Unis contre de nouvelles lois tout juste votées par l'État de Géorgie, qui en faisaient des sujets de droit et préparaient ainsi leur future expulsion au-delà du Mississippi pour faire place aux colons blancs. Les avocats des Cherokees plaidèrent – non sans raison – qu'il s'agissait d'une violation de plusieurs traités signés avec les gouvernements des États-Unis. Estimant la requête parfaitement fondée en droit, la majorité de la cour, emmenée par le juge John Marshall, statua en faveur des Cherokees.

À cela, il semble que Jackson ait répliqué : « John Marshall a rendu son jugement. Qu'il le fasse donc exécuter. » Bien que le Président n'ait peut-être pas réellement dit cela, ces mots reflètent certainement l'état d'esprit dans lequel il a agi. Le gouvernement américain refusa de défendre les Cherokees contre la Géorgie, Jackson les prévint qu'ils n'avaient d'autre issue que de partir, et en quelques années (et bien que Jackson eût alors achevé son mandat), ils furent chassés de la terre de leurs ancêtres, jetés sur la « Piste des Larmes » vers l'Oklahoma, sur laquelle nombre d'entre eux moururent de maladie et de malnutrition[30].

La formule prêtée à Jackson ne reflète pas seulement sa propre implacable hostilité à l'égard des Indiens. De façon plus significative, elle est représentative de ce qu'était réellement la situation dans le Sud et dans l'Ouest, et des positions de la grande majorité de son électorat, c'est-à-dire des habitants blancs de ces régions. Ces derniers étaient déterminés à expulser les Indiens, contre ce que le gouvernement américain ou la loi américaine affirmait. La volonté populaire exigeait l'extension des territoires contrôlés par les Blancs et de la civilisation aux dépens des « Sauvages », ainsi que la protection de la communauté blanche contre tout risque d'un retour des raids indiens passés ou contre des alliances indiennes avec les ennemis étrangers de la nation.

Cette loi non écrite prit le pas sur le code écrit des États-Unis (même lorsque les Indiens concernés avaient été les alliés des États-Unis pendant la guerre et avaient du reste fait d'importants pas vers la « civilisation », jusqu'à la création d'un alphabet écrit). Avec ces tendances se développa une profonde hostilité à l'égard de l'humanitarisme de la côte Est, c'est-à-dire des hommes de loi et intellectuels « yankees », qui s'étaient débarrassés de leurs Indiens depuis plus d'un demi-siècle et se sentaient à présent libres de critiquer et stigmatiser le comportement de l'Ouest et du Sud en la matière – une hostilité régionale qui s'est répétée depuis lors et jusqu'à nos jours concernant de nombreux problèmes.

Les autres éléments qui ont façonné au cours du temps la tradition populiste-nationaliste en Amérique sont l'expérience sudiste de l'esclavage, les traditions culturelles et historiques propres aux protestants écossais d'Irlande qui dominèrent la frontière sud, ainsi qu'une culture de groupe profondément influencée par le protestantisme évangélique[31]. Cette tradition se reflète dans la culture, les passions et les préoccupations des premières populations coloniales anglo-saxonnes et irlando-écossaises, même si ses représentants se sont par ailleurs montrés prêts à forger des alliances politiques avec certains groupes d'immigrants et, au fil du temps, à accepter comme membres à part entière de la communauté des étrangers tenus de se conformer aux valeurs collectives et « civilisées ». Dans le passé, il s'agissait toujours d'étrangers blancs, mais durant les trois dernières décennies, ce phénomène s'est développé et étendu également à des non-Blancs.

Autre élément, un ethos « productiviste » très voisin des idéologies développées autrefois en Europe par la classe moyenne-basse et par les mouvements nationalistes et ultra-conservateurs issus des structures agraires. Cet ethos se manifeste notamment par une vive hostilité à l'encontre des éléments « parasites » de la société – concentrés dans le Nord-Est – qui sont supposés voler les richesses de ceux qui les produisent réellement : « financiers capitalistes », snobs en « bas de soie », élites de *rentiers* héréditaires, intellectuels surpayés, « experts », bureaucrates et avocats – tous suspects de contacts, d'influences ou de connivences avec l'étranger (par le passé, cette tradition comporta souvent une part d'antisémitisme). La même hostilité vaut pour le sous-prolétariat urbain, indolent, paresseux, alcoolique (ou drogué) et parasitaire, surtout s'il est d'origine étrangère ou immigrée. L'hostilité à l'égard des élites a pour origine la société de la Frontière et des régions nouvellement colonisées, mais elle provient aussi de l'hostilité des puritains écossais et anglais du XVIIe siècle à l'égard des élites anglicanes (et parfois crypto-catholiques) de l'époque, non seulement parmi la noblesse et l'Église, mais aussi chez les universitaires et les juristes [32].

En Amérique, cet état d'esprit est par ailleurs intimement lié aux intérêts et aux préjugés régionaux, à l'opposition entre le Sud ou l'Ouest « honnêtes » pour reprendre le mot de Thomas Jefferson, et l'Est, décadent, exploiteur, et surtout commerçant [33]. Aujourd'hui, certains de ces sentiments ont trouvé une traduction dans le terme d'« Amérique profonde » ou de « pays profond ».

Géographiquement, cela signifie les États du Midwest et des hautes plaines, depuis l'Ohio jusqu'aux Rocheuses. Toutefois, comme le suggère le nom, dans la rhétorique politique cela suggère souvent que ce territoire est la patrie du peuple américain authentique et de ses valeurs, dont le nationalisme est l'une des plus importantes [34].

Le discours jacksonien, opposant ces régions aux élites de la côte Est, continua d'être celui du parti démocrate pendant plus d'un siècle : lors de la compagne électorale de 1948 (profitant également des amers souvenirs confédérés), Harry Truman déclarait en Caroline du Nord que le parti républicain et ses hommes d'affaires « [traitaient] le Sud et l'Ouest en colonies à exploiter commercialement et opprimer politiquement [35] ». Au cours des quarante dernières années cette attitude a été reprise par le parti républicain. Pour d'évidentes raisons liées aux intérêts économiques de leur propre direction, les républicains ont choisi des objets de détestation jacksonienne quelque peu différents – bureaucrates de Washington et intellectuels libéraux plutôt que banquiers –, mais l'appel à la haine régionaliste à l'encontre des élites urbaines est resté le même.

Ces objets de détestation ont toujours été assez flexibles et protéiformes. Ainsi a-t-on pu considérer Thomas Jefferson comme un précurseur à bien des égards du jacksonisme, dans sa conception parfaitement raciste d'une société blanche égalitaire et d'une démocratie du *Herrenvolk* fondée sur les fermiers « sains » et les artisans productifs. Et pourtant, Jefferson – aristocrate virginien, ancien ambassadeur en France et admirateur de la Révolution française – était lui-même traité par ses ennemis de jacobin francisé, révolutionnaire et athée, et d'aristocrate intellectuel, parasite et décadent[36].

De fait, associer la France non seulement à l'athéisme et à la décadence, mais aussi à l'élitisme de la côte Est, remonte aux réactions américaines à la Révolution française. Parmi celles-ci, la première « Grande Peur » de l'Amérique indépendante fut l'hystérie qui entoura le vote de la loi sur la sédition et sur les étrangers de 1798, dirigée contre de supposés conjurés révolutionnaires français aux États-Unis[37]. Le mépris pour la décadence européenne, opposée à la pureté et à l'honnêteté américaines, se fraya très tôt un chemin dans le système éducatif américain, en la personne, notamment, de Noah Webster*, un de ses fondateurs[38]. Les attaques contre la France dans le contexte de la guerre d'Irak ont donc un long passé ; et certains des termes fustigeant la décadence, l'athéisme et l'élitisme français sont restés à peu près identiques (pour reprendre ceux d'un nationaliste de droite après le 11 Septembre, « la plupart des Américains ont du mal à prendre au sérieux les critiques de la France, venant, comme on le sait, d'hommes qui portent des sacs à main[39] »).

* Né en 1758 dans le Connecticut. En 1806, il publie *A Compendious Dictionary of the English Language*, puis, en 1828, *An American Dictionary of The English Language*, beaucoup plus complet, où il introduit des termes et des graphies spécifiquement américains.

Dans son ouvrage désormais classique sur la tradition populiste en Amérique, l'historien Michael Kazin dépeint l'idéologie jacksonienne comme l'un des éléments les plus importants et les plus stables du populisme américain. Les croyances et la rhétorique jacksoniennes se sont formées dans un environnement moral particulier, fruit d'un mélange entre le calvinisme des Écossais d'Irlande et l'expérience de la Frontière. Cette moralité exaltait les honnêtes producteurs contre les « consommateurs, les riches, les orgueilleux, les privilégiés », et contre les « aristocrates » américains corrompus par la décadence et l'athéisme européens. Elle réclamait l'*accès égal*, pour tous les Blancs, à la richesse – et surtout aux terres indiennnes –, mais il n'était pas question d'égalitarisme économique. Elle célébrait « la ténacité, la rudesse, la virilité, les vertus de la race blanches », pour défendre la famille, la race et la nation[40]. L'alliance jacksonienne entre les Blancs du Sud et certains autres groupes ethniques du Nord (c'est-à-dire, à l'époque de Jackson et par la suite, les Irlandais catholiques), contre les Noirs, fut ranimée à la fin des années 1960 et dans les années 1970 par le parti républicain[41].

C'est la force qui permit à Jackson de gagner l'élection présidentielle en 1828. Son accession à la présidence a symbolisé, dans la mythologie mais aussi d'une certaine façon dans la réalité, le passage d'une Amérique auparavant gouvernée par l'élite des pères fondateurs à la démocratie de masse. Transition intimement liée à l'émergence de nouvelles formes de religion populaire protestante et évangélique qui, marquées par de fortes tendances anti-intellectuelles et anti-modernes, prirent radicalement le pas sur les anciennes Églises de la classe dirigeante. Cette forme de démocratie excluait catégoriquement les Indiens, les Noirs et les femmes[42].

Comme l'indiquent les origines de Jackson lui-même, liées tout à la fois au Sud et à la Frontière, on peut considérer, du point de vue de leur impact culturel sur le nationalisme américain, que Sud et Frontière constituent un même ensemble. Gunnar Myrdal qualifiait le Sud, en

1944 de « société de la frontière obstinément arriérée[43] ». La frontière « classique », dans l'Ouest, dont Hollywood diffusa abondamment l'image, fut en grande partie colonisée par des gens du Sud, qui y imprimèrent la marque de leur culture.

La fusion des deux traditions trouve son meilleur exemple au Texas, le fief de George W. Bush et la source d'une part importante de sa culture politique et de ses comportements. On a pu qualifier le Texas d'« État du Sud déguisé en État de l'Ouest[44] ». Il fut l'un des États confédérés, et sa partie orientale, près de la frontière avec la Louisiane, a gardé un fort parfum de Sud, avec une importante population noire et une tradition agricole de planteurs. Toutefois, le centre et l'Ouest étaient encore, à l'époque de la guerre de Sécession, des territoires indiens.

La culture de la frontière Ouest a été façonnée par l'expérience antérieure de la frontière Sud, dans les Appalaches et les zones forestières du Sud. D'un autre côté, les traditions de la Frontière, prise dans son ensemble, présentent certains aspects qui n'ont rien à voir avec le Sud. Les États du Nord-Est eurent aussi leur frontière indienne, depuis leur fondation, au début du XVIIe siècle, jusqu'à l'expulsion des Français, puis des Anglais, cent cinquante ans plus tard. Également absent de la Frontière, l'autre trait caractéristique du Sud, à savoir une population noire et (avant 1865) l'institution de l'esclavage à défendre. La nécessité de défendre l'esclavage et la suprématie blanche ont produit la tradition de conformisme du Sud – maintenue démocratiquement et spontanément, mais avec une implacable détermination – qui n'est pas à ce point caractéristique de l'Ouest[45], d'autant plus que la diversité religieuse y est plus grande que dans le Sud.

L'un des legs les plus importants de la Frontière au nationalisme américain fut sans doute son histoire guerrière d'une exceptionnelle férocité, chacun des deux partis s'étant livré à d'effroyables atrocités, et qui prit la dimension d'un génocide. Cet héritage a fait naître, dans certains segments de la tradition américaine, une propension à la brutalité en même temps qu'un goût pour la victoire totale et sans réserve, comme celle qui fut remportée, à la fin, sur les adversaires indigènes de l'Amérique blanche. Le second trait est un expansionnisme constant, souvent imposé par les populations blanches de la Frontière contre les vœux des gouvernements de Washington.

Dans le Sud en particulier, cet esprit expansionniste ne fut pas seulement dirigé vers les terres des Indiens et des Mexicains, mais aussi vers les possessions de l'Europe coloniale dans les Caraïbes. Au XXe siècle, comme l'a écrit T. R. Fehrenbach, il nourrissait de bien plus vastes desseins : « À partir de 1900, le Texas s'est identifié de plus en plus à la politique étrangère de la nation, surtout lorsque celle-ci était, au fond, impériale – quel que soit le nom qu'on lui donne. Instinctivement, les Texans ont soutenu tout ce qui semblait renforcer le pouvoir et prestige de l'Amérique. Ainsi la domination sur les républiques bananières et la destruction de l'Allemagne impériale faisaient partie d'une même politique, mélange d'intérêts personnels, d'autodéfense et d'une forme arrogante de bienveillance [...]. Ceux qui, en un certain sens, avaient porté vers l'Ouest le drapeau américain ne se métamorphosèrent pas du jour au lendemain lorsqu'ils n'eurent plus, sur leurs propres rivages, de mondes à conquérir[46]. »

En outre, pour ce qui constitue le territoire américain proprement dit, cette expansion fut un succès complet – en partie parce qu'elle s'est opportunément arrêtée avant d'annexer des régions dont les populations, catholiques et hispanophones, n'auraient pu être ni exterminées, ni submergées ni assimilées.

En revanche, chez les autres nations blanches, le bilan de la colonisation est plus nuancé. Lorsqu'elle a rencontré des peuples indigènes similaires à ceux des Amériques (parfois décimés par des épidémies eurasiennes avant même l'arrivée des colons), elle a gagné et semble devoir perdurer. Partout ailleurs, les colons blancs ont finalement été soit expulsés, comme en Algérie, au Zimbabwe ou en Asie centrale soviétique, soit subordonnés à la population indigène, comme en Afrique du Sud ou au Kazakhstan. En Amérique, le bilan de la colonisation se solde par une victoire totale, au prix de la plus impitoyable violence – avec tous les effets induits sur la psyché nationale.

Les atrocités bestiales auxquelles des tribus indiennes comme les Commanches et les Kiowas soumettaient leurs prisonniers contribuèrent beaucoup à façonner, pour longtemps, les comportements, au Texas et ailleurs, à l'égard des étrangers : « Les survivants des raids indiens étaient incapables de concevoir qu'il pût exister une fraternité humaine comprenant les Indiens. Ceux-ci étaient vus par les Anglais comme d'inhumains sauvages, des prédateurs dangereux et imprévisibles. À partir du moment où la population de la Frontière tout entière – non pas un simple cordon protecteur de soldats – était impliquée dans une guerre endémique, chacun savait qu'il pouvait être brutalisé. Ayant lui-même beaucoup souffert, le peuple de la Frontière infligea aux Indiens de terribles souffrances[47]. »

Les Écossais d'Irlande, en particulier, avaient déjà fait l'expérience d'une guerre brutale, avec des épisodes génocidaires. Leurs ancêtres (ainsi qu'un certain nombre de puritains anglais et de huguenots français) s'étaient d'abord installés en Irlande dans le cadre de la politique de « plantations » – c'est-à-dire d'installation de colons sur les terres confisquées aux catholiques – menée à l'époque élisabéthaine et poursuivie sous les Stuarts, notamment en Ulster, étendue à la plus grande partie du pays sous la dictature de Cromwell et le règne de Guillaume d'Orange ; là ils s'étaient mêlés à des éléments protestantisés de la population irlandaise[48].

Établis au départ en Pennsylvanie, les Écossais d'Irlande avaient à la longue colonisé une bonne part de la vieille frontière de la Virginie et des Carolines (où naquit Jackson), avant de partir pour le Tennessee, le Sud profond, le Texas et Sud-Ouest. L'historien du Sud Grady McWhiney est allé jusqu'à attribuer la différence culturelle entre le Sud et le reste des États-Unis à un héritage gaélique[49]. En butte à la discrimination sociale et religieuse des élites épiscopaliennes anglo-irlandaises, ils emportèrent avec eux en Amérique leur antipathie pour les classes dirigeantes cultivées, qu'elles soient anglaises ou « yankees » (les habitants du Nord-Est, très majoritairement d'origine anglaise)[50].

La tradition qui en est issue demeure très proche de celle de la communauté protestante d'Ulster, d'où elle découle, dans la combinaison qu'elle opère de religion et de nationalisme, et (jusqu'à une date récente) dans sa haine amère du catholicisme. Depuis que la tradition boer d'Afrique du Sud s'est inclinée devant la majorité noire, les loyalistes protestants d'Ulster sont aujourd'hui le seul peuple du monde développé dont la culture et l'idéologie aient encore des traits communs avec le christianisme évangélique américain[51].

En Irlande, en Amérique et en Afrique du Sud, l'Ancien Testament donna aux colons un langage et un cadre théologique leur permettant de décrire et de justifier la spoliation des terres indigènes. Les accents bibliques des discours de Jackson aux Cherokees et aux Creeks leur ordonnant de se déplacer au-delà du Mississippi sont préfigurés, cent cinquante ans plus tôt, par ceux de Cromwell aux catholiques irlandais les sommant de partir pour « l'Enfer ou le Connacht* [52] ».

La Frontière permit aussi que survive jusqu'à l'âge moderne le culte des armes individuelles, intimement lié à un certain égalitarisme et à la croyance que chaque homme a le droit et le devoir de défendre son honneur personnel et familial – thème classique de la représentation hollywoodienne de l'Ouest, mais aussi réalité persistante dont les racines puisent aux traditions du Sud et de la Frontière.

Mais ce trait culturel marquant provient lui-même du monde anglais et écossais de la fin du Moyen Âge et des débuts de l'époque moderne, extrêmement violent, au regard de nos critères actuels, notamment dans le nord de l'Angleterre et en Écosse[53], où les crimes d'« honneur » étaient monnaie courante, où subsistaient certaines formes de « loi du talion », incitant à l'autodéfense familiale ou à

---

* Région aride du sud-ouest de l'Irlande où la majorité des grandes familles irlandaises furent déportées.

des vengeances collectives entre familles respectables de la noblesse. « Dans l'Angleterre des Stuarts, même lorsqu'elle n'était pas déchiré par la guerre civile, la violence était endémique[54]. » Nobles et pauvres s'y conduisaient souvent avec la « cruauté, la puérilité, le manque de retenue des âges homériques ». L'Écosse et l'Irlande des Stuarts étaient encore bien pires. Comme dans le sud et l'ouest des États-Unis – ou dans de nombreuses sociétés tribales de par le monde– ce souci de l'honneur était difficilement séparable d'un tempérament querelleur. Le duel subsista encore dans le Sud plusieurs générations après qu'il eut quasiment disparu du monde occidental au milieu du XIXe siècle[55].

L'écrivain et journaliste Warren Leslie décrivait ainsi le caractère traditionnel texan dans les années 1960 :

« Au Texas, le temps de la Frontière n'est pas si loin [...]. Lorsqu'on le provoquait, [le Texan] combattait avec son arme ou ses poings, mais il combattait la terre aussi, comme si elle était son ennemie. C'était un homme d'action, plus que de contemplation ; un individualiste, qui était très fier de la victoire – sur la terre et sur les autres hommes. Sa vie était constituée de faits bruts et la prière fondamentaliste venait confirmer sa conviction que les choses étaient blanches ou noires [...]. L'homme qui agit, qui se bat, qui résiste au péché, qui ne prend ses ordres ni d'autres groupes ni d'autres hommes et qui ne triche pas – voilà l'homme de la Frontière, et il est encore vivant à Dallas, et au Texas[56]. »

C'est une part terriblement importante de l'image qu'ont d'eux-mêmes un George W. Bush ou un Dick Cheney (qui vient du Wyoming, autre État de la frontière à la rude réputation) et, au fond, de leur gouvernement tout entier ; elle a façonné la position agressive de ce gouvernement dans les relations internationales – bien qu'à la différence de leurs ancêtres, ceux qui le dirigent ne montrent pas un désir excessif de prendre personnellement part au combat.

Comme John Shelter Reed le disait de la société appalachienne de la moitié du XXe siècle : « Il est parfois impossible qu'un homme soit reconnu coupable de meurtre [...] lorsque le jury est convaincu que l'honneur de l'assaillant a été bafoué et que celui-ci a prévenu son adversaire de ses intentions à son égard. » Il ne s'agit de rien d'autre que du code du duel : une fois encore, une tradition culturelle essentiellement antérieure à la modernité continue d'exister dans un pays pourtant vu comme le symbole de cette modernité.

Reed a parlé de « violence légale », dans le sens où cette violence est sanctionnée socialement, qui constitue une réponse prévisible à certaines actions, observe des codes et connaît des limites. En d'autre termes, c'est une forme de loi du groupe ou « populaire », qui s'oppose à celle de l'État. Elle est étroitement liée au droit de la communauté en tant que telle à rendre sa propre « justice », lorsque l'État ne veut ou ne peut suivre la volonté populaire. La tradition du lynchage qui en résulte a surtout été associée aux atrocités et à la terreur dont les Noirs furent la proie dans le Sud, le siècle suivant la guerre de Sécession ; mais cette tradition, sur la Frontière, était beaucoup plus ancienne et elle s'y est exercée contre des déviants blancs (et indiens, bien sûr) [57].

Cette culture de la violence a beaucoup décliné dans le Sud et dans l'Ouest au cours du siècle passé, mais elle y demeure plus vivace que dans le reste des États-Unis (si l'on excepte les quartiers déshérités, dont la population est en grande partie originaire du Sud), sans parler de l'ensemble du monde développé. Elles se sont en outre reportées sur l'attitude générale envers le monde extérieur.

Comme l'écrivait W. J. Cash, dans sa grande étude de 1941, *The Mind of the South*, la violence du Sud ne s'exerce pas seulement au niveau individuel : « La façon dont l'homme du Sud voyait le monde s'est aussi exprimée dans sa conception du droit commun. Ce qu'exigeait l'entêtement obstiné de son individualisme, lorsqu'il était confronté à un crime qui excitait sa colère, c'était une satisfaction immédiate de celle-ci – le spectacle cathartique d'un corps se balançant au bout d'une corde ou se tordant dans les flammes – sur le champ, dans l'heure – et non la justice solennelle d'un lendemain abstrait. Ainsi, dans un monde sans contrôle social efficace, la tradition de l'autodéfense, qui normalement vit et meurt avec la Frontière, a-t-elle non seulement survécu, mais s'est même développée[58]. »

D'une certaine manière, la Frontière, comme le Sud, incarne une tradition assez différente de l'image folklorique d'une marche triomphante vers l'Ouest, qui relie les racines du nationalisme populaire américain aux mouvements nationalistes radicaux ailleurs dans le monde. Tradition née d'une longue litanie de défaites, parfois cuisantes, bien que sur la Frontière une nature souvent hostile en ait aussi sa part, imputables à la maladresse et à la cupidité des hommes : défaite de populations entières sur la frontière agricole, due à l'épuisement des sols, à l'érosion, ou à la sécheresse.

L'épisode le plus célèbre en est ce « désert de poussière » créé dans les basses plaines à partir des années 1920 et qui provoqua l'exode vers l'Ouest des *Oakies* (fermiers de l'Oklahoma) et d'autres dans les années 1930, décrit par John Steinbeck dans *Les Raisins de la colère*. Mais il s'inscrit dans un processus beaucoup plus vaste et ancien. Car beaucoup des *Oakies* étaient autrefois partis du Sud profond, et ils étaient venus dans ces plaines non seulement attirés par l'appât de la terre prise aux Indiens, mais aussi parce qu'ils y étaient *poussés* : chassés d'abord des terres fertiles du Sud vers celles, plus maigres, des collines, par l'extension des plantations commerciales utilisant des esclaves ; puis contraints de quitter les collines dont les sols s'étaient érodés par suite de la déforestation et de la culture intensive. Lorsqu'ils parvinrent dans les plaines, ce fut pour voir se répéter le même processus.

À leur arrivée en Californie, ils furent traités par la population blanche déjà sur place (elle-même largement originaire du Midwest) avec le mépris réservé au sous-prolétariat, presque comme les Mexicains, et cette situation dura jusque dans les années 1960 – avec pour résultat inévitable l'aliénation des Oakies, leur anti-élitisme et bien sûr, leur haine raciale envers les Mexicains. Une toile de fond qui explique en partie le parfum de conservatisme religieux et politique caractéristique de la Californie du Sud, si on la compare à celle du Nord, où la population blanche est beaucoup plus mélangée[59].

Ce processus de défaite sur un segment de la frontière agricole, en l'occurrence le Hill Country (Pays des Collines), au Texas, sur le plateau d'Edwards, est brillamment dépeint dans la monumentale biographie que Robert Caro consacra à Lyndon B. Johnson, natif de cette région. Caro qualifie le sol à la fertilité décevante du Hill Country de « piège garni d'herbe et d'eau » qui, après avoir appâté les colons, a condamné leurs descendants, pendant des générations, à la pauvreté, à une lutte continuelle, épuisante, contre la sécheresse et l'érosion[60].

À la fin des années 1880, dix ans environ après que le piège eut commencé à se refermer sur les habitants du Hill Country, une sécheresse plus soudaine vainquit, sur une échelle beaucoup plus large, les nouveaux colons des hautes plaines du Dakota, du Nebraska, du Colorado et de l'ouest du Kansas. Des centaines de milliers de personnes durent abandonner leur rêve d'une vie honorable de fermier pour des salaires d'esclaves dans des villes industrielles. Ceux qui restèrent s'endettèrent de plus en plus auprès des banques honnies[61] (le même schéma se répéta, d'une façon toutefois moins dramatique, sur de vastes portions du Midwest rural dans les dernières décennies du XXe siècle[62]).

Cette catastrophe (que suivit une nouvelle sécheresse, après 1910) fut à l'origine d'une des grandes révoltes du pays profond contre les élites de la côte Est, le mouvement populiste, mené par le démocrate William Jennings Bryan. La défaite de celui-ci contre les républicains (soutenus par une coalition des intérêts financiers et industriels de la côte Est et de la population des grandes villes) aux élections présidentielles de 1896 fut pleurée par Vachel Lindsay dans le poème placé en exergue de ce chapitre[63]. Si l'échec, en 1928, d'un autre démocrate, Al Smith, d'origine irlandaise celui-ci, face au républicain Hoover, est imputable, pour une grande part, à son catholicisme, qui entraîna la défection de nombreux électeurs protestants de l'Amérique profonde et du Sud, Bryan fut quant à lui desservi par son ardente culture évangélique et son aversion à peine voilée pour les métropoles et leur contingent d'immigrants catholiques ; il s'aliéna les électeurs démocrates des grandes villes et notamment les Irlandais.

De fait, Bryan reprenait et réunifiait de nombreux aspects de la tradition nativiste protestante des anciens *Know Nothings* et du Parti américain, qui n'avaient pas survécu aux divergences de leurs fractions sudiste et nordiste à la veille de la guerre de Sécession. Dans l'intervalle, toutefois, le nombre des votants en Amérique – et singulièrement catholiques – s'était considérablement accru, rendant plus improbable le succès de ce type de revendications pour quiconque ambitionnant un destin national.

Les décennies 1880 et 1890 furent avant tout des années de forte croissance économique, et la production agricole ne fut pas en reste. Je ne cherche donc pas à suggérer que l'image américaine du succès national et individuel serait, d'une façon ou d'une autre, le produit de l'imagination. Je voudrais simplement préciser que cette image contient aussi, en arrière-plan, d'innombrables défaites personnelles et collectives et que celles-ci aussi ont leur place dans la construction de la psyché américaine.

Pour chaque famille ayant trouvé dans l'Ouest le bonheur et la réussite, il y en avait une autre « convenable mais chancelante, qui laissait derrière elle un siècle de fermes en faillite, de suicides de ses hommes, de tombes d'enfants semées sur la route depuis l'Ohio jusqu'à la Côte, que le malheur avait poussé en vain vers l'Ouest[64] ». En outre – bien qu'on ne puisse l'établir statistiquement – la piqûre de l'échec était sans doute plus mordante dans un pays où la réussite dépendait effectivement plus qu'ailleurs du caractère et de la détermination, non seulement sur la Frontière, mais aussi dans les villes. Ainsi l'échec, en Amérique, fut-il toujours couronné de honte et d'une culpabilité aux accents protestants ; car « échouer, c'est reconnaître en soi-même une imperfection profonde, puisque une société dont la raison d'être est la poursuite et la conquête du bonheur ne peut être tenue pour responsable[65] ».

Dans les sociétés d'Europe, encore très hiérarchisées, le petit fermier allemand n'avait aucune raison de se sentir humainement amoindri de n'être pas un prince de Hohenlohe ou un comte Preysing. Un colon texan, demeuré petit fermier – ou encore expulsé de sa terre pour rejoindre les rangs du prolétariat urbain –, tandis qu'un Charlie Goodnight créait, en moins d'une génération, un ranch plus grand que certains pays d'Europe, n'avait certainement pas une opinion aussi sereine de lui-même et cherchait d'autant plus, peut-être, à atténuer sa rancœur en se convainquant qu'il était quand même l'élu de Dieu, qu'il appartenait bien à une élite culturelle, religieuse et nationale.

Le Sud blanc

Le Sud a souvent été traité, tant par les analystes étrangers que par les Américains eux-mêmes, comme une entité culturelle à part, sans influence sur l'identité nationale du pays dans son ensemble. Et le Sud a effectivement un caractère historique et culturel très spécial. On ne peut pourtant séparer celui-ci de la culture politique de l'Amérique et de son nationalisme : « Une part non négligeable du nationalisme réactionnaire de l'Amérique du XXe siècle peut être directement attribuée au conservatisme prononcé du Sud et à son isolement relatif, voire à son hostilité aux étrangers et aux idées étrangères[66]. »

Car le Sud blanc forme une partie considérable des États-Unis, et il est bien plus important encore dans ce que ce que j'ai appelé le « parti nationaliste américain », à savoir les républicains[67]. Selon le recensement de 2002, les onze anciens États confédérés représentent 30,21 % de la population des États-Unis, et la part du Grand Sud (comprenant l'Oklahoma, le Missouri, le Kentucky et la Virginie occidentale) se monte à 35,44 %. Les Noirs ne sont que 19,79 % dans le Vieux Sud et 18,13 % dans le Grand

Sud ; les Latinos ainsi que les Asiatiques et les Amérindiens comptent respectivement pour 17,91 et 15,71 %.

Ce qui signifie que les Blancs du Sud forment plus d'un cinquième de la population totale des États-Unis ; une part sinon dominante, du moins potentiellement très puissante. S'agissant du pouvoir politique, la position du Sud (et de l'Ouest, son allié habituel) est renforcée par le système fédéral américain, qui donne aux États peu peuplés mais à majorité blanche traditionaliste un poids disproportionné[68]. Depuis les années 1970, seule une poignée d'États du Sud ont opté pour le candidat démocrate à l'élection présidentielle.

Ainsi que l'ont souligné des analystes de la vie politique comme Michael Lind, Kevin Phillips, Peter Applebome ou d'autres, la « méridionalisation » du parti républicain, lors des deux dernières décennies, a donné à ces traditions une importance nouvelle et considérable dans la politique globale de l'Amérique et, par conséquent, dans l'attitude des États-Unis sur la scène internationale[69]. Parmi les effets de cette « méridionalisation », est apparue une forme plus dure de nationalisme. La religiosité de plus en plus marquée, aux accents méridionaux, des républicains a également ses conséquences, à savoir l'aliénation de l'Europe « athée » et l'engagement croissant aux côtés d'Israël. Cette transformation des républicains contribue encore à la polarisation de plus en plus marquée des Américains autour des deux grands partis, qui traduit également, comme il a été rappelé dans l'introduction, des attitudes fortement contrastées à l'égard de la religion, de la morale, de la culture, de l'économie et du nationalisme.

Cette division fut symbolisée en 2003 par le sénateur de Géorgie Zell Miller, l'un des derniers représentants démocrates du Sud conservateur, qui condamna publiquement la décadence morale et le manque de patriotisme de son propre parti. Ou comme l'a fait remarquer Thomas Schaller : « Tenter de reprendre le Sud est [pour le parti démocrate] un exercice tout à fait vain et contre-productif, car le Sud n'est plus la région charnière. Il a déjà basculé à droite : la "stratégie sudiste" de Richard Nixon en 1968 a pleinement porté ces fruits [70]. »

Le Sud blanc n'a certes pas regagné la domination politique qui fut celle de l'aristocratie virginienne de 1780 à 1820 ; mais il a retrouvé et même accru le pouvoir exercé par ses représentants au Congrès entre la fin des années 1870 – dès après la reconstruction qui suivit la Guerre civile – et le milieu des années 1960, marquées par le mouvement des droits civiques et la fin de l'allégeance au parti démocratique.

Sa mainmise sur l'un des deux grands partis constitue l'une des raisons clés de son influence politique disproportionnée. De 1877 aux années 1960, soit plus de quatre-vingts ans (avec une baisse, toutefois, dans les années 1940), le Sud blanc fut solidement démocrate, en raison de son âpre hostilité au parti républicain d'Abraham Lincoln. Durant toute cette période pourtant, des préjugés persistants au Nord et dans le Midwest liés à la guerre de Sécession, et un certain malaise entourant le passé racial du Sud, ont interdit l'accès à la présidence d'un candidat issu des onze anciens États confédérés (à moins d'avoir, à l'instar de Woodrow Wilson, émigré vers le Nord dans sa jeunesse) [71].

Depuis qu'une majorité du Sud blanc est passée sous la bannière des républicains, dans les années 1960 et 1970, en réaction à la promotion, par le parti démocrate, des Droits civiques et du multiculturalisme, son rôle est devenu beaucoup plus actif. Toute une série d'élections présidentielles ont démontré l'importance cruciale de la région pour les ambitions républicaines – et notamment celle de l'année 2000, où l'échec d'Al Gore à remporter un seul État du Sud (bien qu'il vînt lui-même du Tennessee) ruina ses espoirs présidentiels [72].

Le poids de la région sur la ligne conservatrice dure au sein du parti républicain est reflété par une enquête du *National Journal*, un hebdomadaire très lu dans les milieux politiques, réalisée en 2004. Selon celle-ci, sur les seize sénateurs qualifiés des « plus conservateurs » (un peu moins du tiers du total des sénateurs républicains), dix viennent du Grand Sud ; et sur les vingt et un sénateurs qualifiés de « centristes », cinq seulement proviennent du Sud[73].

C'est uniquement parce que les Noirs ont désormais le droit de vote et l'utilisent massivement en faveur du parti démocrate que le Sud n'est pas aujourd'hui unanimement républicain comme il était autrefois démocrate. Ces dernières années, la fin de la discrimination et l'essor économique du Sud (comparé à la Rust Belt des villes du Midwest et du Nord-Est) ont poussé les Noirs à revenir vers le Sud. Si le processus continue et s'intensifie, il pourrait sérieusement y saper l'emprise politique des conservateurs blancs.

En 2004 pourtant, les Blancs du Sud forment le réservoir de votes républicains le plus solide et le plus fiable du pays, ce qui leur donne naturellement une immense influence. Le pouvoir politique et la longévité des conservateurs sudistes au Congrès ont été accrus de façon involontaire par le redécoupage des circonscriptions, originellement conçu pour créer de solides zones noires et donc renforcer la représentation noire, mais qui a eu pour conséquence de créer des circonscriptions blanches plus solides encore. Depuis la fin des années 1970 et, plus significativement, depuis la « révolution républicaine » conduite par Newt Gingrich en 1994*, et la constitution du gouvernement Bush à direction texane en 2001, cette influence est mise à profit pour promouvoir des programmes enracinés dans la culture blanche du Sud.

Comme l'ont noté Applebone, Mead et d'autres, ce cheminement s'est trouvé grandement facilité par l'essaimage, dans les dernières décennies, de pans entiers de cette culture au-delà de son terroir originel : cela se vérifie, par exemple, pour la religion protestante évangélique, pour le culte des armes à feu, pour la musique *country and western*, pour les courses de stock car (distraction autrefois prisée

* Aux élections législatives de 1994, les républicains reprennent la majorité au Congrès, ce qui n'était pas arrivé depuis l'administration Eisenhower. Newton Gingrich, professeur d'histoire dans une petite université de Géorgie, devient *speaker* (président) de la chambre des Représentants.

des distillateurs clandestins des Appalaches, fabricants du tristement célèbre *moonshine whisky*, tord-boyaux de contrebande fabriqué « au clair de lune »). Le Sud est aussi depuis longtemps la patrie d'une forme particulièrement intense de nationalisme américain, imbue du respect qu'on doit à l'armée et nourrie des valeurs militaires, elle-même intégrée dans une culture plus vaste reposant sur la religion, la famille, la virilité et le sens de l'honneur[74].

Dans ce sens, le Sud ne s'est jamais restreint aux onze États qui, en 1861, firent sécession de l'Union et formèrent pendant quatre ans les États confédérés d'Amérique. Le Grand Sud s'étend bien au-delà de l'ancienne Confédération et même de la ligne Mason-Dixon (qui trace la limite, avant 1861, entre États esclavagistes et États libres)*, pour couvrir de vastes régions du Midwest et de l'Ouest. Aux yeux de certains sociologues, la frontière culturelle nord du Grand Sud court à peu près le long de la route 40, qui s'en va d'est en ouest à travers l'Ohio, l'Indiana et l'Illinois. À l'Ouest, le Grand Sud comprend l'Oklahoma et d'autres États colonisés par des populations majoritairement issues du vieux Sud[75]. George C. Wallace** n'en appelait-il

---

* Charles Mason et Jeremiah Dixon ne sont pas des congressistes américains, mais des astronomes et géomètres anglais, mandatés en 1763 par l'Angleterre pour résoudre un vieux différend frontalier opposant les deux colonies « propriétaires » du Maryland et de la Pennsylvanie. La ligne établie par Mason et Dixon courait d'est en ouest à 15 miles au sud de Philadelphie, à la latitude de 39° 43' N., matérialisant la limite nord-sud des deux territoires. L'acception du Missouri comme État esclavagiste au sein de l'Union, en 1820, s'assortit de la création de l'État libre du Maine, pour respecter l'équilibre, et d'une clause interdisant l'esclavage au nord d'une ligne s'appuyant à l'est sur la frontière de la Pennsylvanie et du Maryland, suivant ensuite le cours de l'Ohio jusqu'au Mississippi puis s'étendant, au-delà du Missouri, pour les futurs États qui rejoindraient l'Union, le long de la latitude 36° 30' N. C'est cette ligne, dans son ensemble, qui fut nommée, par synecdoque, « ligne Mason-Dixon ».

** (1919-1998), quatre fois gouverneur de l'Alabama, entre 1962 et 1986. Démocrate, populiste, mais surtout ségrégationniste. En 1968, candidat de l'American Independant Party, contre le républicain Richard Nixon – qui remporta l'élection – et le démocrate Humphrey, vice-président de Lyndon Johnson, il obtint 10 millions de voix – soit environ 13 % des suffrages – collectées surtout dans les États du Sud.

pas aux électeurs du Sud « de Baltimore à Oklahoma City et à Saint-Louis ».

Cette région constitue la patrie de la religion protestante évangélique (ce qu'on appelle la Bible Belt). C'est de là, essentiellement, que provient l'image d'une Amérique profondément religieuse [76]. Jusqu'à une époque assez récente, elle manquait de grandes villes et n'eut donc pas à subir l'émigration massive qui afflua vers les villes du Nord et de l'Est à partir du milieu du XIXe siècle. Ainsi, en maints endroits, particulièrement à la campagne et dans les petites villes, sa population blanche demeura homogène.

Selon la formule de W. J. Cash, le Sud blanc « n'est pas tout à fait une nation en soi, mais c'est ce qui s'en rapproche le plus [77] ». Elle date de 1941, mais des dizaines d'années plus tard, le sociologue sudiste John Shelton Reed peut encore parler des Blancs du Sud comme d'un groupe ethnique, possédant une forme de conscience ethnique [78]. Et il est utile de rappeler, dans ce contexte, qu'il eût suffi qu'une poignée de batailles connussent, lors de la Guerre civile, une issue différente – ce qui, du point de vue historique, n'était en rien impossible –, pour que le Sud devînt de fait une nation indépendante, avec sa propre conscience nationale (blanche).

Parce que les tentatives du Sud à construire une communauté nationale furent brisées par la guerre, et le nationalisme spécifique de la région fut plus tard réintégré à celui des États-Unis dans leur ensemble, le développement de l'identité sudiste avant 1865 n'a jamais vraiment intéressé les chercheurs. C'est fort dommage, car à bien des égards, il présente un fascinant cas d'étude, et vient apporter d'intéressantes nuances au débat qui oppose visions « primordiale » et « constructiviste », dans l'explication des origines du nationalisme.

En 1972, revenu dans le giron du parti démocrate, il est victime d'un attentat qui le laisse hémiplégique. Il remporte sa dernière campagne de gouverneur, en 1982, à la tête d'une coalition qui comprend les Noirs et les syndicats, après avoir fait amende honorable pour son passé raciste.

D'un côté, l' « identité nationale » du Sud était clairement une identité « construite ». En réponse, d'ailleurs, à un menace spécifique, celle qui pesait sur l' « institution particulière », c'est-à-dire l'esclavage. En outre, si les Blancs du Sud haïssaient et craignaient véritablement les Noirs, la question de l'esclavage concernait surtout les élites propriétaires d'esclaves. Le Sud « ante bellum » pourrait donc être vu comme un parfait exemple du modèle « constructiviste » défendu par Eric Hobsbawm et d'autres chercheurs de gauche qui fait du nationalisme moderne une construction élitiste.

Bien sûr, d'autres problèmes que l'esclavage étaient aussi en jeu dans la querelle entre le Nord et le Sud n'éclate en 1861. Néanmoins, sans l'esclavagisme et l'anti-esclavagisme du Nord, on ne comprend plus pourquoi les élites du Sud ont consacré une telle énergie à la construction d'une identité propre, ni pourquoi les États du Sud sont allés jusqu'à combattre pour l'indépendance et à livrer une guerre ruineuse de quatre ans.

Mais l'exemple du Sud montre aussi que, si l'on peut « construire » les identités nationales, elles ne peuvent être – n'en déplaise à Eric Hobsbawm – inventées. Elles doivent se rassembler ou être « imaginées » à partir de certains éléments préexistants ; et si ceux-ci ne sont pas suffisamment vieux et forts, le nationalisme résultant sera faible et peu nombreux seront ceux qui consentiront à se sacrifier ou à mourir pour lui. C'est l'une des causes fondamentales de la faiblesse des nationalismes inventés de l'Afrique post-coloniale, adossés à des territoires artificiellement déterminés par le colonisateur, tandis qu'à l'inverse, tant de vieilles fidélités tribales ou religieuses se sont révélées si fortes[79].

L'identité « proto-nationale » du Sud blanc d'avant la guerre reposait sur trois principaux éléments fondateurs. Le premier, évidemment, est la détermination du « peuple de seigneurs » (*Herrenvolk*) à maintenir les Noirs dans une position subordonnée et sans recours – ce que Cash appelle la tradition « dorienne » du Sud, en référence à l'ancienne Sparte, et à sa domination sans appel sur la population des *ilotes*. Le deuxième, intimement lié au premier, c'est le désir de préserver l'économie agrarienne du Sud et, avec elle, la suprématie de la classe des planteurs. Ce désir a à son tour généré ses défenseurs intellectuels et culturels, qui n'ont eu de cesse d'imiter les traditions européennes du conservatisme aristocratique, fort différentes, assurément, du pseudo-conservatisme libéral qui domine ailleurs aux États-Unis.

Comme en Europe, plutôt que de défendre explicitement un système aristocratique, cette tradition s'en prit à l'inhumanité du capitalisme nordiste, exploiteur et destructeur de la cohésion sociale, et lui opposa les valeurs, réelles ou inventées, du Sud, à savoir continuité de la tradition et enracinement dans le terroir [80]. (Ou encore, selon la formule de T. R. Fehrenbach au sujet des Texans du XXe siècle : « La grande majorité d'entre eux savaient où étaient enterrés leurs grands-parents [81] »). Ce type de critique du capitalisme occidental est bien sûr très caractéristique non seulement des ordres sociaux aristocratiques en déclin, fondés sur la propriété terrienne, mais aussi des mouvements nationalistes nés dans des sociétés partiellement ou totalement « vaincues », depuis l'idée allemande d'une communauté teutonique (*Gemeinschaft*) dressée contre la « société » anglaise ou français, exploiteuse et inhumaine (*Gesellschaft*), jusqu'aux slavophiles russes du XIXe siècle et une foule d'écrivains du Tiers Monde, aujourd'hui [82]. Ainsi, dès 1825, s'était créée, dans la société de Caroline du Sud, « ce mélange de fierté, de pauvreté et de ressentiment qui au XXe siècle a favorisé la montée des nationalismes arabe et africain [83] ».

Dans l'identité sudiste, cette tendance en chevauche une autre, qui fut obscurcie par la défaite de 1865 et par le fait que combattirent des deux côtés des Américains d'origine anglo-saxonne et écossaise d'Irlande, tout comme les protestants évangéliques. C'est-à-dire les éléments spécifiquement ethniques dans la tradition blanche du Sud. De mon point de vue, si le Sud blanc avait gagné la Guerre civile et avait pu se constituer en nation indépendante, une identité ethnique fondée sur une combinaison des lignages anglo-saxons et écossais d'Irlande avec le protestantisme fondamentaliste se serait affirmée comme *la* figure centrale et publique du nationalisme sudiste.

À mesure que se développait le Nord, ou ce qu'il serait resté des États-Unis après la sécession du Sud, de plus en plus mixte ethniquement en raison de l'immigration, la tradition ethnique du Sud se serait dressée contre la « bâtardisation » nordiste. En vérité, cette position fut déjà abondamment utilisée dans la rhétorique sudiste durant la Guerre civile. Elle fut aussi présente chez le sudiste Woodrow Wilson et reprise, sous une forme enragée, par des nativistes antisémites comme le Géorgien Tom Watson* [84]. Le Sud aurait alors perdu ses derniers libéraux au profit du Nord, mais aurait attiré à lui les Blancs conservateurs du Nord, épouvantés par la transformation de l'Amérique sous l'effet de l'immigration, tels le romancier Owen Wister (auteur du *Virginien*, publié en 1902), ou le peintre de l'Ouest Frederic Remington, qui évoquait sans ambages ces « juifs, Indiens [*Injuns*], Chinois, Italiens, Huns – cette lie de la terre que je hais [85] ».

Comme de récentes études de démographie historique l'ont souligné, la tradition ethnique écossaise d'Irlande du moins ne fut, au fond, ni construite ni inventée, mais simplement ancienne ; elle a perpétué jusqu'au XXe siècle des façons de vivre et les coutumes populaires qui datent d'avant l'âge moderne et même, parfois, d'avant le christianisme. En outre, les situations de violence que connurent les Écossais d'Irlande sur la Frontière aux XVIIIe et XIXe siècles reproduisaient à bien des égards celles qu'ils avaient laissées derrière eux, tant dans les guerres sau-

* (1856-1922), agrarien, défenseur du paysan du Sud, il fut représentant (1891-1893) et sénateur (1920-1922) sous l'étiquette démocrate. Entre ces deux mandats, il joua un rôle important dans la fondation du parti populiste. En 1913, la propagande antisémite de Watson contribua au lynchage de Leo Frank condamné pour le meurtre (dont il s'avéra qu'il était innocent) d'une ouvrière de quatorze ans, Mary Phagan, après que la sentence eut été commuée en détention perpétuelle par le gouverneur de l'État de Géorgie.

vages contre les Irlandais gaéliques que dans la bien plus ancienne tradition de vendetta qui ensanglanta la frontière anglo-écossaise et les clans d'Écosse et du nord de l'Angleterre [86]. Tradition dont les Écossais d'Irlande n'ignoraient rien eux-mêmes au XIXe siècle. Andrew Jackson, qui n'eut pas d'enfant, « exigeait [dit-on] de ses pupilles qu'ils lussent l'histoire des chefs de clans écossais, qu'ils admirait profondément et qu'il s'était donnés pour modèles [87] ».

La figure de sir Walter Scott est à cet égard fascinante. L'engouement pour ses romans historiques et ses poèmes dans le Sud d'avant la guerre a généralement été interprété – et moqué – comme participant de la tentative des planteurs de s'inventer pour eux-mêmes une aristocratie britannique et de revendiquer l'ascendance des « Cavaliers* ». Pour les Écossais d'Irlande, sur la Frontière, le rôle de ces lectures était assez différent : il s'agissait de « réimaginer », sous une forme expurgée et convenable, leur propre tradition historique, et par là, de romanticiser leurs propres vies sur la frontière du Sud, laquelle, comme on l'a vu, reproduisait, par bien des aspects, celle de leurs sauvages ancêtres.

Si le Sud blanc avait obtenu son indépendance, Scott y serait aujourd'hui étudié sous le même angle que les poètes et romanciers nationalistes du XIXe siècle qui ont contribué à « imaginer leur nation » en faisant de contes et de légendes authentiques mais parcellaires des mythes nationaux – ainsi Elias Lonnrot en Finlande, ou Andrejs Pumpurs en Lettonie. Comme l'affirmait un nationaliste estonien de cette époque : « Donnons au peuple l'épopée et l'histoire, et tout est fait ! » Sir Walter n'avait bien sûr aucune idée lui-même du rôle qu'il jouait dans le Sud américain. Cela ne fait que nous montrer à quel point sont tortueux les chemins culturels qui mènent à la naissance des nations [88].

---

* Membres de la *gentry* (petite noblesse) anglaise, partisans de Charles Ier, qui affluèrent en grand nombre en Virginie, dès le début de la guerre civile anglaise (1642), mais surtout après la décapitation du roi (1649) et lors de la dictature de Cromwell, jusqu'à la Restauration (1660).

Une carte postale du Sud profond

En 1979, j'ai passé plusieurs mois dans un *college* de la petite ville de Troy, au sud de l'Alabama (lauréat d'une bourse de l'English Speaking Union, qui portait le nom du gouverneur George C. Wallace, proche de la retraite). Non seulement la société était strictement divisée entre Blancs et Noirs, mais l'écrasante majorité des Blancs que j'ai rencontrés étaient d'ascendance anglo-saxonne ou écossaise d'Irlande, et de religion baptiste du Sud. Une enquête de 1982 sur Pike County, où Troy est située, portant sur l'affiliation religieuse, donnait 67,5 % de baptistes du Sud et 15,7 % de méthodistes unis. Aucune autre Église n'atteignait 5 % du total. Dix-huit ans plus tard, le nombre de méthodistes et de baptistes du Sud n'avait que peu changé, et l'on assistait à une augmentation des disciples fondamentalistes de l'Assemblée de Dieu et de l'Église du Christ, qui totalisaient respectivement 3,8 et 4,9 %[89].

L'esprit du lieu était profondément marqué par la religion. Ainsi le comté était-il « sec » (pas complètement, mais la publicité pour l'alcool et sa consommation en public étaient interdites, et les bars strictement encadrés). Ceci ne semblait pas avoir le moindre effet – pas plus que notre âge, puisque nous avions pour la plupart moins de vingt et un ans, la majorité légale – sur les habitudes de mes pairs en matière de boisson. La grande majorité des étudiants blancs se qualifiaient eux-mêmes de *Rednecks*, et en étaient fiers. Ils étaient effectivement très loin des centres de pouvoir, de richesse, de culture et d'influence de l'Amérique. Ils le savaient, et leur réponse allait de l'orgueil ombrageux à l'amer ressentiment.

Ils avaient un sens très fort de la communauté ethnoreligieuse et de la tradition locale. Bien que très peu fussent d'ascendance fortunée ou aristocratique, la plupart étaient capables de remonter leur généalogie au-delà de la création de l'État d'Alabama, jusqu'à des colons venus du Tennessee, de Géorgie ou des Carolines. Étonnamment, certains étaient même fiers de compter parmi leurs ancêtres un Indien cherokee ou creek, car cela constituait la preuve d'une lignée vraiment ancienne – en revanche, l'idée d'ancêtres noirs, même lorsqu'elle était vraisemblable, était soigneusement écartée. Malgré les programmes d'assistance de l'État, une grande part de la population rurale, Blancs comme Noirs, était encore dramatiquement pauvre, au regard des critères du monde « développé », avec, notamment, un taux d'illettrisme très élevé.

En dehors du service militaire, un nombre surprenant d'hommes jeunes n'étaient jamais véritablement sortis d'Alabama, à l'exception de quelques virées à Pensacola ou sur les plages, toute proches, de la côte floridienne ; beaucoup d'autres n'avaient jamais voyagé hors du Sud. Étant donné l'immensité des distances aux États-Unis, l'isolement de Troy était par certains côtés comparable à celui des petites villes d'Europe avant l'arrivée du chemin de fer.

Les gens étaient extrêmement gentils et hospitaliers pour le visiteur solitaire que j'étais (qui plus est venant de Grande-Bretagne, pays qui semblait jouir d'un prestige presque mythique, parce qu'il avait été l'allié des États-Unis, et surtout par ce qu'il représentait la terre ancestrale des origines), mais beaucoup étaient profondément suspicieux envers les étrangers en général, et tout aussi profondément ignorants de ce qu'était l'Amérique au-delà du Sud profond. Quant au monde outre-mer, il semblait un théâtre d'ombres, plein de héros et de démons, mais sans véritable substance. Des « démons », c'est ce qu'étaient parfois littéralement, pour eux, les ennemis de l'Amérique, car on pouvait sentir, effectivement, une certaine conception millénariste de l'histoire, au *college* bien évidemment moins qu'ailleurs dans la population environnante.

C'était donc une société aussi différente qu'on puisse l'imaginer de la prospérité et du *melting pot* américains. La même représentation valait – et vaut encore dans une large mesure aujourd'hui – dans les petites villes qui parsèment le Sud profond et certaines régions du Texas et de l'Ouest, traduisant ce qu'Oran Smith a nommé l'« incroyable homogénéité des Blancs du Sud[90] ». Les Noirs avaient été admis à l'université, et n'étaient plus sujets à une discrimination ouverte, mais ils demeuraient dans une position parfaitement subordonnée, avec localement très peu d'influence[91].

Dans les soixante dernières années, les formidables bouleversements économiques issus de la Seconde Guerre mondiale ont bien entendu transformé le Sud. Grâce aux transferts d'industries depuis la Rust Belt du Nord-Est et du Midwest, certaines régions du Sud comptent maintenant parmi les plus industrialisées des États-Unis, et les promoteurs locaux ou d'ailleurs ont abondamment vanté ces évolutions[92]. Le développement économique a aspiré de nouveaux immigrants, originaires non seulement d'Amérique latine, mais aussi du Sud-est asiatique. Ainsi, pour la première fois depuis l'expulsion des Indiens, la société du Sud connaît-elle d'autres lignes de partage que la traditionnelle division Noirs-Blancs.

Pourtant, un simple regard sur la carte politique, religieuse et idéologique du Sud blanc fait apparaître que cette société est loin d'avoir autant changé que ne l'auraient suggéré les bouleversements économiques. Si les minorités latino et asiatique ont énormément augmenté, le Southern Focus Poll* n'en laissait pas moins apparaître qu'en 2000, 65 % des gens du Sud se déclaraient eux-mêmes protestants ; plus de la moitié de la population du Mississippi, de l'Alabama et de la Géorgie se réclamait de l'Église baptiste du Sud. Six personnes sur dix affirmaient encore préférer le récit biblique de la Création à la théorie de l'évolution[93] (ce chiffre comprend les habitants noirs).

La région continue d'élire des politiciens qui comptent parmi les plus remarquablement conservateurs, religieux et nationalistes. De vieux représentants de cette culture,

---

* Sondage conduit au téléphone deux fois par an, sur deux échantillons de population, l'un dans le Sud, l'autre hors du Sud, collectant des informations concernant la perception et l'identité du Sud, sur les plans culturel et religieux.

comme Strom Thurmond ou Jesse Helms sont à la retraite, mais de plus jeunes leur ont emboîté le pas, comme Tom DeLay, Newt Gingrich, Trent Lott, James Ihnofe et Dick Arney, qui perpétuent la tradition. « Vivants dinosaures », effectivement, comme l'a fait remarquer un observateur, mais qu'on ne peut certainement pas qualifier de vestiges passés d'une culture morte ou d'une cause perdue.

L'une des raisons de cette continuité tient au fait que le Sud est peut-être devenu plus homogène encore au cours du siècle passé. Avant la Guerre civile, les Noirs étaient majoritaires dans deux États du Sud (la Caroline du Sud et la Louisiane) et ils s'en approchaient dans deux autres (l'Alabama et le Mississippi). L'émigration noire vers le Nord, attirée par l'emploi et poussée par l'oppression et le harcèlement du Sud blanc, avait drastiquement réduit ces chiffres. Ce renversement permet d'expliquer pourquoi la mise en place des droits civiques pour les Noirs, sous la pression fédérale, n'a pas conduit, malgré la résistance acharnée de nombreux Blancs, à une explosion, comme dans les Balkans, de la violence blanche de masse, si souvent annoncée par les racistes et les conservateurs. Selon le recensement de 1880 les Noirs atteignaient 41 % de la population du Vieux Sud. Dans les années 1960, ce chiffre s'était réduit de plus de la moitié [94].

Pourtant, durant un siècle et demi, le désir de préserver tout d'abord l'esclavage puis l'absolue ségrégation et la subordination des Noirs avait énormément contribué à la fermeture d'esprit du Sud, avec les conséquences que l'on sait sur l'Amérique tout entière, encore sensibles de nos jours. Ainsi, aussi bien avant la Guerre civile qu'en plein milieu du XXe siècle, le système social du Sud a-t-il vécu « sur la défensive, contre la plupart du monde occidental » ; et les Blancs du Sud ont-ils vu, partout, l'« agression extérieure » [95]. Les effets de cette longue et amère expérience se font encore ressentir aujourd'hui.

La solidarité raciale donnait aux Blancs pauvres la fierté d'appartenir à la race supérieure et dominatrice ; elle permit de détourner leur ressentiment des riches propriétaires de plantation. Le Sud se tint à tel point sur la défensive, qu'il s'agît de culture, de race, de politique ou d'économie, qu'il en devint dans les années 1850 un véritable pionnier du monde moderne en matière d'autodafés de « livres dangereux », en l'occurrence des attaques contre l'esclavage venues du Nord abolitionniste. « À la place de son vieil appétit pour les idées nouvelles et de sa pétulante exubérance, le Sud développa une inhospitalité pleine de soupçon envers tout ce qui était nouveau ou étranger, une tendance à se retirer du monde qu'il sentait hostile[96]. »

Défaite du Sud et réconciliation

La défense de l'esclavage et ses effets sur la culture, alliés aux autres traits culturels examinés plus haut, conduisirent le Sud, en 1861, à vouloir se constituer en État indépendant, et à une écrasante défaite. Les pertes qu'il subit lors de la Guerre civile sont comparables à celles des nations européennes durant les grandes guerres du XXe siècle. Quelque 260 000 soldats confédérés – plus d'un cinquième de la population adulte masculine blanche – furent tués au combat ou périrent de maladie (les pertes de l'Union se montent à 350 000 soldats, mais pour une population beaucoup plus nombreuse).

Des centaines de milliers de civils, blancs et noirs, moururent aussi de maladie, conséquence, le plus souvent, de la malnutrition. Plusieurs des plus grosses villes du Sud furent détruites, ainsi que maintes petites villes, et de vastes étendues de terres cultivées furent délibérément saccagées par Sherman, Sheridan et autres généraux nordistes. La valeur réelle des propriétés chuta d'un tiers, le nombre de chevaux de 29 %, le nombre de porcs de 35 %. La production de coton du Sud ne retrouva pas avant 1879, soit quatorze ans après la fin des hostilités, son niveau d'avant-guerre[97]. En outre, comme il advint à tant d'autres économies néo-coloniales fondées sur la monoculture, celle du Sud tout entière souffrit d'une baisse des prix du coton qui dura plusieurs dizaines d'années – au même moment les céréaliers des grandes plaines étaient touchés eux aussi par une chute des cours.

C'était un siècle avant que certaines parties du Sud confédéré ne « rattrapent » le reste de l'Amérique, aussi bien en termes de revenus que de développement ou d'accès au pouvoir politique suprême. De vastes zones, pourtant, n'ont pas connu un tel sort, et le monde de la compagne et des petites villes doit se satisfaire, le plus souvent, de la modernité clinquante d'Atlanta ou de Huntsville. Pendant un siècle, le Sud fut réduit, dans la réalité et plus encore dans la perception des gens du Sud, à une position de dépendance quasi coloniale vis-à-vis du Nord et de la côte Est, que symbolisent parfaitement les tarifs du fret ferroviaire, établis en faveur du Nord-Est, de façon discriminatoire envers le Sud – une injustice grossière, qui ne fut pas corrigée avant la Seconde Guerre mondiale[98].

En outre, la période de la « reconstruction radicale » du Sud, sous administration militaire, avec la mise en application du droit de vote des Noirs et leur accession aux mandats électifs fut évidemment un terrible choc pour le Sud blanc. La « légende tragique de la reconstruction » fut sujette à maintes exagérations et inventions, soulignant les crimes des Noirs, la corruption et la tyrannie, utilisées par la propagande sudiste (dont les exemples les plus célèbres sont le roman de Thomas Dixon *The Clansman* et le film de D.W. Griffith qui s'en inspire, *Naissance d'une Nation*). Elle a néanmoins des fondements solides, sinon dans le comportement des Noirs, du moins dans les craintes, réelles, des Blancs du Sud[99].

La domination totale des Blancs fut rétablie dans les années 1870, avec l'aide d'une campagne de terrorisme menée par le Ku Klux Klan, dirigée contre tous ceux qui soutenaient, Noirs comme Blancs, les gouvernements républicains dans le Sud. Par la suite, une volonté d'éliminer toute velléité de pouvoir politique noir, même limité, conduisit à l'établissement des lois d'apartheid dites

« Jim Crow* », qui furent appliquées jusque dans les années 1960. Ces lois trouvèrent, hors du cadre juridique, un puissant renfort dans l'application aux Noirs de la vieille tradition du lynchage, qui, dans le Sud d'avant la guerre n'avait guère concerné que les criminels blancs (le châtiment des esclaves, qui constituaient un bien privé, relevant de leurs propriétaires)[100].

Le sentiment de l'exploitation économique s'accompagna, comme dans tous les territoires colonisés, d'un amer ressentiment, excité par la condescendance culturelle du Nord et par toutes sortes d'insultes prenant principalement sinon toujours pour cible le passé racial et les habitudes du Sud. Ce ressentiment persiste aujourd'hui, alimenté, non plus tant par des questions raciales, mais par ce qui est perçu comme la moquerie continuelle des libéraux, des intellectuels – et des réalisateurs de cinéma – de la côte Est et de Californie. Avec quelque raison, puisque les moqueries n'ont effectivement jamais cessé – sur un ton plus ou moins amène – depuis les années 1830, connaissant même un indéniable renouveau, dans les années 1960.

Un siècle auparavant, à la veille de la Guerre civile, un admirateur nordiste d'Abraham Lincoln voyait dans le Sud « la part la plus pauvre, la plus minable, la moins productive et la plus pitoyable de la création, et pour cela sans cesse moquée, raillée, réprouvée et insultée »[101]. Le célèbre satiriste des années folles, Henry Louis Mencken, tirait grand plaisir à éreinter la barbarie sudiste et réservait ses traits les plus acérés au fondamentalisme religieux. Même lorsqu'elles sont justifiées, de telles approches sont peu faites pour entretenir les bons sentiments.

* Le terme a pour origine une chanson de Daddy Rice, un artiste de music-hall des années 1830, plus précisément de *minstrel show* (genre très populaire à l'époque, où des Blancs grimés parodiaient des Noirs). Son personnage, Jim Crow, devint le symbole du Noir stupide, risée des Blancs. Le nom, par extension, désigna plus tard les lois ségrégationnistes mises en place dans les États du Sud pour faire pièce à l'abolition de l'esclavage.

Comme George C. Wallace le déclarait en Géorgie lors de sa campagne pour les présidentielles de 1968 : « Les deux partis nationaux nous traitent depuis longtemps de *rednecks* et de têtes de bois [...] et nous allons leur montrer que nous en avons marre d'être utilisés comme des paillassons. » Il disait aussi que ces partis représentaient « les intérêts des financiers de l'Est, qui ont fait tout ce qu'ils pouvaient, pendant les cent dernières années, pour maintenir dans la boue les gens de cette région [102] ». La décision du sénateur Zell Miller de rompre avec les démocrates fut en grande partie motivée par ce qu'il considérait comme des moqueries élitistes yankee à l'encontre de la culture du Sud :

« Les leaders démocrates, lorsqu'ils viennent dans le Sud ou s'aventurent dans l'Amérique rurale, sont nerveux comme un chat qui laisse traîner sa queue près d'un rocking chair. Ils ne savent plus quoi dire ni que faire. J'en ai même vu un avaler une crevette bouillie sans la décortiquer. Un autre faire de lourdes plaisanteries sur le goût salé du jambon de campagne [...]. Nous sommes comme l'oncle alcoolique que la famille essaye de cacher dans une chambre sous les combles : lorsque les primaires sont terminées et que les élections approchent, nos démocrates nationaux n'ont que le Sud à la bouche, ils nous exhibent tout à coup – à bout de bras – comme pour dire : "Regardez comme nous sommes tolérants ; voyez comme nous l'aimons ! Tenez, nous admettons bien des types comme lui à notre garden-party. C'est qu'on l'aime notre vieil oncle bizarre et dépravé !" Dès les élections passées, le vieux garçon est renvoyé dans son grenier, et on n'en parlera plus pendant deux ans [103]. »

Je me souviens qu'à Troy, mes camarades se plaignaient amèrement de ne voir dans les personnages du Sud peints par Hollywood que les mêmes sempiternels archétypes, issus d'une demi-douzaine de modèles tous moins sympathiques les uns que les autres : le chef de la police sadique, le petit blanc bestial du Delta, le prêcheur fanatique et/ou hypocrite, le politicien corrompu, ou, à peine plus subtils, le péquenaud des Appalaches, naïf, voire simple d'esprit, aspergé d'eau de rose, la vieille aristocrate excentrique dans sa *mansion* gothique et décrépie (bien sûr, certains acteurs du Sud – notamment Robert Mitchum et Burt Reynolds – ont eux-mêmes construit leur carrière en jouant des rôles de *white trash*, dont ils glorifiaient à l'écran la culture et les attitudes)[104].

Plus récemment, le film des frères Coen, *O'Brother*, bien que loué pour son amour de la musique du Sud, fut aussi critiqué pour avoir exploité les mêmes vieux stéréotypes. Le lecteur, impitoyable ou hypocrite, pourra toujours trouver une certaine justice poétique dans le traitement réservé par Hollywood aux Blancs du Sud, qui partagent là un peu de l'expérience culturelle des Noirs américains et des Indiens[105]...

On l'a souvent souligné, cette expérience collective régionale d'une défaite et d'une humiliation complètes est inhabituelle dans l'histoire de l'Amérique blanche, caractérisée par un constant succès. Ainsi l'intellectuel conservateur sudiste Richard Weaver pouvait-il affirmer : « Le Sud est la région [de l'Amérique] où l'histoire est arrivée. » Également unique, ce sentiment de culpabilité pour les crimes collectifs passés de l'esclavage et du racisme, qu'ont ressenti la plupart des libéraux du Sud, y compris ceux dont l'identité et la culture, à l'instar d'un Faulkner, étaient inséparables d'une certaine fierté pour la tradition régionale. L'angoisse culturelle et psychologique qui en résulta est comparable à celle qui agita au XIXe siècle certains membres de la noblesse russe, propriétaires de serfs, occidentalisés, humains et patriotes[106]. Comme dans ce dernier cas, ces profondes contradictions, cette ironie de l'histoire contribuèrent énormément à la richesse de la tradition littéraire du Sud après la guerre de Sécession[107].

Une fois éliminée la menace du Sud sur les États-Unis, et parce qu'une majorité d'Américains étaient prêts à passer l'éponge sur le passé racial du Sud blanc, l'attitude du reste de l'Amérique envers le Vieux Sud fut loin d'être aussi hostile que le laisseraient suggérer les réactions défensives sudistes – en témoigne, pour ne prendre que cet exemple, l'énorme popularité d'*Autant en emporte le vent*, le roman comme le film, avec sa vision enjolivée et romantique de la vie des planteurs. Lorsqu'il fallut reconsolider l'Amérique en tant que démocratie du *Herrenvolk* blanc, les Nordistes se joignirent aux Sudistes pour dénoncer la période de la « reconstruction radicale » comme une erreur désastreuse, et les Noirs comme incapables de participer à quelque gouvernement [108].

La lutte glorieuse de la Confédération contre un sort adverse fut très vite réincorporée dans la légende militaire des États-Unis tout entiers : un processus que symbolisèrent les réunions conjointes de vétérans unionistes et confédérés après la guerre ainsi que l'engagement en masse du Sud lorsque éclata le conflit avec l'Espagne, à propos de Cuba, en 1898. Il s'ensuivit aussi, un peu plus tard, toute une tradition littéraire, cinématographique et enfin télévisuelle, consacrée à la Guerre civile, qui perdure aujourd'hui [109].

C'est un mouvement auquel le Sud fut heureux de se joindre. Ayant renoncé à son rêve d'indépendance, il répondait à la condescendance du Nord par une surenchère nationaliste, et en particulier en surclassant les Yankees décadents et lâches dans leur empressement à combattre pour l'Amérique. On peut voir là un retour à des modèles d'avant la Guerre civile, à une époque où les gens du Sud étaient les plus ardents défenseurs de l'expansion impériale des États-Unis.

Dans le même temps pourtant, d'autres Américains commençaient à célébrer le Sud précisément parce qu'il avait été vaincu : une sorte de symbole de l'honneur et de la tradition pour ceux qui, de toutes les façons possibles, se sentaient aliénés ou mis en échec par les valeurs dominantes de l'Amérique bourgeoise. On pourrait parler d'une tendance « Henry Adams en Harley Davidson », fortement teintée du romantisme inhérent à la « cause perdue ».

À l'une des extrémités du spectre, elle comprend des Yankees ou d'autres qui réagirent contre la cupidité, la corruption, la vulgarité, le matérialisme et la suffisance de l' « âge doré », d'après la Guerre civile, et que continuent de révolter, aujourd'hui, ces mêmes traits de la vie américaine. Certains d'entre eux ont ainsi redécouvert la critique aristocratique et conservatrice du capitalisme telle que la développèrent, dans une stratégie de défense intellectuelle et culturelle du Sud, des écrivains comme George Fitzhugh, avant la Guerre civile, ou la perpétuèrent des intellectuels sudistes comme Allen Tate au milieu du XXe siècle, et, jusqu'à un certain point, des auteurs contemporains comme Eugene Genovese[110].

À l'autre extrémité du spectre social et intellectuel, ainsi que l'a souligné John Sheldon Reed, pour nombre de gens pas seulement dans le Sud, les symboles confédérés sont une variante d'un comportement à la « Ne me marche pas dessus » : « Vers le milieu du siècle dernier [i. e. : le XXe] environ, le drapeau conféré a pris encore une autre signification : dans le Sud plus particulièrement, mais ailleurs aussi, il est devenu l'expression d'une défiance généralisée envers l'autorité et, dans une certaine mesure, envers la respectabilité. Ceux pour qui il signifie tout cela ne se préoccupent guère des Noirs ou des Yankees, car ces groupes ne s'inscrivent, dans la hiérarchie de leurs cibles, qu'assez loin derrière les proviseurs de lycée [...]. Comme le disait une fille : "Quand je vois le drapeau confédéré, je pense à une camionnette à plateau, avec un râtelier à fusils et un autocollant qui dit : 'Je ne freine pas pour les petites bestioles.'"[111] »

L'adoption de la symbolique confédérée par des membres de la classe ouvrière aliénée blanche du Nord (parmi lesquels de nombreux Irlandais, Polonais et autres, extérieurs au premier noyau ethnique blanc) reprend trois éléments de cette même tradition confédérée. Le premier est bien sûr la suprématie de la race blanche. Mais les deux autres sont plus intéressants. D'abord, le « *Good Ole Boy* », le brave type, le *Redneck* décrit plus haut, célébré par exemple dans des séries populaires à la télévision comme *The Dukes of Hazzard* (*Shérif, fais-moi peur*, 1979-1985). C'est l'expression d'un goût traditionnel pour les forts en gueule, estampillé, qui plus est, du label confédéré de

« rebelle » à l'instar de ce bourbon nommé, par quelque avisé publicitaire, « *Rebel Yell* »*.

La culture *redneck*, qui souvent puise ses racines dans les traditions écossaises d'Irlande les moins respectables, est bien plus attachée à la musique country, aux parties de pêche et à la bière qu'à la religion évangélique, ou du moins à la fréquentation des églises – ce qui n'est pas toujours la même chose, comme le montrent de nombreux chanteurs country, qui ont mêlé une profonde sensibilité religieuse et une vraie sauvagerie [112].

Autre aspect de la culture du Sud, qui s'est diffusé à des segments plus vastes des classes laborieuses américaines, et nourrit le nationalisme, cette image de stoïcisme, de ténacité et de bravoure face à l'adversité, représentée par les soldats confédérés de la guerre de Sécession [113]. Elle agit avec une grande force émotionnelle sur de nombreux Blancs américains, qui se sentent vaincus par la situation économique et par des circonstances qu'ils ne maîtrisent pas, exclus de la richesse, du pouvoir, du prestige, de la mode. Et bien sûr, ceux qui éprouvent ces sentiments sont aussi, par instinct, culture et tradition, des nationalistes américains. Lorsqu'ils se sentaient abandonnés par leur gouvernants et leurs généraux durant et après la guerre du Vietnam, ils écoutaient les ballades de Johnny Cash ou de Bruce Springsteen dédiées au patriotisme meurtri et trahi, plutôt que les hymnes contestataires de Don McLean ou de Bob Dylan. Il leur fallait un symbole de rébellion qui fît aussi partie de la tradition militaire nationale.

Mes connaissances, à Troy, presque toutes d'ascendance confédérée, et très fières de l'être, avaient pourtant parcouru, dans les années 1970, un très long chemin vers cette identité plus vaste et les sentiments plus diffus qui l'accompagnent. S'ils nourrissaient toujours certains vieux préjugés du Sud contre les « Yankees » en général, cela

* Le « cri du rebelle », que les troupes confédérées étaient censées pousser en partant à l'assaut, enseigne reprise par nombre de clubs sportifs, de magasins, de groupes rock, etc.

finissait par devenir une plaisanterie, reconnue comme telle mais toujours avec un goût amer[114]. Leur haine la plus intense et la plus significative ressortissait désormais à un genre plus généralement répandu dans le « pays profond », elle s'adressait aux « élites de la côte Est » et aux intellectuels libéraux antipatriotiques en général ; aux « *fruit and nut states* » (les États « des fruits et des noix »), la Californie et la Floride (du Sud), aux styles de vie homosexuel et hippie, que ces derniers étaient censés représenter ; et surtout à New York, dont on souhaitait souvent qu'elle fût remorquée au large et coulée. La distance culturelle, religieuse, ethnique, économique, historique et géographique signifiait qu'ils avaient énormément de mal, à considérer, si peu que ce fût, les New-Yorkais comme de simples compatriotes.

La crise des otages iraniens exacerba l'humeur nationaliste des gens de Troy, et les « Iraniens » vinrent rejoindre la galerie existante et internationale des sujets de haine. Pourtant, signe d'une confusion qui allait se révéler extrêmement dangereuse après le 11 Septembre, le mot communément utilisé pour « Iranien » était « Arabe ».

La volonté générale

Les États-Unis possèdent donc les traits caractéristiques d'une antithèse au « credo » national tel qu'il est publiquement reconnu. De fait, il apparaît que cette antithèse correspond à ce que l'historien Eugen Weber nomme les « trois R » du nationalisme extrémiste : « la réaction contre les tendances du présent ; la résistance au changement ; et le radicalisme, c'est-à-dire ce qui tend au changement radical[115]. »

Toutefois et contrairement au radicalisme conservateur et nationaliste dans le reste du monde, un facteur très important et répandu ailleurs est ici absent, à savoir le penchant pour la dictature autoritaire, caractéristique de la grande majorité des mouvements radicaux nationalistes et conservateurs dans le monde. Les autocraties voulues par ces différents mouvements, à différentes époques, diffèrent bien sûr grandement entre elles, adoptant la forme de l'autocratie royale traditionnelle, du caudillisme militaire, du principe fasciste du Duce ou d'une direction charismatique par des groupes de jeunes nationalistes radicaux, *à la* Garibaldi (qui alimenta à son tour le fascisme italien). Dans la plupart des pays, le penchant à l'autoritarisme et l'importance du chef semblent inhérents à ce type de tendance nationaliste. À vrai dire, ce phénomène n'est pas totalement absent non plus de l'histoire américaine ; il suffit pour s'en convaincre de se rappeler le nombre de généraux américains ayant brigué, avec ou sans succès, les plus hautes charges, ou ayant été encouragés à le faire[116].

Mais en Amérique, de telles menaces ont toujours été finalement contenues par les institutions du constitutionnalisme démocratique ; non seulement grâce aux institutions elles-mêmes, mais aussi grâce à la force et à l'unanimisme de la culture politique démocratique et de l'idéologie qui les soutient. Bien que sur leurs franges extrêmes les forces de l'antithèse américaine se confondent avec un penchant morbide pour le fascisme, comme en témoigna le terroriste Timothy McVeigh* ou comme l'illustrent divers mouvements para-militaires, la grande majorité ne s'oppose pas aux aspects démocratiques formels du credo américain – au contraire, elles en tirent une immense fierté, les considérant comme la source de la grandeur américaine.

Cette unanimité nationale derrière la démocratie est devenue la composante essentielle de ce qu'on peut appeler le mécanisme d'autocorrection de l'Amérique, la capacité du pays de subir des périodes d'hystérie populaire, de panique morale et d'extrémisme nationaliste sans leur permettre de s'installer de façon permanente dans le paysage

---

* Militant d'extrême droite, qui, en 1995, fit exploser un bâtiment administratif d'Oklahoma City, causant la mort de 168 personnes et plusieurs centaines de blessés. Condamné à la peine capitale, il fut exécuté en 2001.

national ou de s'institutionnaliser en dictature. Du moins jusqu'à présent, car, comme le montreront les derniers chapitres, la combinaison du concept d'État de sécurité nationale (*National Security State*) créé au cours de la guerre froide et de celui de « guerre contre le terrorisme », sans fin prévisible, peut engendrer sur le long terme d'inquiétants développements.

Pourtant, tout au long de l'histoire américaine, ces tendances à l'autoritarisme ont pris, la plupart du temps, une forme qu'on pourrait qualifier de civique ; elles ont de plus été énoncées, et même conçues en termes de défense du système démocratique libéral américain, et non comme une révolte contre celui-ci. Elles font partie de ce qu'on pourrait nommer, avec Seymour Lipset, les épisodes de la « passion du credo ». Car, selon Louis Hartz, l'engagement de l'Amérique dans une forme absolutiste de nationalisme libéral « ne signifie pas que la volonté générale de l'Amérique ne connaisse pas de heurts. Elle a ses propres moments de violence – rares, à vrai dire, mais d'une violence non moins certaine. Ce sont ces moments familiers de peur et d'hystérie nationales qui remontent violemment à la surface lorsque les libertés civiques commencent à s'effondrer, et lorsque Fenimore Cooper risque véritablement d'être conduit en prison à la suite d'une poussée rousseauiste [117] ».

Comme le suggère ce passage, certains aspects collectifs de l'Amérique démocratique ont une affinité très proche avec les idées de Jean-Jacques Rousseau sur l'État idéal et sur le rôle de la volonté générale dans la vie de cet État : que chaque individu, avant de dire son avis sur une question publique se demande quelle décision correspondrait à la volonté générale. Dans l'esprit de Rousseau, c'est un mécanisme fondé sur le consensus moral et idéologique de la société – lequel est à son tour façonné par une religion civile universellement acceptée. « L'essence du corps politique est dans l'accord de l'obéissance et de la liberté [118] » ; ainsi se trouve préservée la capacité de la nation à prendre des décisions. Comme le soulignait l'historien israélien Jacob Leib Talmon, la vision de Rousseau, si l'on en tire certaines conséquences, peut mener à une forme d'autoritarisme collectif – ou même de totalitarisme, bien qu'une telle suggestion outrepasse, de l'avis général, la pensée de l'auteur des *Confessions*[119].

Ce que dit Rousseau de la volonté générale n'est pas seulement de l'ordre de la prescription, mais également, à un certain degré, de celui de la description – de l'univers ethniquement, culturellement et religieusement homogène de la République de Genève, dans sa Suisse natale (remarque qui n'aurait sans doute pas beaucoup plu à Rousseau lui-même, du moins après que Genève eut brûlé ses livres pour immoralité). L'idée de volonté générale, telle qu'elle est formulée par Rousseau, peut donc être vue comme une tentative d'étendre à la vie d'une nation entière le modèle, puissant et admirable, mais baignant aussi dans une atmosphère parfois étouffante et répressive, d'une petite ville culturellement homogène. Comme cela advint réellement à Genève – et dans d'autres communautés homogènes et fermées, dont l'homogénéité ne fut pas maintenue par une répression venue d'en haut, mais par la communauté elle-même – à une forme de volonté générale avait émergé naturellement de l'histoire de la communauté.

Pour de nombreux nationalistes populistes américains, la volonté générale et le « nationalisme de gauche » de Hartz ne se sont jamais cantonnés à une adhésion absolutiste aux institutions de la démocratie libérale. La compréhension de ces deux concepts s'appuie aussi sur la conviction qu'être Américain signifie adhérer à une communauté culturelle nationale, définie par ses valeurs, mais aussi, dans le passé du moins, par la race, l'appartenance ethnique et la religion. Et il en fut ainsi dès le départ. Quoiqu'on puisse penser de son programme actuel, lorsque le Chef de la Coalition chrétienne, Ralph Reed, écrit que « l'importance centrale de la foi dans le maintien des institutions démocratiques était autrefois considérée comme allant de soi »il est, d'un point de vue historique, parfaitement pertinent[120].

Cette combinaison explique pourquoi de nombreux Américains peuvent porter en eux-mêmes des éléments de la thèse américaine et de son antithèse : ou peuvent, comme le disait Louis Hartz, être de fervents et authentiques partisans du credo américain, sur une base établie par John Locke et développée par les Lumières et mêler à cet engagement le sentiment, décidément antérieur aux Lumières, d'une communauté culturelle, religieuse et nationale. Après tout, si les Lumières ont contribué de façon décisive à la révolution américaine et aux institutions créées par celle-ci, il est également vrai que nombre d'Américains pensaient alors – comme leurs ancêtres parlementaristes lors de la guerre civile anglaise cent trente ans auparavant – combattre pour les anciennes libertés anglaises contre les innovations d'un monarque autocrate. Par certains de ses aspects au moins, la révolution américaine elle-même est aussi fondée sur une « crainte de la modernité[121] ».

Et les nombreux descendants de cette tradition ont développé le sentiment très fort, nourri par les longues années de guerre raciale en Amérique du Nord, d'une communauté menacée par l' « autre », étranger et sauvage. Ils sont aussi persuadés qu'ils constituent, d'une certaine façon, le véritable peuple américain, la colonne vertébrale de la nation, dépositaires de ce que les nationalistes allemands appelaient *gesundes Volksinn* (la « conscience saine du peuple »), gardiens des formes nationales convenables de religion, de comportement social, de patriotisme. Avec le temps, ils ont accepté comme membres de la communauté américaine des gens provenant d'abord de différents groupes ethniques, puis de races différentes – mais seulement dans la mesure où ils se conformaient aux normes américaines et acceptaient de « faire partie de l'équipe[122] ».

Si cette culture est vouée à la liberté, il ne peut s'agir de « liberté négative », au sens où l'a définie l'historien anglais Isaiah Berlin, mais d'une sorte de liberté positive. Tout d'abord, cette liberté est limitée aux membres de la communauté, morale, culturelle, raciale (autrefois) et ethnique : « Libre, blanc, vingt et un ans », comme on disait jadis. Le critère racial a disparu, mais l'idée que la liberté ne peut être pratiquée que de certaines façons, par certaines catégories de gens est encore très vivante [123]. Comme dans la chanson de Merle Haggard *Okie from Muskogee*, il ne s'agit pas seulement de croire qu'on peut « vivre libre », mais qu'on doit aussi « vivre bien ». On pourrait presque affirmer que la croyance en la liberté est *déterminée* par le besoin d'une vie droite [124].

Par ailleurs, et conséquemment, cette liberté est strictement circonscrite par la culture civique. C'est une forme de « liberté positive », liberté « d'obéir – selon la formule de Kant – aux lois que vous avez faites vous-même ». La liberté des étrangers, qui ne partagent pas cette culture, ou des déviants, peut donc être légitimement limitée par des moyens autoritaires et même violents, si le but est de défendre la communauté et reflète la volonté de ses membres sains [125]. Une étude menée en 1987 sur des pasteurs baptistes du Sud aux croyances prémillénaristes* montre une faible envie de voir les socialistes, les militants des libertés civiques et autres « humanistes laïcs » de s'exprimer en public, briguer des postes dans l'administration ou enseigner dans les écoles [126].

Selon les mots de Walter Russell Mead, lourds de conséquences pour ce qui concerne le nationalisme américain, autant à l'extérieur qu'à l'intérieur :

« Mort aux ennemis de la communauté ! c'est un héritage des temps coloniaux, confirmé par l'expérience de deux siècles de vie américaine, et l'un des instincts les plus profondément enracinés dans le monde jacksonien [...]. Le réalisme jacksonien est fondé sur la distinction très nette dans le sentiment populaire entre l'intérieur de la communauté et l'obscurité du dehors. Le patriotisme jacksonien est une émotion, comme l'amour qu'on porte à sa famille, et non une doctrine. La nation est une extension de la

* La division entre post- et pré-millénaristes dans les Églises évangéliques protestantes tient au sens accordé aux « mille ans » évoqués dans l'Apocalypse de Jean, autrement dit le millénium. Pour les uns, il s'agit d'une allégorie ; le Christ revenant toutefois sur terre à la fin des temps ; pour les autres, ce retour doit intervenir avant une période de mille ans, accompagnée de toutes sortes de jugements et calamités, au terme de laquelle son règne s'établira.

famille. Les membres de la communauté américaine sont liés ensemble par l'histoire, la culture et une morale commune. À un niveau très élémentaire, le sentiment d'une parenté existe parmi les Américains. Nous avons un ensemble de règles pour nous comporter les uns avec les autres ; des règles très différentes s'appliquent dans le monde extérieur[127]. »

C'est cette même tradition qui produit des figures comme John Ashcroft, ancien gouverneur du Missouri et ministre de la Justice (*Attorney General*) dans le premier gouvernement Bush. Ashcroft est responsable de l'élaboration de lois et de mesures qui ont considérablement augmenté les pouvoirs fédéraux en matière de surveillance, d'interrogatoire et de détention sans procès, allant apparemment contre le légalisme qui constitue l'un des éléments clés du Credo américain et de l'image que l'Amérique se donne d'elle-même, toutes choses auxquelles Ashcroft assure croire passionnément.

Cette croyance chez des figures comme Ashcroft n'est pas pour autant hypocrite. Elle est simplement soumise à conditions : en temps de crise, les lois écrites peuvent être suspendues s'il le faut pour la défense de la communauté ; et quoi qu'il en soit, elles ne s'appliquent aux étrangers que dans certaines limites, surtout si ces étrangers sont suspectés d'être des ennemis ou de s'être comportés de façon « barbare ».

Le résultat le plus dramatique et effrayant de cette attitude à l'égard des fondements historiques a été la doctrine du gouvernement Bush après le 11 Septembre en matière de torture des prisonniers capturés durant la guerre contre le terrorisme, ainsi que la réaction d'une large partie de l'opinion publique américaine à ce qui s'est passé. Au printemps 2004, mis dans les cordes par les révélations de mauvais traitements graves sur des détenus irakiens de la part de gardiens et de responsables de la prison d'Abu Ghraib, sont apparus des notes rédigées par des juristes du gouvernement plaidant pour l'usage de la torture sur les prisonniers. Cet épisode contenait à lui seul une bonne part des contradictions entre les force de la Thèse américaine et celles de l'Antithèse[128].

D'un côté, sans doute une majorité d'Américains et assurément une majorité des médias ont semblé non seulement révoltés par ce qui s'était passé mais aussi véritablement et profondément surpris que les troupes américaines puissent faire de telles choses. Les journaux grand public et les chaînes de télévision se sont largement ouverts aux débats sur les effets terribles de la guerre sur les gens ordinaires et honnêtes. Cette révolte était naturellement compréhensible et juste. Mais la surprise était quelque peu surprenante, étant donnés les agissements passés de l'armée américaine au Vietnam. Abu Ghraib n'aurait certainement pas été une surprise pour les vétérans du Vietnam auxquels j'avais parlé en Alabama[129].

Mais une autre partie tout à fait considérable de l'opinion américaine n'a pas été surprise par ce qui s'était passé et l'a même approuvé. Dans un sondage commandé en mai 2004 par ABC News et le *Washington Post*, 34 % des personnes interrogées affirmaient que la torture était acceptable dans le cas de « personnes soupçonnées d'être impliquées dans les récentes attaques contre les forces américaines en Irak ou en Afghanistan », contre 64 % rejetant ce point de vue. Quand on leur demandait si les abus n'allant pas jusqu'à la torture étaient acceptables, 45 % répondaient oui et 53 % non[130].

Ce qui s'est passé ne peut évidemment pas être une surprise non plus pour le conseiller à la Maison Blanche Alberto Gonzales, qui décrivait dans une note au Président en date du 25 janvier 2002 les articles de la Convention de Genève concernant le traitement des prisonniers comme « dépassés » et suggérait qu'ils soient abandonnés (contre l'avis de Colin Powell). Plus tard, des juristes du Département de la Justice (août 2002) et du Pentagone (mars 2003) suggéraient qu'un président américain, en sa qualité de commandant en chef des armées, avait le droit de passer outre les lois américaine et internationale, et de prescrire des abus physiques contre les prisonniers dans le cadre de la guerre contre le terrorisme[131].

Ces notes étaient censées rester cachées. Mais il n'y avait rien de caché, en revanche, dans la réaction de nombreux hommes politiques de droite et de commentateurs sur les révélations d'Abu Ghraib. Le sénateur James Inhofe (républicain, Oklahoma) déclara à ses collègues de la Commission des Armées au Sénat : « Je ne suis sans doute pas le seul à cette table à être plus révolté par la révolte que je ne le suis par les faits... Vous savez, eux [les prisonniers d'Abu Ghraib] ne sont pas là pour des infractions au code de la route... Ce sont des assassins, des terroristes, des rebelles[132]. »

Le sénateur Inhofe a attaqué le Comité International de la Croix-Rouge (CICR), les désignant comme des « bonnes âmes humanitaires qui rampent à présent partout dans ces prisons pour chercher des violations des droits de l'homme, tandis que nos soldats, nos héros, combattent et meurent ». Son collègue du Mississipi, Trent Lott, a déclaré : « Franchement, pour sauver la vie de soldats américains ou d'une unité qui serait en danger, je pense qu'il faut vraiment être durs avec eux. » Quand on lui rappelait qu'au moins un prisonnier avait été battu à mort par des soldats américains à Abu Ghraib, Lott répondait : « Ce n'est pas la promenade du dimanche. C'est du sérieux[133]. » Des commentateurs de droite tels que Rush Limbaugh, Billy O'Reilly et Michael Savage ont fait des déclarations semblables. Limbaugh a déclaré : « Peut-être que les gens qui ont ordonné ça [les tortures à Abu Ghraib] sont très malins. Peut-être que les gens qui ont exécuté les ordres ont accompli une manœuvre brillante... oui, les gens qui essaient de nous tuer ont subi beaucoup d'humiliations – comme ils les aiment. Mais ça me semble très efficace, si on replace ça dans le bon contexte[134]. »

L'animateur radio vedette de la droite, Michael Savage, a décrit les Arabes comme « non humains » et déclaré que « la conversion au christianisme est la seule chose qui peut sans doute réussir à en faire [des Arabes] des êtres humains ». Il a ajouté : « La variole dans une couverture, ce que l'armée américaine a donné aux Indiens cherokee pour leur longue marche vers l'Ouest, n'est rien à côté de ce que j'aimerais qu'on donne à ces gens-là[135]. » Le talk show de Savage est diffusé par 350 stations et il est écouté par 7,5 millions de personnes. Celui de Limbaugh par 680 stations, pour environ 20 millions d'auditeurs[136].

L'attaque du sénateur Inhofe contre le CICR fut reprise deux jours plus tard par le *Wall Street Journal*, dans un éditorial intitulé « Le double-jeu de la Croix-Rouge », qui critiquait la nature « de plus en plus politisée » de l'organisation et prévenait contre le risque qu'elle ne devienne « un autre de ces groupes de gauche qui défendent les droits de l'homme, comme Human Rights Watch ou Amnesty International » (le *Journal* a pourtant toujours été ravi de pouvoir citer ces organisations comme des sources respectables quand il s'est agi d'attaquer des pays que ses responsables haïssent et veulent prendre pour cible)[137]. Bien sûr, ces déclarations ne représentent pas l'opinion de tous les républicains. Elles se sont même attiré les dures réprimandes du sénateur John McCain, ancien prisonnier de guerre au Vietnam, qui a fait l'éloge du CICR et souligné le devoir de l'Amérique d'abjurer la torture et de respecter les conventions internationales[138].

Cette tradition est clairement à l'opposé des aspects formels du credo américain, qu'il s'agisse de l'administration de la justice ou de l'égalité des droits – car elle ne croit ni que les règles fondamentales de la justice doivent se trouver dans les livres de droit, ni que « tous les hommes ont été créés égaux ». Pourtant, elle a coexisté sans trop de heurts, dans le passé, avec le credo, car les éruptions de furie populaire ou de justice expéditive ne furent que des réponses éphémères à des menaces particulières, réelles ou imaginées.

À l'exception de la Frontière, où la menace des Indiens et la tradition des groupes d'autodéfense avec leur cortège d'expédition punitives durèrent aussi longtemps que la Frontière elle-même, et du Sud, où la menace constituée par les Noirs requit une répression collective, qui s'est prolongée des origines de ces colonies jusqu'aux années 1960.

Les effets de ce système de croyances sur la « guerre contre le terrorisme » seront parmi les sujets examinés plus loin.

Notes

1. Vachel Lindsay, *Selected Poems*, éd. Mark Harris (Macmillan, New York, 1963), p. 124.

2. Cf. David Blackbourn, *History of Germany, 1780-1918 : The Long Nineteenth Century* (Blackwell, Oxford 2003), pp. 37-68.

3. Cf. Rogger and Weber, *The European Right*, *op. cit.*

4. Cf. Klaus Epstein, *The Genesis of German Conservatism* (Princeton, University Press, 1966).

5. Daniel Bell "The Dispossessed", dans Bell (ed), *The Radical Right* (Doubleday, New York, 1963), p. 12 ; voir aussi Richard Hofstadter, "The Pseudo-Conservative Revolt-1955", dans la même collection, pp. 64-86.

6. Samuel Huntington, "The Hispanic Challenge", *Foreign Policy*, mars-avril 2004 ; Huntington, *Clash of Civilizations*, *op. cit.*, p. 205 ; voir aussi son essai "Dead Souls : The Denationalization of the American Elite", *National Interest*, no. 75, printemps 2004.

7. Cf. Jean Hardisty, *Mobilizing Resentment : Conservative resurgence from the John Birch Society to the Promise Keepers* (Beacon Press, Boston, 1999), pp. 30-35.

8. Cf. Joseph Farah, *Taking America Back : A Radical Plan to Revive Freedom, Morality and Justice* (Thomas Nelson Inc, Nashville, 2003).

9. Cité dans Garry Wills, "The Born Again Republicans", *New York Review of Books*, Vol. 39, no. 15, 24 septembre 1992.

10. Rick Perlstein, *Before the Storm : Barry Goldwater and the Unmaking of the American Consensus* (Farrar, Straus and Giroux, New York, 2001), p. 474.

11. Concernant l'importance considérable des origines ethniques et régionales dans la formation des différentes strates de la culture politique américaine, voir Kevin Phillips, *The Cousins' Wars : Religion, Politics and the Triumph of Anglo-America* (Basic Books, New York, 1999), p. 117 ff.

12. Cf. Bennett, *Party of Fear*, *op. cit.*, pp. 27-182 ; Hofstadter, *Paranoid Style*, *op. cit.*, pp. 19-23.

13. Hardisty, *Mobilizing Resentment*, *op. cit.*, p. 32.

14. Voir John Weiss, *Conservatism in Europe, 1770-1945 : Tradition, Reaction and Counter-Revolution* (Thames and Hudson, Londres, 1977), pp. 71-89. Concernant le rôle des petites villes (*Mittelstand*) et ses effets sur le nationalisme allemand ultérieur liés à la destruction de l'ancien ordre social et politique par l'État moderne, voir Mack Walker, *German*

Home Towns : Community, State and General Estate, 1648-1817 (Cornell University Press, Ithaca, 1998), en particulier pp. 405-431.

15. Cf. Geoff Eley, "The Wilhelmine Right : How It Changed", dans Richard J. Evans (ed), *Society and Politics in Wilhelmine Germany* (Croom Helm, Londres, 1978), pp. 112-135.

16. Alan Brinkley, *Voices of Protest* (Alfred Knopf, New York, 1982), cité dans Phillips, *Boiling Point*, *op. cit.*, p. 233.

17. Daniel Bell, *The Cultural Contradictions of Capitalism* (Basic Books, New York, 1976), p. 79 ; cf. aussi David H. Bennett, *The Party of Fear : From Nativist Movements to the New Right in American History* (University of North Carolina Press, 1989) ; Michael Kazin, "The Right's Unsung Prophets", *The Nation*, 20 février 1989 ; Richard Hofstadter, *The Age of Reform : From Bryan to F.D.R.* (Alfred Knopf, New York, 1956), pp. 135, 175.

18. Cité par Larry McMurtry, dans "Separate and Unequal", *The New York Review of Books*, Vol. 48, no. 4, 8 mars 2001. Voir aussi Hans Kohn, *American Nationalism*, *op. cit.*, p. 143-144.

19. Cf. Liah Greenfield, *Nationalism : Five Roads to Modernity* (Harvard University Press, Cambridge, 1992) ; Anthony D. Smith, *Nationalism*, *op. cit.*, p. 97.

20. David Morris Potter, *The Impending Crisis, 1848-1861* (Perennial, New York, 1976), p. 243 ; Bennett, *Party of Fear*, *op. cit.*, pp. 17-20.

21. Reinhold Niebuhr, "A Note on Pluralism", cité dans Sidney Mead, *Nation With the Soul of a Church*, *op. cit.*, p. 31.

22. A. James Reichley, "Faith in Politics", dans Heclo et McClay, *op. cit.*, p. 175 ; cf. aussi Robert Bellah, *The Broken Covenant : American Civil Religion in a Time of Trial* (Seabury Press, New York, 1975), p. 91ff ; Daniel Bell, David Plotke et al, *The Radical Right* (Transaction Publishers, New York, 1963), pp. 1-38.

23. Richard Hofstadter, *The Paranoid Style in American Politics and Other Essays* (réédition Harvard University Press, Cambridge, 1996), pp. 3-40.

24. Mead, *Special Providence*, *op. cit.*, p. 241 ; voir aussi Phillips, *The Emerging Republican Majority op. cit.*, en particulier pp. 290-392 (sur le Midwest).

25. Nathan Glazer et Daniel P. Moynihan, *Beyond the Melting Pot : The Negroes, Puerto Ricans, Jews, Italians and Irish of New York City* (MIT Press, Cambridge, 1979), p. 222.

26. Voir Gary Gerstle, *American Crucible : Race and Nation in the Twentieth Century* (Princeton University Press, Princeton, 2001) ; et Alan Wolfe, "Strangled by Roots", dans *The New Republic*, 28 mai 2001.

27. Concernant le rôle de l'expérience de la Frontière et de la façon dont elle est évoquée sur la culture américaine, voir le travail en trois parties de Richard Slotkin, *Regeneration Through Violence : The Mythology of the American Frontier, 1600-1800 ; The Fatal Environment : The Myth of the Frontier in the Age of Industrialisation* ; et *Gunfighter Nation :*

The Myth of the Frontier in Twentieth Century America (Oklahoma University Press, respectivement 1973, 1985 et 1998).

28. Cité dans Fischer, *Albion's Seed, op. cit.*, pp. 781-782 ; sur cette caractéristique des Écossais d'Irlande, voir aussi James G. Leyburn, *The Scotch-Irish : A Social History* (University of North Carolina Press, Chapel Hill, 1962), en particulier pp. 68-71, 290-291.

29. Cf. Robert V. Remini, *Andrew Jackson and His Indian Wars* (Penguin US, New York, 2001) ; Morison, Commager et Leuchtenburg, *op. cit.*, pp. 402-404, 419-443. Concernant les racines irlando-écossaises de Jackson et son caractère, voir Fischer, *Albion's Seed, op. cit.*, pp. 643-644, 685-688, 755-776.

30. Cf. Remini, *op. cit.*, pp. 254-271. Voir aussi John Ehle, *Trail of Tears : The Rise and Fall of the Cherokee Nation* (Anchor Books, New York, 1988), pp. 230-264 ; et Theda Perdue, "Cherokee Women and the Trail of Tears" dans Peter C. Mancall et James H. Merrell (eds.), *American Encounters : Natives and Newcomers from European Contact to Indian Removal, 1500-1850* (Routledge, New York, 2000), pp. 526-540.

31. Sur l'histoire de cette tradition, voir Robert Kelley, *op. cit.* ; et Lee Benson, *The Concept of Jacksonian Democracy : New York as a Test Case* (Princeton, University Press, 1961).

32. Hofstadter, *Anti-intellectualism, op. cit.*, p. 57 ; et Richard Niebuhr, *The Social Sources of Denominationalism* (Meridian Books, Cleveland, 1957), p. 30.

33. Concernant les idées de Thomas Jefferson comme base du jacksonisme, voir Michael Lind, *The Next American Nation, op. cit.*, p. 45-46, 370 ; Bellah, *Broken Covenant, op. cit.*, pp. 116-119 ; sur le « mythe agraire » comme base du jacksonisme puis du mouvement progressiste, voir Hofstadter, *Age of Reform, op. cit.*, pp. 23-59.

34. Cf. Paul Krugman, "True Blue Americans", *The New York Times*, 7 mai 2002.

35. Phillips, *The Emerging Republican Majority, op. cit.*, p. 65.

36. Hofstadter, *Anti-Intellectualism, op. cit.*, pp. 146-151.

37. Morison, *History of the American People*, Vol. 2, pp. 76-81.

38. FitzGerald, *America Revised, op. cit.*, pp. 74-75.

39. Dinesh D'Souza, *What's Great About America*, cité dans Louis Menand, "Faith, Hope and Clarity : September 11th and the American Soul", *The New Yorker*, 16 septembre 2002.

40. Michael Kazin, *The Populist Persuasion : An American History* (Basic Books, New York, 1995), pp. 19-22 ; cf. aussi Robert V. Remini, *The Life of Andrew Jackson* (Harper Collins, New York, 1988), pp. 157-162.

41. Cf. Phillips, *The Emerging Republican Majority, op. cit.*, en particulier pp. 37-40, 187-289, 315, 407-11, 461-474.

42. Morison, Commager, et Leuchtenburg, *The Growth of the American Republic, op. cit.*, pp. 419-443 ; Kazin, *op. cit.*, p. 19.

43. Myrdal, *American Dilemma, op. cit.*, p. 459.

44. Michael Lind, *Made in Texas : George Bush and the Southern Takeover of American Politics* (Basic Books, New York, 2003), p. 25.

45. Cash, *op. cit.*, pp. 134-141 ; Woodward, *op. cit.*, pp. 197-203.

46. Fehrenbach, *Lone Star, op. cit.*, p. 643.

47. Voir T.R. Fehrenbach, *Comanches : the Destruction of a People* (Alfred A. Knopf, New York, 1974), pp. 270-271.

48. Pour une description anglo-protestante des massacres et atrocités commis par les Irlandais de souche contre les colons protestants dans les années 1640 (avec un parallèle avec des atrocités semblables commises par les Indiens), voir William Lamont et Sybil Oldfield, *Politics, Religion and Literature in the Seventeenth Century* (J. M. Dent and Sons, Londres, 1975), pp. 65-69 ; concernant l'expérience de la propre famille de Jackson entre des mains indiennes et ses campagnes ultérieures, voir Robert V. Remini, *op. cit.* ; concernant la guerre sur la frontière sud, voir Armstrong Starkey, *European and Native American Warfare 1675-1815* (University of Oklahoma Press et UCL Press, Londres 1998), pp. 90-92, 158-161.

49. Cf. Grady McWhiney, *Cracker Culture : Celtic Ways in the Old South* (University of Alabama Press, Tuscaloosa, 1988).

50. Pour un portrait frappant de la composante de classe dans l'une des batailles sur la théorie de l'évolution qui ont eu lieu au cours des dernières années, voir Paul Cowan, *The Tribes of America : Journalistic Discoveries of Our People and their Cultures* (Doubleday, New York, 1979), pp. 77-92.

51. Voir Paul Boyer, *When Time Shall Be No More : Prophesy Belief in Modern American Culture* (Harvard University Press, Cambridge, 1992), pp. 275, 342, note 9.

52. Voir Ian Gentles, *The New Model Army in England, Ireland and Scotland, 1645-1653* (Blackwell, Oxford, 1992), pp. 361-367, 371-372 et J. G. Simms, *War and Politics in Ireland, 1649-1730* (Hambledon Press, Londres, 1986), pp. 1-23. Concernant les migrations irlandaises, voir Margaret MacCurtain, *Tudor and Stuart Ireland* (Gill and Macmillan, Dublin, 1972), pp. 51-61, 89-113, 154-166, 188-192. Concernant l'histoire et l'idéologie des Irlando-Écossais, voir Kevin Phillips, *The Cousins' Wars : Religion, Politics and the Triumph of Anglo-America* (Basic Books, New York, 1999), pp. 177-190.

53. J. T. Cliffe, *The World of the Country House in Seventeenth Century England* (Yale University Press, New Haven, 1999), p. 182 ; voir aussi Fischer, *Albion's Seed, op. cit.*, pp. 765-771.

54. Lawrence Stone, *The Crisis of the Aristocracy, 1558-1641* (Oxford University Press, Oxford, 1965), p. 223. Voir aussi J.A. Sharpe, *Crime in Early Modern England, 1550-1750* (Longman, New York, 1984), pp. 95-99.

55. Bertram Wyatt-Brown, *Honor and Violence in the Old South* (Oxford University Press, New York, 1986) ; McWhiney, *op. cit.*,

pp. 146-170 ; cf. aussi Joel Williamson, *William Faulkner and Southern History* (Oxford University Press, New York, 1993), p. 20ff.

56. Warren Leslie, *Dallas, Public and Private : Aspects of an American City* (Southern Methodist University Press, Dallas, 1998), pp. 98-99 ; Voir aussi Lind, *Made in Texas, op. cit.*, pp. 30-31.

57. Wyatt-Brown, *op. cit.*, pp. 1-15, 187-213, 237-245 ; John Shelton Reed, *The Enduring South* (Lexington Books, Lexington, 1972), pp. 45-55, et du même auteur, "Below the Smith and Wesson Line", dans *One South, op. cit.*, pp. 143, 146 ; Edmund S. Morgan, "The Price of Honor", dans *The New York Review of Books*, vol. 48, n° 9, 31 mai 2001.

58. W. J. Cash, *The Mind of the South* (réédition Vintage Books, New York, 1991), p. 43.

59. Cf. Francis Carney, "A State of Catastrophe", *New York Review of Books*, vol. 17, n° 5, 7 octobre 1971 ; Phillips, *Emerging Republican Majority, op. cit.*, pp. 443-452.

60. Caro, *op. cit.*, Vol. I, pp. 8-32. Pour des études plus importantes sur la violence sociale et l'autodéfense dans l'ensemble des États-Unis, voir les essais dans Hugh Davis Graham et Ted Gurr (eds), *Violence in America : Historical and Comparative Perspectives* (Bantam Books, New York, 1969).

61. Frederick Merk, *History of the Westward Movement* (Alfred A. Knopf, New York, 1978), p. 474 ff ; Robert V. Hine and John Mack Faragher, *The American West : A New Interpretive History* (Yale University Press, New Haven, 2000), pp. 337-341.

62. Cf. Thomas Frank, *What's the Matter With Kansas ?* (Metropolitan Books, New York, 2004). Pour une brève description de la défaite des campagnes dans une partie du Midwest, voir Larry McMurtry, "The 35 from Duluth to Oklahoma City", dans *Roads : Driving America's Great Highways* (Simon and Schuster, New York, 2000), pp. 24-47.

63. Concernant le populisme dans le Texas Hill Country, et son influence sur la famille de Lyndon Johnson, voir Caro, *op. cit.*, vol. I, pp. 33-49, 79-85 ; Lind, *Made in Texas, op. cit.*, p. 35-36.

64. Ursula K. Le Guin, "Malheur County", dans *The Compass Rose* (Grafton Books, Londres, 1984), p. 230.

65. Christopher Bigsby, notes sur *The Last Yankee* d'Arthur Miller, cité dans Hutchison et Lehmann, *Many are Chosen, op. cit.*, p. 10 ; cf. aussi Robert K. Merton, *Social Theory and Social Structure* (The Free Press, Glencoe, 1957), pp. 167-169 ; *Lipset, American Exceptionalism, op. cit.*, p. 47 ; Hartz, *Liberal Tradition, op. cit.*, p. 224.

66. Francis Butler Simkins et Charles Pierce Roland, *History of the South* (Alfred A. Knopf, New York, 1972), p. 11.

67. Cf. Rhodes Cook, "The Solid South Turns Around", *Congressional Quarterly Weekly*, 2 octobre 1992.

68. Recensement du 1er juillet 2002, chiffres sur www.census.gov. Voir aussi Applebome, *Dixie Rising, op. cit.*, pp. 8-9.

69. Michael Lind, *Up From Conservatism : Why the Right is Wrong for America* (Simon and Schuster, New York, 1996), pp. 121-137 ; *Made in Texas, op. cit.* ; cf. aussi Peter Applebome, *Dixie Rising : How the South is Shaping American Values* (Times Books, New York, 1996) ; Kevin Phillips, *American Dynasty, op. cit.* ; concernant l'impact des baptistes du Sud sur le parti républicain depuis les années 1960, voir Oran P. Smith, *The Rise of Baptist Republicanism* (New York University Press, New York, 1997) ; Jonathan Knuckey, "Religious Conservatives, the Republican Party, and Evolving Party Coalitions in the United States", *Party Politics*, vol. 5, n° 4, 1999 ; John F. Persinos, "Has the Christian Right taken over the Republican party ?", *Campaigns and Elections* vol. 15, n° 9, septembre 1994.

70. Cf. Zell Miller, *A National Party No More : The Conscience of a Conservative Democrat* (Stroud and Hall, Atlanta, 2003) ; voir aussi extraits dans le *Washington Times* des 3, 4 et 5 novembre 2003 ; concernant le déclin catastrophique des démocrates dans le Sud blanc, voir Thomas F. Schaller, "A Route for 2004 that doesn't go through Dixie", *Washington Post*, 16 novembre 2003 et James Taranto, "Why Do Dems Lose in the South ? Don't Blame Civil Rights", *Wall Street Journal*, 8 mars 2004.

71. Concernant l'emprise sudiste sur le Congrès, voir par exemple Phillips, *The Emerging Republican Majority, op. cit.*, p. 311, et Caro, *op. cit.*, vol. III, *Master of the Senate*, pp. 32, 89-97, 104.

72. Voir Earl Black et Merle Black, *The Vital South : How Presidents are Elected* (Harvard University Press, Cambridge, 1992), p. 344.

73. Richard E. Cohen, "How They Measured Up", the *National Journal*, 28 février 2004, n° 9 ; concernant l'impact des croyances religieuses sur la façon de voter au Congrès, voir Chris Fastnow, J. Tobin Grant et Thomas J. Rudolph, "Holy Roll Calls : Religious Tradition and Voting Behavior in the US House", *Social Science Quarterly*, vol. 80, n° 4, décembre 1999.

74. Cf. Wyatt Brown, *op. cit.* ; Mead, *Special Providence, op. cit.*, pp. 250-259 ; Applebome, *op. cit.*, p. 10.

75. Peter W. Williams, *America's Religions From Their Origins to the 21st Century* (University of Illinois Press, Chicago, 2002), p. 283.

76. Cf. *Churches and Church Membership in the United States, 2000 : An Enumeration by Region, State and County Based on Data for 133 Church Groupings* (Glenmary Research Center, Atlanta, 2002). Voir en particulier la carte.

77. Cash, *Mind of the South, op. cit.*, p. xlviii.

78. Voir John Shelton Reed, *One South : An Ethnic Approach to Regional Culture* (Louisiana State University Press, Baton Rouge, 1982). Pour une critique du travail de Reed, voir Larry J. Griffin, "The Promise of a Sociology of the South", *Southern Cultures*, printemps 2001.

79. Pour trouver l'argument classique selon lequel les nationalismes modernes sont « inventés », voir les essais d'Eric Hobsbawm dans Eric

Hobsbawm et Terence Ranger (eds), *The Invention of Tradition* (Cambridge University Press, 1983). Sur la théorie « constructiviste » du nationalisme, voir Ernest Gellner, *Encounters with Nationalism* (Blackwell, Oxford, 1984) ; concernant les nations en tant que « communautés imaginaires », voir l'étude classique de Benedict Anderson qui porte le même titre (Verso, New York, 1991) ; pour une étude générale du nationalisme du point de vue de quelqu'un qui considère les nations comme le produit d'une combinaison de processus modernes et d'éléments plus anciens (point de vue que je partage), voir Anthony D. Smith, *Nationalism* (Blackwell, Oxford, 2001).

80. Cf. Eugene D. Genovese, *The Southern Tradition : The Achievement and Limitations of an American Conservatism* (Harvard University Press, 1994).

81. T.R. Fehrenbach, *Lone Star : A History of Texas and the Texans* (MacMillan, New York, 1968), p. 712.

82. Concernant la genèse de l'opposition Nord-Sud en littérature, voir William R. Taylor, *Cavalier and Yankee : The Old South and American National Character* (Anchor Books, New York, 1963), en particulier pp. 72-119 ; pour un réexamen de cette question, voir David L. Carlton, "Rethinking Southern History", dans *Southern Cultures*, printemps 2001.

83. Morison, Commager et Leuchtenburg, *op. cit.*, p. 426.

84. Cf. Slotkin, *Fatal Environment*, *op. cit.*, p. 303 ; cf. aussi Bennett, *Party of Fear*, *op. cit.*, pp. 163-164, 181-182.

85. Cité dans Slotkin, *Gunfighter Nation*, *op. cit.*, p. 97.

86. Cf. Leyburn, *The Scotch*-Irish, *op. cit.*, pp. 108-153 ; Fischer, *Albion's Seed*, *op. cit.*, pp. 605-782 ; Phillips, *The Cousin's Wars*, *op. cit.*, pp. 177-190.

87. Fischer, *op. cit.*, p. 775.

88. Sur la création des mythes nationalistes modernes dans les pays baltes, voir Anatol Lieven, *The Baltic Revolution : Estonia, Latvia, Lithuania and the Path to Independence* (Yale University Press, New Haven, 1983), pp. 118-123 ; William A. Wilson, *Folklore and Nationalism in Modern Finland* (Indiana University Press, 1990) ; sur les épopées elles-mêmes, voir Elias Lonnrot, *The Kalevala : An Epic Poem After Oral Tradition*, traduction et introduction de Keith Bosley (Oxford University Press, 1989) ; Andrejs Pumpurs, *Lacplesis, A Latvian National Epic* (Writers Union, Riga, 1988).

89. Bernard Quinn et al. *Churches and Church Membership in the United States, 1980 : An Enumeration by Region, State and County Based on Data Reported by 111 Church Bodies* (Glenmary Research Center, Atlanta, 1982), p. 32 ; Dale E. Jones et al., *Churches and Church Membership in the United States, 1980 : An Enumeration by Region, State and County Based on Data Reported by 149 Religious Bodies* (Glenmary Research Center, Atlanta, 2000), p. 47.

90. Oran P. Smith, *op. cit.*, p. 17, 43 ; pour un portrait imaginaire

d'une petite ville du Texas des années 1950 aux années 1990, montrant cette homogénéité, ce conservatisme et cet isolationnisme, voir la série de livres de Larry McMurtry sur la ville de « Thalia », *The Last Picture Show* (1966), *Texasville* (1987), *Duane's Depressed* (1999), publiés par Simon and Schuster.

91. Sur la thèse selon laquelle la séparation entre Blancs et Noirs aux États-Unis s'apparente à présent à une division ethnique, voir Orlando Patterson, *The Ordeal of Integration : Progress and Resentment in America's "Racial" Crisis* (Counterpoint, 1997) ; voir aussi Reed, *ibid.*, 173-175, 182-183.

92. Voir par exemple le dossier spécial du *Financial Times* sur la région, "Southern Exposure", 4 septembre 2003.

93. Cité dans Thomas A. Tweed, "Our Lady of Guadeloupe Visits the Confederate Memorial", *Southern Cultures*, été 2002.

94. Concernant des aspects de l'oppression systématique, des assassinats et de l'exploitation qui forment l'arrière-plan de cette migration, voir John M. Barry, *Rising Tide : The Great Mississippi Flood of 1927 and How It Changed America* (Simon and Schuster, New York, 1997), en particulier pp. 308-335. Chiffres du recensement de 1880 sur http ://fisher.lib.virginia.edu/census/.

95. Morison, Commager and Leuchtenburg, *Growth of the American Republic*, *op. cit.*, Vol. I, p. 482 ; Myrdal, *American Dilemma*, *op. cit.*, p. 1012 ; voir aussi Simkins et Roland, *op. cit.*, p. 161ff.

96. C. Vann Woodward, *The Burden of Southern History* (Louisiana State University Press, Baton Rouge, 1968), p. 201-202 ; Cash, *op. cit.*, pp. 134-135.

97. Cf. Eric Foner, *Reconstruction : America's Unfinished Revolution, 1863-1877* (Harper and Row, New York, 1988), pp. 124-129 ; Morison, Commager et Leuchtenburg, *op. cit.*, pp. 726-729 ; Simkins et Roland, *op. cit.*, pp. 241-245.

98. Simkins et Roland, *ibid.*, p. 558.

99. Voir Foner, *Reconstruction*, *op. cit.* ; sur le point de vue sudiste, voir Claude G. Bowers, *The Tragic Era : The Revolution After Lincoln* (Blue Ribbon Books, New York, 1929), en particulier pp. 45-64, 198-220, 348-371. Sur la formation de cette légende, voir Kenneth M. Stampp, *The Era of Reconstruction, 1865-1877* (Alfred A. Knopf, New York, 1965), en particulier pp. 3-23.

100. Cf. C. Vann Woodward, *The Strange Career of Jim Crow* (réédité par Oxford University Press, New York, 2003), pp. 31-109.

101. Cité dans *The Spectator*, "Sword of Honor", *op cit.*

102. Cité dans Black et Black, *op. cit.*, p. 165.

103. Zell Miller, "How Democrats Lost the South", *Washington Time*, 3 novembre 2003.

104. Voir Diane Roberts, "Reynolds Rap", in *The Oxford American*, hiver 2002, pp. 142-145.

105. Tandis que j'écris ces lignes, un autre épisode ou remake de la

série des *Massacre à la tronçonneuse* sort dans les salles, montrant des rednecks d'une petite ville texane dérangés et sans repères qui attaquent des étudiants de passage. C'est ce que la tradition des films d'horreur sudiste a produit de pire, *Délivrance* et *Easy Rider* étant le meilleur.

106. Concernant l'absence de culpabilité religieuse sur les crimes de l'esclavage, voir Eugene D. Genovese, *A Consuming Fire : The Fall of the Confederacy in the Mind of the White Christian South* (University of Georgia Press, Athens, 1998). Sur les débuts du malaise à propos de la question raciale dans la littérature du Sud de l'après-Guerre civile, voir Edmund Wilson, *Patriotic Gore : Studies in the Literature of the American Civil War* (Farrar, Straus and Giroux, New York, 1977), pp. 548-604.

107. Woodward, *The Burden of Southern History*, *op. cit.*, p. 187 ff.

108. Cf. FitzGerald, *America Revised*, *op. cit.*, p. 83-89.

109. Cf. Eric Foner, *Who Owns History ? Rethinking the Past in a Changing World* (Farrar, Straus and Giroux, New York, 2002), pp. 189-204.

110. Voir C. Vann Woodward, "A Southern Critique for the Gilded Age", dans *The Burden of Southern History*, *op. cit.*, pp. 109-140 ; pour un point de vue classique sur le conservatisme agraire du Sud, voir les essais d'Allen Tate et al., *I'll Take My Stand : The South and the Agrarian Tradition* (Harper, New York, 1930).

111. John Sheldon Reed, "The Banner That Won't Stay Furled", *Southern Cultures*, vol. 8, n° 1, printemps 2002. Pour un point de vue noir sur la question du drapeau, voir Franklin Forts, "Living with Confederate Symbols", dans le même numéro.

112. Une des descriptions les plus subtiles de la culture redneck a été écrite – incroyablement ! – par V. S. Naipaul, *Une virée dans le sud* (Christian Bourgois Éditeur, 1989), en particulier pp. 204-214 ; pour un portrait tout aussi intelligent de la musique country, voir pp. 223-233. Sur l'origine littéraire du redneck, Sut Lovingood (création de George Washington Harris), voir Edmund Wilson, *op. cit.*, pp. 507-519.

113. Sur le prestige persistant du soldat confédéré même chez un homme du Sud qui a durement critiqué ces traditions, voir Cash, *op. cit.*, p. 44, 428.

114. Voir, par exemple, Reed, *One South*, *op. cit.*, p. 166-167.

115. Weber, *The European Right*, *op. cit.*, pp. 15-16.

116. Cf. Caro, *op. cit.*, Vol. 3, *Master of the Senate*, pp. 367-382.

117. Hartz, *Liberal Tradition*, *op. cit.*, pp. 59, 209.

118. Jean-Jacques Rousseau, *Le Contrat social*, livre III, chap. 13.

119. J. L. Talmon, *The Origins of Totalitarian Democracy* (Frederick A. Praeger, New York, 1960), pp. 40-49 ; concernant le débat sur ce sujet, voir Talmon (ed.) *Totalitarian Democracy and After*, (Frank Cass and co., New York, 2002).

120. Ralph Reed, *Separation of Church and State : 'Christian Nation' and Other Heresies* dans Cherry, *God's New Israel*, *op. cit.*, pp. 373-379.

121. Cité dans Hulliung, *op. cit.*, pp. 6-9 ; voir aussi Robert Kelley,

The Cultural Pattern in American Politics : The First Century (Alfred A. Knopf, New York, 1979), p. 39ff.

122. Cf. Walter Russell Mead, "The Jacksonian Tradition", dans *The National Interest*, n° 58, hiver 1999/2000 ; et Mead, *Special Providence : American Foreign Policy and How it Shaped the World*, (Routledge, New York, 2002), chapitre 7 et *passim* ; Michael Lind, *Made in Texas : George Bush and the Southern Takeover of American Politics* (Basic Books, New York, 2004) ; Harris, *Civilization and Its Enemies*, *op. cit.*, pp. 115-135.

123. Cf. Eric Foner, *The Story of American Freedom* (W.W. Norton, New York, 1999), pp. 307-332.

124. « Nous on ne fume pas de marijuana à Muskogee ;
On ne voyage pas avec le LSD
On ne brûle pas nos papiers militaires dans Main Street ;
Nous, ce qu'on veut, c'est une vie droite et être libre.
Je suis fier d'être un Okie de Muskogee,
Un coin où même les vieux peuvent se marrer.
On salue toujours notre vieux drapeau au tribunal,
Et quand le ciel explose d'éclairs blancs, c'est encore ce qu'il y a de plus excitant chez nous. »
(Merle Haggard, *Okie from Muskogee*)

125. Cf. Myrdal, *American Dilemma*, *op. cit.*, pp. 558-569.

126. Helen Lee Turner et James L. Guth, "The Politics of Armageddon : Dispensationalism Among Southern Baptist Ministers", in Ted G. Jelen (ed), *Religion and Political Behavior in the United States* (Praeger, New York, 1989), p. 203.

127. Mead, *op. cit.*, p. 236, 245.

128. Pour un compte-rendu des abus par le journaliste qui a révélé l'affaire, voir Seymour Hersh, "Torture at Abu Ghraib", *New Yorker*, 10 mai 2004, et "The Gray Zone : How a Secret Pentagon Program Came to Abu Ghraib", 24 mai 2004 ; voir aussi Scott Wilson, "An Iraqi Detainee Tells of Anguishing Treatment at Iraq Prison", *Washington Post*, 9 mai 2004 ; Scott Wilson et Sewell Chan, "As Insurgency Grew, So Did Prison Abuse", *Washington Post*, 9 mai 2004 ; Dana Priest et Joe Stephens, "Secret World of U.S. Interrogation", *Washington Post*, 11 mai 2004 ; Ian Fisher, "Iraqi Recounts Hours of Abuse by U.S. Troops", *New York Times*, 4 mai 2004 ; Ian Fisher, "Iraqi Tells of U.S. Abuse", *New York Times*, 13 mai 2004. Pour une mise en cause de la torture et un examen des idées du gouvernement Bush, voir Mark Danner, "Torture and Truth", *New York Review of Books*, 10 juin 2004, et "The Logic of Torture", *New York Review of Books*, 24 juin 2004.

129. Pour un nouveau et récent compte rendu des atrocités commises par les troupes américaines au Vietnam, voir la série de Toledo Blade sur les meurtres de civils par la "Tiger Force" en 1967 : Michael D. Sallah et Mitch Weiss, "Rogue Gis Unleashed Wave of Terror in Central Highlands", *Toledo Blade*, 22 octobre 2003 ; et Nicholas Turse, "The Doctrine of Atrocity", *Village Voice*, 11 mai 2004.

130. Sondage du Roper Center, Université du Conneticut, 27 mai 2004, sur abcnews.go.com/sections/US/Polls/torture.

131. Concernant la note de Gonzales et la désapprobation de Powell, voir Michael Isikoff, "Memo Reveal War Crimes Warnings", *Newsweek*, 18 mai 2004. Pour d'autres notes, voir Dana Priest et R. Jeffrey Smith, "Memo Offered Justification for Use of Torture", *Washington Post*, 8 juin 2004 ; Edward Alden et James Harding, "U.S. Lawyers Said Interrogators Could Violate Torture Laws Abroad", *Financial Times* (Londres), 8 juin 2004, et "Bush Team Accused of Sanctionning Torture", *"Financial Times"* (Londres), 9 juin 2004.

132. Cité par Charles Babington, "Senator Critical of Focus on Prisoner Abuse", *Washington Post*, 12 mai 2004.

133. Lott cité dans "Media Notes", *Washington Post*, 4 juin 2004 ; voir aussi Zoe Heller, "How Quickly America Forgot Its Outrage", *Daily Telegraph* (Londres), 15 mai 2004 ; pour des tentatives de la part des médias de droite de défendre ce qui s'était produit à Abu Ghraib, voir, par exemple, l'éditorial de Wesley Pruden, rédacteur en chef du *Washington Times*, "He Said the Word. Who's Sorry Now ?", 7 mai 2004 ; James D. Zirin, "The Objective... and a Metaphor Too Far", *Washington Times*, 17 mai 2004 ; Vitor Davis Hanson, "Abu Ghraib", *Wall Street Journal*, 3 mai 2004 ; Mark Alexander, "The Abu Ghraib Feeding Frenzy", *The Federalist*, 7 mai 2004 ; Deroy Murdock, "Kinder, gentler War on Terror : Are We Overreacting ?", *National Review Online*, 17 mai 2004 ; Reuel Marc Gerecht, "Who's Afraid of Abu Ghraib", *Weekly Standard*, 24 mai 2004.

134. Rush Limbaugh, le 6 mai 2004 ; transcription sur http ://americanassembler.com/newsblog.

135. Michael Savage, dans Savage Nation (émision radio), 12 mai 2004 ; transcription sur http ://mediamatters.org.

136. Chiffres sur www.wjno.com/hosts/rush et www.talkradionetwork.com.

137. "Red Double Cross", éditorial du *Wall Street Journal*, 14 mai 2004.

138. John McCain, "In Praise of Do-Gooders : The Red Cross Is Right to Criticize the U.S. Military When It Steps Out of Line", *Wall Street Journal*, 1er juin 2004.

4.
Les fondamentalistes et la peur

> « Quels hommes ont jamais prétendu à un plus haut degré de sainteté, de religion et de zèle envers Dieu ? Ceux-là prêchent, jeûnent, prient, n'ont rien de plus fréquent à la bouche que les sentences des saintes écritures, le nom de Dieu et du Christ : vous ne pourrez parler à Cromwell de rien ou presque sans qu'il ne porte les mains sur sa poitrine, ne lève les yeux au ciel, n'en appelle du nom de Dieu, ne pleure, ne braille, ne se repente, alors même qu'il serait en train de vous transpercer les côtes. »
>
> *La Chasse aux renards** (Angleterre, 1649)[1]

Depuis longtemps, l'idée que les États-Unis incarnent le triomphe de la modernité – économique, technologique et culturelle, mais aussi démocratique – constitue l'un des points forts, quoique implicite, du Credo. Cette modernité heureuse, avec ses perspectives de réussite personnelle, sa culture matérielle et son consumérisme, est encore au cœur de ce qu'on appelle le Rêve américain. Et même si,

* Pamphlet des Niveleurs contre Cromwell et les hommes forts de son régime. Les Niveleurs réclamaient le suffrage universel. Les Bêcheurs (*Diggers*) prêchaient un communisme agraire et chrétien.

récemment, l'Union européenne a pu se présenter comme un modèle alternatif de la modernité capitaliste, l'image radieuse de l'Amérique est acceptée presque partout dans le monde, y compris de ceux qui – comme Al-Qaida – s'opposent violemment à la modernité précisément représentée par les États-Unis[2]. C'est surtout vrai de la culture consumériste et des loisirs de masse. En Asie du Sud-Est, par exemple, l'Europe est rarement vue comme un prescripteur dans ces domaines.

On considère aussi, généralement, que l'Amérique a connu des bouleversements culturels et économiques plus rapides que dans tout autre pays du monde développé, et qu'elle est plus ouverte au changement. Exceptionnellement accueillante à l'immigration, elle a, en outre, fait l'expérience du choc démographique le plus radical de tous les pays occidentaux. Il est encore couramment admis qu' « il y a eu dès le début un mariage parfait entre l'Américain et l'homme moderne pour former l'homme du Nouveau-Monde[3]. »

Tout cela est certainement vrai. Mais au milieu de tous ces changements, l'Amérique abrite les forces fondamentalistes de loin les plus puissantes du monde développé. Leur attitude envers les aspects les plus marquants de la modernité, ou de ce qu'on entend le plus souvent par modernité, fut parfaitement résumée, dans les années 1960, par l'un des principaux prédicateurs pentecôtistes* de l'époque, A. A. Allen : « Le plus perfide ennemi de l'Amérique n'est pas le communisme (si dangereux soit-il), le nazisme, le fascisme ou quelque autre idéologie étrangère, mais le MODERNISME [les capitales sont dans le texte]. » Cet appel aux armes figure dans un petit livre intitulé *My Vision of the Destruction of America* (« Ma Vision de la destruction de l'Amérique »). Le titre, à lui seul, met en relief le contraste entre l'optimisme du Credo

* Les pentecôtistes insistent particulièrement, comme leur nom l'indique, sur le don des langues qui fut accordé, avec la révélation de l'Esprit saint, aux apôtres, le jour de la Pentecôte, après la mort et la résurrection du Christ.

et le profond pessimisme du fondamentalisme protestant, du moins pour ce qui concerne la marche du progrès[4].

Comme l'a observé Samuel Huntington : « Plus un pays est religieux, plus il tend à être nationaliste. » La différence notable entre les États-Unis et le reste du monde développé a conduit certains, dont Huntington, à expliquer, en partie, la poussée nationaliste de l'Amérique de ce début du XXIe siècle par un regain religieux. C'est particulièrement vrai du protestantisme fondamentaliste américain, enraciné dans la culture nationaliste du Sud blanc, décrite au chapitre précédent[5].

Les mouvements évangélique et fondamentaliste ne sont évidemment pas demeurés inchangés ; pourtant, une grande part de leur histoire moderne et de leur développement est bien le produit d'une *réaction* au changement. Le mouvement chrétien évangélique « est une confession qui s'est sans cesse adaptée aux tonalités et aux rythmes changeants de la modernité », notamment, bien sûr, pour ce qui concerne l'usage des médias de masse et des techniques de mobilisation[6]. De plus, dans une grande partie de l'Amérique, les églises du XVIIIe et du XIXe siècle ont joué un rôle central afin de civiliser – et donc dans une large mesure de moderniser – ce qui serait resté une société quasi médiévale.

Et tous les évangéliques ne sont pas fondamentalistes (bien qu'ils partagent avec ces derniers l'essentiel de leurs croyances) ou nationalistes de droite. Ainsi la foi en la vérité littérale de la Bible (« inhérence ») est-elle caractéristique des fondamentalistes, tandis que ceux qui appartiennent à une tradition évangélique plus ouverte adoptent des positions plus nuancées. Ils sont aussi moins conservateurs sur le plan politique. Du reste, les Noirs constituent une part considérable de la population évangélique des États-Unis et du Sud. Pour des raisons historiques évidentes, il est rare qu'ils soient poussés par leur foi religieuse vers des positions d'extrême droite[7].

L'aile fondamentaliste de la tradition évangélique n'en a pas moins une très grande force idéologique dans de nombreuses régions des États-Unis ; et elle a conservé des éléments de pensée provenant, presque inchangés, d'époques beaucoup plus anciennes. Ses origines sont à chercher avant les Lumières et sa mentalité, dans une très large mesure, est anti-Lumières. Elle comporte aussi une composante très marquée de continuité géographique. Si ces groupes religieux sont puissants au Kansas et recrutent nombre de leurs nouveaux adeptes dans les milieux culturels et ethniques hétérogènes des villes en expansion du Sud-Ouest et de Californie, leur socle demeure au fond ce qu'il a toujours été, le Sud blanc et les régions limitrophes [8].

La carte religieuse des États-Unis en l'an 2000 montre toujours une ceinture continue de comtés à majorité baptiste du Sud s'étendant de la Virginie centrale jusqu'au Texas oriental, englobant la Floride septentrionale et la plupart du Kentucky et du Missouri. Le reste de la population blanche y adhère, pour l'essentiel, à d'autres églises évangéliques ou fondamentalistes, comme celle des pentecôtistes [9]. Cette zone, ainsi que nous l'avons expliqué au chapitre précédent, n'est pas seulement déterminée sur le plan religieux, elle a aussi ses traditions sociales et culturelles, très fortes et très ancrées, dont les racines ne précèdent pas seulement l'indépendance des États-Unis, mais aussi les premières colonies en Amérique du Nord. Une forme spécifique de nationalisme est l'une de ces traditions..

La plus grande religiosité des États-Unis par rapport à l'Europe au début du XXIe siècle en général et la force des églises fondamentalistes basées dans le Sud en particulier est au cœur du fossé qui sépare l'histoire européenne et celle de l'Amérique du Nord au cours des deux derniers siècles. Ces différences sont non seulement liées à l'explosion du protestantisme américain en une infinité d'églises et de sectes (qui sont du reste très homogènes entre elles sur le plan des croyances de base et des comportements culturels), mais aussi au rôle joué par ces sectes dans le développement de la société de la Frontière et du Sud profond.

Une évolution d'ailleurs conforme à la vieille tradition des colons américains s'installant dans une « contrée sauvage », créant spontanément leur propre église, à laquelle l'adhésion est réputée volontaire mais implique des devoirs envers la communauté. Et parce que l'église comprend souvent la communauté tout entière, cette adhésion n'était pas si volontaire que cela. Quitter l'église n'était donc aisé que dans la mesure où quitter la communauté pour aller vers l'Ouest était possible [10]. Si la culture religieuse de ces églises dérive de celle des sectes protestantes anglaises et écossaises des XVIIe et XVIIIe siècles, chacune d'entre elle se considère aussi comme jaillie directement de la Bible et de la parole de Dieu, libre de tout intermédiaire ou précédent historique.

La multiplication des sectes dans le Sud au début et au milieu du XIXe siècle s'accompagne, à l'inverse, d'un monolithisme culturel de plus en plus marqué et d'une orthodoxie, d'un conservatisme, d'un conformisme croissants, tant en matière de religion que dans toute la vie sociale et culturelle. « Vers 1860, le libéralisme religieux était virtuellement mort dans le Sud [11]. » Les grands bénéficiaires de cette vague religieuse furent les églises baptistes*, qui continuent aujourd'hui à dominer la région, suivies par les méthodistes**. Bien sûr, l'une des clés de la culture du Sud réside, depuis le début, dans l'individualisme sudiste, mais il caractérise une façon d'agir et non de penser.

Si l'on cherche à comprendre les profondes différences culturelles qui séparent une grande part des États-Unis et de l'Europe occidentale, il est indispensable d'associer au rôle de la Frontière celui des églises protestantes américaines. En Europe comme en Amérique, une

---

* Roger Williams, qui fonda Providence, dans le Rhode Island, après avoir été expulsé de Salem, dans le Massachusetts, peut être considéré comme un des pères du baptisme. Les baptistes n'administrent le baptême qu'à des adultes et leurs églises, sont purement locales. Leur pratique s'appuie sur la lecture de l'Écriture.

** Issus de l'église anglicane, les méthodistes sont fidèles à la prédication de John Wesley, qui reçut la révélation en 1738. Leur église, comme celle des baptistes, est avant tout missionnaire, peu doctrinaire, parcourue de multiples courants.

bonne partie de la population rurale est demeurée essentiellement médiévale, dans ses modes de pensée et dans son comportement, jusqu'au XVIIIe siècle, et même jusqu'au XIXe (la dernière sorcière brûlée en France le fut, manifestement avec l'assentiment des autorités, en 1835). En Europe, ce furent d'abord les classes dirigeantes locales, puis l'État, souvent relayé par ces mêmes classes, qui jouèrent un rôle déterminant dans l'ouverture à la modernité de ces populations. Les églises n'ont joué qu'un rôle secondaire et étaient déjà très en retrait dans une bonne part de l'Europe de l'Ouest à la fin du XIXe siècle.

Dans les territoires nouvellement colonisés des États-Unis, n'existaient nul État digne de ce nom ni classes dirigeantes traditionnelles. Ce furent les églises qui évitèrent aux colons de sombrer non seulement dans la barbarie, mais dans l'isolement ; car très souvent, l'église était la seule institution sociale dans tout un district, le seul endroit où la population locale pouvait se réunir régulièrement ; et elle était également responsable de l'école locale. Sans les églises protestantes, les sociétés de la Frontière américaine seraient restées encore plus primitives, violentes et médiévales que cela n'a été le cas. Les églises ont donc joué un rôle ambigu pour ce qui concerne la modernisation d'une partie importante des États-Unis : d'un côté, elles ont fustigé le caractère primitif de la Frontière et posé les bases d'un ordre économique et social moderne ; de l'autre, elles ont créé une culture religieuse qui est entrée en conflit de multiples façons avec la culture moderne telle qu'envisagée dans le reste du monde occidental.

Dans le Sud et dans l'Ouest, ces églises avaient été littéralement bâties par les gens du lieu. Il en résulta que ces populations se maintinrent dans la crainte et la haine de l'État que connaissaient déjà les paysanneries traditionnelles d'Europe, sans faire l'expérience du dense réseau d'influences étatiques, d'institutions et d'avantages correspondants – qui finirent, en Europe, par diminuer ces craintes –, du moins jusqu'au XXe siècle, c'est-à-dire en un temps où certains traits fondamentaux de ces sociétés américaines étaient depuis longtemps établis[12].

La puissance de la religion en Amérique ne permit pas, par ailleurs, que s'établisse dans les masses une forte tradition socialiste. Ainsi William Jennings Bryan et les populistes des années 1890 ne ménagèrent-ils pas leurs critiques contre le capitalisme américain ; mais le fondamentalisme profondément ancré de Bryan le rendait absolument imperméable à la moindre influence idéologique marxiste[13].

Hector Saint-Jean de Crèvecœur écrivait, il y a plus de deux siècles : « L'Américain est un homme nouveau, agissant selon des principes nouveaux. » Richard Hofstadter voyait dans l'Amérique « le pays de ceux qui ont fui le passé ». Dans les années 1960, le philosophe canadien George Grant considérait que « les États-Unis sont la seule société sur terre dont les traditions ne remontent pas au-delà de l'âge du progrès » ; en 1996, Seymour Martin Lipset reprenait et approuvait ses propos[14]. Pour ce qui concerne les fondamentalistes et leurs nombreux sympathisants, ils avaient tous entièrement tort.

Ce sont les protestants évangéliques purs et durs qui ont choisi le terme « fondamentaliste » pour se désigner eux-mêmes, dans les années 1920, parce qu'ils voulaient retourner à ce qu'ils considéraient comme les « fondamentaux » du christianisme, notamment une lecture littérale, une croyance au mot-à-mot de la Bible. Leurs origines sont donc « réactionnaires » au sens strict, puisqu'ils réagissaient contre la plupart des modalités de la modernité du XXe siècle[15]. Ces éléments religieux s'inscrivent dans le monde plus vaste du conservatisme et du nationalisme radicaux en Amérique, dont « les réactions politiques expriment, comme l'a écrit Richard Hofstadter, une haine profonde, quoique largement inconsciente, de notre société et de ses mœurs [...]. La souffrance de l'extrême droite n'est pas imputable à la politique de telle ou telle administration, mais à ce que l'Amérique est devenue au XXe siècle[16] ».

Certains éléments de cette tendance étaient certainement à l'œuvre dès la révolte américaine contre la domination anglaise, dont on a pu affirmer qu'elle était partiellement motivée par l'hostilité « de provinciaux, [qui] considéraient que leur façon de vivre était non seulement bonne, mais sainte », envers l'Angleterre cosmopolite, latitudinaire et modernisante [17]. Depuis les tout premiers jours des colonies américaines, la conviction qu'eurent les colons d'être des élus de Dieu s'accompagna d'une foi issue de l'Ancien Testament en un « Dieu guerrier ». L'image des anciens Israélites et de leurs luttes contre leurs voisins fut utilisée pour justifier les guerres contre de nouveaux Amalécites, qu'ils fussent Indiens ou Français, où Dieu était tenu de combattre aux côtés des Américains [18].

Ce corps de croyances est l'un des « énormes icebergs politiques » de la vie américaine, qui « évoluent dans le temps avec une stabilité massive, changeant peu, survivant, pour l'essentiel, dans leur forme première durant de nombreuses générations » [19]. Depuis maintenant plusieurs dizaines d'années, les églises fondamentalistes et évangéliques ne cessent de croître, tandis que celles qui relèvent du protestantisme « classique » voient leur influence décliner – en 1967, année charnière, les effectifs des églises de la Convention baptiste du Sud dépassent ceux de l'église méthodiste, jusqu'alors la plus importante confession protestante du pays.

De nombreux Américains de gauche ont été déçus et même profondément affectés par la façon dont tant de travailleurs américains, de paysans et de commerçants ont été conduits par leur affiliation culturelle conservatrice à voter pour des républicains d'extrême droite et contre les « élites de gauche » (largement imaginaires) qui sont hostiles à toutes les valeurs qui leur sont chères. Et de souligner, non sans raisons, que le capitalisme sans frein embrassé par les républicains s'oppose directement au véritable intérêt économique de ces mêmes travailleurs [20].

Pour expliquer ce comportement politique, il faut comprendre que ces électeurs appartiennent à des univers culturels et religieux cohérents et extrêmement puissants qui sont réellement menacés par les changements sociaux, culturels et économiques. L'importance politique du facteur religieux n'est naturellement pas propre aux seuls États-Unis. Aussi longtemps que la foi et la pratique religieuses ont conservé une grande importance dans certaines sociétés d'Europe de l'Ouest, elles ont également eu un effet significatif sur les allégeances politiques de ces pays – parfois, malheureusement, dans une direction extrémiste. La situation des Américains très religieux et conservateurs sur le plan politique devient tragi-comique quand le *laissez-faire* capitaliste qu'ils soutiennent n'attaque pas seulement de front leur univers économique, mais s'en prend aussi à leurs valeurs morales à travers les grands médias et l'industrie du divertissement.

Républicains de Dieu

La religiosité conservatrice joue un rôle très important dans la politique américaine, particulièrement, bien sûr, dans le parti républicain. Son augmentation fait partie du tropisme sudiste du parti au cours des dernières décennies. Selon la Coalition chrétienne, principale organisation politique populaire de la droite chrétienne, 29 sénateurs sur cent et 125 représentants sur 435 ont systématiquement voté, en 2001 (dernière année pour laquelle ces chiffres sont disponibles) en accord avec les principes de la Coalition ; en d'autre termes, plus d'un quart des membres de chaque chambre du Congrès. Parmi ceux-ci, 15 sénateurs et 64 représentants provenaient du Grand Sud, c'est-à-dire, dans les deux cas, un peu plus de la moitié de chaque bloc chrétien conservateur (soit plus de deux fois la part de la population du Sud dans celle des États-Unis)[21].

Un article de l'hebdomadaire *Newsweek* paru au début de l'année 2003 exprime bien leur influence sur l'administration Bush et leurs liens avec le nationalisme :

« Tous les présidents ont invoqué Dieu et appelé sa bénédiction [...]. Mais il a fallu une guerre, et la perspective de nouveaux conflits, pour révéler un fait essentiel : ce président – cette présidence – est celle, des temps modernes, qui compte le plus résolument sur la foi, une entreprise fondée, soutenue et guidée par la confiance dans la puissance temporelle et spirituelle de Dieu. L'argent compte, et l'armée sans doute aussi. Mais le gouvernement Bush s'est voué à l'idée qu'il existe une réponse aux problèmes de société à l'intérieur et au terrorisme à l'extérieur : donner à chacun, partout, la liberté de trouver Dieu [...].

Les adeptes d'une lecture littérale de la Bible sont aussi les plus forts soutiens de Bush et les faire voter, l'année prochaine, si possible en plus grand nombre encore, est la priorité absolue du conseiller politique présidentiel Karl Rove [...]. La base n'est pas ingrate. Ils sont, de loin, les plus fervents partisans d'une guerre – unilatérale au besoin – pour faire tomber Saddam[22]. »

Avec un œil sur cet électorat mais aussi conformément, semble-t-il, à ses propres croyances, le président Bush formule inlassablement le problème de la lutte contre le terrorisme et de la place de l'Amérique dans le monde en termes explicitement religieux. Non seulement les terroristes, mais toute une série d'autres rivaux de l'Amérique ont été désignés comme « mauvais ». Un esprit messianique d'inspiration religieuse a même coloré les passages où Bush parlait ostensiblement de valeurs séculaires et universelles. Bush lui-même se considère, dit-on, comme un instrument de la divine providence[23].

La formule « Si vous n'êtes pas avec nous, vous êtes contre nous », inlassablement répétée par le Président et d'autres hauts responsables, est due au Christ, à l'origine, et a été reprise par prêcheurs et hommes politiques américains au fil des siècles[24]. Cette composante religieuse de la pensée de Bush s'est inscrite dans le cadre plus large de l'absolutisme moral américain et a produit des déclarations comme la promesse de Bush de « débarrasser le monde du mal », ainsi que le titre absurde d'un livre sur le terrorisme coécrit par l'ancien rédacteur de ses discours, David Frum : *Mettre fin au mal*[25].

S'adressant au Congrès, Bush a déclaré « qu'on ne sait pas comment cette guerre se déroulera, mais on sait comment elle finira. La liberté et la peur, la justice et la cruauté se sont toujours affrontées, et nous savons que Dieu n'est pas neutre dans cette guerre ». Une forme de nationalisme religieux imprégnait tout son discours. Bush a extrait certaines phrases d'un hymne, *There's Power in Blood* (*Le pouvoir est dans le sang*), quand il a fait référence au « pouvoir, au miraculeux pouvoir » de « la bonté, de l'idéalisme et de la foi du peuple américain » – des mots qui décrivent l'agneau de Dieu, Jésus-Christ[26]. L'identification de la nation avec le Christ en personne (souffrant ou victorieux) a une longue histoire dans le nationalisme polonais, serbe ou celui d'autres pays, mais c'est une image particulièrement forte dans la bouche d'un président des États-Unis, le pays qui est censé incarner la modernité en ce début de XXIe siècle.

L'origine spécifiquement anglo-américaine de ce mode de pensée et de ces conséquences pour le regard porté sur le reste du monde a été très bien résumée par un ministre puritain durant la guerre civile anglaise au milieu du XVIIe siècle : « Tout peuple est béni ou maudit selon qu'il joint ou non ses forces et donne ou non le meilleur de lui-même au peuple du Seigneur contre ses ennemis[27]. »

Comme l'a écrit l'intellectuel néo-conservateur Norman Podhoretz avant la guerre en Irak : « On dit que Bush, qui est entré à la Maison Blanche sans idée très claire sur ce qu'il voulait y faire, pense maintenant que cette élection avait un sens dès le début. En tant que chrétien "born again", affirme-t-on, il pense qu'il a été choisi par Dieu pour chasser du monde le mal que représente le terrorisme. Je pense que c'est une rumeur plausible, et je crois qu'au fond de son cœur, Bush s'identifie plus sur ce point avec Ronald Reagan – le Président qui a débarrassé le monde de "l'Empire du Mal" – qu'avec son propre père, qui n'a jamais fini ce qu'il avait commencé avec Saddam Hussein[28]. »

Un artiste américain des plus patriotes et particulièrement connu pour ses tableaux représentant les « héroïques pompiers et policiers en transparence sur des images traditionnelles de l'Amérique et de la foi » a été encouragé par la Maison Blanche à peindre un portrait de George Bush en prière et penché sur une estrade. À ses côtés se trouvent Lincoln et Washington, eux aussi en prière, et chacun avec une main sur l'épaule de Bush[29]. Bush lui-même a écrit qu'il « croit en un dessein humain qui surpasse tous les dessins humains[30] ».

Selon Bob Woodward, « le président inscrivait sa vision et celle du pays dans le contexte global du plan de Dieu[31] ». Un auteur aux sympathies chrétiennes, Stephen Mansfield, remarque que Bush est un des très rares présidents américains « à avoir été profondément transformé par la religion à l'âge adulte » :

> « Il préparait déjà une rénovation de l'exécutif par la religion quand le pays a subi une terrible attaque terroriste qui a placé sans le moindre complexe la religion au centre de la vie politique et sociale de l'Amérique. Les leaders du Congrès chantaient des hymnes sur les marches du Capitole et ont même fait légalement de *God Bless America* l'hymne national officiel.
>
> Ce qui a suivi fut un déferlement massif de la religion sur la société américaine. Bush semblait l'incarner. Il priait en public et parlait de foi, de destin divin et de l'héritage religieux de la nation plus qu'il ne l'avait jamais fait. Ses collaborateurs l'ont trouvé en prière face contre terre dans le Bureau Ovale. On apprit qu'il refusait de manger des bonbons aussi longtemps que les troupes américaines seraient en Irak, un jeûne partiel sans réel précédent chez un président américain. Et il décrivait les défis auxquels devait faire face l'Amérique en termes presque bibliques. Saddam est un pécheur. Il doit partir. Une nouvelle aube doit se lever sur le Moyen-Orient. Isaac et Ismaël doivent faire la paix et se serrer la main[32]. »

Sur le plan intérieur, cette tendance a considérablement inquiété les Américains les plus laïcs et contribué à une cassure politique et culturelle croissante dans la société américaine. La religiosité fondamentaliste est devenue partie intégrante de la radicalisation de la droite aux États-Unis et de la tendance à diaboliser les opposants politiques, considérés comme des traîtres et des ennemis de Dieu et de l'Amérique[33].

Dans le reste du monde développé, ce phénomène a généré une nouvelle peur et une certaine méfiance à l'égard des États-Unis. Dans le passé, ces sentiments étaient principalement concentrés à gauche et portaient sur le capitalisme américain, l'impérialisme et le militarisme. Mais bien que ces tendances soient souvent montrées comme sournoises, elles n'ont jamais été considérées complètement irrationnelles, dans la mesure où les intérêts et les motivations des élites américaines étaient en jeu.

De plus, en dehors de la gauche, une majorité d'Européens observe ces tendances avec une certaine indifférence, car elles ont été tout à fait caractéristiques des relations de l'Europe moderne avec le reste du monde dans un passé récent. Plus encore, de nombreux Européens considéraient également la plupart des cibles de la politique étrangère américaine – les communistes hier, les extrémistes musulmans aujourd'hui – comme leurs ennemis. Et, bien sûr, la population du monde développé était de plus en plus sous la domination de la culture populaire américaine.

Mais cette culture était et demeure une culture populaire *séculaire*. Les missionnaires protestants américains d'obédience fondamentaliste ont eu une forte influence sur les pauvres en Amérique latine, mais ne sont arrivés à rien dans les grands centres du monde développé et chez les principaux alliés de l'Amérique. L'Amérique en tant qu'empire et civilisation, et la thèse américaine sur l'Amérique et sur le monde, sont représentées par la culture populaire : l'Amérique en tant qu'incarnation réussie de la modernité. La composante religieuse radicale dans le nationalisme américain est nouvelle et profondément inquiétante pour les non-Américains.

Aux vieux préjugés antiaméricains ailleurs en Occident, ce phénomène ajoute le soupçon que des secteurs puissants de la population américaine sont poussés par des motivations complètement étrangères au reste du monde développé et fondamentalement irrationnelles. Cela risque d'isoler radicalement l'Amérique du reste du monde, ce qui ne fut jamais le cas par le passé.

Paniques morales

Si les églises du Sud et du Nord se déchirèrent sur la question de l'esclavage, si la lutte pour l'abolition devint la grande croisade de nombreux protestants du Nord-Est, les églises du Sud ne s'en allièrent pas moins, après la guerre de Sécession, avec certaines églises protestantes « classiques » du Nord pour mener certaines croisades morales. Ces mouvements ont fréquemment reflété le désir de préserver la domination culturelle du vieux « noyau » protestant des petites villes et de la campagne, menacée par les nouveaux immigrants catholiques et juifs des grandes villes et par les étrangers en général.

Les angoisses consécutives prirent souvent la forme d'une peur de la promiscuité sexuelle, associée à la drogue, à l'alcoolisme et aux maladies vénériennes ; dans le Sud, elles alimentèrent la crainte séculaire à l'égard des Noirs[34]. Depuis les années 1970, cette tradition reprend vie avec la croisade de la droite chrétienne contre l'avortement. C'est une véritable question morale, qui contribue, comme dans le passé, à entretenir l'alliance entre conservateurs protestants, dans le Sud et dans le pays profond, et conservateurs catholiques. Elle agit toutefois comme métaphore d'angoisses plus vastes et comme cri de ralliement pour une mobilisation politique plus ample contre une série d'ennemis culturels et politiques.

Comme autrefois des terreurs du même ordre, elle est intimement liée à la crainte d'une décadence qui conduirait à un affaiblissement national. Celle-ci se traduit dans des termes plus directement et traditionnellement religieux par la peur, s'il n'est pas mis fin au scandale, que Dieu n'abandonne ou ne frappe l'Amérique – c'est ainsi que le dirigeant de la droite chrétienne Jerry Falwell put attribuer directement le 11 Septembre à un châtiment de Dieu frappant l'Amérique pécheresse, coupable, entre autres, d'avortement et d'homosexualité. (Il dut par la suite présenter ses excuses.)

Ces « paniques » morales récurrentes, aux sous-entendus ethniques et raciaux, ont été contées par le politologue James A. Morone, dans son récent livre, *Hellfire Nation* (« Une nation dans les feux de l'Enfer »)[35]. Ainsi, à partir de 1909, une peur panique s'est-elle emparée de l'Amérique protestante suscitée par l'augmentation énorme, prétendait-on, du nombre de maisons closes, alimentées par des étrangers se livrant à la « traite des Blanches », parcourant les campagnes pour y séduire et même y enlever d'innocentes jeunes filles blanches.

Le langage qui véhicule ces peurs collectives est souvent antisémite, plus rarement anti-Chinois, anticatholique (sur le refrain des « secrets du couvent ») ou anti-Français. Ainsi le *McClure's Magazine* : « Des bas-fonds raciaux de l'Europe nous est parvenu, pendant d'innombrables années, le caftan juif, qui mène la misérable jeune fille juive à sa perte. » Mais les Juifs, avec l'aide des Irlandais de Tammany Hall* et des politiciens, avaient dorénavant des vues sur la gent féminine américaine. Dans un louable effort pour attenter d'un même coup à la réputation de deux ennemis ethno-religieux, on affirma même que les Juifs organisateurs de la traite de Blanches étaient parfois vêtus en prêtres catholiques ! On assura également, comme une vérité établie, que soixante mille jeunes filles américaines étaient chaque année kidnappées ou abusées pour être conduites dans les maisons closes et qu'un nombre égal de prostituées décédaient tous les ans – une fantastique exagération.

* Organisation patriotique et charitable fondée à la fin du XVIIIe siècle, elle devint, des années 1850 jusqu'aux années 1930, le cœur de la machine électorale démocrate à New York, au point de se confondre avec la mairie de la ville. Tammany Hall accueillait les migrants, les éduquait souvent, leur trouvait du travail, en échange de quoi leur vote lui était acquis. Les Irlandais l'investirent en masse.

Ces peurs trouvent aussi un relais dans l'idée paranoïaque que la race blanche « se suiciderait en tant que race » par la décadence, le contrôle des naissances, etc., et serait bientôt submergée par la marée jaune et noire. Ce mouvement eut pour résultat la fermeture des quartiers de tolérance et le vote par le Congrès, en 1910, de la loi Mann, interdisant de transporter des femmes d'un État à un autre dans un but immoral, qui servit de prétexte, pendant des dizaines d'années, au harcèlement et à l'oppression des Noirs[36].

Le plus puissant de ces mouvements fut toutefois celui de la prohibition de l'alcool. Le vote du 18e amendement, en 1920 (largement encouragé par la récente hystérie guerrière) fut la plus grande victoire remportée par les groupes protestants identifiés au vieux « noyau » de peuplement contre les immigrants catholiques (patrons de bars irlandais et brasseurs allemands), les élites décadentes de la côte Est (qui sirotaient leurs cocktails) et les forces du changement social, culturel et démographique. Plus tard, la Prohibition se solda, dans la pratique – ou plus exactement à force de ne pas être pratiquée –, par leur plus grande défaite. On l'a qualifiée de « Kulturkampf [« chocs des cultures »] entre deux styles opposés de vie religieuse et culturelle[37] ».

Certes, la Prohibition, comme aujourd'hui le mouvement contre la drogue, visait un problème réel, l'alcoolisme des quartiers défavorisés, menant au chômage, à des violences contre les enfants, etc. – et elle a pu connaître de réels succès en réduisant ces mauvais traitements[38]. Mais elle fut aussi nourrie, non seulement par des sentiments anti-immigrants, mais aussi par les angoisses que suscitait la modernisation sociale, depuis l'émergence de l'Amérique (selon les chiffres du recensement de 1920) comme pays à majorité urbaine.

En outre, de telles angoisses, bien réelles – hier comme aujourd'hui –, se sont parfois mêlées à des sentiments plus troubles. Morone cite Alphonse Ava Hopkins, un croisé de la tempérance, dont le ton antieuropéen trouve des échos dans les propos entendus ces derniers temps :

« Nous nous vantons d'être un peuple chrétien, de placer la morale au centre de notre civilisation [...]. L'Europe, complètement abrutie d'alcool, fléau plus terrible que la guerre, la famine et la peste, nous envoie ses distillateurs, ses fabricants d'ivrognes et ses ivrognes, ou même ses buveurs quotidiens, apparemment plus sobres, avec toutes leurs idées antiaméricaines sur la morale et sur le gouvernement ; ils sont absorbés par notre vie nationale, mais ils ne sont pas assimilés ; ils ne savaient pas ce qu'était la liberté quand ils sont arrivés et ils veulent, chez nous, jouir d'une liberté sans limite, permettre ce que nous abhorrons [...]. Ils dominent nos sabbats, et nous imposent leurs normes morales, qui sont scandaleusement immorales ; ils gouvernent nos grandes villes [...] et les étrangers, pour nous conquérir, n'auront plus qu'à finir le travail en envoyant leurs armées et leurs flottes [...][39]. »

Des sentiments et des peurs de ce genre déclenchèrent la résurgence du Ku Klux Klan, dans les années 1920. Contrairement à son prédécesseur, qui avait sévi dans le Sud des années 1870, ce second Ku Klux Klan, éphémère mais étendu, prospéra principalement dans le Midwest, professant surtout des sentiments anti-immigrants, antisémites, anti-catholiques et anti-modernes, où la négrophobie était présente, mais de moindre importance. Il était profondément imprégné de protestantisme évangélique et fut notamment alimenté par la crise agricole des années 1920 et par la pression qu'elle fit peser sur les vieilles communautés d'agriculteurs, issues du premier noyau de peuplement (auxquelles s'adjoignirent des protestants allemands)[40].

L'attrait de ces mouvements se réduisit toutefois avec la fin de l'ouverture à l'immigration, en 1924[41]. Mais cette mesure dut beaucoup à deux explosions d'hystérie collective largement nourries par les sentiments nativistes et anti-immigrants : la vague antiallemande, qui balaya le pays en 1917-1918 après l'entrée de l'Amérique dans la guerre et la « Peur des Rouges » des années 1919-1920.

C'est durant la première que le prédicateur Billy Sunday déclara : « Si vous retourniez l'enfer, vous verriez qu'il est inscrit au dos "made in Germany"[42]. »

C'est aussi à cette époque que se diffusa le terme « Américanisme » ou l'expression « Américanisme cent pour cent », et que des appels se firent entendre en faveur de la déportation des immigrants qui ne s'assimilaient pas assez rapidement. L'hystérie, voire la violence, à l'égard des Allemands-Américains fut particulièrement marquée au Texas. L'historien Stanley Coben a écrit que la Peur des Rouges engendra, chez de nombreux Américains, des tendances durables, à savoir : « Une hostilité envers certains groupes minoritaires, notamment les radicaux et les immigrants récents, un patriotisme fanatique, et la conviction que des ennemis intérieurs menaçaient sérieusement la sécurité nationale[43]. »

La Prohibition fut évidemment considérée, plus tard, comme un échec total, jusque dans la formulation de ses objectifs, non seulement parce que, inapplicable, elle fut rejetée par une grande part de la population, mais aussi parce qu'elle eut pour effet de corrompre la police et le système judiciaire, et de donner un véritable coup d'accélérateur au crime organisé. Toutefois, comme le souligne Morone, même si les lois Mann ou Volstead échouèrent, elles laissèrent derrière elles une nouvelle couche de bureaucratie fédérale et surtout de police – tout comme, plus récemment, la « guerre contre la drogue » ou celle « contre le terrorisme ». Loin d'être l'œuvre de groupes marginaux et finalement sans importance, ces mouvements mobilisèrent des millions de gens, influencèrent considérablement leur comportement politique et contribuèrent à transformer l'État américain.

Le nationalisme irlando-américain

Si écrasante avait été la défaite de la Prohibition et si cuisante l'humiliation de la controverse sur l'Évolution que, pendant presque cinquante ans après que le Congrès (sous la pression du président F. D. Roosevelt) eut abrogé, en 1933, le 18e Amendement, on s'accorda à penser qu'aucun mouvement de cette sorte ne pourrait plus saisir l'Amérique[44]. Ainsi Daniel Bell écrivait-il en 1979 (au moment même où la droite chrétienne était sur le point de faire son apparition, en réponse aux révolutions culturelle et sexuelle des années 1960, à la reconnaissance des droits civiques des Noirs et à la guerre du Vietnam) que si ce genre de « retour de manivelle » durait, il devrait prendre une nouvelle forme, celle du nationalisme, comme l'avaient montré l'« américanisme » de McCarthy et l'anti-communisme[45].

Le maccarthysme est effectivement l'exemple classique d'un mouvement parvenu à réunir des groupes de la « classe moyenne » blanche, auparavant hostiles les uns envers les autres, derrière un programme essentiellement nationaliste, fortement marqué par la tradition protestante de paranoïa culturelle, mais affirmant défendre les idéaux de liberté, de démocratie et de légalisme du credo[46]. Il parvint à unifier en une seule masse de haine l'ultranationalisme, l'« absolutisme lockien » (selon la formule de Louis Hartz), l'hystérie psychologique, la réaction religio-culturelle, l'amertume de classe et (dans une moindre mesure, d'une manière plus voilée et ambiguë) l'antisémitisme. Le maccarthysme était d'une certaine façon précurseur de l'alliance entre le Sud blanc et les groupes ethniques blancs et conservateurs du Nord et du Midwest, qui deviendraient la base du parti républicain au début du XXIe siècle et dont le nationalisme est un des traits caractéristiques.

McCarthy symbolise aussi la façon dont certains groupes ethniques auparavant exclus ont été capables de se fondre, à travers le nationalisme militant, dans le vieux noyau. Il fut préfiguré par le « prêtre de la radio » fascisant, le père Charles Coughlin, au milieu des années 1930, qui se livrait au même mélange d'anticommunisme et d'anti-élitisme, bien que ce dernier y ait inclus – en raison de la Dépression et de la pensée sociale catholique – des attaques explicites contre le capitalisme et ouvertement antisémite[47].

McCarthy était lui-même un Irlandais catholique, petit-bourgeois, issu d'un milieu paysan du Wisconsin (avec une mère germano-américaine). Son alliance avec la réaction *wasp* (*white anglo saxon protestant*) se construisit sur un mélange d'anticommunisme et d'amertume sociale. Selon ses propres termes, le maccarthysme ne semble rien d'autre qu'une version moderne des « grandes peurs » de l'Europe médiévale (tout comme le suggère, évidemment, l'expression « chasse aux sorcières »). Mais vue comme la manœuvre d'un nationaliste petit-bourgeois visant à déstabiliser les élites *wasp* en place en les accusant de manquer de patriotisme, le phénomène devient beaucoup plus compréhensible, voire rationnel[48].

Comme nous l'avons souligné dans le précédent chapitre, le nationalisme populiste aux États-Unis a toujours été caractérisé par un très fort antagonisme de classe visant les « élites de la côte Est ». Les populations du vieux « noyau » protestant et les immigrants plus récents ont trouvé là un terrain d'entente, qui a permis à la tradition nationaliste populiste de devenir multi-ethnique. Les origines du fort courant d'anti-intellectualisme au sein de ce mouvement doivent beaucoup à la fusion d'une hostilité de classe envers les élites instruites et des peurs culturelles et religieuses suscitées par leur supposée culture de l'athéisme[49].

McCarthy peut aussi être vu, d'une certaine façon, comme le point culminant – ou le point de déréliction – d'un ensemble de schémas de l'Amérique irlandaise, développés depuis bien plus d'un siècle. Évidemment, son discours reflète aussi l'anticommunisme marqué de l'église catholique de l'époque, en partie motivé par la répression brutale dont elle était l'objet sous la domination staliniste en Europe de l'Est.

Mais cela ne doit pas faire négliger l'importance du ressentiment ethnique et social des Irlandais-Américains à l'égard des élites protestantes du Nord-Est, excité par le dédain quasi raciste avec lequel ils furent traités, pendant de nombreuses années, par ces mêmes élites : le qualificatif « Nègre blanc », les bandes dessinées malveillantes et racistes caricaturant les Irlandais en singes, les écriteaux sur les bureaux de placement où l'on pouvait lire « Candidats irlandais s'abstenir », le mépris social, continuel, ostentatoire – comme, bien sûr, le sentiment anticatholique général qui, en 1928, contribua à l'humiliante défaite d'Al Smith, premier candidat irlandais-américain à la présidence.

Souligner leur blancheur fut pour les Irlandais en manque d'intégration un moyen d'échapper à l'épithète honni de « Nègre blanc », une tentative de rejoindre la race dominante. Ainsi s'établit un modèle de coopération sur les questions raciales entre les Irlandais et le Sud blanc qui, durant la guerre de Sécession – notamment lors des émeutes de 1863 à New York contre la conscription –, constitua une réelle menace pour la victoire de l'Union. Toujours valide, mais sous-jacent, il retrouva une grande vigueur politique à partir des années 1960, lorsque de nombreux Irlandais et d'autres groupes ethniques blancs de la classe ouvrière s'associèrent au Sud blanc en quittant le parti démocrate pour protester contre la prétendue soumission de celui-ci aux Noirs[50].

Mais les questions de classe furent toujours presque aussi importantes que les questions raciales. « Du début à la fin, McCarthy n'eut pas de réponse plus favorable que chez les Irlandais de New York lorsqu'il s'en prit à l'establishment *wasp*[51]. » Cet appel rhétorique aux masses contre les élites traîtresses et les intellectuels est évidemment une caractéristique des mouvements nationalistes radicaux depuis leur origine[52]. Rarement pourtant il a été aussi explicite qu'aux États-Unis. Comme l'a écrit l'un des récents défenseurs de McCarthy, la journaliste Ann Coulter : « L'appel [de McCarthy] s'adressait à un groupe autrement vigoureux – la masse des Américains ordinaires [...]. De McCarthy à Richard Nixon et à Ronald Reagan, ce sont les conservateurs qui plaisent aux travailleurs. Quand les républicains lâchent les gros bras, les libéraux n'ont qu'à courir aux abris [...]. McCarthy était aimé des travailleurs. Il avait le don de réveiller le magnifique bon sens du peuple américain [...][53]. »

Ces haines furent encore renforcées par l'échec des Irlandais catholiques, en tant que groupe, à progresser au-delà d'un certain niveau socio-économique – le bas de la classe moyenne et le haut de la classe ouvrière – tandis qu'un groupe bien plus récent d'immigrants, les Juifs, les dépassait en trombe avec le XXe siècle. Elles s'exprimèrent avec force dans l'anti-intellectualisme, notamment parce que depuis longtemps les Irlandais d'Amérique – dans un frappant contraste avec leurs compatriotes demeurés en Irlande – ne parvenaient pas à produire une classe intellectuelle à proportion de leur nombre [54].

Le maccarthysme fit aussi son apparition à un moment où les Irlandais-Américains, en tant que groupe, avaient atteint le maximum de pouvoir politique auquel ils pouvaient prétendre en Amérique et avaient commencé à décliner politiquement. La présidence de John F. Kennedy et celle, à la Chambre des représentants, de Thomas 'Tip' O'Neill (1977-1987) étaient toutes deux encore à venir, mais au niveau local, à New York et dans d'autres grandes villes, le pouvoir de la vieille machine démocrate irlandaise était déjà moribond, taillé en pièces par d'autres groupes d'immigrants [55].

Un autre facteur doit être gardé à l'esprit, car il se raccorde à des modèles plus vastes d'échec et de nationalisme amer qu'il contribua à engendrer : le sentiment irlandais de la défaite face à l'histoire, le souvenir de l'oppression et de la spoliation anglaises. Car, si l'expérience de la défaite est unique et ne concerne que le Sud sur le plan géographique, il n'en est pas de même sur un plan ethnique : Irlandais, Polonais et nombres d'autres immigrants apportèrent tous avec eux des souvenirs de défaite, bien plus terribles que ceux du Sud. Même les Italiens méridionaux avaient fait l'expérience de la conquête, du mépris et de l'exploitation de leurs compatriotes du Nord, tandis que les Juifs et les Arméniens avaient souffert de façon infiniment plus affreuse. Et dans de nombreux cas, c'étaient précisément les attaques et l'oppression qu'avaient subies ces peuples qui les amenaient jusqu'aux rivages américains.

Tous ont fait preuve d'une certaine tendance à compenser les souffrances et les humiliations du passé en tirant une grande fierté de la puissance nationale américaine – et, bien sûr, dans de nombreux cas (y compris pour les Irlandais) en cherchant à mettre cette puissance au service de leurs propres fins nationales. Beaucoup ont cherché à surmonter leur exclusion des centres de pouvoir, de richesse et de prestige en s'affirmant « 200 % » Américains et nationalistes[56].

Le romancier et critique Thomas Flanagan attribue les contradictions du personnage et de l'œuvre de John Ford (Sean Aloysius O'Fearna) à « la conception qu'il avait de lui-même, à la fois comme Américain et comme Irlandais [...]. À l'instar d'Eugene O'Neill, il pensait qu'être Irlandais c'était porter avec soi un fardeau d'humeurs, d'attitudes, de fidélités et de conflits avec le monde. Travaillant dans la plus populaire des formes culturelles américaines, il avait conscience d'une culture majoritaire, de laquelle les Irlandais, malgré leur loyauté tapageuse, se tenaient un peu à l'écart[57] ».

Fort Apache est un résumé fascinant de ces contradictions. L'armée américaine y est filmée comme une sorte de clan irlandais, dans lequel se sont immiscés quelques anciens soldats confédérés et des officiers *wasp*. Ces derniers sont symbolisés par le colonel Owen Thursday (Henry Fonda), accompagné de sa fille, tous deux suscitant un mélange de ressentiment, de mépris, d'admiration et, pour la jeune femme, le désir d'un mariage mixte[58].

Comme le montre l'œuvre de Ford, et conformément à l'image qu'ils se faisaient d'eux-mêmes, à leur tradition culturelle et à leur statut économique, les Irlandais-Américains cherchèrent à surmonter l'exclusion non seulement à travers le nationalisme militant, mais, singulièrement, en étant les « premiers à la guerre »[59]. Ils parvinrent, avec grand succès, à renverser l'image de l'Irlandais bagarreur et ivrogne en celle d'un héros couvert de gloire, ainsi le colonel « Wild Bill » Donovan, conduisant son régiment sur le front de l'Argonne en 1918, ou les cinq frères Sullivan, qui périrent tous lors du torpillage du destroyer *USS Juneau* à la bataille de Guadalcanal, en 1942. Ce succès reflétait quelque chose de bien réel dans la mentalité des Irlandais-Américains – comme l'a prouvé John Ford lui-même, qui, bien que trop âgé pour être mobilisé, servit néanmoins comme réalisateur de documentaires dans l'US Navy durant la Seconde Guerre mondiale et fit preuve en cette occasion d'un courage et d'une détermination remarquables. À Hollywood, criminels ou soldats irlandais furent souvent incarnés par le même acteur irlandais-américain, James Cagney[60].

Cherchant prestige et intégration dans un nationalisme belliqueux, les Irlandais évoquent fortement le Sud blanc après la guerre de Sécession – et, selon l'historien du Sud et de l'armée confédérée Grady McWhiney, puisèrent finalement aux mêmes sources[61]. L'admiration de John Ford pour le passé militaire de la Confédération est sensible dans certains de ses westerns et dans le documentaire qu'il consacra au « *marine* le plus décoré de l'histoire, le lieutenant général « Chesty » Puller, dont le grand-père fut tué sous l'uniforme confédéré[62].

À l'instar d'autres groupes ethniques, les Irlandais-Américains ressentirent un besoin particulier d'affirmer leur nationalisme militaire parce que leurs positions les avaient rendus suspects dans les premières années de la Première et de la Seconde Guerre mondiale. En effet, dans les périodes qui précédèrent les deux guerres, leur hostilité à l'égard de la Grande-Bretagne avait conduit beaucoup d'entre eux à défendre un isolationnisme acharné et à encourir, lorsque l'Amérique s'engagea dans le conflit, l'accusation de traîtrise.

Pourtant, durant l'hystérie anticommuniste des années 1950, « les Irlandais tirèrent temporairement un indéniable avantage du maccarthysme [...] À l'heure des contrôles de sécurité, être catholique irlandais devenait un gage *de visu* de loyauté. Les gens de Harvard devaient être contrôlés ; ceux de Fordham* pouvaient se charger du contrôle[63] ».

---

* Université jésuite de New York.

Cette image est toujours exploitée par quelques stars irlandaises-américaines des médias, au nationalisme criard, comme Bill O'Reilly ou Sean Hannity, pour qui l'Amérique est « le plus grand et le meilleur pays que Dieu ait jamais donné à l'homme (*sic*)[64] », mais aussi par un conservateur plus modéré et plus cultivé comme Chris Matthews. Bien qu'ils soient tous deux originaires de la classe moyenne, ils ont adopté, dans leur zèle à séduire leur auditoire, un style prolétarien, et O'Reilly s'est même inventé, dit-on, des racines dans la classe ouvrière[65].

Pendant longtemps, l'église catholique américaine, dominée par les Irlandais, fut ardemment nationaliste, une mentalité qui ne fit que se renforcer dans les premières années de la guerre froide : « Irlandais, catholique et Américain devinrent des termes presque identiques dans l'esprit des Irlandais-Américains[66]. » Depuis les années 1960 pourtant, cette orientation nationaliste de l'église catholique américaine dans son ensemble a changé.

Tout d'abord Vatican II permit le développement de forces libérales et réformistes, qui ont survécu aux années ultérieures de réaction. Puis ces forces se mobilisèrent et se développèrent dans l'opposition à la guerre du Vietnam. Enfin, et la chose est d'importance, l'église catholique est une église universelle. Elle a donc une tendance inévitable et instinctive à l'internationalisme et au respect des institutions internationales, qui contraste nettement avec le nationalisme américain. Ce désaccord est devenu apparent depuis la fin de la guerre froide. En matière de relations internationales, le pape Jean-Paul II, grand héros de l'anticommunisme, a défendu des positions qui ont vivement irrité les nationalistes américains, y compris les catholiques. Il n'a pas ménagé ses critiques à l'égard d'Israël et a condamné la guerre en Irak. Une telle « inhibition » n'a jamais affecté les églises fondamentalistes américaines, qui sont, le monde orthodoxe excepté, les plus purement nationales de toutes les églises chrétiennes.

La droite chrétienne

Pourtant, de la fin de la Prohibition aux années 1970, ces églises fondamentalistes furent absentes de la scène politique. On a même parlé à leur propos d' « exil intérieur », tant la culture dominante semblait les avoir marginalisées. Un recueil d'articles sur la nouvelle droite religieuse des années 1980 et 1990 s'intitule justement « La Fin de l'exil » et, en 1979, un essai sur la tradition juive en Amérique qualifiait quelques appels qui s'étaient élevés pour que les États-Unis se définissent comme nation chrétienne d'« excentricités locales ». L'ouvrage monumental de Max Lerner, publié en 1957, *American Civilization*, ne consacre que 14 pages (703-717) sur 950 à un examen systématique du christianisme en Amérique[67].

Ce retrait fut encouragé par les moqueries et les railleries que suscitèrent les fondamentalistes avec le « procès du singe », en 1925. Un professeur, John Thomas Scopes, fut en effet poursuivi par l'État du Tennessee pour avoir enseigné la théorie de l'Évolution. L'État du Tennessee gagna son procès, mais les arguments de la grande figure populiste et évangélique, l'ancien secrétaire d'État William Jennings Bryan, qui plaida pour l'accusation, furent tournés en ridicule par la défense et par les médias (ils inspirèrent à Mencken certains de ses traits les plus féroces). Bryan déclara notamment que « tous les maux dont [souffrait] l'Amérique [pouvaient] être imputés à l'enseignement de l'Évolution ; [qu']on ferait mieux de détruire tous les livres jamais écrits, et de ne conserver que les trois premiers versets de la Genèse[68] ».

Pendant des années, on crut que de tels propos ne pourraient jamais plus être pris au sérieux sur la scène politique nationale ; en d'autres termes, que les États-Unis allaient finalement prendre le même chemin que le reste du monde industrialisé[69]. Mais pendant le même temps, le sentiment de constituer une minorité persécutée se renforça chez les fondamentalistes – « Étranger dans mon pays comme en terre étrangère », chante un hymne. Sentiment ancré dans la tradition chrétienne, mais qui vient aussi nourrir les rancœurs plus larges de la droite en Amérique, au goût de défaite, d'aliénation et de paranoïa[70].

Ainsi Lyndon Johnson, qui effectua toute sa carrière politique entre le rejet de la Prohibition et l'émergence de la nouvelle droite chrétienne, ne fut-il jamais confronté, au niveau national, à cette donnée politique si particulière. Dans leur manuel classique d'histoire des États-Unis, publié en 1969, Samuel Eliot Morison et ses collègues intitulent le chapitre consacré à la Prohibition, au procès Scopes et à la résurgence du Ku Klux Klan « Ultimes résistances de l'Amérique du XIXe siècle[71] ».

Ce qui se révéla une erreur considérable. Certes, « il faudrait presque un demi-siècle avant que les évangéliques ne disposent à nouveau d'une élite suffisamment diabolique pour que la construction d'un mouvement de masse semble à la fois inéluctable et nécessaire », mais les églises fondamentalistes ne furent pas véritablement touchées sur leurs terres d'élection, où les insultes et le mépris des élites métropolitaines se mêlèrent à d'autres ressentiments, pour rendre peut-être plus populaire encore leur propagande[72]. Dans les années 1990, la contre-attaque fondamentaliste sur le front de l'Évolution avait des accents de vengeance.

Bien qu'elles aient été largement absentes de la vie politique et du gouvernement des années 1930 aux années 1970, les églises évangéliques ne s'étaient pas retirées de la société. Au contraire, ces années-là furent pour elles l'occasion de s'étendre à de nouveaux médias – avec Billy Graham et plus tard les « télévangélistes » – et à de nouvelles aires géographiques[73]. Si Graham lui-même est plutôt modéré sur le plan politique, le monde que représentaient ces nouveaux prédicateurs joua aussi un rôle important dans le maccarthysme.

Les églises américaines, notamment évangéliques et « fondamentalistes », furent non seulement capables de retenir leurs fidèles, mais aussi d'étendre leur influence à une époque où la foi et la pratique religieuses connaissaient un déclin brutal dans le reste du monde développé. Elles ont en effet contribué – c'est l'une des raisons de cette résistance – à atténuer, pour de nombreux Américains, les effets les plus rudes du changement, et notamment ceux de l'atomisation sociale consécutive aux migrations des campagnes vers les villes.

Étant donné la vitesse du changement socio-économique en Amérique, le morcellement induit de la société et l'absence de réseaux d'aide et de sécurité sociale comparables à ceux qui existent dans d'autres pays développés, ce type d'action apparaissait d'autant plus nécessaire ; et il permit aux églises de maintenir leur emprise sur d'importants segments de la société. Dans une bonne partie de l'Amérique, elles ont ainsi poursuivi le rôle formateur qu'elles avaient joué sur la Frontière et aidé à la perpétuation des mondes culturels qui sont à l'origine du nationalisme populiste.

Nombre de grandes églises protestantes, avec leur réseau associé d'écoles, de groupes d'étude ou de réunion, pour les parents et les enfants, les femmes et les hommes, les personnes âgées, leurs clubs de rencontres, de conseils matrimoniaux, leurs excursions, leurs activités sportives et même leurs voyages organisés (souvent en Terre sainte), forment des communautés denses, dotées d'un véritable système d'aide sociale. Elles jouent de fait un rôle central en apportant le sens de la communauté, à ce qui ne serait sans elles que la morne plaine des banlieues américaines. Selon le mot d'un animateur de radio très populaire dans le Midwest, Garrison Keillor : « Si vous voulez rencontrer une femme célibataire dans le Minnesota, vous feriez bien de vous affilier à une église [74]. »

En ce sens, elles ressemblent à l'église catholique du XIXe siècle (qui joua un rôle similaire auprès des habitants des grandes villes en Europe et en Amérique), bien plus qu'aux églises européennes anémiques d'aujourd'hui [75]. Comme autrefois dans l'église catholique, ce déploiement d'activité a doté les tendances conservatrices protestantes d'une formidable capacité d'organisation et de mobilisation politique, hier comme aujourd'hui, avec la Coalition chrétienne et les mouvements qui lui sont associés.

Le tournant qu'a pris la Convention baptiste du Sud dans les années 1970 en apportant *de facto* son soutien au parti républicain procède d'un mouvement général du Sud blanc dans cette direction, mais il a aussi renforcé la tendance. Il a laissé certains membres démocrates de la Convention, comme Bill Clinton et Al Gore, dans une position indubitablement minoritaire au sein de leur propre église. Dans la plupart des États du Sud, leur foi ne leur fut pas d'un grand secours pour la conquête de l'électorat blanc, que ce soit en 1992 ou en 1996 ; et l'échec de Gore à remporter la région scella la ruine de ses espoirs présidentiels [76].

D'une importance capitale, également, fut la suburbanisation, qui succéda à l'urbanisation. La croissance urbaine, au sens strict, s'accompagna d'un déplacement radical de l'environnement et des valeurs qui caractérisaient les petites villes et les zones rurales culturellement homogènes vers la mixité ethnique, culturelle et même raciale des grandes cités. Transformation qui se traduisit, le plus souvent par un déclin, sur le long terme, de la foi religieuse, consécutive à la désintégration de communautés de petite taille et relativement isolées.

Il en va tout autrement de la suburbanisation, qui permet – et, dans sa forme américaine, *a pour objet*, explicitement ou implicitement, de permettre – la préservation de la « petite ville » de sa culture et de sa vie familiale : homogène sur le plan racial, mais aussi, virtuellement du moins, sur le plan culturel, traditionnelle, fréquentant l'église, et patriotique. L'extension de formes (adoucies et modernisées) de culture sudiste, incluant la musique country, dans le reste des États-Unis remonte sans doute au passage de la classe moyenne blanche des zones urbaines aux zones suburbaines [77]. Si donc le nationalisme américain ressemble parfois, en 2004, aux nationalismes européens d'avant 1914, c'est parce que, dans certaines régions américaines, société et culture sont, par bien des aspects, plus proches de l'Europe de 1914 que de celle de 2004 [78].

Les églises évangéliques protestantes ont joué un rôle très important dans la préservation de cette atmosphère recréée des petites villes, ce qui, comme on l'a vu, les a non seulement aidées à conserver leurs terroirs traditionnels, mais leur a permis d'étendre leur influence à une bonne partie du reste des États-Unis[79]. Effectivement, la résurgence de la foi et de la pratique religieuses aux États-Unis après la Seconde Guerre mondiale est contemporaine de cette surprenante croissance des banlieues, et lui est probablement intimement liée[80].

Les chiffres concernant aussi bien la croyance religieuse que la force de l'élément « fondamentaliste » sont quelque peu contestés. Un sondage Gallup de 1993 donnait 42 % d'Américains se qualifiant eux-mêmes de « *born again* » (nés une deuxième fois en Jésus-Christ). Ce chiffre inclut toutefois de nombreux membres des églises « classiques », pour qui la formule relève plus d'un point de doctrine que d'une véritable expérience personnelle, ainsi que les protestants évangéliques noirs, que leur croyance, à de rares exceptions près, ne conduit pas à voter républicain. Une étude de 1996, réalisée par le sondeur et homme d'affaires évangélique George Barna, révèle que 66 % d'Américains disent avoir un « engagement personnel avec Jésus-Christ », en hausse, par rapport aux 60 % des années 1980. Desquels un tiers fréquente l'église une fois par semaine, un autre tiers au moins une fois par mois. Un tiers toutefois, pour différentes raisons, ne pratiquant pas[81].

Selon une enquête autorisée menée en 2000 par l'université du Michigan, les protestants blancs évangéliques (qui comprennent des églises se définissant elles-mêmes comme « fondamentalistes ») représentaient 23,1 % de la population totale des États-Unis la même année. Ce qui en fait le deuxième groupe religieux, après les catholiques, estimés à 27,3 %. Bien qu'ils se soient répandus dans tous les États-Unis, leur concentration la plus grande demeure, de loin, dans la Bible Belt, du Grand Sud et des régions limitrophes.

Les « protestants classiques » (épiscopaliens, méthodistes, luthériens, etc.) viennent en troisième position, avec 21,3 %. Entre 1971 et 1990, les églises évangéliques ont gagné plus de 6 millions de membres, tandis que les églises « classiques » en ont perdu quelque 2,6 millions[82]. Les protestants noirs sont 7,6 %, les « autres religions » représentent 4,5 %, et les juifs sont 2 %. Profond contraste avec l'Europe, seuls 14,4 % se qualifient eux-mêmes de « laïcs[83] ». Comme le suggère l'expression Bible Belt, ces chiffres varient considérablement d'une région à une autre. En 1986, selon Gallup, 48 % des habitants du Sud (chiffre alors largement supérieur à la moyenne nationale) se qualifiaient eux-mêmes de chrétiens « *born again* », contre 31 % dans le Midwest et 19 % dans le Nord-Est (la « côte Est » encore, dépravée et athée).

Savoir combien ont une véritable foi « fondamentaliste » ou soutiennent le programme de la droite chrétienne (à son tour explicitement associé à des attitudes nationalistes) est une question difficile[84]. Un sondage Pew de mars 2004 indique que 40 % des Américains croient la Bible à la lettre, et 42 % supplémentaires déclarent que c'est la parole de Dieu, mais qu'elle n'est pas nécessairement vraie[85]. Bien sûr, la plupart d'entre eux ne tentent pas réellement d'accorder leur comportement à leur foi, mais cela donne néanmoins à la minorité la plus déterminée un océan de complaisance où s'ébattre, ce qui n'existe tout simplement pas ailleurs dans le monde développé. Selon Gallup, 18 % des Américains sondés en 1993 croyaient que les inondations de cette année-là étaient une punition de Dieu pour les péchés commis par les gens vivant le long du Mississippi[86].

En Grande-Bretagne, les élans pourtant bien plus modérés du protestant « classique » qu'est Tony Blair ont été mis en sourdine par des conseillers craignant les moqueries des sujets de sa Très Gracieuse Majesté. Ce ne serait jamais le cas aux États-Unis. En 1976, l'identité religieuse « *born again* » du candidat à l'élection présidentielle Jimmy Carter, de Géorgie, paraissait déjà un argument électoral suffisamment attrayant pour que le président Gerald Ford se crût obligé de se déclarer lui-même « *born again* » – bien qu'il fût épiscopalien[87] !

À l'exception de George Bush Sr, tous les présidents suivants se sont affirmés « *born again* » – et semblerait-il, dans le cas de Ronald Reagan et de George Bush Junior, assez sincèrement. Dans un sondage réalisé en 1998, 56 % des Américains déclaraient qu'ils ne voteraient pas pour un président athée (certes un changement par rapport à 1958, où ils étaient 82 % à penser la même chose)[88]. Jouant sur ce sentiment, George Bush Sr, comme tous les candidats républicains de la génération passée, déclarait en 1992 : « Je crois de tout mon cœur qu'on ne peut pas être président si l'on ne croit pas en Dieu. » En 1996, plus d'un cinquième des membres inscrits du parti républicain déclaraient appartenir à la droite chrétienne[89]. Lors de la campagne démocrate des primaires, en 2004, plusieurs candidats ont affirmé, assez invraisemblablement, avoir découvert la religion durant la campagne[90].

Entre un tiers et la moitié des Blancs évangéliques (fondamentalistes compris) – c'est-à-dire entre 7 et 12 % de l'ensemble de la population américaine – soutiendraient la droite chrétienne, ou du moins partageraient son idéologie. Pourtant, comme pour certaines minorités ethniques, notamment les Juifs, la force des fondamentalistes ne réside pas tant dans leur nombre que dans leur engagement, relativement plus fort – avec un taux de participation très élevé aux élections, par exemple –, dans leur capacité à se mobiliser autour de questions spécifiques, ou encore à accepter des sacrifices personnels, à donner de leur temps et de leur argent, ainsi qu'à leur concentration dans certaines régions stratégiques sur le plan politique.

Comme l'a noté le dirigeant de la Coalition chrétienne, Ralph Reed, leurs angoisses concernant l'éducation ou des questions de proximité ont transformé les chrétiens conservateurs en une formidable force politique locale (dans les conseils d'école, et ainsi de suite), jetant les bases de leurs succès futurs sur la scène politique nationale : « L'avantage que nous avons, c'est que les gens de gauche et les féministes ne vont généralement pas à l'église. Ils ne se réunissent pas tous ensemble trois jours avant les élections[91]. » Les « colleges » chrétiens conservateurs se sont aussi rélévés un utile réservoir militant pour les campagnes républicaines[92].

Le pouvoir des fondamentalistes, comme celui d'autres groupes minoritaires surmotivés, se trouve considérablement renforcé par la participation très basse aux élections américaines. Ainsi, lors des élections de novembre 2002, les républicains ont-ils pu gagner un nombre important de sièges au Sénat et à la Chambre des représentants avec un taux de participation qui n'atteint que 15 % des inscrits. Sur un chiffre si faible, les fondamentalistes peuvent évidemment former une proportion considérable et d'autant plus puissante.

Formellement, la droite chrétienne des années 1970 s'est créée en réaction à la légalisation de l'avortement. Ce fut effectivement un profond sujet d'inquiétude pour les chrétiens, réunissant, qui plus est, les protestants évangéliques et des catholiques conservateurs tel William Bennett*. Pourtant, comme auparavant d'autres points de cristallisation, la fureur anti-avortement s'inscrivait dans un contexte bien plus vaste de peur et de rancœur, puissants aliments de la droite chrétienne et, plus largement, de la nouvelle droite[93].

Les défaites accumulées par la culture du Sud blanc et de l'Amérique profonde dans les années 1960 et 1970 apparaissent sans équivalent depuis la guerre de Sécession. Le terme de « révolution socio-économique nègre », utilisé par certains auteurs pour décrire certains aspects, est exagéré, mais il reflète sans doute le sentiment qu'eurent à l'époque de nombreux Blancs et qui, dans une certaine mesure, perdure aujourd'hui[94]. Les Droits civiques accordés aux Noirs, associés aux émeutes urbaines et aux pressions dans les domaines de l'éducation et du logement, terrifièrent et exaspérèrent des pans entiers des classes moyennes blanches, créant les conditions d'une nouvelle alliance entre le Sud blanc et le Midwest, selon des lignes similaires à celles qui avaient soudé les « jacksoniens » et permis la création du parti démocrate, plus d'un siècle auparavant. Pis encore, le radicalisme à la mode dans l'intelligentsia se mit à célébrer les « valeurs

---

* Ancien secrétaire à l'Éducation sous le gouvernement Reagan et l'un des promoteurs de la « guerre à la drogue ». Membre de nombreuses organisations gravitant autour de la nouvelle droite et du parti républicain.

noires », se gaussant de celles qu'on pouvait qualifier de « blanches », conduisant les Blancs ringards et pauvres des petites villes au bord de la crise de nerfs [95].

La révolution sexuelle, dans laquelle s'inscrit la légalisation de l'avortement, toucha aux fondations mêmes de l'idée conservatrice de la famille. La sexualisation de l'adolescence (malgré des lois d'une étrange sauvagerie contre les rapports entre adolescents dans un certain nombre d'États) est devenue centrale pour les stratégies marketing de pans entiers du capitalisme américain. L'apparition au grand jour de l'homosexualité fut considérée par certains fondamentalistes comme le présage d'une prochaine fin du monde ; la réaction de la société conservatrice ne fit que croître lorsque des héros homosexuels, des héroïnes lesbiennes firent leur entrée dans les séries du petit écran, qui parfois, comme « Will and Grace », leur étaient entièrement consacrées. Ainsi la culture gay fit-elle virtuellement son entrée dans chaque foyer possédant la télévision [96]. En 2003-2004, les appels à la légalisation du mariage gay redonnèrent un nouveau coup de fouet à la mobilisation des chrétiens de droite, au grand bénéfice du parti républicain.

La « contre-culture » dans son ensemble apparut à l'Amérique chrétienne conservatrice comme une attaque indiciblement haineuse et diabolique contre sa propre conception de la société ; des segments limités mais bruyants de la jeunesse américaine se révoltaient contre le service militaire et les valeurs patriotiques, et pour la première fois de son histoire, l'Amérique perdait une guerre importante [97]. Les catholiques avaient été haïs autrefois, mais au moins leurs idées sur la famille, la moralité sexuelle et le comportement viril étaient-elles à peu de chose près semblables à celles des évangéliques purs et durs. Pour une mentalité traditionnelle, la culture américaine qui se développa après les années 1960 semblait au contraire sortie directement d'un tableau de Jérôme Bosch, un véritable Pandemonium de monstres à peine imaginables et d'abominations, lancés, par l'intermédiaire notamment de la télévision, à l'assaut de la foi et des valeurs. Enfin, après le choc pétrolier de 1973, les années 1970 virent la fin de la longue période de croissance de l'après-guerre et initièrent trois décennies d'une stagnation sans précédent des revenus réels de la classe moyenne américaine. La vieille classe ouvrière blanche du Midwest avait pris l'habitude d'un monde où la respectabilité et le travail consciencieux garantissaient une augmentation régulière du revenu et la consolidation du statut social. La fin de ce monde a porté un coup fatal à l'« économie morale » des classes moyennes[98]. Cette accumulation de défaites explique pour une bonne part le tour aigri, mesquin, ombrageux et agressif qu'ont pris la droite américaine contemporaine et le nationalisme qu'elle embrasse. Et même lorsque la première, apparemment, est au pouvoir, elle est encore hantée par les défaites des années 1960 et 1970, que ses partisans, depuis de nombreuses années, passent une bonne partie de leur temps à tenter d'effacer.

Existe en effet l'espoir – très bien exprimé par le « Contrat avec l'Amérique » des républicains en 1994 – qu'avec suffisamment de volonté le pays pourrait revenir à l'âge d'or, du moins perçu comme tel, des années 1950 et de la présidence Eisenhower[99]. Puisqu'on ne peut admettre que le développement capitaliste est lui-même largement responsable du changement social et culturel honni, l'échec de ce programme de restauration trouve une explication nécessaire dans la « théorie du Diable » : la résistance de forces malfaisantes à l'intérieur et à l'extérieur – entendons les « élites de gauche », surtout dans les médias, leurs alliés supposés en Europe, et les ennemis de la nation que ceux-ci sont censés couver où que ce soit dans le monde. Mais si bizarre que cela puisse sembler au vu de la puissance de ces groupes conservateurs, si le modèle d'une société conservatrice en bonne santé est à chercher dans le passé, dans l'Amérique des années 1950, alors on peut affirmer que les conservateurs ont perdu, et qu'ils perdront toujours.

Pour de nombreux Américains conservateurs, le contexte de la guerre du Vietnam aggrava encore la portée des changements culturels survenus dans les années 1960-1970. L'association de ces derniers à la défaite militaire ruina les chances de succès du libéralisme progressiste auprès des larges masses conformistes. La droite chrétienne, comme la droite en général, était profondément engagée dans l'anticommunisme, opposée à SALT*, réclamant une augmentation des dépenses militaires et une stratégie musclée en Amérique centrale, soutenant la rhétorique reaganienne de l' « Empire du Mal », et Taiwan contre la « Chine rouge » [100]. Cet anticommunisme s'inscrivait dans un complexe plus vaste d'attitudes nationalistes intransigeantes ; car les politiciens associés à la droite chrétienne, comme mes amis de Troy, s'opposaient farouchement à l'abandon du contrôle américain sur le canal de Panama et réclamaient, vis-à-vis de l'Iran après la révolution islamique, la politique la plus dure possible [101].

L'une des campagnes les plus médiatisées de Jerry Falwell avait pour slogan « J'aime l'Amérique ». Les meetings, la propagande et la rhétorique de la droite chrétienne ont toujours baigné dans le nationalisme et la symbolique nationale. Le colonel à la retraite Robert Thieme, devenu pasteur évangélique, avec un fort penchant pour l'apocalypse et une influence considérable sur la droite, devint célèbre parce qu'il portait en chaire son

---

* *Strategic Arms Limitation Talks* (Discussions sur la limitation des armes stratégiques). SALT II, signé en juin 1979 entre le président Carter et Leonid Brejnev, souleva une vive opposition à droite et ne fut pas ratifié par le Congrès (l'accord fut quand même appliqué). C'est Nixon qui rompt avec la notion de supériorité stratégique, et signe, en 1972, après plusieurs années de négociation, SALT I, premier accord de ce type entre les deux superpuissances. SALT II, inscrit dès la signature de SALT I dans le programme de négociations, auquel devait mener un accord intermédiaire, tarda beaucoup à être finalisé. Après une période de détente, les relations soviéto-américaines se refroidissaient à nouveau. Elles allaient prendre un tour glacial avec l'entrée des troupes soviétiques en Afghanistan à la fin de l'année 1979. START (*Strategic Armement Reduction Talks*) I, signé entre le président Bush père et Mikhaïl Gorbatchev fin juillet 1991 intervient dans un contexte très différent, puisqu'à cette date les régimes communistes d'Europe de l'Est se sont effondrés, que l'Allemagne est réunifiée et que le pacte de Varsovie a été dissous. Comme son nom l'indique, il ne se contente plus de limiter la course aux armements mais conduit à réduire les arsenaux existants. Avec START II, signé en juin 1992, alors que l'URSS n'existe plus et que Boris Eltsine préside aux destinées de la Russie, il s'agit surtout d'empêcher la dispersion de l'ancien stock soviétique.

vieil uniforme militaire[102]. Tout cela finit par renforcer la haine nationaliste, notamment à l'égard de l'Europe. Selon le commentateur conservateur Robert D. Novak : « Ces partisans de Bush considèrent que le président subit les attaques du monde entier, plus particulièrement de l'Europe, où l'athéisme est en hausse et la religion en déclin, parce qu'il est chrétien[103]. »

Le nationalisme radical de la droite religieuse est sorti renforcé des attaques du 11 Septembre et s'est fondu dans l'hostilité à l'islam en tant que religion. Bush lui-même fut âprement critiqué par certains secteurs de la droite religieuse pour son discours du 17 septembre 2001 au Centre musulman de Washington où il a fait l'éloge de l'islam, « religion de paix »[104]. Pour Franklin Graham, le fils de Billy Graham, l'islam est « très malfaisant et pernicieux, [il est] violent et n'adore pas le même Dieu ». Jerry Falwell a qualifié Mahomet de terroriste – propos dont Bush et son administration se sont officiellement démarqués[105]. L'influent millénariste Hal Lindsey (auteur du livre le plus vendu, après la Bible, de toute l'histoire de l'édition américaine) produisit une œuvre nourrie de la haine la plus frappante, qui mêle les références au christianisme et aux extrémistes israéliens pour diffamer l'islam[106]. De telles attitudes ont de lourdes conséquences dans le reste du monde[107].

Parce qu'elle identifie la religion à la nation, l'aile fondamentaliste des églises évangéliques américaines est un cas unique dans la chrétienté occidentale (à l'exception de l'Irlande du Nord, de laquelle découlent finalement une bonne part de ses traditions). L'église catholique, comme nous l'avons remarqué, est universelle par nature. Les églises protestantes nationales d'Europe de l'Ouest se sont fortement engagées, depuis 1945, dans l'internationalisme. Même en Angleterre, l'église anglicane n'est plus, depuis des années, « le parti conservateur en prière », comme on a pu, autrefois, la qualifier. Tandis qu'au Texas, pour reprendre les termes de l'écrivain et essayiste Larry McMurtry, « un protestantisme fade semble avoir engendré, comme sous-produit, un super-patriotisme[108] ».

Les églises protestantes « classiques » d'Amérique, à l'instar de leurs consœurs européennes, auxquelles elles sont liées par des institutions comme le Conseil œcuménique des églises ou d'autres organisations internationales, en sont venues, généralement, à adopter des positions libérales et internationalistes. Pour trouver un parallèle avec le nationalisme instinctif de certains évangéliques, il faudrait une fois de plus remonter à l'Europe d'avant 1939 ou même d'avant 1914. Dans la chrétienté orientale, les églises orthodoxes s'identifient souvent à leur nationalisme respectif, et il n'est pas rare qu'elles fassent preuve de chauvinisme ; encore ont-elles l'expérience historique, ce qui n'est pas vraiment le cas en Amérique, d'avoir été des églises d'État.

Millénaristes et nationalistes

Un nombre significatif de chrétiens évangéliques américains ont adopté des croyances millénaristes, dont les conséquences sur leur attitude à l'égard du monde extérieur ont quelque raison d'effrayer. En 1977, le nombre des seuls prémillénaristes en Amérique était estimé à environ huit millions. Un sondage Pew de mai 2004 indiquait que 36 % des personnes interrogées considéraient que le Livre des Révélations n'était pas une métaphore, mais une vraie « prophétie ». Les prémillénaristes croient en un retour physique du Christ *avant* son règne de mille ans sur terre, à la différence des postmillénaristes (une majorité des églises protestantes « classiques »), qui professent que ce retour aura lieu *après* que le « millenium » aura été établi, par la puissance de Dieu œuvrant à travers son peuple. Cette distinction a des conséquences cruciales dans les comportements vis-à-vis de la politique, de l'histoire, plus particulièrement quant à la possibilité à l'opportunité pour les chrétiens de promouvoir un changement social positif en ce monde[109]. La grande majorité des dirigeants de la droite chrétienne sont prémillénaristes, et souvent d'une tendance plus extrême encore de cette croyance dite « dispensationalisme* ». En 1987, 63 % des pasteurs baptistes du Sud se déclaraient prémillénaristes[110].

Un nombre bien plus grand d'Américains croient en la « prophétie », c'est-à-dire pensent que la Bible – notamment le Livre de Daniel et l'Apocalypse de saint Jean – fournit une prédiction exacte des événements futurs[111]. En témoigne le succès de romans religieux millénaristes, comme *Late Great Planet Earth* (« L'ex-grande planète Terre ») de Hal Lindsey (dont les ventes atteignaient, en 2004, 35 millions d'exemplaires) ou, plus récemment, de la série « Ravissement » de Tim LaHaye et Jerry B. Jenkins, dont il s'est vendu à ce jour plus de 62 millions d'exemplaires – de quoi faire rougir Harry Potter –, ce qui en fait, de loin, le plus gros succès – pour une série – de l'édition américaine de fiction. LaHaye est un des co-fondateurs (avec Jerry Falwell) de la Majorité morale, groupe pionnier de la droite chrétienne, précurseur de la Coalition chrétienne, dont on sait la popularité[112].

Ces millions de lecteurs démontrent une fois encore l'ampleur du fossé entre une part considérable de la population américaine et la modernité, telle que la comprend le reste du monde, et témoignent de ce qui les sépare des principes universalistes et rationalistes du Credo américain. Car il s'agit non seulement d'une tradition profondément et explicitement hostile aux Lumières et à tout fondement rationnel de la communauté ou de l'unité nationale, mais qui cultive aussi une forme de délire paranoïaque envers tout ce qui relève du monde extérieur. Ainsi le roman du télévangéliste Pat Robertson, *The End of the Age* (« La Fin des temps ») a-t-il pour intrigue une conspiration entre une « *First Lady* » hilaryclintonesque et un milliardaire musulman dont le but est de placer l'Antéchrist à la présidence des États-Unis. Le dit Antéchrist, qui porte un surnom français a été possédé par Satan, sous

* Pour laquelle l'histoire est organisée selon la volonté divine en périodes (dispensations) qui précèdent le retour du Christ.

les espèces du dieu hindou Shiva, tandis qu'il servait en Inde dans les Peace Corps*[113].

Ces livres font aussi preuve d'une cruauté totale et choquante dans le traitement réservé aux impies ou aux damnés – c'est-à-dire à la grande masse de l'humanité. La série « Ravissement » commence, suivant en cela l'un des courants du « prophétisme », par l'enlèvement aux cieux des élus, et se poursuit aimablement par les innombrables accidents que causent un peu partout dans monde les autos ou les avions ainsi privés de leurs pilotes – catastrophes dont la plupart des victimes sont évidemment attendues en Enfer[114].

On imagine ce que des tels croyants pensent du monde d'aujourd'hui. Je me souviens des propos tenus par ma propriétaire « *born again* » lors d'un séjour à Washington en 1996-1997. Lorsque je lui exposai que la Bible ne pouvait être la parole littérale de Dieu, car certains passages de l'Exode et de Josué le rendraient alors coupable d'avoir ordonné un génocide, elle me répliqua, de sa voix douce et charmante : « Voyez-vous, si ces gens avaient été détruits il y a trois mille ans, comme Dieu, disiez-vous, l'avait ordonné, nous n'aurions pas tous ces problèmes, aujourd'hui, au Moyen-Orient. » Certains discours millénaristes atteignent à une sorte de pornographie de la haine, dans leurs complaisantes descriptions du destin des damnés, recrutés plus particulièrement parmi les nations hostiles aux États-Unis[115].

Comme le suggère la petite phrase rapportée plus haut, l'une des principales conséquences des opinions millénaristes dans le camp religieux conservateur fut de cimenter son alliance avec les partisans israéliens de la ligne dure – un sujet que nous analyserons au chapitre 6. Cette alliance est devenue un des liens concrets les plus forts entre les conservateurs religieux aux États-Unis et certains aspects du nationalisme américain. Particulièrement intéressante également, pour ce qui concerne le

* Organisation gouvernementale de coopération Nord-Sud, créée par le président Kennedy en 1961, faisant appel au volontariat.

nationalisme américain, la théologie dite de la « domination » ou de la « reconstruction », courant relativement minoritaire en lui-même, mais qui a une grande influence sur la pensée de certaines figures de proue de la droite chrétienne, comme Pat Robertson.

Cette théologie particulière se fonde sur les derniers versets du premier chapitre de la Genèse, où Dieu confère à Adam et Ève la domination sur la terre, sa végétation et ses créatures. Elle en tire argument pour légitimer la domination chrétienne et s'en prend aux défenseurs de l'environnement, au motif que les chrétiens auraient reçu de Dieu toute licence d'exploiter à leur guise les ressources de la planète. L'Amérique incarnant pour les évangéliques la grande nation chrétienne, les conséquences d'un tel point de vue sur la conception de la puissance américaine ne laissent guère de doute : « Nous n'avons d'autre but que de dominer le monde sous l'autorité du Christ, une "prise de pouvoir globale", si l'on veut [...]. L'histoire du monde est entre nos mains [116]. »

Ces croyances alimentent la tendance de la droite américaine à un absolutisme moral et nationaliste sans merci, faisant face à une succession de dirigeants étrangers, depuis Hitler jusqu'à Saddam Hussein, identifiés à l'Antéchrist ou à ses suppôts (le Vatican, bien sûr, ayant eu sa part dans cette sulfureuse distribution). Et comme Satan est aussi trompeur que séduisant, ces dirigeants n'on pas même besoin d'être des ennemis déclarés. Dans ces milieux, Mikhaïl Gorbatchev faisait figure d'Antéchrist en raison précisément de sa popularité à l'Ouest. Le millénarisme proprement dit et la propension de ses adeptes à défendre une ligne dure en politique étrangère et en matière de sécurité ont reçu un formidable élan avec la guerre froide et avec l'image très répandue d'une URSS incarnant l' « Empire du mal ».

Parce que l'Antéchrist est réputé étendre un jour sa domination à la terre entière, le millénarisme s'assimile à une foi nationaliste prônant la domination sans entrave de l'Amérique et distillant une haine pathologique pour les Nation unies. Ces idées alimentent les plus noirs fantasmes, extraordinairement répandus dans la société américaine, bien au-delà de la Bible Belt[117]. L'Union européenne peut aussi être appelée à jouer un rôle dans ces scénarios apocalyptiques, par exemple dans les pages du journal millénariste *The Philadelphia Trumpet*, qui voit en elle un nouveau « Saint Empire romain » sous domination allemande[118]. La Commission trilatérale et le Conseil des relations extérieures* sont quant à eux fréquemment décrits comme des agences de l'Antéchrist, lequel, bien sûr, n'est presque jamais américain, quoique certains de ses serviteurs abusés puissent l'être, et que le président Kennedy eût la faveur, pour certains millénaristes du Sud, de l'incarner en personne.

Les croyances millénaristes nourrissent aussi, à une échelle plus vaste, ce qu'on pourrait appeler l'« écologie de la peur », pour reprendre l'expression de l'urbaniste Mike Davis dans son livre sur Los Angeles, et, par conséquent, toute une culture nationale paranoïaque[119]. Comme le souligne Paul Boyer dans l'ouvrage magistral qu'il a consacré au sujet, la force des sentiments millénaristes chez une minorité d'Américains a des répercussion sur toute la culture, notamment sur certains films hollywoodiens, comme la série des « Omen** », sur les romans de science-fiction ou sur la musique pop[120].

Ces fantasmes prennent souvent un tour racial. Ainsi en 1999, Jerry Falwell, l'influent télévangéliste, millénariste, politicien de la droite chrétienne, a-t-il conseillé à ses

---

* Toutes deux sont des organisations indépendantes. La Commission trilatérale fut fondée, à l'initiative notamment de David Rockefeller, en 1973. Elle réunit des représentants de haut niveau, quel que soit leur domaine d'activité, d'Europe, d'Amérique du Nord et d'Asie. Elle a pour but la concertation entre ses membres et la définition d'orientations communes. Le Conseil des relations extérieures, fondé en 1921, n'est pas une organisation internationale ; ouvert à des représentants et à des experts du monde diplomatique, sans préjuger de leurs options politiques, il publie la prestigieuse revue *Foreign Affairs*.

** Films d'horreur. Le premier de la série, qui en compte quatre, est signé Richard Donner (titre français : *La Malédiction*, 1976). Les réalisateurs suivants poursuivront avec plus ou moins de bonheur les tribulations de Damien, enfant chez Donner, puis adolescent et adulte, qui n'est autre que l'Antéchrist.

adeptes de se préparer au chaos que ne manquerait pas de déclencher le « bug du millenium » en stockant les produits de première nécessité, dont, insiste-t-il, armes et munitions, afin de protéger les précautionneux (les fourmis de la fable, si l'on veut) contre les affamés et les imprévoyants – et nous pouvons être à peu près sûr de la couleur de ceux qu'il imaginait en cigales. Flattant encore une fois les sentiments anti-immigrants et anti-urbains de l'« Amérique profonde », une bonne part de la littérature apocalyptique a pour toile de fond la faillite des villes et les cataclysmes qui s'en suivront. Hal Lindsey, quant à lui, fut d'abord possédé par la crainte du « péril jaune », avant que celle-ci ne se commue en terreur de l'islam[121].

Enfin, dans le contexte des traditions américaines de défaite, de paranoïa et de peur de l'agression, il faut souligner un élément important, à l'œuvre dans tout le millénarisme : le ressentiment de classe. Il a été superbement analysé par Norman Cohn dans son célèbre livre *Les Fanatiques de l'Apocalypse*, où les cultes millénaristes du Moyen Âge et des débuts de l'Europe moderne, avec leur rêve d'un royaume de Dieu égalitaire et leurs révoltes contre des dirigeants ou des maîtres impies sont montrés, par certains aspects, comme des précurseurs du communisme (et parfois de l'antisémitisme moderne)[122].

Cohn et ses collègues semblent pourtant ne pas avoir remarqué, tandis qu'ils analysaient des cultes vieux de cinq cents ans, que des groupes millénaristes, incarnant la même tradition, étaient encore vivants dans l'Amérique d'aujourd'hui, où il existe également une très forte corrélation entre de telles croyances et la pauvreté, la résidence en milieu rural ou en petite agglomération et surtout le manque d'instruction[123]. Ce qui bien sûr ne laisse pas de nourrir un ressentiment plus vaste du Sud et du pays profond contre les « élites de la côte Est », ressentiment des classes inférieures contre les élites en général, notamment celles qui sont assimilées à une origine « étrangère », les banquiers, par exemple. Effectivement, certains historiens ont vu dans le fondamentalisme américain une sorte d'« opium du peuple », un processus qui détourne les rancunes socio-économiques vers une forme d'expression hostile à la culture des élites mais qui ne menace pas leur pouvoir réel [124].

À longueur de romans millénaristes, des personnages riches, instruits ou prestigieux meurent et sont précipités dans l'enfer, punis pour leur vie scandaleuse, tandis que les croyants ordinaires et simples, craignant Dieu, sont sauvés. Les auteurs millénaristes dénoncent aussi régulièrement l'hédonisme américain et la culture consumériste. Et tout au long de l'histoire, le millénarisme américain est bien, dans une large mesure, une « religion des déshérités », une forme de socialisme spirituel pour des gens qui ne peuvent, dans cette situation, devenir réellement socialistes [125]. Écoutons Billy Graham : « Laissez-moi vous dire quelque chose : lorsque Dieu sera prêt à secouer l'Amérique, il ne prendra peut-être pas le docteur en sciences ou le docteur de la foi. Il choisira peut-être un type de la campagne. Il choisira peut-être un petit marchand de chaussure, comme il a choisi D. L. Moody* [...]. Il choisira peut-être un type que personne ne connaît, un rien-du-tout, pour secouer l'Amérique, un jour, au nom de Jésus-Christ [126]. »

Les prédicateurs évangéliques et plus encore les millénaristes ont à la bouche, pour décrire le futur royaume du Christ sur la terre, des mots qui rappellent parfois Karl Marx. Ils voient une Amérique meilleure, débarrassée de la pauvreté, du péché et des valeurs étrangères : « à peu

---

* D'une famille pauvre mais de bonne souche, orphelin de père, Dwight Lyman Moody (1837-1899) se convertit à l'âge de dix-sept ans. Il reçoit la révélation dans la boutique du marchand de chaussures qui l'emploie. Il n'aura de cesse, désormais, de prêcher aux foules, et aux pauvres, l'amour du Christ. Son zèle missionnaire le conduira, alors qu'il est presque illettré, à enseigner à l'« école du dimanche », à travailler avec la Young Men Christian Association (YMCA), et à construire « la plus grosse église de Chicago ». Moody aime les foules et il tiendra d'immenses « meetings », non seulement aux États-Unis mais en Angleterre où il effectuera une tournée triomphale, inaugurant un style de prédication de masse que les télévangélistes développeront avec les médias modernes. Pour les évangéliques, il est l'un des plus grands, sinon le plus grand prédicateur du XIXe siècle.

près comme dans la vie d'aujourd'hui [...], mais où toutes les imperfections qui ont détruit le vrai et plein sens de la vie auront disparu. » Le règne du Christ apportera « le travail, l'aventure, l'émotion, l'emploi et l'engagement ». On insiste beaucoup, chez tous ceux qui croient au futur royaume, dans lequel tous les hommes seront rois, sur l'égalité – y compris sur l'égalité économique [127].

Il serait pourtant tout à fait faux de cantonner ce segment des croyances américaines à une sorte de province religieuse qui ne serait peuplée que de pauvres et de marginaux. Bien au contraire. Comme l'ont souligné Boyer, Grace, Halsell et d'autres chercheurs, son influence sur les élites régionales du Sud et de l'Ouest, et au plan national sur celles du parti républicain, est considérable. La foi pentecôtiste, très liée à la croyance millénariste, compte parmi ses adeptes le ministre de la Justice John Ashcroft et des officiers supérieurs de l'armée. Pat Robertson, cofondateur de la Christian Coalition, pour qui l'Amérique libérale a fait aux chrétiens évangéliques « ce que les nazis allemands ont fait aux juifs », est le fils d'un sénateur, issu d'une famille patricienne de Virginie [128].

Le lien entre le millénarisme et le nationalisme radical peut être incarné par le lieutenant général William G. « Jerry » Boykin, croyant pentecôtiste, nommé en 2003 sous-secrétaire adjoint à la Défense chargé du renseignement. Un petit scandale a éclaté la même année lorsque le contenu de certains propos du général Boykin tenus devant des assemblées de fidèles évangéliques a été révélé par les médias nationaux (le président Bush a finalement condamné les affirmations du général, mais ne l'a pas démis de ses fonctions – fonctions qui, remarquera-t-on, impliqueraient plus tard une certaine responsabilité dans la stratégie de collecte des informations qui a conduit aux abus d'Abu Ghraib et d'ailleurs).

Le général Boykin a notamment déclaré que l'Amérique était une « nation chrétienne » et que le président Bush avait été porté à la présidence par un miracle – une idée avec laquelle de nombreux démocrates seraient d'accord, mais pour des raisons quelque peu différentes. À propos de certains jugements rendus par la Cour suprême qu'il désapprouve, il a également dit : « Il ne faut pas vous inquiéter de ce que peuvent dire les tribunaux. Notre Dieu règne en maître. » Il a encore informé ses auditeurs qu'en examinant des photographies de Mogadiscio, lorsqu'il servait comme officier des forces spéciales, il avait vu une inexplicable marque noire... qu'il expliquait comme une manifestation du diable ; et que le 11 Septembre les terroristes avaient en vérité détourné deux autres avions, mais que « la main de Dieu avait contrecarré leurs plans [129] ».

L'ennemi de l'Amérique dans la guerre contre le terrorisme, a-t-il précisé, c'est Satan, qui ne pourra être vaincu que « si nous combattons au nom de Jésus ». Sa sortie à propos d'un seigneur de la guerre somali est plus connue : « Je savais que mon Dieu était plus grand que le sien. Je savais que mon Dieu était un vrai Dieu et que le sien était une idole. » Elle fut généralement attribuée à un « racisme grossier », ce qui est peut-être le cas, mais elle faisait aussi référence à la Bible, plus exactement au défi lancé par le prophète Élie aux prêtres de Baal et à la victoire du premier [130]. De telles affirmations, visant l'islam, ont été reprises par plusieurs dirigeants de la droite chrétienne, comme Franklin Graham (le fils de Billy), Jerry Falwell et le révérend Ted Haggart, président de l'Association nationale des évangéliques [131].

De nombreux responsables du gouvernement Bush ne font pas mystère de leur conviction que l'État américain repose sur des fondations essentiellement religieuses, ou que « la source de toute liberté et dignité humaine est le Créateur », pour citer John Ashcroft [132]. Le vice-président Dick Cheney lui-même envoyait en 2003 une carte de Noël avec cette citation de Benjamin Franklin : « Si un moineau ne peut pas tomber à terre sans qu'Il le remarque, est-il probable qu'un empire puisse s'élever sans Son aide ? [133] »

Les propos du général Boykin font une fois de plus ressortir deux traits marquants de ce secteur de la société américaine, examinés plus haut. Le premier est son intense nationalisme. Comme celui des puritains anglais et écossais, dont ils tiennent leur culture religieuse – comme aussi celui des Hébreux de l'Ancien Testament – le Dieu de ces gens est essentiellement un dieu tribal, le dieu de guerre cromwellien, qui combat à leurs côtés contre les Amalécites, les papistes irlandais, les Indiens peaux-rouges, les Mexicains, les Espagnols, les Allemands, les Japonais, les communistes, les Russes, les Chinois, les Vietnamiens, les musulmans et tout autre ennemi qui suivrait.

La seconde caractéristique est une culture fondée sur la religion, dans une grande mesure pré-moderne et sans aucun doute d'avant les Lumières. Une comparaison du général Boykin avec ses confrères des autres forces armées est instructive. Bon nombre d'officiers français, anglais ou russes se sentiraient plus à l'aise sans doute au XIXe siècle, et pour certains, qui ont gardé le goût de l'aristocratique, au XVIIIe. Les officiers anglais, en particulier, ont parfois une affection pour les chevaux qui frise l'inconvenance. Mais l'âge d'or qu'ils regrettent est postérieur et aucun ne se sentirait chez lui dans l'armée du « nouveau modèle » de Cromwell, contrairement au général Boykin. On peut donc considérer que l'ampleur de ce secteur idéologiquement pré-moderne aux États-Unis est sans équivalent dans le monde développé – excepté en Irlande du Nord. Ce genre de nationalisme religieux est tout autant alimenté par le moralisme religieux que par une paranoïa nourrie à son tour par un embrigadement culturel. Selon Richard Hofstadter : « Puisque c'est toujours un conflit entre bien et mal qui est en jeu, la qualité requise n'est pas la bonne volonté ou l'aptitude au compromis, mais la volonté de se bagarrer jusqu'au bout. La victoire totale et rien d'autre. Puisque l'on considère que l'ennemi est absolument mauvais, qu'il ne se calmera jamais, il doit être totalement éliminé [...]. Cette soif de victoire totale conduit à la formulation d'objectifs irréalistes et désespérément exigeants ; et puisqu'on ne peut les atteindre, même de loin, l'échec renforce constamment la frustration paranoïaque [134]. »

Les conséquences de ce système de croyance sur la « guerre contre le terrorisme » seront au nombre des sujets examinés dans les deux prochains chapitres.

Notes

1. (*The Hunting of the Foxes... by Five Small Beagles* Pamphlets des Niveleurs contre Cromwell), *in* Lamont and Oldfield, *Politics, Religion and Literature in the Seventeenth Century, op. cit.*, pp. 154-155.

2. Pour l'idée (britannique) que c'est désormais l'Europe et non l'Amérique, qui représente la forme la plus réussie et civilisée de la modernité, voir Will Hutton, The World We're In (Little, Brown ; Londres, 2002).

3. Lerner, *America as a Civilization, op. cit.*.

4. Cité dans Howard Elinson, "The Implications of Pentecostal Religion for Intellectualism, Politics, and Race Relations", *The American Journal of Sociology*, vol. 70, n° 4, janvier 1965.

5. Samuel Huntington, "Dead Souls : The Denationalization of the American Elite", *National Interest*, n° 75, été 2004 ; voir aussi Adrian Hastings, *The Construction of Nationhood : Ethnicity, Religion and Nationalism* (Cambridge University Press, New York, 1997).

6. Joel Carpenter, *Revive Us Again : The Reawakening of American Fundamentalism* (Oxford University Press, New York, 1997), pp. 234-235.

7. Cf. Corwin Smidt, "Evangelicals within Contemporary American Politics : Differentiating between Fundamentalist and Non-Fundamentalist Evangelicals", *The Western Political Quarterly*, vol. 41, n° 3, septembre 1988.

8. Concernant les motivations des nouveaux adhérents aux églises fondamentalistes, voir Robert R. Monaghan, "Three faces of the True Believer : Motivations for Attending a Fundamentalist Church", *in* Hammond et Johnson (eds), American Mosaic, *op. cit.*, pp. 65-79.

9. Churches and Church Membership in the United States, 2000 : An Enumeration by Region, State and County Based on Data for 133 Church Groupings (Glenmary Research Center, Atlanta, 2002). Voir en particulier la carte.

10. Cf. Wald, Religion and Politics, *op. cit.*, p. 49.

11. Voir Simkins et Roland, *History of the South, op. cit.*, pp. 152-175 ; Genovese, *The Southern Tradition, op. cit.*, p. 27.

12. Leyburn, *op. cit.*, pp. 71-79, 143ff, 282ff.

13. Cf. Bellah, *Civil Religion, op. cit.*, pp. 113-124.

14. George Grant, cité dans Lipset, *American Exceptionalism, op. cit.*, p. 37 ; Hofstadter, *Anti-intellectualism, op. cit.*, p. 238.

15. Cf. Gabriel A. Almond, R.Scott Appleby, et Emmanuel Sivan, *Strong Religion : The Rise of Fundamentalism Around the World* (University of Chicago Press, 2003), pp. 106ff.

16. Richard Hofstadter, "The Pseudo-Conservative Revolt-1955", *in* Bell (ed), *The Radical Right, op. cit.*, p. 64, 85.
17. Robert Kelley, *The Cultural Pattern in American Politics : The First Century* (Alfred A Knopf, New York, 1979), p. 39.
18. Cf. Kenneth D. Wald, *Religion and Politics in the United States* (Rowman and Littlefield, New York, 2003), pp. 200ff.
19. Voir Dean M. Kelley, *Why Conservative Churches Are Growing* (Mercer University Press, Macon, GA, 1986), p. 4.
20. Cf. Thomas Frank, *What's the Matter with Kansas ? How the Conservatives Won the Heart of America* (Metropolitan Books, New York, 2004).
21. Cf. the Christian Coalition's "2001 Senate Score Card" and "2001 House Scorecard" at www.cc.org.
22. Howard Fineman, « Bush and God", *Newsweek*, 10 mars 2003.
23. Cf. Philips, American Dynasty, p. 233.
24. Matthieu, XII : 30, cité dans le sermon d'Henry Ward Beecher au début de la guerre de Sécession, "The Battle Set in Array", dans Cherry, *God's New Israel*, pp. 169-183.
25. David Frum et Richard Perle, *An End to Evil : How to Win the War on Terror* (Random House, New York, 2003) ; voir aussi un point de vue critique sur la religiosité de Bush dans Kevin Philips, *American Dinasty : Aristocracy, Fortune and the Politics of Deceit in the House of Bush* (Viking, New York,
26. L'origine de ces paroles a été soulignée par le révérend Fritz Risch dans le *Washington Post*, 2 mars 2003.
27. Stephen Marshall, cité par Michael Walzer, *Exodus and Revolution* (Basic Books, New York, 1985), p. 147.
28. Norman Podhoretz, "How to Win World War IV", *Commentary* 113, n° 2 (février 2002).
29. Stephen Mansfield, *The Faith of George W. Bush*, p. 174.
30. George W. Bush, *A Charge to Keep* (William Morrow and Co., New York, 1999), p. 6 ; David Gergen cité dans "A President Puts His Faith in Providence", *New York Times*, 9 février 2003 ; voir aussi Elizabeth Bumiller, "Talk of Religion Provokes Amens as well as Anxiety", *New York Times*, 22 avril 2002 ; concernant la foi de Bush et son usage politique, voir Philips, *American Dinasty*, pp. 211-244. Voir aussi Bob Woodward, *Bush at War* (Simon and Schuster, New York, 2002), p. 75 (*Bush s'en va-t-en guerre*, Denoël, 2003).
31. Woodward, *Bush at War*, p. 67.
32. Stephen Mansfield, *The Faith of George W. Bush*, p. 172-173.
33. Cf. Philips, *American Dynasty*, pp. 211-244.
34. Cf. Myrdal, *op. cit.*, pp. 457, 523-558.
35. James A. Morone, *Hellfire Nation : The Politics of Sin in American History* (Yale University Press, New Haven, 2003).
36. *Ibid.*, pp. 260-273.

37. Ira M. Wasserman, "Prohibition and Ethnocultural Conflict : The Missouri Prohibition Referendum of 1918", *Social Science Quarterly*, vol. 70, n° 4, décembre 1989.

38. Pour un argument sensé en faveur de la Prohibition et de sa réussite partielle, voir Norman H. Clark, *Deliver Us From Evil : An Interprétation of American Prohibition* (W.W.Norton, New York 1976) en particulier pp. 145-153.

39. Morone, *op. cit.*, p. 304.

40. Cf. Bennett, *Party of Fear, op. cit.*, pp. 208-237.

41. Lind, *The Next American Nation, op. cit.*, p. 88.

42. Cité dans Cherry, *God's New Israel, op. cit.*, p. 269.

43. Stanley Coben, "A Study in Nativism : The Red Scare of 1919-20", *Political Science Quarterly*, vol. 79, n° 1, mars 1964. Pour une description de ces deux peurs, voir Bennett, *Party of Fear, op. cit.*, pp. 183-198 ; Samuel Eliot Morison, *Oxford History of the American People*, Vol.III (Penguin, New York, 1994), pp. 206-219. Sur l'hystérie au Texas pendant la Première guerre mondiale, voir T.R.Fehrenbach, Lone Star, *op. cit.*, pp. 643-648 ; Caro, *The Years of Lyndon Johnson*, Vol.I, *op. cit.*, pp. 80-81. Concernant la pression exercée sur la presse en yiddish (traditionnellement pro allemande), voir Irving Howe, *World of Our Fathers : The Journey of the East European Jews to America and the Life they Found and Made* (Harcourt Brace Jovanovich, New York 1976), pp. 538-540.

44. Cf. George Marsden, "The Religious Right : A Historical Overview", *in* Cromartie, *op. cit.*, p. 1 ; Marty, Pilgrims, *op. cit.*, p. 410.

45. Bell, *op. cit.*, p. 79.

46. Cf. Seymour Martin Lipset et Earl Raab, *The Politics of Unreason : Right Wing Extremism in America*, 1790-1970 (Harper and Row, New York, 1970), pp. 209-247.

47. Kazin, *Populism*, pp. 109-133 ; Bennett, *Party of Fear*, pp. 253-266.

48. This argument for the sources of McCarthyism is set out in the essays by Richard Hofstadter, Peter Viereck et al. in Daniel Bell (ed), *The Radical Right, op. cit.* ; voir aussi Bennett, *Party of Fear, op. cit.*, pp. 310-315.

49. Voir Richard Hofstadter, *Anti-Intellectualism in American Life* (Vintage Books, New York, 1963), p. 55.

50. Voir Noel Ignatiev, *How the Irish Became White* (Routledge, New York 1995).

51. Glazer and Moynihan, *Beyond the Melting Pot, op. cit.*, p. 270.

52. Voir David Schoenbaum, *Hitler's Social Revolution : Class and Status in Nazi Germany, 1933-1939* (W.W. Norton, New York, 1980).

53. Ann Coulter, *Treason : Liberal Treachery from the Cold War to the war Against Terrorism* (Crown Forum, New York, 2003), p. 69.

54. Cf. Dorothy Doren, *Nationalism and Catholic Americanism* (Sheed and Ward, New York, 1967) ; Glazer and Moynihan, 230-231, 247-250.

55. Glazer and Moynihan, 262, 270-274.

56. Lerner, *American Civilization, op. cit.*, p. 904.

57. Cité dans McBride, *John Ford, op. cit.*, p. 6 ; voir aussi les textes de Thomas Flanagan *in* la *New York Review of Books*, "Western Star", vol. 48, n°s 19 et 20, 29 novembre et 20 décembre 2001.
58. Cf. Slatkin, *Gunfighter Nation*, pp. 334-343 ; McBride, *John Ford*, pp. 446-458.
59. Doren, *op. cit.*, pp. 134-162
60. Qui comprend au moins un personnage américain d'origine irlandaise, soldat puis gangster, le protagoniste de The Roaring Twenties.
61. McWhiney, *Cracker Culture, op. cit.*, pp. xxi-xliii. Peut-être devrai-je rappeler que je suis moi-même d'origine germano-irlandaise, et que je n'ai rien contre une bonne cause défendue avec pugnacité.
62. McBride, *op. cit.*, p. 698.
63. Glazer et Moynihan, 271.
64. Sean Hannity, *Let Freedom Ring : Winning the War of Liberty Over Liberalism* (Regan Books, New York, 2002), p. 127.
65. Cf. Eric Alterman, *What Liberal Media ? op. cit.*, p. 35 ; Michael Kinsley, "O'Reilly Among the Snobs", *Washington Post*, 2 mars 2001 ; Noam Scheiber, "Class Act : Chris Mathews and Bill O'Reilly v. The Working Man", *the New Republic*, 25 juin 2001 ; sur la volonté de John Ford de privilégier un style irlandais viril, voir McBride, *John Ford, op. cit.*, p. 298 ; sur Ford et le Vietnâm, voir McBride, pp. 691-692.
66. Will Herberg, *Protestant, Catholic, Jew : An Essay in American Religious Sociology* (Doubleday, New York, 1956), pp. 146-147.
67. Michael Cromartie (ed.), *No Longer Exiles : The Religious New Right and American Politics* (Ethics and Public Policy Center, Washington DC, 1993) ; Oscar Handlin, "American Jewry" *in* Elie Kedourie (ed), *The Jewish World : Revelation, Prophecy and History* (Thames and Hudson, Londres 1979), pp. 281-282 ; Max Lerner, *American Civilization, op. cit.*, pp. 703-717.
68. Cité dans Hofstadter, *Anti-Intellectualism, op. cit.*, p. 125.
69. Cf. Daniel J. Kevles, "Darwin in Dayton", *New York Review of Books*, vol. 45, no. 18, November 19 1998 ; Liebman et Wuthnow, *op. cit.*, p. 1.
70. Almond et al., *Strong Religion, op. cit.*, pp. 26-27.
71. Morison, Commager et Leuchtenburg, *op. cit.*, pp. 435-436 ; voir aussi Martin Marty, *Pilgrims in Their Own Land : 500 Years of Religion in America* (Penguin, New York, 1985), pp. 380-381 ;
72. Kazin, *Populism, op. cit.*, p. 106.
73. Marty, *Pilgrims, op. cit.*, pp. 410-415 ; Carpenter, *Revive Us Again*, pp. 211-229.
74. Sur "The Prairie Home Companion", National Public Radio, 26 octobre 2003.
75. Cf. Kenneth Wald et al., "Churches as Political Communities", *American Political Science Review*, n° 82, 1988.
76. Oran P. Smith, *op. cit.*, pp. 46-67, 98-112, 191-212.
77.

78. Cf. Max Lerner, *American Civilization : Life and Thought in the US Today* (Simon and Schuster, New York 1957), pp. 172-182.

79. Cf. Bellah, *Habits of the Heart, op. cit.*, pp. 196, 204-206, 251, etc.

80. Sur cette reprise, voir Herberg, *op. cit.*, pp. 59-84.

81. Chiffres cités dans Sara Diamond, *Not By Politics Alone ; The Enduring Influence of the Christian Right* (The Guilford Press, New York 1998), pp. 9-10.

82. Diamond, *op. cit.*

83. American National Election Studies (ANES), Center for Political Studies, University of Michigan. Cité dans Wald, *op. cit.*, pp. 160-162.

84. Sur l'influence des baptistes du Sud au sein du parti républicain depuis les années 1960, voir Oran P. Smith, *The Rise of Baptist Republicanism* (New York University Press, New York 1997).

85. Enquête téléphonique Pew commanditée par *Newsweek* et citée dans David Gates, "The Pop Populist", *Newsweek*, 24 mai 2004.

86. Cité dans Lipset, *Exceptionalism, op. cit.*, pp. 268-269.

87. Williams, *America's Religions, op. cit.*, p. 379.

88. Voir Robert J. Blendon et al., *in* Dionne et DiIulio, *op. cit.*, p. 26.

89. Almond et al., *op. cit.*, p. 227.

90. Cf. Colbert I. King, "Dean's Faith-Based Folly", *Washington Post*, 10 janvier 2004 ; Steven Waldman, "When Piety Takes Centre Stage", *Washington Post*, 11 janvier 2004.

91. Ralph Reed, "The Future of the Religious Right", *in* William R. Stevenson Jr (ed), *Christian Political Activism at the Crossroads* (University Press of America, 1994), pp. 81-86. Voir aussi Reed cité dans Wald, *op. cit.*, p. 200 ; pour une enquête sur l'activisme et la construction des mouvements chrétiens radicaux, voir Mark J. Rozell et Clyde Wilcox, "Second Coming : Strategies of the New Christian Right", *Political Science Quarterly*, vol. 111, n° 2, été 1996 ; Kimberley H. Conger et John C. Green, *Campaigns and Elections February 2002*.

92. Cf. *The Washington Post*, 20 octobre 2003 : "Outfitted with Placards and Prayer : Students from Virginia's New Patrick Henry College Planting Political Seeds."

93. Diamond, *op. cit., pp. 63-66, 131-155 ; Alan I. Abramowitz, "It's Abortion, Stupid : Policy Voting in the 1992 Presidential Election", The Journal of Politics*, vol. 57, n° 1, février 1995 ; Hughes, *Myths America Lives By, op. cit.*, pp. 85-89.

94. Phillips, *Emerging Republican Majority, op. cit.*, pp. 25, 33, 37.

95. Cf. Bellah, *The Broken Covenant*, pp. 105-106.

96. Cf. Tracy L. Scott, "Gay Characters Gaining TV Popularity", *Washington Post TV Week*, 30 novembre-6 décembre, 2003.

97. Maurice Isserman et Michael Kazin, *America Divided : The Civil War of the 1960s* (Oxford University Press, 2000), pp. 205-220.

98. Sur le lien entre pauvreté relative, manque d'éducation et fondamentalisme, voir Corwin Smidt, "Born Again Politics" in Tod A. Baker

et al (eds), *Religion and Politics in the South : Mass and Elite Perspectives* (Praeger, New York, 1983), pp. 27-56.

99. Cet esprit souffle, par exemple, sur le livre de Newt Gingrich *To Renew America* (Harper Collins, New York, 1995).

100. Sur le lien entre la foi évangélique et l'opposition aux traités de réduction nucléaire, voir Corwin E Smidt (ed), *Contemporary Evangelical Political Involvement, op. cit.*, pp. 85-96.

101. Robert C Liebman, "Mobilizing the Moral Majority", *in* Liebman et Wuthnow (eds), *The New Christian Right*, p. 69 ; Almond et al., *Strong Religion, op. cit.*, p. 45ff ; Bennett, *Party of Fear, op. cit.*, pp. 375-377, 396-398.

102. Cf. un appel précoce à étendre la guerre contre le terrorisme, Robert L. Maginnis, "Hunting Down backers of Terrorism", *LA Daily Journal*, 22 octobre 2001, voir aussi le site du Family Research Council at www.frc.org.

103. Robert D. Novak, "Bush's Gay Marriage Test", *Washington Post*, 1 décembre 2003.

104. Discours au Centre Musulman de Washington, 17 septembre 2001, at www.whitehouse.gov.

105. Mansfield, *op. cit.*, pp. 139-142.

106. Hal Lindsey, *The Everlasting Hatred : The Roots of Jihad* (Oracle House Publishing, Murrietta, 2002), en particulier pp. 58-124.

107. Phillips, *American Dynasty, op. cit.*, p. 235. ; voir aussi la façon dont ces chiffres sont contestés dans Fareed Zakaria, "Time to Take On America's Haters", *Newsweek*, 21 octobre 2002.

108. Larry McMurtry, *In a Shallow Grave : Essays on Texas* (Touchstone Books, New York, 2001), p. 155 ; et Leslie, *Dallas, op. cit.*, pp. 89, 95, 167.

109. Pour les croyances millénaristes, voir Carpenter, Revive Us Again, *op. cit.*, pp. 247-249 ; Boyer, *When Time Shall Be No More, op. cit.* , pp. 21-45 ; pour les racines de ces croyances dans le XVIIe anglais, voir Richard Niebuhr, *op. cit.*, pp. 46-49.

110. Turner et Guth, *op. cit.*, pp. 187-190. Pour une présentation des relations entre les différentes écoles du millénarisme, voir Timothy P. Weber, *Living in the Shadow of the Second Coming : American Premillennialism, 1875-1925* (Oxford University Press, New York 1979), p. 10.

111. Voir Boyer, *op. cit.*, pp. 1-7.

112. Hal Lindsey, *The Late Great Planet Earth* (Oracle House 2002) ; Tim LaHaye et Jerry B. Jenkins, *Left Behind : A Novel of the Earth's Last Days* (Tyndale House Publishers, Wheaton, Illinois, 1995).

113. Pat Robertson, *The End of the Age* (Word Publishing 1996), *op. cit.*, p. 198.

114. LaHaye et Jenkins, pp. 25-76.

115. Voir Grace Halsell, *Prophecy and Politics : Militant Evangelists on the Road to Nuclear War* (Lawrence Hill and co., Wetport, CT 1986), pp. 28-35.

116. Boyer, p. 303, note 29.

117. Cf. Bennett, *Party of Fear, op. cit.*, pp. 409-475.

118. Cf. Gerald Flurry, "Continue to Watch Stoiber", *in The Philadelphia Trumpet*, novembre 2002 (www.thetrumpet.com) ; Boyer, *op. cit.*, pp. 111, 121, 148, 277.

119. Mike Davis, *Ecology of Fear : Los Angeles and the Imagination of Disaster* (Metropolitan Books, New York 1998), p. 355.

120. Boyer, *op. cit.*, p. 10.

121. Boyer, pp. 257-260. Sur la composante raciale dans les peurs apocalyptiques américaines, voir Davis, *op. cit.*, pp. 281-300, 325-344 ; sur la nouvelle hystérie anti-musulmane, voir Hal Lindsey, *The Everlasting Hatred : The Roots of Jihad* ((Oracle House, Murrietta, 2002).

122. Norman Cohn, *The Pursuit of the Millennium : Revolutionary Millenarians and Mystical Anarchists of the Middle Ages* (Oxford University Press 1990), pp. 58-74, 309-310 – traduction française, Simone Clémendot, avec Michel Fuchs et Paul Rosenberg : *Les Fanatiques de l'Apocalypse*, Paris, Julliard, 1962 ; rééd. Paris, Payot, 1983 ; cf. aussi Edward Shils, "Ideology and Civility : On the Politics of the Intellectual", *The Sewanee Review* no.66, 1958.

123. Turner et Guth, *op. cit.*, pp. 191-192,208.

124. Voir R. Laurence Moore, *Religious Outsiders and the Making of Americans* (Oxford University Press, New York, 1986).

125. Richard Niebuhr, *op. cit.*, pp. 30-31.

126. Cité dans Carpenter, *op. cit.*, p. 224.

127. Billy Graham, cité dans Boyer, *op. cit.*, p. 320.

128. Cité dans Molly Ivins, *Fort Worth Star-Telegram*, 14 septembre 1993.

129. Voir le *Washington Post*, 21 octobre 2003.

130. Cf. Rois, I, 18, verses 20-40. Je suis redevable de cette référence au Pr Charles King de Georgetown University.

131. Voir Michelle Cottle, "Bible Brigade", *in The New Republic*, 21 et 28 avril 2003 ; Alan Cooperman, "Bush's Remark about God Assailed", *Washington Post*, 22 novembre 2003.

132. Peter Beinart, "Bad Faith", *in The New Republic*, 25 mars 2002 ; voir aussi *The Religious Right : The Assault on Tolerance and Pluralism in America* (Published by the Anti-Defamation League, New York, 1994), p. 5.

133. Cf. Molly Ivins, "Cheney's Card : The Empire Writes Back", *Washington Post*, 30 décembre 2003.

134. Hofstadter, *Paranoid Style*, *op. cit.*, p. 31

5.
L'héritage de la guerre froide

> « Où diable est le Cambodge ? Les gens voient les gros titres dans la presse et découvrent tout d'un coup qu'on a un problème avec le Cambodge. Ça doit bien être la faute de quelqu'un, alors on commence à attaquer ce quelqu'un. Les nouvelles vont trop vite et sont trop confuses. On voit un gros titre et on court chercher l'atlas pour trouver le Cambodge. Après, on peut attaquer. On passe plus de temps à parler à tort et à travers de choses dont on ne sait rien que n'importe qui dans l'histoire. »
>
> Sam Bloom (homme d'affaires texan, années 1960) [1]

La guerre froide perpétua et renforça ces vieux courants messianiques, paranoïdes et manichéens du nationalisme américain. Elle ajouta cependant un élément nouveau, à peu près inconnu aux États-Unis avant la Seconde Guerre mondiale, mais très important, ailleurs, dans l'histoire du nationalisme : un énorme complexe militaro-industriel et sécuritaire, très influent, ayant tout intérêt à promouvoir une rivalité armée avec des États tiers.

Depuis la guerre du Vietnam, l'impact de cette nouvelle force dans les affaires américaines se fait surtout sentir à travers ce que j'ai appelé le parti nationaliste américain, c'est-à-dire les républicains. Mais il est également présent au sein du camp démocrate. Avant la guerre du Vietnam, les démocrates recouraient régulièrement aux « peurs » concernant la supposée supériorité militaire soviétique contre les deux gouvernements Eisenhower.

Dans les années 1990, bien que Clinton ait quelque peu diminué le budget de l'armée, il a aussi présidé à une vaste extension de la présence militaire américaine et à une campagne géopolitique de lutte contre l'influence russe. S'agissant de la guerre contre le terrorisme, il n'est pas certain à ce jour que les démocrates aient une alternative sérieuse. Si cette absence d'alternative s'avère réelle, l'une des raisons en est que conseillers et penseurs des deux camps ont été nourris par la même politique étrangère et la même « écologie » sécuritaire.

Les effets de la stratégie américaine après le 11 Septembre en furent particulièrement préjudiciables, l'attention des États-Unis s'étant ainsi détournée des groupes terroristes à proprement parler. Selon le journaliste et expert stratégique James Mann : « Les Vulcains* [nom que se sont donné les membres de l'équipe chargée de la défense et de la politique étrangère dans l'administration Bush] étaient pleinement préparés à affronter des menaces de la même sorte que celles auxquelles ils avaient été confrontés dans le passé – grandes puissances, États voyous, dictateurs, armées de terre, toutes entités opérant à l'intérieur de territoires déterminés et de frontières identifiables – mais ils l'étaient beaucoup moins à combattre une organisation terroriste informelle et sans structure étatique telle qu'Al-Qaida[2]. »

En outre, même face aux menaces provenant d'États tiers, leur approche s'est fondée sur le paradigme simpliste

* Nom familier aux amateurs de la série « Star Trek ». Les Vulcains sont un peuple non terrestre, ayant développé de hautes facultés d'intelligence et pratiquant la télépathie.

– très marqué à droite et clairement issu de la guerre froide – de la construction d'une force armée américaine toujours plus forte. « Les Vulcains furent bien moins actifs dans le développement de nouvelles institutions, de la diplomatie ou d'autres approches susceptibles de résoudre ces questions[3]. »

Aux affaires étrangères et à la sécurité, tous les membres en vue de l'administration Bush sont des produits de la guerre froide. Nombre d'entre eux ont servi comme hauts fonctionnaires dans les administrations républicaines des années 1970[4]. Comme l'a remarqué le photographe officiel de l'administration Ford à propos de l'équipe entourant George Bush, « Je me sens comme Rip van Winkle*. C'est comme si je m'étais réveillé vingt-cinq ans plus tard, et non seulement mes amis sont encore au pouvoir, mais plus puissants qu'ils ne l'ont jamais été[5]. »

La guerre froide a également produit le regroupement des néo-conservateurs, au sein de la bureaucratie et de l'université, dont les membres, entre 2001 et 2003, ont eu une influence déterminante sur le gouvernement de George W. Bush, qui y recruta certains de ses principaux responsables et de ses plus ardents propagandistes[6]. Ces néo-conservateurs sont issus, pour remonter à leur origine la plus lointaine, du groupe du « Centre vital », créé par Reinhold Niebuhr et d'autres à la fin des années 1940, dans l'objectif de rallier la gauche américaine contre la menace du communisme stalinien. Le Centre vital éclata sur la guerre du Vietnam, les futurs néo-conservateurs adoptant généralement des positions en faveur de la guerre et d'une politique antisoviétique dure. Ils soutinrent d'abord le sénateur Henry « Scoop » Jackson, « faucon » démocrate, puis passèrent finalement au parti républicain (bien que quelques-uns, à ce jour, soient toujours officiellement démocrates)[7].

---

* Héros d'un conte fantastique (1819) de Washington Irving, qu'un sortilège endort pendant vingt ans, à la veille de la révolution américaine, et qui se réveillera dans un monde quelque peu bouleversé.

Également capitale dans leur processus de formation fut leur réaction à la « contre-culture » des années 1960, et notamment à ses éléments romantiques, pacifistes, anti-intellectuels et réfractaires, ainsi qu'à la propension croissante de la gauche à condamner Israël. Pourtant, à l'instar de nombreux néo-conservateurs des débuts qui, tel Irving Kristol, provenaient du trotskisme, certains représentants de la seconde génération avaient appartenu à la gauche radicale dans les années 1960, ainsi Stephen Schwartz (qui dirige aujourd'hui la Fondation pour la protection de la démocratie), qui passa plus tard à la droite radicale. Les hommes des deux générations gardèrent de leurs anciennes fréquentations un style radical, un certain goût pour la violence par procuration et le sens du théâtre en politique. En cela, il ressemblent d'assez près aux vieux exemples européens de militants de gauche passés à l'extrême droite (le plus célèbre d'entre eux étant Mussolini)[8].

Comme l'a admis Irving Kristol dans un moment de candeur, son déplacement vers la droite radicale n'est pas allé sans un certain goût du drame. Dans les années 1950, il s'est « fatigué de [ses] propres idées raisonnablement modérées et libérales[9] ». À l'instar d'une bonne part des élites de la guerre froide, les néo-conservateurs furent incapables de changer de style lorsque la raison manifeste de leur engagement – la menace soviétique – eut disparu.

Le groupe des débuts est aujourd'hui presque désagrégé[10]. Certains de ceux qu'on qualifie encore, parfois, de néo-conservateurs, tel Samuel Huntington, se démarquent en fait radicalement du noyau original sur des questions clés, comme le droit et la capacité des États-Unis à répandre leurs valeurs dans le monde, notamment par la force des armes[11]. D'autres, comme le défunt sénateur Daniel Patrick Moynihan, rompirent avec leurs anciens camarades une génération plus tôt.

Le reste des néo-conservateurs forme une sorte de regroupement parabureaucratique (comme le souligne

Jacob Weisberg) qui, étant donné le niveau d'endogamie et le taux de succession héréditaire parmi ses membres, ressemble aussi à une famille étendue ou à un clan [12]. Ce genre de regroupement est rendu possible par le système américain qui efface les frontières entre le gouvernement, l'université, les médias et les affaires, comme on l'a vu au chapitre 2. L'image que ces gens ont d'eux-mêmes doit beaucoup à la tendance qu'eurent dans l'ensemble les élites de la sécurité à se considérer, pendant toute la guerre froide, comme une réincarnation des Gardiens platoniciens, un groupe fermé, choisi, omniscient, protégeant (tels des chiens de garde) et trompant si nécessaire une populace flasque et ignorante, pour son propre bien, afin de la protéger de ses ennemis sans merci [13].

Dans le cas des néo-conservateurs, cette tendance s'est aussi nourrie d'une certaine propension au secret, d'un certain goût pour la conspiration dont n'est pas exempte la pensée d'une de leurs grandes cautions intellectuelles, Leo Strauss [14]. Ce dernier croyait en effet, en strict platonicien, que les élites philosophiques avaient le devoir et le droit d'abreuver le peuple en mythes religieux et patriotiques, auxquels elles ne croyaient pas elles-mêmes. On peut y voir l'une des raisons de la remarquable désinvolture avec laquelle les néo-conservateurs abandonnèrent, les années passant, des positions qu'ils avaient pourtant défendues (ainsi de l'interventionnisme démocratique et humanitaire), et s'allièrent avec des groupes, comme la droite chrétienne, qui devraient leur être parfaitement étrangers.

J'hésiterais donc, au vu d'une telle inconstance et d'un tel opportunisme, à considérer le néo-conservatisme comme une véritable tradition idéologique, quels que soient, par ailleurs, le nationalisme et l'impérialisme radicaux, la véhémence idéologique du ton qui s'y déploient. Ajoutons à ces réserves que, malgré tout le bruit qu'ils ont fait, ils n'ont finalement rien apporté de vraiment nouveau à la culture politique américaine. À l'exception de celles de Leo Strauss et d'Allan Bloom, leurs ouvrages sont caractéristiques de nombreux mouvements nationalistes radicaux, qui combinent le plus souvent le fanatisme avec la paresse intellectuelle et la banalité. De fait, il ne sont guère plus, pour la plupart, que des collages de commentaires fournis aux pages débats des journaux.

Leur contribution consista plutôt à s'emparer de certaines traditions existantes, telles qu'elles sont décrites dans ce livre, et à leur donner un tour radical et extrémiste. Ainsi ont-ils transformé la sympathie pour Israël en soutien au Likoud, ou repris la croyance dans le rôle messianique de l'Amérique et la domination globale des États-Unis pour en tirer des arguments en faveur d'une guerre interventionniste. Cela ne fut toutefois possible que dans le contexte d'un sentiment plus vaste d'urgence nationale, qui se manifesta parfois, à certaines heures de la guerre froide, mais surtout, de façon bien plus dramatique, après le 11 Septembre.

En 2004, comme nous le verrons, le désastre irakien a prouvé que l'influence des néo-conservateurs sur l'administration Bush est sur le déclin, comparé au réalisme dur mais plus pragmatique des Cheney et Rumsfeld, ou à l'approche plus clintonienne et multilatérale d'un Colin Powell. Pourtant, les tendances profondes de la culture politique américaine que les néo-conservateurs ont exploitées demeureront ; effectivement, comme l'analysait le chapitre 2, leur messianisme démocratisant est largement partagé au sein du parti démocrate. Il est donc essentiel que les Américains prennent le temps d'examiner ces éléments profondément enracinés dans leur culture politique, sans imaginer que les dangers qu'ils représentent disparaîtront si les néo-conservateurs perdent leur emprise sur le pouvoir.

Des mythes renforcés

L'émergence de l'Amérique à la tête des démocraties occidentales, leur servant de rempart contre le nazisme puis le communisme, a donné une nouvelle vigueur aux sentiments messianiques issus du Credo américain. De fait, pendant des années, ces sentiments furent justifiés, du moins pour ce qui concerne l'Europe occidentale et (dans une moindre mesure) l'Asie du Nord-Est.

La démocratisation réussie de l'Allemagne et du Japon sous l'occupation américaine a créé une image fatalement séduisante de libération par la force qui devait plus tard être plaquée sur le Vietnam et sur l'Irak. La situation historique, économique, géographique culturelle et sociale de ces deux pays, pas plus que leurs expériences, n'a pas la moindre relation avec ce que furent le Japon et l'Allemagne ; mais peu importe. L'image du soldat américain, conquérant libérateur et modernisateur, réunissant en lui-même toutes ces qualités, était déjà fermement établie durant la guerre hispano-américaine et la Première Guerre mondiale, et elle reposait sur des racines encore plus anciennes[15].

Cette image, résultant des vieux mythes américains et des événements de la première moitié du XXe siècle, a pénétré la mentalité américaine avec une puissance que n'a pas ébranlée ce qui aurait dû constituer l'accablante leçon du Vietnam ; d'une certaine façon, elle est venue compenser la peur de la vocation impériale et des bourbiers militaires. Le rôle de l'Amérique comme « gardienne de la liberté » est sans cesse exalté par la propagande officielle, la rhétorique politique, les médias, et bien sûr par une bonne part de la société américaine. Les discours de John F. Kennedy et de Ronald Reagan l'ont porté à son plus haut degré d'éloquence – un démocrate et un républicain, mais guère discernables sur ce plan.

Cette image a été continuellement utilisée par Bush et les membres de son administration après le 11 Septembre et s'est révélée d'une importance capitale lorsqu'il s'est agi de rallier les soutiens à la guerre d'Irak. Et même dans le cas de l'Afghanistan, l'argument simple et justifié d'une guerre d'autodéfense contre Al-Qaida s'est accompagné de l'assurance que ce pays deviendrait une « tête de pont de la démocratie et du progrès dans le monde musulman » (selon les mots d'un sénateur américain lors d'une conférence à laquelle j'ai assisté en 2002). Mais comme les suites de la défaite des Talibans l'ont amplement démontré, ce fantasme n'avait rien à voir avec la réalité afghane et trahissait une ignorance complète de l'histoire, de la société et de la culture de ce pays[16].

Mais si d'un côté la guerre froide a renforcé les aspects messianiques du Credo américain, elle a, de l'autre, jeté dans la gueule même des démons de l'Amérique de nouvelles nourritures ; et les voici, ces démons : le style paranoïde de la vie politique, l'obsession de la subversion intérieure, la conviction que le monde extérieur est sous la domination d'ennemis ou de traîtres potentiels, la confiance excessive dans la force militaire, le mépris pour nombre des principaux alliés des États-Unis. La guerre froide est également venue affermir le nationalisme messianique, exprimé non seulement dans les termes quasi religieux de l'adhésion au Credo, mais aussi dans ceux – explicitement religieux – de la foi en une nation élue pour diriger la lutte contre les ennemis de Dieu. Ces derniers comprenaient bien sûr le « communisme athée » et toutes les forces qui lui sont associées, mais signifient, par extension, tous les ennemis de l'Amérique.

Succédant à la lutte contre les nazis, la guerre froide a conforté et institutionnalisé le regard manichéen que l'Amérique tendait déjà à porter sur le monde, sa foi en la puissance éclatante de la lumière – qu'elle représente et brandit – dans sa lutte contre les forces insondables des ténèbres. En outre, le combat contre l'ennemi révolutionnaire et volontiers comploteur a formé et attiré, du côté américain, des gens qui, à leurs propres yeux, constituaient une sorte d'élite également révolutionnaire, alter ego anticommuniste, en quelque sorte, de l'adversaire communiste. Un David Stockman se qualifiait ainsi de « bolchevique de droite » ; un Grover Norquist, étrange figure de militant d'extrême droite, admirait, assurait-on, Lénine et sa « volonté d'acier », au point d'avoir suspendu son portrait dans son salon – un comportement qui s'éloigne quelque peu de celui des conservateurs traditionnels[17].

Ces tendances de la droite américaine et du monde intellectuel nationaliste à l'orée du XXIe siècle sont parfaitement résumées par les critiques horrifiées d'un conservateur anglais justement, à l'égard de l'American Enterprise Institute, Mark Almond, en l'occurrence, qui écrivait dans le *New Stateman* de Londres en 2003 :

« Agissant comme la courroie de transmission idéologique du gouvernement Bush, l'American Enterprise Institute est une sorte de Kominform du nouvel ordre mondial. Ses soi-disant spécialistes sont les nouveaux inquisiteurs d'un régime mondial. Ses séminaires de politique étrangère évoquent plus une séance de critique des ennemis du peuple lors de la révolution culturelle chinoise qu'un cours de sciences politiques à Yale. Des participants se lèvent pour dénoncer la figure honnie du jour ou pour féliciter un dignitaire en visite apprécié du régime. Tout cela pue à plein nez le conformisme idéologique. Les groupes de réflexion de Washington ne favorisent pas le pluralisme, mais un dogmatisme stalinien qui fait l'éloge des conformistes et excommunie les hérétiques. Cette mentalité inquisitoriale, ce goût pour les parodies de procès ne sont guère surprenants, car l'American Enterprise Institute réunit des successeurs de McCarthy, des transfuges gauchistes et des émigrés éduqués dans le bloc soviétique [18]. »

La guerre froide a donc contribué aux pulsions de haine hystérique – qu'elle a également légitimées – dans les cercles conservateurs radicaux. Et c'est en partie parce qu'elles sont si profondes que les vieilles haines ont survécu à la disparition du communisme au début des années 1990, qu'elles ont alors trouvé de nouveaux ennemis à l'extérieur et se sont focalisées à l'intérieur sur les « gauchistes ». Pour ceux qu'elles animent, l'atmosphère de la guerre froide était devenue une drogue, bien plus vitale que l'analyse intellectuelle ou la réalité des menaces. Comme l'écrivit Irving Kristol en 1993 : « Il n'y a pas d'après-guerre froide pour moi. Ainsi, loin de s'être achevée, ma guerre froide est montée en intensité, à mesure que chaque secteur était corrompu par l'ethos libéral. Maintenant que l'autre "guerre froide" est terminée, la vraie guerre froide a commencé. Nous y sommes beaucoup moins bien préparés, bien plus vulnérables face à nos ennemis, que nous ne l'étions lors de notre guerre victorieuse contre la menace communiste globale[19]. »

Cette obsession du péril intérieur est d'ailleurs caractéristique de la droite radicale américaine durant une bonne part de la guerre froide, allant souvent jusqu'à éclipser dans l'esprit de ses propagandistes la menace soviétique[20]. Cette déviation d'une lutte ostensiblement nationale vers une cible intérieure suit ainsi un modèle plus ancien et très caractéristique du nationalisme. Comme le remarque l'historien Alfred Cobban à propos des nationalistes français d'avant 1914 : « Bien que dans les premières années du XXᵉ siècle, les nationalistes aient utilisé un langage belliqueux et se soient montrés xénophobes, leur agression visait plutôt leurs compatriotes que les étrangers[21]. »

Comme le suggère la déclaration de Kristol, les guerres sont toujours corruptrices sur le plan moral, et la guerre froide, après tout, a duré très longtemps, plus longtemps que la plupart des guerres « chaudes ». Elles ne sont pas moins corruptrices dans l'idéalisation de la nation que dans la diabolisation de l'ennemi et, dans leur culture délibérée et systématique de la haine, à laquelle sont également voués certains compatriotes rivaux, coupables de soi-disant faiblesse ou de trahison face à l'ennemi. Ce fut l'ingrédient de base des attaques de la droite contre les libéraux tout au long de la guerre froide et après, utilisé avec une certaine folie maniaque dans des ouvrages comme celui d'Ann Coulter, *Treason* (« Trahison »)[22].

Les guerres sont aussi corruptrices en ce qu'elles encouragent à penser que « la vérité doit être protégée par un rempart de mensonges », selon le mot de Churchill : que le mensonge public est moralement et patriotiquement justifié par les hautes nécessités de la victoire et qu'il ne faut pas répondre à la propagande ennemie par la vérité mais par la contre-propagande. La falsification consciente ou inconsciente des faits et la négation de l'évidence sont devenues la matière première d'une bonne part de la discussion sur les questions internationales – comme l'a démontré, par exemple la campagne médiatique contre la France. C'est dans cet esprit que des organismes financés avec les deniers publics comme Radio Free Europe et Radio Free Asia ont été fondés et continuent de fonctionner, même après la fin de la guerre froide.

La guerre froide a permis à des organisations comme le très chic Public Affairs Luncheon Club de Dallas dans les années 1960 de tisser ensemble différents courants paranoïaques pour en faire un seul réseau continu, avec des discours aux thèmes unificateurs tels « l'ONU est le tremplin d'où s'élancent les grands mouvements communistes », « L'Internationale socialiste contrôle encore le Département d'État », ou bien « Les internationalistes ont presque détruit l'indépendance nationale des États-Unis »[23]. La crainte de voir le communisme prendre l'avantage sur des États-Unis défaitistes semble avoir affecté jusqu'à des figures de bureaucrates apparemment mesurées telles que Dick Cheney[24]. La victoire de 1989-1991, loin d'avoir libéré les États-Unis de cette pernicieuse rhétorique, n'a fait que la pérenniser. Toutes ces tendances ont donc perduré (quoiqu'à un niveau moindre) durant les années 1990, et ont acquis une force nouvelle et effrayante après le 11 Septembre.

Une mobilisation permanente

La guerre froide a donc perpétué et intensifié des tendances déjà existantes dans la culture politique américaine. Succédant directement à la Seconde Guerre mondiale, toutefois, elle a aussi introduit quelque chose d'assez nouveau : un système étatique de semi-mobilisation permanente, institutionnalisé dans le complexe militaro-industriel et académique et dans les parties du corps enseignant qui lui sont liées. Comme l'écrivait le sociologue C. Wright Mills en 1959 : « Pour la première fois dans l'histoire américaine, les hommes qui nous gouvernent parlent d'une "urgence" sans fin prévisible [...]. L'élite américaine n'a aucune image véritable de la paix – autre qu'un intermède inquiet, dont l'existence précaire est fondée sur l'équilibre de la terreur. Pas d'autre plan de "paix" sérieusement accepté qu'un pistolet chargé. En somme, la guerre, ou un haut degré de préparation à celle-ci, est conçue comme la condition normale et apparemment permanente des États-Unis[25]. »

On l'a vu dans le cas spécifique des néo-conservateurs, un conditionnement sur des décennies a poussé les élites de la sécurité à se considérer, au terme d'une évolution tout à fait caractéristique, non seulement comme plus fortes, plus courageuses, plus sages et plus savantes que leurs compatriotes innocents et ignorants, mais comme la seule force capable de se dresser contre la destruction du pays ; et autorisée à ce titre à tromper si nécessaire ces mêmes compatriotes, pour leur propre bien ; car, après tout – ainsi veut la sagesse populaire – si le peuple américain avait été laissé à ses propres instincts, il serait resté presque sans défense face à l'agression allemande et japonaise des années 1940 et à l'agression soviétique du début de la guerre froide. Il y a bien entendu des raisons historiques à l'appui d'une forme mesurée et prudente d'une telle attitude. Le général George Marshall – un homme peu porté à l'exagération hystérique – affirmait que la réduction des forces armées après 1945 ne signifierait pas « une démobilisation, mais une déroute[26] ».

Cette « urgence sans fin » est à nouveau invoquée, sous une forme intensifiée, dans la « guerre contre le terrorisme » ; mais, par leur nature même, les cercles dirigeants de la sécurité ainsi que le complexe militaro-industriel et académique, issus de la guerre froide, ont rendu les États-Unis moins aptes à lutter contre les terroristes. Car ce complexe d'institutions et d'attitudes requiert pour ennemis des États tiers – et si de tels ennemis ne sont pas aisément visibles, il cherchera instinctivement à les faire apparaître, du moins dans la conscience collective américaine[27].

Les dépenses militaires et la croissance du secteur militaro-industriel ont été si importantes durant la Seconde

Guerre mondiale et la guerre froide – l'exploration de l'espace ne constituant qu'une adjonction mineure – qu'elles sont devenues essentielles à l'économie américaine, à la croissance américaine, et surtout au développement technologique américain. Malgré la corruption et un gaspillage souvent incroyables, on doit admettre que ce fut aussi, d'une certaine façon, une stratégie étatique de développement industriel qui a connu de réels succès – dans un pays dont l'idéologie du marché ne permettait pas qu'on l'adopte officiellement ou qu'on admette son existence.

Et il n'existe aucun précédent dans l'histoire des États-Unis. L'hostilité à l'entretien d'une armée permanente – qui signifiait non seulement de lourds impôts mais aussi la menace d'un pouvoir royal tyrannique – joua un rôle central dans les motivations qui poussèrent les Américains à se révolter contre l'Angleterre. Ce sentiment devait également nourrir la confiance accordée aux milices populaires, conçues comme une alternative démocratique et libre – laquelle, comme il est écrit dans le deuxième amendement de la Constitution*, constitue aujourd'hui la principale ligne de défense constitutionnelle du droit de porter une arme et du lobby des armes à feu[28].

Trois fois avant la guerre froide, les États-Unis eurent recours à la conscription : lors de la guerre de Sécession et des deux guerres mondiales ; mais chaque fois la victoire fut suivie d'une démobilisation rapide. Ce n'est qu'avec la guerre froide que la notion d'un état d'alerte permanent devient partie intégrante du système américain. C'était sans doute inévitable, étant donné la nature permanente (certes exagérée) de la menace soviétique, toujours mobilisée et dotée de l'arme nucléaire. Mais cela ne rendait pas ses effets moins nocifs.

Bien qu'il soit nouveau aux États-Unis, ce genre de système et d'atmosphère ne fut que trop répandu dans

* Article II du Bill of Rights (comprenant les dix premiers amendements) : « Une milice bien ordonnée étant nécessaire à la sécurité d'un État libre, le droit qu'a le peuple de détenir et de porter des armes ne sera pas enfreint. »

l'histoire. Dans les décennies qui ont précédé la conflagration de 1914, toutes les grandes puissances, à l'exception de l'Angleterre, vécurent dans cet état de semi-mobilisation permanente. Il traduisait les circonstances objectives de sécurité, à l'époque, sur le continent européen, mais, comme aux États-Unis durant la guerre froide, il fut d'abord créé, puis nourri, par de grands blocs militaires, bureaucratiques et industriels, directement intéressés à maintenir un climat de paranoïa nationale, de peur et de haine à l'égard des autres pays et de tension internationale.

La « Ligue maritime » allemande, soutenue par les intérêts des aciéries et des usines d'armement, liée à la vieille aristocratie militaire et qui réclamait la création d'une flotte de guerre capable de rivaliser avec celle de l'Angleterre, en est un exemple classique [29]. De tels groupes contribuèrent au développement de nationalismes agressifs et rivaux qui entrèrent finalement en conflit entre 1914 et 1918.

Tous les pays eurent leur version du « Committee on the Present Danger » (Comité sur le danger actuel) qui, au début des années 1980, excitait la peur de l'Union soviétique. Avant 1914, il n'est pas de pays d'Europe qui n'eût ses paniques répétées et soigneusement entretenues concernant les capacités militaires de l'ennemi. À l'instar du « Missile Gap », créé par les démocrates comme une arme contre Eisenhower avec l'aide d'intellectuels comme Edward Teller* [30].

Aux États-Unis, le sénateur Lyndon Johnson fut l'un des premiers à employer cette tactique, en tant que président, durant la guerre de Corée, d'une commission

---

* Physicien américain d'origine hongroise (1908-2003). Il prit part au projet Manhattan, dirigé par Robert Oppenheimer, qui parvint à construire la première bombe atomique. Considéré comme le père de la bombe à hydrogène (1952), il devint un ardent défenseur du développement de la puissance nucléaire (ce qui l'opposa violemment à son ancien directeur) et l'un des promoteurs de l'Initiative de défense stratégique chère à Ronald Reagan, reprise par les projets de Défense antimissile (MD – *Missile Defense*) que G. W. Bush souhaite voir aboutir.

sénatoriale de surveillance de l'état de préparation des forces armées, le « Preaparedness Subcommittee », et elle est devenue depuis lors un trait permanent et récurrent du théâtre politique américain [31]. De tels mouvements peuvent être utilisés indifféremment par l'opposition pour discréditer le gouvernement en place ou par celui-ci pour exciter la fibre patriotique et discréditer l'opposition. Lord Salisbury, qui occupa plusieurs fois le poste de Premier ministre à la tête de l'Empire britannique, remarqua amèrement que, si les généraux britanniques et leurs alliés politiques pouvaient imposer leurs vues, il lui faudrait trouver l'argent pour « fortifier la Lune contre une attaque de Mars [32] ».

De fait, en 1897, un magazine britannique publiait un article de fiction dont le titre aurait pu être écrit par Charles Krauthammer : « Comment l'Angleterre combattit le monde en 1899 », dans lequel la France et la Russie envahissaient les îles Britanniques. Une note de la rédaction avertissait : « Cette menace d'invasion qui pèse sur nos côtes bien aimées n'est pas un rêve sorti de la folle imagination d'un romancier. C'est une question discutée sérieusement en France et en Russie, ne vous en déplaise, ainsi que dans les journaux allemands [...]. Les Français et les Russes éduqués en parlent aussi tranquillement que nous parlons d'envoyer une expédition punitive au Soudan ou dans les montagnes du nord-ouest de l'Inde [33]. »

Ces étranges fantasmes étaient pris très au sérieux par les officiers supérieurs britanniques, et s'inscrivaient dans un genre de littérature très répandu à l'époque en Europe. Aux États-Unis, ces peurs romanesques d'une invasion du territoire par l'Union soviétique, la Chine, Cuba et même le Nicaragua devinrent le sujet principal de nombreux *thrillers* de la guerre froide, rappelant le XIXe siècle et les bruits qui coururent, chez les protestants, d'une armée catholique s'apprêtant à envahir l'Amérique en ballon [34]. Ainsi enracinées, ces peurs devinrent partie intégrante de la culture politique américaine – il s'agit d'hypothèses et de craintes existant et opérant en dessous du niveau de la discussion politique consciente, et qui ne se prêtent pas vraiment à l'argumentation rationnelle[35].

Ces fantasmes fous n'apparaissent pas seulement dans des œuvres de fiction, mais aussi dans les ouvrages de fonctionnaires, de commentateurs, influents et respectés. Dans son livre *The Present Danger*, publié en 1980 (*Ce qui menace le monde : les illusions de la détente*, 1981 pour l'édition française), le néo-conservateur Norman Podhoretz prédisait la « finlandisation » imminente de l'Amérique, la subordination politique et économique des États-Unis à « une puissance soviétique supérieure », et demandait si le point n'avait pas été atteint où « la reddition ou la guerre sont les seuls choix possibles »[36].

On sait maintenant d'évidence quel était à l'époque l'état réel de l'économie et de l'armée soviétiques, et l'on aurait pu croire soit que Podhoretz et ses amis en viendraient au moins à modérer quelque peu leurs jugements, soit que leur public perdrait confiance en ces jugements. Mais non. En 2004, Podhoretz est toujours là, rédacteur en chef de *Commentary*, expert habitué des plateaux de télévision, expliquant aux États-Unis « comment gagner la Quatrième Guerre mondiale[37] ».

Bismarck ne répugnait pas à utiliser des peurs du même genre dans sa lutte pour le contrôle du Parlement allemand, dans ses tentatives de subjuguer ou d'émasculer les partis libéraux, afin de maintenir la mainmise de la couronne sur l'exécutif. Sous ses successeurs, cela devint une pratique ordinaire[38]. Aux États-Unis, la crainte de la puissance soviétique faisait toujours recette après l'effondrement manifeste de l'URSS, et elle fut immédiatement relayée par la paranoïa d'une « revanche » russe, bien que les forces armées russes se soient disloquées sous nos yeux[39].

Le besoin d'avoir pour ennemi des grandes puissances provient en partie du fait que seule l'existence avérée d'États ennemis peut justifier des dépenses militaires en rapport avec ce qu'exigent désormais les industries concernées. Les réponses que réclament les groupes terroristes sont d'ordre très différent, beaucoup plus complexes, mais aussi beaucoup moins chères[40]. En outre, le cadre intellectuel et institutionnel dans lequel évoluent les hommes et les femmes chargés de la sécurité requiert des ennemis qui soient en quelque sorte leurs doubles, leurs répliques dans le camp adverse, avec les mêmes structures mentales et les mêmes ambitions : élites militaires, bureaucratiques et économiques d'État, et non pas terroristes, guidés par un mélange complexe et étranger de valeurs et de motivations religieuses, culturelles et socio-économiques. Une réforme vraiment sérieuse des milieux américains de la défense, afin de contrer la menace du terrorisme islamiste exigerait que les élites de la sécurité soient réévaluées de fond en comble – une perspective qui, assurément, ne les enchante guère.

Cette tendance à se concentrer sur les États est encore accrue par la prééminence de l'approche intellectuelle « réaliste » des affaires internationales au sein des élites de la sécurité. Cette conception du monde tend non seulement à détourner l'attention de l'étude des sociétés, mais peut aussi servir de couverture au nationalisme extrême. Le « réalisme » encourage à ne voir véritablement les États que comme des pièces du « grand échiquier » des relations internationales (pour citer le titre d'un livre de Zbigniew Brzezinski) avec un ensemble prédéterminé d'attitudes immuables et d'évolutions possibles[41].

En tant que telle, c'est une doctrine plutôt confortable pour les cercles dirigeants de la sécurité, ainsi que pour les intellectuels qu'ils emploient et leurs alliés, suggérant qu'il n'est pas plus nécessaire d'avoir un grand bagage culturel et linguistique que de se livrer à des voyages et des recherches souvent hasardeuses et éventuellement dangereuses. Couplée à une approche semblablement limitée des études historiques, elle contribue à son tour à démolir toute capacité d'inscrire le comportement de son propre pays dans une perspective morale plus large. Tout cela ne laisse pas d'encourager les faiblesses solipsistes de la recherche américaine consacrée au monde extérieur, que nous avons par ailleurs analysées au chapitre 2.

L'obsession de la Russie et de la Chine

En théorie, le réalisme – comme son nom l'indique – devrait favoriser un regard pacifié et distancié sur les relations humaines. En pratique, ses partisans se sont souvent montrés imprégnés de haines nationalistes et de préjugés quant à l'immuable malignité de certaines nations précises. Comme l'écrivait Owen Harries, rédacteur en chef du très conservateur *National Interest*, à propos des attitudes communément répandues dans les milieux dirigeants américains à l'égard de la Russie des années 1990 :

« L'hypothèse réaliste se fonde principalement sur la conviction que la Russie est intrinsèquement et incorrigiblement expansionniste, quels que soient ceux qui la gouvernent et la façon dont elle est gouvernée [...]. En développant ce type d'arguments, ces commentateurs sont parfaitement cohérents avec la position réaliste. Mais ils ne peuvent manquer d'attirer l'attention sur ce qui constitue l'une des plus grandes faiblesses intellectuelles de cette position – à savoir, qu'en soulignant la structure du système international et la façon dont les États se situent à l'intérieur de ce système, le réalisme n'attache que peu ou pas d'importance à ce qui se passe *à l'intérieur* des États en question : quelles sortes de régimes sont au pouvoir, quelles sortes d'idéologies prévalent, quelle sorte de direction est mise en place[42]. »

Un haut responsable de la défense dans l'administration Clinton, cité par Chalmers Johnson, s'enthousiasmait de la mise à l'écart, au sein des départements chargés des relations avec la Chine, des experts et spécialistes du sujet, remplacés par une « nouvelle classe stratégique » de généralistes en politique étrangère, qui n'en savaient peut-être pas beaucoup sur la Chine, mais qui seraient sensibles « aux signes indiquant les capacités chinoises de menace » – affirmation des plus révélatrices[43].

Cette combinaison de tendances à ignorer les sociétés et à se concentrer sur les États contribue aussi à expliquer pourquoi l'administration Bush et les élites qui la soutiennent se sont montrées, à certains égards, si étrangement indifférentes aux terroristes qui avaient véritablement organisé le 11 Septembre et continuent à menacer l'Amérique. Comme Richard Clarke, Paul O'Neill et Bob Woodward l'ont rappelé, dans les jours qui suivirent les attaques, Bush, Cheney, Rumsfeld et surtout Wolfowitz pensaient déjà à justifier une guerre contre l'Irak[44]. Dès que les Talibans furent renversés, les préparatifs de la guerre avec l'Irak commencèrent, bien qu'il fût manifestement évident que l'Afghanistan allait rester un immense problème, duquel les États-Unis ne pourraient se permettre de détourner les yeux.

C'est en partie du fait de cet héritage, selon Bob Woodward (vraisemblablement à la suite d'un entretien avec Donald Rumsfeld) qu'après le 11 Septembre les États-Unis étaient si mal préparés à la campagne d'Afghanistan, bien que ce pays ait déjà servi de point de départ à de graves attaques terroristes : « L'armée, qui semblait avoir des plans d'urgence pour les scénarios les plus inconcevables, n'avait [à la date du 11/9] aucun plan concernant l'Afghanistan, sanctuaire de Ben Laden et de son réseau. Rien dans les rayons qui puisse fournir ne serait-ce que les grandes lignes d'une action. »

La volonté de faire avancer la défense nationale antimissiles, qui a dominé, pour ce qui concerne la sécurité, le programme du gouvernement Bush dans ses huit premiers mois, était surtout motivée par le désir d'invalider les forces de dissuasion nucléaire de la Chine et d'autres États rivaux, et de créer par conséquent ce que Walter Russell Meads appelle « le Saint Graal de la politique étrangère jacksonienne : un système d'armes qui défende la nation tout en intimidant les autres, et qui permette aux États-Unis de contrôler les affaires du monde sans devoir risquer la vie de leurs concitoyens et soldats[45] ». Un discours de Condoleezza Rice sur les menaces visant les États-Unis prévu pour le 11 septembre 2001 « avait pour objet de promouvoir la défense anti-missiles comme la pierre de touche d'une stratégie de sécurité nationale, et ne contenait aucune mention d'Al-Qaida, d'Ousama Ben Laden ou des groupes islamiques extrémistes[46] ».

Je peux témoigner, à la lumière de ma propre expérience des séances d'élaboration de scénarios et des discussions avec les responsables américains dans les années qui ont précédé le 11 Septembre, de l'existence d'« inconcevables scénarios » d'agression russe et de guerre internationale. Et s'il n'y en avait aucun concernant la guerre en Afghanistan – bien qu'Al-Qaida eût déjà lancé plusieurs attaques terroristes sanglantes contre des cibles américaines – l'une des raisons en est sûrement que trop de gens parmi ceux qui auraient dû y penser s'inquiétaient d'une guerre avec la Russie ou la Chine.

La note sur les défis de la sécurité que rédigea Rumsfeld pour l'administration Bush lorsqu'elle parvint aux affaires insistait sur la menace que constituaient pour les États-Unis l'Irak, la Chine, la Russie, l'Iran et la Corée du Nord, ainsi que les armes de destruction massive – mais ne prenait pas en compte celle d'Al-Qaida[47]. L'ancien coordinateur de la lutte antiterroriste Richard Clarke s'est amèrement plaint de l'indifférence de l'administration Bush face à la menace terroriste avant et après le 11 Septembre, comparée à son obsession de la défense anti-missiles et de la guerre contre l'Irak. Quant à l'Irak, il s'agissait exclusivement de faire tomber Saddam Hussein, à tel point que les planificateurs négligèrent vraisemblablement de sécuriser les installations nucléaires civiles irakiennes et d'empêcher les terroristes d'obtenir les matériaux d'une « bombe sale ».

D'où également la focalisation sur une stratégie anti-russe, déjà sensible sous Clinton, mais plus encore dans les huit premiers mois de l'administration Bush. Au milieu des années 1990, les milieux dirigeants de la sécurité et de la politique extérieure considérèrent qu'il devenait prioritaire, sur le plan stratégique, de soustraire à l'influence russe les pays de l'ancienne Union soviétique. En dépit du fait que les régions concernées n'avaient jamais été du moindre intérêt pour l'Amérique.

Cette nouvelle stratégie rompait aussi avec celle de l'administration George Bush Sr à l'égard de l'URSS dans les années qui virent sa chute, fondée avant tout sur la peur du chaos, d'une guerre de sécession et des conséquences que pouvait engendrer la perte de contrôle par l'État de l'arsenal nucléaire. Toutes menaces qui subsistent aujourd'hui dans certaines zones de l'ancienne Union soviétique et auxquelles le 11 Septembre aurait dû donner une nouvelle importance. L'une des raisons véritables invoquées à l'appui de cette nouvelle stratégie antirusse fut la nécessité de sécuriser les accès aux réserves énergétiques du bassin de la Caspienne – mais pour rendre l'argument parfaitement crédible, il fut nécessaire d'accréditer des hypothèses largement exagérées concernant l'étendue réelle des réserves prouvées.

En attendant, tout au long des années 1990, des commentateurs influents ont continué d'exagérer tout autant la puissance militaire que les velléités d'agression de la Russie et du peuple russe[48]. Dans de nombreux milieux, ces menées s'accompagnèrent d'arguments pseudo-historiques, voire racistes, tendant à peindre le peuple russe comme congénitalement impérialiste. On put ainsi entendre que « l'expansionnisme était dans l'ADN des Russes[49] », ou que « le seul véritable problème de sécurité en Europe centrale est l'ombre grandissante de la puissance russe, et le travail de l'OTAN doit être d'y apporter un contrepoids. La Russie est une force de la nature ; tout cela est inévitable[50] ».

Pour quiconque est doué d'un certain sens de l'histoire, ces vues ont quelque chose d'assommant, car elles tendent à répéter les mêmes sentences interchangeables, utilisées par d'autres nations depuis les balbutiements du nationalisme. Ainsi le passage suivant est-il absolument typique de nombreux articles et discours consacrés à une Russie soi-disant congénitalement agressive et malveillante, tels que j'ai pu les entendre ou les lire durant et après la guerre froide – à ceci près qu'il fut écrit par un Américain à propos de l'Angleterre dans les années 1890, et que des propos du même genre ont été à maintes reprises tenus par les détracteurs des États-Unis : « Une activité fiévreuse, une agressivité effrénée – tout particulièrement lorsqu'elle est confrontée à des puissances plus faibles – sont les traits dominants de la diplomatie britannique depuis des siècles. Elle a établi dans l'histoire un record invaincu d'attaques arrogantes et injustes contre l'intégrité de toutes les nations du monde où l'on pouvait trouver le prétexte d'affirmer la domination anglaise[51]. »

Je vins à Washington en 1996, titulaire d'une bourse de recherche, juste après avoir couvert l'immense retraite de la Russie hors des territoires de son empire – de loin, à l'exception partielle de la Grande-Bretagne, le plus grand renoncement pacifique à unempire dans toute l'histoire. J'avais également couvert tant la défaite militaire russe lors de la première guerre de Tchétchénie (une guerre non pas impérialiste mais contre la sécession d'une partie de la Fédération de Russie elle-même) que le mélange de corruption, de cynisme, de matérialisme et d'apathie politique qui a saisi la société russe après la chute du communisme[52].

En arrivant, je fus d'abord étonné, puis horrifié, de trouver de vastes secteurs des élites américaines – officiels en fonction, aussi bien que commentateurs indépendants – occupés à mettre en place, dans l'esprit du peuple américain, une image de la Russie qui n'entretenait avec la réalité qu'une relation lointaine. Leurs boniments étaient en outre avalés par une grande part des médias américains et de l'opinion publique[53]. Fort de cette expérience, je ne fus guère surpris du succès rencontré par l'administration Bush et ses alliés médiatiques lorsqu'il s'agit de confondre Al-Qaida et Saddam Hussein ou par le lobby israélien dans l'amalgame d'Al-Qaida et des Palestiniens[54].

Ces vues se traduisirent, durant les premiers mois de l'administration Bush, par un ensemble de mesures profondément antirusses, mêlées à un langage agressif et méprisant[55]. Les deux années suivantes virent, évidemment, un changement radical, principalement sur la question tchétchène. Des troupes américaines arrivèrent en Géorgie à la fin de 2001 avec la mission d'entraîner l'armée géorgienne à affronter la menace de terroristes arabes et tchétchènes sur son sol, et les services secrets américains et européens réclamèrent l'aide des Russes contre les groupes terroristes arabes alliés aux tchétchènes entraînés en Géorgie [56].

De fait, les médias américains, les politiciens républicains et les faucons néo-conservateurs lançaient à la tête de l'Arabie Saoudite et d'autres alliés des États-Unis, désormais coupables d'aider et d'abriter des terroristes, les mêmes accusations de dissimulation et d'agressivité qu'avait lancées contre eux la Russie avant le 11 Septembre [57]. L'exemple de la Russie démontre combien est fausse l'affirmation par le gouvernement Bush et de l'essentiel des responsables de la politique étrangère et de sécurité américaine que leur hostilité est dirigée contre des régimes et non des peuples ou des États.

Pour ce qui concerne les dirigeants américains, la chute du communisme et la fin de l'Union soviétique n'ont guère changé leur hostilité à la Russie en tant qu'État. La situation changerait si la Russie adoptait une attitude de complète soumission à l'égard des exigences américaines, non seulement dans le monde en général, mais dans sa propre zone d'influence. Chose que la Russie n'acceptera jamais. Un futur État chinois post-communiste et un futur Iran post-révolutionnaire auraient également peu de chances d'accepter ce type de domination – et continueront donc à subir l'hostilité implacable d'importantes forces à Washington.

Le cas de la Chine depuis la fin de la guerre froide est plus compliqué. La guerre de Corée laissa en héritage à de nombreux Américains une haine pour la Chine comparable à celle ressentie pour la Russie durant la guerre froide. Le lobby taiwanais à Washington joua aussi un rôle qui ressemble dans une certaine mesure à celui des lobbies ethniques antirusses aux États-Unis, bien qu'il n'ait pu prétendre à la puissance de ceux-ci et qu'il se soit révélé beaucoup moins efficace.

Pourtant, presque deux décennies d'alignement américano-chinois contre l'Union soviétique, inaugurées avec Nixon et Kissinger, fournissent une toile de fond différente aux relations des États-Unis avec la Chine dans les années 1990. Bien plus importante est la formidable croissance de l'économie chinoise depuis la fin des années 1970, et les opportunités qu'elle a créées pour les investissements et le commerce occidentaux. Elle a conduit à la formation à Washington de lobbies pro-chinois liés au monde des affaires, qui font paraître ridicule tout ce qui pouvait être généré par la chancelante économie russe au cours de la même période.

Les années 1990 virent toutefois les efforts déterminés de certains cercles de la droite et de la sécurité pour investir la Chine du rôle de nouvel ennemi de la guerre froide – non seulement parmi les républicains et l'opposition néo-conservatrice, mais également, jusqu'à un certain point, dans les rangs démocrates. Comme d'habitude, ce mouvement s'accompagna de campagnes insistant sur les violations des droits de l'homme en Chine et exagérant considérablement les capacités militaires de celle-ci[58].

Le but recherché était la création d'une stratégie de « *containment* » à l'égard de la Chine, calquée sur celle qui avait été mise en place contre l'Union soviétique durant la guerre froide, afin de pousser l'État chinois à la faillite en le contraignant à une course aux armements qu'il ne pouvait assumer, et d'en saper les forces, de l'intérieur, en encourageant les mouvements œuvrant à la révolution démocratique ou à la sécession ethnique. Dans le même temps, la force de dissuasion nucléaire chinoise devait être neutralisée par un système américain de défense anti-missile.

Ces vues furent défendues avec une particulière opiniâtreté par ce qu'on a appelé la « *Blue Team* » (l'« équipe bleue »), un regroupement informel de jeunes fonctionnaires antichinois, de membres de groupes de réflexion et d'une partie du personnel politique du Congrès ; elles eurent un impact considérable sur les parlementaires, et moindre dans l'administration. La Blue Team voulait sans doute marcher dans les pas glorieux de la B Team, un groupe similaire, mais d'un rang plus élevé, d'officiels et de propagandistes qui, dans les années 1980, avait entrepris de dramatiser la prétendue extension de la puissance soviétique. Le plus curieux de l'affaire est bien sûr qu'à peu près chaque proposition avancée par la « B Team » au sujet de l'Union soviétique s'est depuis révélée fausse.

En 1999, les républicains au Congrès firent enfler des rumeurs alarmistes, du type « Missile Gap », grâce à la « Commission Cox* », accusant la Chine de s'être si bien livrée à l'espionnage qu'elle était capable à brève échéance de rivaliser avec la technologie nucléaire américaine et de menacer le territoire des États-Unis. Le rapport de la commission déclarait également que « chaque Chinois en visite aux États-Unis [était] un espion potentiel[59] ». Le rapport déclencha une campagne médiatique orchestrée par les républicains, attaquant l'administration Clinton pour sa « faiblesse » et appelant à une attitude plus dure envers la Chine. Il était rempli de phrases comme « le plus grand cambriolage nucléaire depuis les Rosenberg » (les espions prosoviétiques qui avaient livré à Moscou des informations sur le nucléaire américains dans les années 1940) ou encore « toutes les armes nucléaires de l'arsenal des États-Unis sont compromises ». L'ancienne ambassadrice aux Nations unies, Jeanne Kirkpatrick alla même jusqu'à déclarer : « Cela nous rend dès maintenant bien plus vulnérables que nous ne l'avons jamais été au cours de notre histoire. » L'ancien président de la chambre des Représentants, Newt Gingrich parla du « plus grand succès de l'espionnage contre les États-Unis depuis [les réussites de] l'Union soviétique dans les années 1940[60] ».

Faisant écho aux stéréotypes racistes du « péril jaune », bien plus anciens que la guerre froide, le *Washington Times* rapportait : « Tant Mme Kirkpatrick que M. Gingrich pensent que les Chinois sont capables de lancer un missile sur des troupes américaines, des troupes alliées ou même des villes américaines. Mme Kirkpatrick

---

* Du nom du président de cette commission à la Chambre des représentants, Christopher Cox (Républicain, Californie, comté d'Orange).

affirme que les Chinois n'accordent pas de valeur à la vie humaine et pourraient être disposés à souffrir des actions de représailles pour le bénéfice psychologique d'une frappe sur le sol américain[61]. »

Parmi de nombreux politiciens de droite, de telles attitudes envers la Chine demeurent monnaie courante, même après le 11 Septembre. Le chef de la majorité républicaine à la Chambre des représentants, Tom DeLay, s'en prenait publiquement, en juin 2003, à la Chine, qualifiée de d'« anachronisme corrompu et arriéré, dirigé par des tyrans décrépis, de vieux apparatchiks cramponnés à un régime moribond[62] ».

Comme pour la Russie, il semblait, dans les premiers mois de l'administration Bush, que cette approche antichinoise constituerait la politique officielle des États-Unis. Étant donné les critiques féroces dont il avait accablé la Chine dans les médias, la nomination de John Bolton comme sous-secrétaire d'État pouvait apparaître en elle-même comme un acte antichinois[63]. À l'instar de Condoleezza Rice, Bush a maintes fois qualifié la Chine de « concurrent stratégique », et a commandé l'élaboration d'options plus dures[64]. Rice réclamait que les États-Unis fassent de l'Inde un contrepoids stratégique à la Chine et adoptent une position plus fermement pro-taiwanaise dans leurs relations avec Pékin[65]. *Time Magazine* écrivait que l'administration Bush, dans les premières semaines après son entrée en fonctions, « décapait la Chine à l'acide[66] ».

Si le 11 Septembre n'était pas arrivé, de nombreux officiels et commentateurs qui se sont par la suite servis des attaques terroristes pour justifier l'unilatéralisme radical de la politique américaine auraient employé leur énergie à attiser l'hostilité envers la Russie et la Chine du plus grand nombre possible d'Américains, et à fabriquer des crises artificielles dans les relations des États-Unis avec ces États ; ils seraient restés aussi indifférents à la menace terroriste qu'ils l'avaient été avant le 11 Septembre, malgré les attaques répétées qui s'étaient déjà produites contre des cibles américaines hors des États-Unis.

Present Danger (« Danger actuel »), un livre regroupant différents essais signés des principaux néo-conservateurs et d'autres membres de la droite pure et dure, publié en 2000 sous la direction de Robert Kagan et de William Kristol, montre parfaitement comment se serait développée la politique de l'administration Bush sans les événements du 11 Septembre. Son titre reprend intentionnellement celui du livre de Norman Podhoretz cité plus haut et rappelle le « Committee on the Present Danger ».

Poursuivant la tradition réaliste pré-11 Septembre, les auteurs se montrent indifférents au terrorisme et aux questions de violence et de stabilité à l'intérieur des sociétés ; sur quinze essais, pas un n'est consacré au terrorisme en tant que tel (à l'exception partielle d'un texte sur Israël). On y retrouve au contraire l'obsession d'une menace pour les États-Unis, incarnée par un éventail de pays soi-disant puissants et rivaux, dont chacun doit être considéré avec la plus grande fermeté. L'« apaisement » est un thème constant. Le dernier essai de *Present Danger*, par exemple, est une tentative paranoïde de suggérer que la position de États-Unis vis-à-vis de la Chine ressemble à celle de la Grande-Bretagne face à l'Allemagne au début des années 1930 – une analyse « réaliste » qui est presque surréelle à force d'indifférence aux réalités économiques, technologiques, politiques et idéologiques[67].

L'ancien diplomate britannique Jonathan Clarke décrivait ainsi la tendance que ces auteurs représentent :

« Le livre plaide pour une politique étrangère américaine la plus musclée qui soit. Rien n'est concédé à l'art traditionnel de la diplomatie. De fait, ceux d'entre nous qui ont œuvré, dans les chancelleries de par de monde, pour le maintien des "bonnes relations" voient leurs efforts ridiculisés. Le mot "stabilité" est toujours utilisé entre guillemets, comme s'il s'agissait d'une notion suspecte ou à la légitimité douteuse. Les éléments conventionnels de l'intérêt national sont attaqués en tant qu'ils imposent des limitations rigides et indésirables aux options américaines. Le concept d'obligation est révoqué car équivalent de l'apaisement.

Loin de chercher les moyens de vider les problèmes internationaux de leur toxicité, les auteurs s'attachent délibérément aux points de friction (le détroit de Formose, la Corée du Nord, l'Irak) et cherchent comment ouvrir la bouteille de gaz. La "diplomatie tranquille" et le fait de "se tenir prêt à intervenir" sont vilipendés. La "détermination d'acier" sert de mot de passe, l'accent étant mis sur l'acier. Il est à peine exagéré de dire que, si les recommandations qu'on trouve dans cet ouvrage étaient mises en pratique du jour au lendemain, les États-Unis se retrouveraient engagés seuls dans une guerre menée sur cinq fronts au moins, tout en faisant pression sur Israël pour qu'il abandonne le processus de paix au profit d'une nouvelle confrontation avec les Palestiniens où tous les coups seraient permis [...].

Un curieux accent de "volonté" nietzschéenne parcourt le livre. On y trouve un appel constant à la mobilisation du peuple pour la guerre. Les "dangers actuels" du titre s'avèrent non point tant extérieurs qu'intérieurs, dans le cas où le peuple américain ne serait pas suffisamment prêt pour prendre les armes. Il y a une fascination pour les hommes forts de l'histoire, comme si le "triomphe de la volonté" était un trait admirable en soi, bien qu'il se soit exprimé comme un mal chez certains d'entre eux. Savoir si cela est compatible avec les idéaux américains d'un gouvernement limité et constitutionnel, exercé par des lois plutôt que par des hommes serait la matière d'un autre livre[68]. »

La sinistre et courante obsession de la « volonté » nationale chez les néo-conservateurs apparaît fort bien dans ce passage de Charles Krauthammer : « L'Amérique n'est pas un simple citoyen international. C'est la puissance dominante de ce monde ; elle domine plus qu'aucune autre puissance depuis Rome. En conséquence, elle est en position de remodeler les normes, de transformer les attentes et de créer de nouvelles réalités. Comment ?

Par des démonstrations implacables de sa volonté qui n'ont pas besoin de justification [69]. »

Essayez de dire cela en allemand. L'écho n'est-il pas saisissant ? Encore une fois, ces mots ne furent pas écrits après le 11 Septembre, appelant une riposte ferme au terrorisme sauvage. Ils parurent en mars 2001, et se rapportent à ce que l'auteur célébrait alors comme la nouvelle et ferme approche des relations avec la Russie, un État qui, depuis 1989, ne représentait aucune menace directe pour les États-Unis.

Dans ces milieux, ni le 11 Septembre ni l'occupation sanglante de l'Irak n'eurent beaucoup d'effet sur de telles prédispositions psychologiques, hormis peut-être, d'élargir le cercle des ennemis, et de rendre plus pressante la revendication d'une Amérique affichant sa volonté et sa solidité en se dressant résolument seule. Ainsi le livre *An End to Evil* (« Mettre fin au mal »), de Richard Perle et de l'ancien rédacteur des discours de Bush, David Frum, publié en 2003, affichait-il un plus ou moins haut degré d'amère hostilité non pas seulement envers le monde musulman, mais envers la Russie, la Chine, les Nations unies et tout pays ou toute institution coupable d'avoir, d'une façon ou d'une autre critiqué les États-Unis ou de leur avoir résisté au sujet de la guerre d'Irak.

Dans ce livre, les États-Unis sont engagés à lutter contre l'unité européenne. La plupart des pays d'Europe occidentale sont supposés affectés de « la même jalousie, du même ressentiment qui animent les terrorristes » – une affirmation étonnamment provocatrice et extrémiste, de la part d'un homme occupant encore la fonction de conseiller haut placé du gouvernement. Aucune distinction, quelle qu'elle soit, ne doit être faite parmi les différents mouvements terroristes, ou entre leurs branches politique et militaire – excepté dans le cas de la Russie, accusée d'avoir inventé la menace terroriste dont elle est l'objet et fabriqué les attaques terroristes dont elle a été victime. Le seul pays considéré positivement est la Grande-Bretagne – dont les vues et les intérêts sont traités avec une indifférence dédaigneuse [70].

Belliqueux plutôt que militaristes

Il serait pourtant tout à fait faux de penser que des figures néo-conservatrices comme Perle ou Frum sont caractéristiques des milieux dirigeants de la sécurité, vus dans leur ensemble, sans parler du peuple américain. Au contraire, ils n'ont été capables de mobiliser les soutiens à leur programme impérialiste qu'en le présentant sous des apparences nationalistes. En outre, les programmes extrémistes qu'ils défendent semblaient, en 2004, marquer le pas, même au sein de l'administration Bush.

C. Vann Woodward, écrivait dans les années 1960 que le peuple américain était traditionnellement « belliqueux plutôt que militariste ». Comme nous l'avons vu et analysé dans ce livre, les Américains ont toujours marqué leur volonté – et parfois leur sur-volonté – de combattre si l'Amérique était attaquée ou même insultée, mais ne s'étaient pas engagés dans la célébration et la projection permanente de la puissance et des valeurs militaires[71]. Même après la militarisation de la guerre froide, cela demeure vrai, dans une très large mesure, aujourd'hui. Cela est intimement lié au fait que de nombreux Américains peuvent aussi être qualifiés de « belliqueux mais non pas d'impérialistes », et sont effectivement très peu enclins à reconnaître qu'ils possèdent un empire, même indirect[72]. L'exaltation ouverte de l'empire, et les parallèles dressés – et célébrés – avec l'Empire britannique ou d'autres, demeurent restreints à quelques néo-conservateurs ou autres extrémistes[73].

Mais il n'en va pas de même du nationalisme belliqueux, qui est certainement très répandu. Ce besoin viscéral d'en découdre – attitudes du genre « Ne me marche pas sur les pieds », postures du style « aigle éployée » – et les opportunités qu'il offre à l'exploitation et à la manipulation politiques ont été résumés avec une surprenante franchise par Irving Kristol, qui écrivait en 1989 : « Si le président se présente devant le peuple américain drapé dans la bannière étoilée, face à un Congrès s'enveloppant du drapeau blanc de la reddition, le président gagnera [...]. Le peuple américain n'avait jamais entendu parler de la Grenade. Il n'avait pour cela aucune raison. La raison que nous avons donnée pour l'intervention – le risque couru par des étudiants en médecine qui se trouvaient là – était fausse, mais la réaction du peuple américain fut absolument et massivement favorable. Il n'avait aucune idée de ce qui se passait, mais il soutenait le président. Il le soutiendra toujours[74]. »

Au Congrès, la susceptibilité – « Ne me marche pas sur les pieds » – est particulièrement bien incarnée par certains sénateurs et représentants du Sud comme Jesse Helms (ancien sénateur de la Caroline du Nord), Trent Lott (Mississippi), James Inhofe (Oklahoma), Tom DeLay (Géorgie) ou Dick Armey (Texas) – et auxquels on peut encore adjoindre quelques faucons démocrates comme Zell Miller de Géorgie – mais elle est également répandue, géographiquement, aux États-Unis.

Bien qu'elle soit souvent un tracas pour la politique étrangère américaine, cette tendance est aussi extrêmement utile à tout dirigeant qui projetterait une guerre, dès lors qu'il peut convaincre ses compatriotes qu'ils ont été attaqués ou insultés. La position de certains républicains conservateurs sur la guerre du Kosovo en donne un exemple instructif.

La plupart étaient opposés à cette guerre, par hostilité à l'administration Clinton et par un désaccord de principe avec une guerre « humanitaire », où l'intérêt national des États-Unis ne semblait pas en jeu (l'importance qu'avait la préservation de l'OTAN en tant que véhicule de l'influence américaine en Europe, et surtout le besoin de donner à l'organisation quelque chose à faire, leur échappèrent). On aurait donc pu attendre de ces hommes, lorsque l'ambassade de Chine à Belgrade fut bombardée et que les Chinois réagirent par de vives critiques à l'égard des États-Unis, qu'ils présentassent l'événement comme une leçon, l'une des graves « conséquences involontaires » que pouvaient avoir des opérations soi-disant sans grande importance et limitées sur le plan militaire. Il n'en fut rien. Ils réagirent avec une furieuse animosité, fortement teintée de préjugés traditionnels envers le caractère des Orientaux ou autres menus fretins et la façon dont ils méritaient d'être traités. Ainsi le représentant Tom DeLay : « Le bombardement de l'ambassade est un malheureux exemple de dommage collatéral occasionné par la guerre de M. Clinton, mais les excuses continuelles et la servilité qui s'en sont suivies ont causé bien plus de tort au prestige des États-Unis. On a l'impression qu'à chaque fois qu'on allume la télévision, c'est pour voir le Président s'excuser envers la Chine communiste [...]. Il n'est pas étonnant que le gouvernement de la République populaire de Chine puisse penser que les États-Unis se laissent marcher sur les pieds. Les dirigeants communistes chinois ne comprennent pas la faiblesse de nos dirigeants. Ce qu'ils respectent, ce sont la puissance incontestée, la détermination devant le but à atteindre et les démonstrations de force [75]. »

Ce bellicisme instinctif a été très remarqué depuis le 11 Septembre, et d'une façon très dommageable à la conduite de la lutte contre le terrorisme islamique. Le président Bush lui-même a pris soin de l'atténuer, en parlant avec respect de l'Islam et des peuples musulmans. Mais dans la droite nationaliste américaine, on a assisté à une explosion de chauvinisme agressif, non seulement contre Al-Qaida et les Talibans, ou même contre Saddam Hussein, mais contre l'Islam et le monde musulman en général [76].

Les déclarations du parlementaire républicain Peter King, pour qui « 85 % des mosquées aux États-Unis ont une direction extrémiste », sont typiques. Dans des quotidiens comme le *Washington Times*, et dans les émissions des radios de droite, le langage est tombé dans d'épouvantables abîmes de haine. Ainsi le célèbre présentateur de radio Don Imus, se réjouissant en février 2004 de la mort de passagers iraniens dans l'accident d'un avion civil, et ajoutant : « Quel dommage qu'il n'ait pas été plein de Saoudiens [77] ! »

Certains conseillers participent à cette surenchère, ainsi Kenneth Adelman, du Conseil consultatif de Défense, déclarant : « Plus vous examinez cette religion [l'islam], plus elle paraît militariste[78]. » A. M. Rosenthal, ancien rédacteur en chef adjoint du *New York Times*, a réclamé qu'un ultimatum de trois jours soit donné aux gouvernements d'Afghanistan, d'Irak, d'Iran, de Libye, de Syrie, du Soudan « et à n'importe quel autre [gouvernement] travaillant à l'élimination des États-Unis ou coupable d'incitations perpétuelles à la haine contre les États-Unis » pour livrer et les terroristes et leurs propres dirigeants. En cas de refus, il proposait ni plus ni moins que leur capitale et leurs grandes villes soient « rasées par des bombardement à partir du quatrième jour[79] ». Charles Krauthammer formula les mêmes exigences concernant les villes afghanes : « Retenir maintenant nos militaires afin de calmer nos diplomates signifierait une répétition tragique du Vietnam[80]. » Le commentateur Bill O'Reilly, de Fox News, déclarait, au début de la guerre d'Irak : « Il y a une école de pensée qui dit que nous aurions dû donner aux citoyens de Bagdad quarante-huit heures pour "sortir du bois", en lançant des tracts ou en utilisant les radios à ondes courtes. Quarante-huit heures, vous devez sortir de là et dégager du coin. Alors la guerre serait certainement finie [...]. C'est vraiment frustrant pour tout le monde de penser qu'on s'est battu dans cette guerre avec une main dans le dos[81]. »

Tandis qu'en 2002-2003 le désaccord sur la guerre d'Irak se creusait entre les États-Unis et une partie de l'Europe occidentale (à laquelle il faut adjoindre la plupart des pays du monde), l'hostilité acharnée des nationalistes américains s'étendait à tout pays refusant de suivre les États-Unis dans la guerre[82]. Cet état d'esprit conduisit la Chambre des représentants des États-Unis à voter une motion pour changer l'appellation de *french fries* – les frites, dites aux États-Unis « frites françaises » –, sur le menu du restaurant, en *freedom fries* – « frites de la liberté », mais il affecta aussi certains analystes américains, pourtant normalement modérés et avisés[83].

Ainsi des figures aux avis généralement pondérés ont-elles succombé à l'hystérie, tel l'éditorialiste Thomas Friedman, déclarant dans le *New York Times* : « La France n'est pas seulement notre embarrassant allié. Elle n'est pas seulement notre rival jaloux. La France est en train de devenir notre ennemi. » Les opinions de la France, en outre, étaient sans valeur, sous prétexte que « la France ne s'est jamais intéressée à la promotion de la démocratie dans le monde arabe moderne ».

Friedman adoptait, au fond, une version douce de la position prise par Krauthammer et d'autres : puisque les autres pays nous haïssent, et pour d'ignobles, perverses et illégitimes raisons, leurs opinions ne comptent pas, et nous sommes libres de faire ce que bon nous semble. Ces mots furent écrits en septembre 2003, alors que les mises en garde de la France sur les conséquences de la guerre s'étaient montrées amplement justifiées. Ils révèlent à quel point des Américains même centristes peuvent devenir captifs d'émotions nationalistes, et témoignent de l'insistance avec laquelle les nationalistes rappellent que les seules critiques acceptables de l'Amérique doivent provenir des Américains eux-mêmes [84].

À l'époque de la guerre d'Irak, non seulement des publications extrémistes comme le *Washington Times*, mais aussi le *Washington Post* et le *New York Times* se firent les instruments d'« une campagne bien orchestrée d'insinuations, de distorsions et de mensonges, pour discréditer, plus encore que les arguments de la France, la France elle-même [85] ». Ces articles accusaient la France d'héberger des officiels en fuite du parti Baas, de posséder des stocks interdits d'armes chimiques, et de fournir l'Irak en armes – toutes accusations dont on admit plus tard qu'elles étaient absolument dépourvues de fondements [86].

Militaristes plutôt que belliqueux

Mais si la population américaine et ses représentants nourrissent de fortes traditions de bellicisme instinctif, sans être pour autant impérialistes, du moins depuis la guerre du Vietnam, une bonne part du complexe militaro-industriel, des instituts et des départements universitaires qui lui sont associés peuvent en revanche être qualifiés d'impérialistes et de militaristes, mais non de bellicistes. Comme l'écrivait Stanley Hoffmann (dans une critique de la biographie de Reagan par Gary Will) : « Le programme intérieur [de Reagan] excluait l'activisme à l'étranger, comme Haig* en fit l'amère expérience. La politique étrangère ne devait être qu'une question de dissuasion armée ("Weinberger** achetait des armes un peu partout mais n'encourageait pas, dans quelque domaine que ce soit, leur usage"), de coups rapides et aisés (la Grenade) et de menaces verbales contre l'Empire du mal[87]. »

Les attaques terroristes du 11 Septembre ont évidemment conduit à un bouleversement radical de la politique américaine tant à l'égard de la Russie que de la Chine, poussé plus loin encore par la guerre d'occupation en Irak et la révélation de la réelle faiblesse militaire des États-Unis quand il s'agit de mobiliser des effectifs nombreux pour des campagnes prolongées. L'épuisement des réserves de forces risque de créer une crise morale et des problèmes de recrutement, et il semble évident à l'ensemble du corps militaire et à la plupart des fonctionnaires civils et des commentateurs (ce qui ne veut pas dire, loin de là, à tous) que les États-Unis ne pourraient tout simplement pas courir le risque d'ouvrir ailleurs et simultanément un autre front[88]. Si ambitieux, impérialistes et cruels que puissent être ces gens, ils ne sont pas fous.

---

* Le général Alexander Haig (né en 1924) a servi au Vietnam, puis comme collaborateur de Henry Kissinger et comme chef de cabinet de Nixon. Après son élection à la présidence, Ronald Reagan le nomme secrétaire d'État, ce qui ne va pas sans susciter quelques remous, tant Haig est connu pour ses positions bellicistes.

** Caspar Weinberger (né en 1917) fut secrétaire à la Défense de R. Reagan, de 1982 à 1987. Ardent promoteur de l'Initiative de défense stratégique, il plaida en même temps pour un emploi limité et calculé des forces conventionnelles, dotées d'un rôle de dissuasion. Il fut l'un des responsables des ventes d'armes à l'Iran pour subventionner les contre-révolutionnaires (Contra) nicaraguayens.

Il est important, toutefois, de noter qu'à certains égards l'esprit d'arrogance hostile et démesurée qui prévalait dans l'administration envers la Russie – et d'une façon plus ambiguë, à un moindre degré, envers la Chine – avait déjà pris un tour plus modéré plusieurs mois avant le 11 Septembre et deux ans avant la guerre d'Irak. La crise qui suivit l'atterrissage forcé d'un avion de reconnaissance américain EP-3E sur l'île chinoise de Hainan, après une collision avec un mystérieux chasseur chinois, semble avoir agi comme une douche froide sur certains secteurs de l'administration.

Il devint dès lors évident qu'une escalade délibérée de la tension avec la Chine pouvait déboucher sur un conflit réel, ou du moins ruiner les relations commerciales sino-américaines, avec des conséquences catastrophiques pour les économies de l'Asie et de l'Amérique et pour celle du monde en général. Le magazine *Time* rapportait : « Si certains antichinois à la Maison-Blanche fourbissent avec impatience leurs plans pour une manœuvre de vengeance, Bush conclura vraisemblablement que des représailles ne valent pas les dommages qu'elles occasionneraient sur ce qui est peut-être la relation bilatérale la plus importante au monde [89]. »

On réalisa, de pair avec cette nouvelle sobriété à l'égard de la Chine, que si la tension militaire avec Pékin pouvait réellement augmenter, il serait folie d'exaspérer gratuitement et simultanément la Russie. En conséquence, tandis que certains choix politiques demeuraient inchangés (notamment l'abrogation du traité ABM [missiles antiballistiques]), on témoigna envers la Russie d'une certaine bonne volonté, au moins pour l'aider à sauver la face, et la rhétorique agressive se fit sensiblement plus discrète [90]. Ce dont témoigne une lecture comparative des commentaires de l'administration et des tribunes de presse traduisant son point de vue consacrées à la Russie en mars, avant la crise de l'avion de reconnaissance, et début mai, après son dénouement [91].

Toutefois, fin 2003, l'administration Bush est allée beaucoup plus loin. Dans le cas de la Chine, Bush s'est réengagé personnellement et très fermement à ce que l'Amérique s'oppose à l'indépendance de Taiwan [92]. En dépit des éclats ininterrompus de rhétorique unilatéraliste, de la part de faucons comme John Bolton pour tenter d'empêcher la Corée du Nord de se doter de l'arme nucléaire, l'administration américaine a tacitement reconnu la faillite de la stratégie unilatérale jusqu'alors en vigueur et l'impossibilité pratique de suivre en Asie orientale la « doctrine Bush » de guerre préventive.

En conséquence, tout en refusant de négocier directement avec Pyongyang, elle a été poussée, bon gré mal gré, vers une stratégie qui compte fortement sur les pressions chinoises pour lui faire entendre raison. C'est reconnaître non seulement l'impossibilité de mener une guerre contre la Corée du Nord, mais aussi la puissance des autres États de la région, la Corée du Sud, le Japon et bien entendu la Chine – tous pays bien plus considérables, chacun à leur façon, que les faibles dictatures du Moyen-Orient.

Dans ces circonstances, l'unilatéralisme nationaliste apparaît tout simplement comme incapable de fonctionner. En Irak aussi, les difficultés accumulées rencontrées par l'occupation américaine ont conduit à une quasi-volte-face vis-à-vis des Nations unies, l'administration Bush cherchant la légitimité que lui donnerait une coopération avec l'ONU pour désamorcer la colère croissante de la minorité chiite et trouver des alternatives aux scénarios imaginés originellement par les Américains pour le pays. En 2004, le professeur John Ikenberry pouvait déjà évoquer avec assurance « la fin du moment néo-conservateur » dans la politique étrangère et de sécurité des États-Unis. La démission de Richard Perle du Conseil consultatif de défense, en mars 2004, fournit un marqueur symbolique de ce déclin néo-conservateur [93].

Cette approche plus multilatéraliste adoptée à l'égard d'un certain nombre de problèmes dans les derniers mois de 2003 a été perçue comme une victoire limitée de la vision et de la stratégie prônées par le secrétaire d'État Colin Powell et par le département d'État. Pourtant, elle reflète aussi le « réalisme » de Dick Cheney, de Donald Rumsfeld et des institutions et des traditions qu'ils représentent. Car si cette branche du réalisme souffre des erreurs décrites plus haut, elle n'en opère pas moins sur la base de calculs rationnels quant à la puissance, l'intérêt et le risque, et provient d'un certain regard sur le monde caractéristique des diplomates et des stratèges depuis le XVIIe siècle.

La politique envers la Russie et la Chine adoptée par l'administration Bush après le 11 Septembre s'intègre admirablement à cette tradition. Au fond, elle demeure profondément méfiante à l'égard des motivations et des projets des deux pays. Mais elle reconnaît également qu'il n'est pas dans l'intérêt des États-Unis de rechercher la confrontation avec eux, et que, dans le cas de la Chine, risquer une guerre serait catastrophique. Washington recherche donc de bonnes relations de coopération, sans pour autant faire de cadeaux [94].

De tels réalistes peuvent bien sûr commettre de terribles erreurs et ils sont aussi désespérément désorientés lorsqu'ils doivent faire face à des défis qui ne correspondent pas aux cadres réalistes traditionnels de référence : ainsi Metternich lorsqu'il dut affronter l'émergence du nationalisme idéologique, ainsi Cheney et Rumsfeld lorsqu'ils sont confrontés à la menace du réchauffement global. Néanmoins, ils peuvent être clairement distingués des idéologues du type néo-conservateur, sans parler de la droite chrétienne ; et parce que leurs vues reflètent aussi les conceptions et les intérêts du complexe d'institutions et d'entreprises qu'ils représentent, ils pèsent d'un poids formidable qui fait défaut aux néo-conservateurs. Le triomphe de l'approche réaliste à la fin de 2003 provoqua une grande anxiété dans les cercles néo-conservateurs purs et durs, et l'hystérie de certains de leurs propos reflète la profondeur de leur sentiment de défaite [95].

Les élites de la sécurité sont évidemment intéressées au maintien et à l'expansion de la puissance militaire globale des États-Unis, ne serait-ce que parce que leurs emplois et leurs profits en dépendent. L'emploi et le clientélisme assurent aussi le soutien du Congrès des États-Unis, qui truffe souvent les projets de lois sur le budget de la défense de systèmes d'armes dont le Pentagone ne veut pas et n'a pas même demandés, dans le seul dessein d'aider certains groupes de sénateurs et de parlementaires dont les États produisent ces systèmes[96]. Et, comme nous l'avons déjà fait remarquer, il est également nécessaire, afin de conserver un certain niveau de soutien dans les médias américains et dans l'opinion publique, d'entretenir le sentiment que certaines nations constituent pour les États-Unis une menace, ainsi qu'un minimum permanent de tensions internationales.

Mais l'entretien d'une tension internationale permanente ne signifie pas désir de guerre, du moins d'une grande guerre internationale, qui pourrait provoquer la ruine de l'économie internationale. On a pu dire des généraux américains de l'ère Clinton qu'ils « n'étaient agressifs qu'à propos de leurs budgets[97] ». Le système de gouvernement américain n'a donc rien à voir avec le système napoléonien ou mongol. Il ne désire pas activement de guerres majeures, car il ne dépend pas, pour sa survie, de grandes victoires dans celles-ci – victoires qui par ailleurs ne supprimeraient pas la menace que représentent de telles guerres. Il n'en va pas de même des guerres ponctuelles et limitées.

Dans les dernières décennies de la guerre froide, sous la mer agitée de l'anxiété publique, sans cesse cinglée par les vents de la propagande politique, les sentiments réels des élites de la sécurité ont souvent reflété une relative assurance et une certaine suffisance. Comme l'admet la dernière Stratégie de sécurité nationale : « Durant la guerre froide et notamment après la crises des missiles de Cuba, nous faisions face à un adversaire généralement partisan du *statu quo* et peu enclin à prendre des risques. La dissuasion était une défense efficace[98]. »

Comme l'a remarqué avec quelque amertume Chalmers Johnson, quel dommage que nous n'en ayons pas été informés par les commentateurs officiels lorsque la guerre froide durait encore[99]. Effectivement, le fameux « long télégramme » de George Kennan et son article de 1947*, qui formulent les bases intellectuelles de la position américaine contre l'expansionnisme soviétique, c'est-à-dire de la guerre froide, affirmaient également clairement qu'une confrontation militaire directe avec l'Ouest était peu probable[100]. Tout au long de la guerre froide, pourtant, des voix puissantes se sont élevées aux États-Unis alléguant que l'Union soviétique constituait une sérieuse menace pour l'Ouest (ce qui était vrai), mais prétendant également que le fanatisme idéologique et le mépris pour la vie de leurs concitoyens poussaient les dirigeants russes hors des frontières de la rationalité et pouvaient les conduire à déclencher une guerre imprudente, même au prix probable de leur propre destruction.

Cette ligne fut réactualisée en 2002 pour qualifier le régime baasiste en Irak et justifier la guerre qui devait le renverser, le président Bush parlant sans cesse de Saddam Hussein comme d'un « fou »[101]. Elle a aussi été utilisée à l'appui d'une attitude radicale vis-à-vis de l'Iran et de la Corée du Nord. Comme John Mearscheimer et Stephen Walt l'ont souligné avant la guerre, ce portrait de Saddam Hussein était à peu près aussi faux que celui qu'on avait tracé de la direction soviétique sous Brejnev, lequel, comme on l'admet volontiers aujourd'hui, n'avait rien d'un fou[102].

Pourtant, ces dernières années du moins, de telles exagérations n'étaient généralement pas la principale caractéristique d'une part évidemment centrale du complexe militaro-industriel et académique. Car les militaires en uniforme demeurent plus profondément marqués par la débâcle du Vietnam qu'aucun autre secteur de la société américaine[103]. Ce ne sont pas eux qui ont poussé à la guerre contre l'Irak en 2002, mais un petit groupe de politiques, de hauts fonctionnaire civils du Pentagone, très

* En février 1946, le chargé d'affaire américain à Moscou, George Kennan, fait parvenir au département d'État un télégramme de 8 000 mots préconisant, plutôt que la recherche de terrains d'entente avec l'URSS, la défense des institutions européennes et la recherche d'un équilibre des forces.

marqués idéologiquement. Ainsi le chef d'état-major de l'armée, le général Eric Shinseki, a-t-il publiquement averti – et nombre d'autres officiers l'ont fait en privé – de ce que serait exactement la guerre d'occupation sanglante et grosse consommatrice de troupes qui suivit – ce qui lui valut d'être publiquement humilié par Paul Wolfowitz et autres alliés de Donald Rumsfeld [104].

Mais pour ce qui est de la possibilité réelle d'un conflit avec des grandes puissances, il vaut également la peine de se rappeler que les plans de Donald Rumsfeld lorsqu'il prit ses fonctions réclamaient une force armée moins nombreuse et plus légère, plus concentrée sur ses capacités à mener des expéditions ponctuelles. Ils étaient apparemment fondés sur l'hypothèse qu'il n'y aurait pas de guerre terrestre contre une puissance militaire sérieuse pendant au moins une génération [105]. Malgré tout ce qu'on peut dire sur la menace russe ou chinoise, très peu d'Américains souhaitent en fait un véritable conflit avec ces pays. Désir et besoin de tension, certes, mais non pas de conflit ; de dépenses militaires à grande échelle, mais non pas d'une guerre de grande envergure. Bien sûr, la question de Taiwan ne peut que trop aisément conduire l'Amérique et la Chine au conflit ; mais ce sera, presque certainement, le résultat d'une combinaison d'actions d'un tiers parti – Taiwan – et d'erreurs de calcul de Pékin et de Washington, plutôt qu'une décision consciente prise par une administration américaine de partir en guerre [106].

Le Moyen-Orient constitue la grande exception à cette règle de la domination ultime des réalistes sur la stratégie politique américaine. Le comportement des États-Unis se teinte, dans cette région du monde, de passion nationaliste et religieuse, à un degré qui n'est absolument pas imaginable en Asie orientale, par exemple. La passion nationaliste engendrée dans la communauté juive américaine par la mémoire terrible de l'Holocauste et la longue lutte contre les Palestiniens et les États arabes s'y combine avec les prémisses fondamentalistes de la droite religieuse américaine pour produire des influences sur l'opinion et la politique américaines qui se placent tout à fait en dehors de tout cadre de pensée réaliste – ou *a fortiori* rationnel.

Notes

1. Cité dans Leslie, *Dallas, op. cit.*, p. 222.
2. James Mann, *Rise of the Vulcans : The History of Bush's War Cabinet* (Viking, New York 2004), p. 293.
3. *Ibid.*, p. 246.
4. Cf. Joshua Micah Marshall, "Vice Grip", *The Washington Monthly*, kjanvier-février 2003 ; et Nicholas Lemann, "The Quiet Man" (portrait de Dick Cheney), *The New Yorker*, 7 mai 2001 ; sur l'importance de la guerre froide comme paradigme moral et politique dans la droite radicale, voir Bennett, *Party of Fear, op. cit.*, pp. 469-470.
5. David Hume Kennerly, cité par Phillips, *American Dynasty, op. cit.*, p. 93 ; voir aussi Derek Leebaert, *The Fifty Year Wound : How America's Cold War Victory Shapes Our World* (Little, Brown and Co. New York, 2002) ; Chalmers Johnson, *Blowback : The costs and Consequences of American Empire* (Owl Books, avril 2003).
6. Cf. Joshua Micah Marshall, "Remaking the World : Bush and the Neoconservatives", *Foreign Affairs*, novembre-décembre 2003.
7. Cf. Lars-Erik Nelson, "Military-Industrial Man", *New York Review of Books*, vol. 47, no.20, 21 décembre 2000.
8. Cf. Michael Lind, *Up From Conservatism, op. cit.*, p. 69.
9. Cité dans Ehrman, *Neoconservatism, op. cit.*, p. 42.
10. *Ibid.*, pp. 45-46.
11. Huntington, *Clash of Civilizations, op. cit.*, pp. 301-321.
12. Jacob Weisberg, "The Family Way : How Irving Kristol, Gertrude Himelfarb, and Bill Kristol became the family that liberals love to hate", *New Yorker*, 21 et 28 octobre 1996.
13. Platon, *La République*, traduction de Desmond Lee (Penguin, London 1976), pp. 181-182, 316-325.
14. Holmes, *Anti-Liberalism, op. cit.*, pp. 61-87.
15. Bacevich, *op. cit.*, p. 167 ; Hunt, *op. cit.*, pp. 29-45.
16. Comme me l'a dit un sénateur démocrate américain en janvier 2002.
17. Voir David Stockman, *The Triumph of Politics : Why the Reagan Revolution Failed* (Harper Collins, New York, 1986) ; David Brock, *Blinded by the Right : The Conscience of an Ex-Conservative* (Three Rivers Press, New York, 2002), p. 71 ; Cf. aussi le portrait paru dans le *Washington Post*, "Zealous Norquist Plans Conservative Golden Era", 12 janvier 2004.

18. Mark Almond, "Your Tyrant or Ours ?", *The New Statesman* (Londres), 17 novembre 2003.

19. Irving Kristol, "My Cold War", *The National Interest*, printemps 1993.

20. Daniel Bell, "The Dispossessed-1962", dans Bell (ed), *The Radical Right*, *op. cit.*, pp. 8-12.

21. Cobban, *France*, *op. cit.*, p. 48.

22. Ann Coulter, *Treason*, *op. cit.*

23. Bainbridge, *The Super-Americans*, *op. cit.*, p. 237.

24. Cf. Nicholas Lemann, "The Quiet Man" (portrait de Dick Cheney), *The New Yorker*, 7 mai 2001, p. 69.

25. C. Wright Mills, *The Power Elite* (Oxford University Press, New York, 1959), p. 184.

26. Cité dans Morison, *History of the American People*, *op. cit.*, p. 417.

27. Cf. Michael T. Klare, "America's Military Revolution : Cold War Government with No War to Fight", *Le Monde Diplomatique* (English edition), juillet 2001.

28. Cité dans Chalmers Johnson, *The Sorrows of Empire*, *op. cit.*, pp. 44-45.

29. Cf. Gordon Craig, *Germany 1866-1945*, *op. cit.*, pp. 288, 293-296, 307-308 ; Eckart Kehr, *Economiuc Interest, Militarism and Foreign Policy* (Berkeley University Press, 1977), p. 75 ff. ; Richard Owen, "Military Industrial Relations : Krupp and the Imperial Navy Office", dans Richard J Evans, *Society and Politics in Imperial Germany*, *op. cit.* ; V.R. Berghahn, *Germany and the Approach of War in 1914* (St Martin's Press, New York, 1993), pp. 136-143.

30. Leebaert, *op. cit.*, pp. 230-231, 243-246.

31. Cf. Robert Caro, *The Years of Lyndon Johnson*, *op. cit.*, Vol. III, *Master of the Senate*, pp. 306-334.

32. Cf. Anatol Lieven, "The (not so) Great Game", *National Interest*, hiver 1999/2000. Concernant les dernières étapes du débat sur la menace russe contre l'Inde et les réactions britanniques, voir Max Beloff, *Imperial Sunset*, Vol.I, *Britain's Liberal Empire, 1897-1921* (Alfred A. Knopf, New York, 1970), pp. 20-25, 31-39, Aaron Friedberg, *The Weary Titan : Britain and the Experience of Relative Decline, 1895-1905* (Princeton University Press, 1988), pp. 212-280, et David Gillard, *The Struggle for Asia, 1828-1914* (Methuen, Londres, 1977. Concernant les origines au milieu du XIXe siècle de la peur et de l'inimitié anglaise vis-à-vis de la Russie, voir John Howes Gleason, *The Genesis of Russophobia in Great Britain : a study of the interaction of policy and opinion* (Harvard University Press, 1950).

33. Michael Paris, *Warrior Nation*, *op. cit.*, pp. 88-89.

34. Cf. le début de *L'Aube rouge* de John Milius (1984) film consacré à la résistance américaine héroïque face à une occupation soviéto-cubano-nicaraguayenne.

35. Cf.. Hofstadter, *Paranoid Style*.

36. Norman Podhoretz, *Present Danger : Do We have the Will to Reverse the Decline of American Power ?* (Simon and Schuster, New York, 1980), cité dans Michael Lind, *Up From Conservatism, op. cit.*, p. 61 (note) ; cf. aussi Ehrman, *Neoconservatism, op. cit.*, pp. 108-109.

37. Norman Podhoretz, "How to Win World War IV', *Commentary*, février 2002, vol. 113, no.2.

38. Cf. Craig, *Germany, op. cit.*, pp. 104-113 ; V.R.Berghahn, *Germany and the Approach of War in 1914* (St Martin's Press, New York, 1993).

39. Pour trouver un autre exemple récent de paranoïa anti-soviétique, voir Raymond Sleeper (ed), *Mesmerized by the Bear : The Soviet Strategy of Deception* (Dodd, Mead et al., New York, 1987), avec des contributions de Jack Kemp et Paul Nitze.

40. Cf. les recommandations faites par Richard Clarke dans le cadre de la guerre contre le terrorisme, dans *Contre tous les ennemis, op. cit.*, pp. 247-287.

41. Zbigniew Brzezinski, *The Grand Chessboard : American Primacy and Its Geostrategic Imperatives* (Basic Books, New York, 1998).

42. Owen Harries, "The Dangers of Expansive Realism", *The National Interest*, hiver 1997-1998.

43. Kurt M Campbell (ancien vice-secrétaire d'État à la défense pour les affaires du Pacifique et d'Asie du Sud-Est), "China Watchers Fighting a Turf war of their Own", *New York Times*, 20 mai 2000. Cité dans Chalmers Johnson, *op. cit.*, p. 62.

44. Cf. le livre de Bob Woodward, *Plan d'attaque*, dont des extraits sont parus sous forme de feuilleton dans le *Washington Post* (édition française, Denoël, 2004).

45. Mead, *op. cit.*, p. 303.

46. Robin Wright, "Top Focus Before 9/11 Wasn't on Terrorism", *Washington Post*, 1er avril 2004.

47. Suskind, *op. cit.*, p. 81.

48. Cf. "Still Within Reach of the Russian Bear", *Washington Post*, 5 janvier 1997.

49. George Will, "Eastward-Ho – and Soon", *Washington Post*, 13 juin 1996.

50. Peter Rodman, "Four More for NATO", *Washington Post*, 13 décembre 1994.

51. Hugh Gratton Donnelly, *The Stricken Nation* (US 1890), cité dans Paris, *Warrior Nation, op. cit.*, p. 102.

52. Pour une présentation du lien entre la défaite militaire russe et la situation culturelle et sociale du pays, voir mon *Chechnya : Tombstone of Russian Power* (Yale University Press, 1997).

53. Voir, par exemple, William E Odom et Robert Dujarric, *Commonwealth or Empire : Russia, Central Asia or the Caucasus* (Hudson Institute, New York, 1996) ; William E Odom "Realism About Russia", *The National Interest*, automne 2001 ; George Will, "Back in the USSR", *Washington Post*, 3 septembre 2000 ; William Safire, "Dange-

rous Consequences", *New York Times*, 4 novembre 1999 ; Bill Gertz, "Defense Official says US still needs nukes ; threat remains from Russia, others", *Washington Times*, 13 février 1997 ; "Making the World Safe for America", par Ariel Cohen et al, in *Issues 96 : The Candidates' Briefing Book*, (Heritage Foundation, Washington, 1996) ; Richard Pipes, "Russia's past, Russia's Future", dans *Commentary* (juin 1996). Pour une mise en question de ces points de vue, voir Stephen Sestanovich, "Geotherapy : Russia's Neuroses, and Ours", *The National Interest*, no.45, automne 1996. Points de vue discutés dans mon *Chechnya : Tombstone of Russian Power, op. cit.*, Introduction.

54. Concernant le rôle d'intérêts institutionnels dans la perpétuation de la haine et de la peur à l'égard de la Russie dans les années 1990, voir Owen Harries, "The Dangers of Expansive Realism", *op. cit.*

55. Cf. Condoleezza Rice, "Promoting the National Interest", *Foreign Affairs*, vol. 79. no.1, janvier-février 2000 ; conférence de presse du président Bush, 22 février 2001, sur www.whitehouse.gov.

56. Cf. Maryann Bird, "A Poisonous Plot", *Time (Europe)* 20 janvier 2003.

57. Rice, *ibid.*

58. Cf. James Lilley et Carl Ford, "China's Military : A Second Opinion", *The National Interest*, no.57, automne 1999. Cet article faisait partie d'un échange avec Bates Gill et Michael O'Hanlon, qui dans "China's Hollow Military" avaient adopté un point de vue bien plus sobre et réaliste sur la puissance chinoise. *The National Interest*, no.56, été 1999. Voir aussi "China Viewed Narrowly", *New York Times*, 10 juin 2000 ; pour un point de vue extrémiste antichinois, voir Bill Gertz, *The China Threat : How the People's Republic Targets America* (Regnery Publishing, Washington, 2000). Voir aussi l'essai critique, "Peking Won't Duck", de Tom Donnelly, *The Weekly Standard*, 4 décembre 2000. Sur la compagne en vue d'adopter une stratégie de « containment » contre la Chine, voir Robert G Kaiser, Steven Mufson, "Blue Team Draws a Hard Line on Beijing ; Action on Hill Reflects Informal Group's Clout", *Washington Post*, 22 février 2000 ; Jay Branegan, "A 'Blue Team' Blocks Beijing", *Time* 16 avril 2000 ; Chalmers Johnson, *op. cit.*, pp. 82-88.

59. www.house.gov/coxreport ; pour des critiques du rapport Cox, voir Walter Pincus, "Hill Report on Chinese Spying Faulted ; Five Experts Cite Errors,'Unwarranted'Conclusions by Cox Panel", *Washington Post*, 15 décembre 1999. Voir aussi la critique de Jack Kemp et Gordon Prather citée par John McCaslin, "Kemp and Cox", dans *The Washington Times*, 15 juillet 1999 ; Tom Plate, *LA Times*, 21 juillet 1999 ; éditorial du *Christian Science Monitor*, "Lessons of the Cox Report", 28 mai 1999.

60. Cité dans Cal Thomas, "Damage assessments... and duplicity", *Washington Times*, 28 mai 1999.

61. Thomas, *ibid.*

62. Juliet Eilperin, "DeLay Assails China, Urges Taiwan Trade Talks", *Washington Post*, 3 juin 2003. Pour les points de vue d'autres républicains, voir le représentant Dick Armey, "Saying No to China", *Washington Times*, 30 octobre1997 ; et le sénateur Trent Lott, "Ten Ways to Engage China", *Washington Times* 24 juin 1998.

63. Cf. John Bolton, "Democracy Makes All the Difference", *The Weekly Standard*, 3 avril 2000 ; "Beijing's WTO Double-cross", *The Weekly Standard*, 14 août 2000. Voir aussi les remarques de Bush sur la Chine lors du débat des primaires républicaines en Caroline du Sud, 15 février 2000, dans Larry King Live.

64. Nancy Gibbs et al., "Saving Face", *Time*, 16 avril 2001, vol. 157, n° 15.

65. *Ibid*.

66. Joshua Cooper Ramo, *Time*, 12 mars 2001, vol. 157, n° 10 ; Johanna McGeary, "Dubya talks the talk", *Time*, 2 avril 2001, vol. 157, n° 13.

67. Robert Kagan et William Kristol (eds), *Present Dangers : Crisis and Opportunity in American Foreign and Defense Policy* (Encounter Books, San Francisco, 2000).

68. Jonathan Clarke, "The Guns of 17th Street", *The National Interest*, no.63, printemps 2001.

69. Charles Krauthammer, "The Bush Doctrine", *Time*, 5 mars 2001, vol. 157, n° 9.

70. Frum et Perle, *op. cit.*, chapitre 8, "Friends and Foes", pp. 235-273.

71. Cf. Max Lerner, *American Civilization*, *op. cit.*, p. 907ff.

72. Niall Ferguson, "American Terminator", *Newsweek, Issues 2004*, janvier 2004. Voir aussi Michael Ignatieff, cité sur www.thegloba-list.com, 20 novembre 2003.

73. Cf. Max Boot, "American Imperialism ? No Need to Run Away from Label", *USA Today*, 6 mai 2003.

74. Irving Kristol, dans L. Gordon Crovitz (ed),*The Fettered Presidency* : *Legal Constraints on the Executive Branch* (AEI Press, Washington, 1989) cité dans Michael Lind, "A Tragedy of Errors", *The Nation*, 23 février 2004.

75. Tom DeLay, "Power and Principle", *Washington Times*, 26 mai 1999.

76. Cf. Phillips, *American Dynasty*, op. cit. p. 236 ; Meyrav Wurmser, "No More Excuses : Anti-American leaders stand to be accused", *Washington Times*, 17 septembre 2001 ; Zev Chafets, "Arab Americans have to Choose", *Daily News* (New York), 16 septembre 2001.

77. Cité dans *Arab American Issues*, vol. 5, no.6, 13 février 2004.

78. Cité dans Ivins et Dubose, *op. cit.*, p. 268.

79. A. M. Rosenthal, "Winning the War on Terror", *Washington Times* 17 septembre 2001 ; et "War Lessons, *Washington Times*, 24 septembre 2001.

80. Charles Krauthammer, "This War is Different and Must Be Won", *Washington Post* 30 octobre 2001 ; voir aussi William Kristol, "The Wrong Strategy", *Washington Post,* 30 octobre 2001.

81. "The O'Reilly Factor, Fox News, 26 mars 2003, cité dans Peter Hart (avec précision et honnêteté), *The Oh Really Factor : Unspinning Fox News Channel's Bill O'Reilly* (Seven Stories Press, New York, 2003), p. 148.

82. Cf. Trent Lott , "New World, New Friends", déclaration publique, 31 mars 2003, sur lott.senate.gov ; Helle Dale, "The World according to Chirac", *Washington Times,* 4 juin 2003 ; éditorial du *Washington Times,* "Thanks, but No Thanks, France", 19 mars 2003 ; Paul Johnson, "Au Revoir, Petite France", *Wall Street Journal* 18 mars 2003 ; Holman Jenkins, "A War for France's Oil", *Wall Street Journal* 19 mars 2003.

83. Voir les attaques extraordinairement sournoises et menaçantes contre la France de Frum et Perle dans *An End to Evil, op. cit.,* pp. 238-253 ; et "David Frum's Diary" dans le *National Review Online* du 19 février et du 11 mars 2003. Concernant la réception française de ces attaques, voir par exemple Denis Lacorne, *"Les dessous de la francophobie", Le Nouvel Observateur* (Paris), 27 février-5 mars 2003.

84. Thomas L. Friedman, "Our War With France", *New York Times* 18 septembre 2003 ; Justin Vaisse, "Bringing Out the Animal in Us", *Financial Times* 15 mars 2003. Pour trouver un point de vue (rare) qui admet la rationalité des objections françaises à la guerre en Irak, et leurs racines dans la désastreuse expérience française en Algérie, voir Paul Starobin, "The French were Right", *National Journal* 7 novembre 2003.

85. Stanley Hoffmann, "France, the United States and Iraq", *The Nation,* 16 février, 2004.

86. Sur les armes de destructions massives, voir William Safire dans le *New York Times,* 13 mars 2003 ; Bill Gertz dans *The Washington Times,* 7 mars 2003 ; *Newsweek,* 21 avril 2003. Sur les armes biologiques, voir "Four Nations Thought to Possess Smallpox", *The Washington Post,* 5 novembre 2002. Sur la fuite des cadres du parti baas, voir *The Washington Times,* 6 mai 2003. Pour un rejet officiel par la France de toutes ces accusations, voir la Fact Sheet diffusée par l'ambassade de France à Washington le 14 mai 2003 et publiée dans le *Washington Post.*

87. Stanley Hoffmann, "The Great Pretender", *New York Review of Books,* vol. 34, n° 9, 28 mai 1987 ; voir aussi "Haig's Revenge", *New York Review of Books,* 31 mai, du même auteur.

88. Cf. Reuters : "Experts : US Military Overstretched, Morale at Risk", *New York Times on the Web,* 9 janvier 2004 ; Lee Hockstader, "Army Stops Soldiers from Quitting : Orders Extend Enlistments to Curtail Troop Shortages", *Washington Post,* 29 décembre 2003.

89. Mark Thomson et al, "Four Key Lessons", *Time* 23 avril 2001, vol. 157, n° 16. Cf. aussi Daalder et Lindsay, *op. cit.,* pp. 67-71.

90. Cf. Johann McGeary, "A Salesman on the Road", *Time*, 30 juillet 2001, vol. 158, n° 4.

91. Evan Thomas, Roy Gutman, "See George. Voir George Learn Foreign Policy", *Newsweek*, 18 juin 2001, vol. 137, n° 25.

92. Président Bush et Premier ministre Wen Jiabao : Remarques à la Presse, sur www.whitehouse.gov, 9 décembre 2003.

93. John Ikenberry, "The End of the Neo-Conservative Moment", *Survival* vol. 46, n° 1, printemps 2004. Voir aussi Martin Walker, "And Now, the End of US Unilateralism", *The Globalist* (*www.theglobalist.com*), 5 mars 2004.

94. Ikenberry, "America's Imperial Ambition", *op. cit.*

95. Cf. David Frum et Richard Perle, "Beware the Soft-Line Ideologues", *Wall Street Journal*, 12 janvier 2004 ; pour une autre réaction ultranationaliste à ce changement de cap officiel, voir Michael Ledeen, "Grim Anniversary", *National Review Online*, 11 septembre 2003.

96. Cf. Leebaert, *op. cit.*, pp. 614-616, Chalmers Johnson, *The Sorrows of Empire*, *op. cit.*, p. 57.

97. Ian Williams, "A Faithful Servant", *The Nation*, 23 février 2004, vol. 278, n° 7.

98. NSS, *op. cit.*, p. 15.

99. Chalmers Johnson, *op. cit.*, p. 34.

100. "X" (George Kennan), "The Sources of Soviet Conduct", *Foreign Affairs*, n° 25, juillet 1947.

101. Cf. discours présidentiel du 5 février 2004, déclarant que les États-Unis devaient partir en guerre car ils ne pouvaient « croire la parole d'un fou ».

102. John J. Mearscheimer et Stephen M. Walt, "Iraq : An Unnecessary War", *Foreign Affairs*, janvier-février 2003.

103. Cf. Colonel H.R. McMaster, *Dereliction of Duty : Johnson, McNamara, the Joint Chiefs of Staff and the Lies that Led to Vietnam* (Harper Collins, New York, 1997).

104. Sur l'opinion de Shinseki, voir Thom Shanker, "Retiring Army Chief Warns against Arrogance", *New York Times*, 12 juin 2003. Sur les attaques contre Shinseki, voir Rowan Scarborough, "Wolfowitz Criticizes 'Suspect' Estimate of Occupation Force", *Washington Times* 28 février 2003 ; Michael O'Hanlon, "History Will Get the Last Word : Rumsfeld and Shinseki's Tough Relationship", *Washington Times*, 20 juin 2003.

105. Cf. Michael T. Klare, "America's Military Revolution : Cold War Government with No War to Fight", *Le Monde Diplomatique* (édition anglaise), juillet 2001.

106. Cf. David M. Lampton et Kenneth Lieberthal, "Heading off the Next War", *Washington Post*, 12 avril 2004.

6.
Le nationalisme américain, Israël et le Moyen-Orient

> Quand nous vous observons de loin, peut-être schématiquement, nous voyons en vous une dangereuse menace pour tout ce qui est cher et sacré à nos yeux... Vous menacez de précipiter Israël hors de l'union entre tradition juive et humanisme occidental. Pour ce qui me concerne, vous menacez de renvoyer le judaïsme en arrière dans le temps, au Livre de Josué, aux jours du Jugement, aux excès du fanatisme tribal, brutal et fermé.
>
> Amos Oz[1]

À l'automne 2003, deux votes eurent lieu à l'Assemblée générale des Nations unies concernant la politique d'Israël à l'égard des Palestiniens. Celui du 19 septembre 2003 exigeait qu'Israël ne déporte ni ne blesse Yasser Arafat. La résolution du 27 octobre 2003, tout en condamnant les attentats suicide palestiniens et en appelant les deux parties à mettre en œuvre la « feuille de route » préparée par les États-Unis, exigeait qu'Israël cesse la construction du « mur de sécurité » sur la rive occidentale. La première obtint 133 voix contre 4, la seconde 141 contre 4. Le point de vue minoritaire, rejetant ces résolutions, comprenait

Israël lui-même, les États-Unis et deux minuscules îles du Pacifique, quasi dépendances de ces derniers, la Micronésie et les îles Marshall[2].

Le camp des pays ayant voté en faveur des résolutions qui critiquaient Israël comprenait certains des alliés les plus anciens et les plus proches de l'Amérique, telle la Grande-Bretagne ; des pays qui ont récemment cherché à se rapprocher à la fois des États-Unis et d'Israël, telle l'Inde ; et bien sûr l'ensemble du monde arabe et musulman. Par leur caractère incontestablement écrasant, ces votes sont le miroir des résolutions du Congrès américain en faveur d'un soutien inconditionnel à Israël – à la différence près que si les résolutions des Nations unies dénoncent également le terrorisme palestinien, celles du Congrès américain sont toujours parfaitement unilatérales.

Considérons la résolution du Sénat des États-Unis en date du 6 mai 2002, au plus fort de la violence entre Israéliens et Palestiniens. Elle attaquait le terrorisme palestinien et déclarait que « le Sénat manifeste sa solidarité avec Israël, un État en première ligne dans la guerre contre le terrorisme et qui prend les mesures nécessaires à la sécurité de son peuple en démantelant les infrastructures terroristes dans les zones palestiniennes ». Pas une seule clause de la résolution ne contenait la moindre allusion critique à quelque action israélienne que ce soit. La résolution obtint devant le Sénat 92 voix pour et 2 contre[3].

En tant qu'ancien conseiller à la Sécurité nationale, Zbigniew Brzezinski a souligné le fait que, quelques mois plus tard, les votes des Nations unies démontraient que « le pouvoir des États-Unis dans le monde est à son zénith historique, et l'influence politique américaine à son nadir[4] ».

En avril 2004, l'administration Bush creusa un nouveau fossé entre les États-Unis et l'Europe en matière de stratégie à l'égard du Moyen-Orient quand Bush approuva sans réserves le plan du Premier ministre israélien Ariel Sharon en vue du retrait de la Bande de Gaza (mais en continuant à surveiller ses frontières extérieures et en la dominant militairement) tout en maintenant le contrôle des colonies de la rive occidentale et en refusant le droit au retour en Israël des réfugiés palestiniens. En soutenant les positions israéliennes, sur des aspects essentiels à un règlement définitif et sans accord avec les Palestiniens, les régimes arabes ou l'Europe, Bush a concrètement déchiré sa propre feuille de route pour la paix et piétiné l'affirmation américaine d'une concertation avec le « Quartet » (États-Unis, Union européenne, Nations unies, Russie) pour trouver une solution au conflit. Cette manœuvre a été amèrement condamnée par la plupart des gouvernements européens – à un moment où Washington esseyait d'amener ces mêmes gouvernements et les Nations unies à l'aider à combattre la détérioration de la situation en Irak[5]. Elle a également été dénoncée publiquement par plus de cent anciens diplomates britanniques et américains ayant été en poste au Moyen-Orient.

Plus déprimant encore, cette manœuvre de Bush a été appuyée promptement et de façon inconditionnelle par son rival démocrate pour la présidence, John Kerry, qui a également approuvé l'assassinat des leaders du Hamas[6]. L'approche de Kerry sur ce sujet était totalement incompatible avec la principale affirmation de sa campagne en matière de politique étrangère, qui soulignait la nécessité pour les États-Unis d'adopter une approche « multilatérale » et d'améliorer ses relations avec ses alliés européens et avec les Nations unies.

En réalité, à compter de juin 2004 et au-delà de telles banalités, la campagne de Kerry n'a proposé aucune stratégie alternative sérieuse concernant la guerre contre le terrorisme ou la guerre en Irak, ni surtout eu aucune stratégie en vue d'obtenir le soutien du monde musulman. L'incapacité des démocrates à critiquer Israël est au cœur de cet échec potentiellement désastreux, non seulement en raison de l'effet direct du soutien américain à Israël sur les opinions musulmanes, mais aussi parce que les relations américaines avec Israël rendent un rapprochement avec l'Iran et la Syrie, deux États sensibles en vue de toute stabilisation de la situation en Irak, nettement plus difficile. De façon inhabituelle, l'accord Bush-Sharon a été critiqué assez ouvertement par la presse grand public américaine – mais en année électorale, de telles critiques n'avaient à l'évidence aucun effet sur les calculs des deux camps rivaux[7].

Depuis le 11 Septembre, les relations américaines avec le monde musulman occupent une place centrale dans la stratégie et la sécurité américaines. À cette minute, les États-Unis dirigent un grand pays musulman (l'Irak) et jouent un rôle capital dans le gouvernement d'un autre (l'Afghanistan). Plus important, par l'intermédiaire du terrorisme sunnite, les sociétés musulmanes génèrent actuellement la seule menace réellement sérieuse d'attaque à grande échelle contre le territoire américain. Le succès ou l'échec du combat contre ce terrorisme est sans doute d'une importance vitale pour la survie de la démocratie occidentale, libérale et pluraliste. Une fois dépassées certaines tendances observées au lendemain du 11 Septembre, il n'est pas difficile d'imaginer comment de futures attaques encore plus graves, avec ou sans armes de destruction massive, pourraient pousser la culture politique occidentale dans une direction encore plus dure, chauviniste et autoritaire ; et en Amérique, plus loin du credo et vers ses diverses antithèses.

Comme plusieurs enquêtes et sondages l'ont indiqué, le conflit israélo-palestinien tient également une place centrale dans la façon dont les Musulmans perçoivent les États-Unis et dont les Européens ou d'autres considèrent la stratégie américaine au Moyen-Orient. Dans tous les pays arabes, une large majorité considère la question palestinienne comme « la plus importante » ou « très importante » parmi celles auxquelles fait face le monde arabe aujourd'hui[8]. Selon le principal allié étranger de l'administration Bush, le Premier ministre britannique Tony Blair, « aucun sujet n'a le pouvoir d'unir la communauté internationale comme celle des progrès de la question israélo-palestinienne » et « ce terrorisme ne sera pas vaincu sans paix au Moyen-Orient entre Israël et la Palestine. C'est là que naît le venin. C'est là que les extrémistes sont en mesure de suggérer, dans l'esprit d'un nombre dangereusement croissant de personnes, qu'il faut un État palestinien et la destruction d'Israël, et qui plus est de transformer cela en combat entre l'Est et l'Ouest, entre les musulmans, les juifs et les chrétiens[9] ».

La stratégie de l'Union européenne en matière de sécurité, telle qu'elle a été présentée en décembre 2003, affirme que « la résolution du conflit israélo-arabe est une priorité stratégique pour l'Europe. Sans elle, les chances de régler avec succès les autres problèmes du Moyen-Orient seront réduites[10] ».

Malheureusement, comme les votes aux Nations unies évoqués plus haut le montrent, de tous les problèmes majeurs du monde, c'est probablement celui sur lequel les États-Unis sont le plus complètement isolés du reste de la communauté internationale. Par conséquent, ce sujet a contribué de façon significative à affaiblir la capacité américaine de diriger par la persuasion et le consensus. La position américaine et son isolement sur ce sujet ont nourri l'esprit de nationalisme unilatéraliste aux États-Unis et chassé de larges franges de l'intelligentsia de gauche américaine (pas seulement les Juifs américains, mais les sympathisants d'Israël en général) de leurs positions pacifistes initiales. Car si, sur cette question cruciale, on considère que l'Amérique n'a pas besoin d'écouter ce que dit l'ensemble de la communauté internationale et aurait raison de ne pas le faire, combien de temps une authentique volonté de paix ou de « respect décent de l'opinion du genre humain » (selon les mots de la Déclaration d'Indépendance) peut-elle survivre concernant d'autres sujets ?

L'effort d'expliquer comment les États-Unis peuvent se justifier face au poids d'une telle unanimité du reste du monde contre eux a encouragé l'idée d'une communauté internationale irrémédiablement mal intentionnée, antisémite et par extension antiaméricaine. Ceci a alimenté des haines et des paranoïas bien plus anciennes chez la droite américaine à l'égard du monde extérieur en général et des institutions internationales en particulier. Cela a contribué au type de comportements sournois face au « monde » représentés par des gens comme Charles Krauthammer et Phyllis Schlafly dans les passages cités en introduction et ailleurs.

Selon le chercheur et journaliste britannique Timothy Garton Ash, la nouvelle rupture qui s'est produite entre les États-Unis et l'Europe après l'unité née du 11 Septembre a commencé avec l'escalade dans le conflit israélo-palestinien début 2002 :

> « Le Moyen-Orient est à la fois la source et le catalyseur de ce qui menace de devenir une spirale descendante d'antiaméricanisme bourgeonnant en Europe et d'anti-européanisme naissant en Amérique, chacun des deux renforçant l'autre. L'antisémitisme en Europe et son lien supposé avec la critique européenne du gouvernement Sharon ont été l'objet des commentaires les plus anti-européens de la part des éditorialistes et des hommes politiques conservateurs américains. Certains de ces observateurs ne sont pas seulement très pro-israéliens, mais aussi "naturellement pro-Likoud"... Les Européens pro-palestiniens, rendus furieux par la façon dont toute critique de Sharon est étiquetée comme de l'antisémitisme, évoquent le pouvoir du "lobby juif" aux États-Unis, ce qui confirme les pires soupçons des Américains pro-Likoud au sujet de l'antisémitisme des Européens, et ainsi de suite [11]. »

Le conflit israélo-palestinien contribue à son tour à accroître les tendances américaines au repli sur soi, une incapacité à écouter les autres ou à comprendre leurs réactions au comportement des États-Unis. Comme déjà observé, il est surprenant de trouver pareil sentiment dans un pays aussi puissant, riche et ouvert que l'Amérique. C'est en revanche très caractéristique de petits pays menacés, surtout quand leur population a dû faire face par le passé à des massacres terribles et à des persécutions – ce qui est le cas d'Israël. Les sentiments israéliens de tristesse et de combativité ont contaminé les États-Unis en retour et renforcé une tendance préexistante à la paranoïa, au ressentiment et au chauvinisme, déjà examinée auparavant.

Pour cette raison et d'autres encore, les politiques américaines actuelles envers Israël et le Moyen-Orient en général correspondent on ne peut mieux à la dualité thèse-antithèse exposée dans ce livre, et sont perçues comme telles par les Musulmans et les Européens. D'un côté le président Bush a engagé les États-Unis dans ce qu'il a appelé « une stratégie active de promotion de la liberté au Moyen-Orient », une stratégie solidement enracinée dans les valeurs universelles du credo américain : encourager la liberté, la démocratie, la liberté d'expression, la prééminence de la loi et des « institutions civiles en bonne santé ». Bien que ces espoirs soient certainement remis en cause par les amères leçons de la guerre en Irak, l'approche de base est susceptible d'être reproduite par les futures administrations américaines, quelle que soit leur couleur. Comme Bush l'a dit, l'engagement en faveur de la démocratie au Moyen-Orient doit être « un objectif de la politique américaine pour les décennies à venir[12] ».

De l'autre, le Congrès américain et dans une large mesure les administrations qui se sont succédé ont mené des politiques de soutien inconditionnel à Israël, sans se soucier du comportement des Israéliens dans les Territoires occupés – un comportement souvent en contradiction avec les idéaux professés par les États-Unis et le niveau d'adéquation qu'ils exigent ailleurs. Les raisons de cette position presque unanime des hommes politiques américains en faveur d'Israël sont liées à une véritable identification avec ce pays et, dans certains cas, à une adhésion à l'idéologie israélienne. Ainsi, les membres clés du gouvernement Bush se sont montrés particulièrement proches du gouvernement Likoud d'Ariel Sharon[13]. Cependant y entre aussi une importante dimension de calcul politique, d'opportunisme et même de peur liée à la puissance réelle ou perçue du lobby israélien.

Comme l'a dit M.J. Rosenberg, du Israel Policy Forum :

« Le fait est qu'aussi bien les démocrates que les républicains sont des adeptes de ce jeu qui est parfois d'une impudence proprement stupéfiante. Les démocrates attaquent un républicain accusé de "laisser tomber" Israël, même si la politique préconisée par le républicain est exactement celle qu'ils ont soutenue quand un démocrate s'en est fait l'avocat. Les républicains font la même chose. Dès lors, est-il surprenant que les candidats soient prêts à tout pour éviter de dire quoi que ce soit de vaguement significatif sur le Moyen-Orient ? Sachant que toute déclaration significative pourrait être utilisée contre eux, les candidats jouent la sécurité. Et des secteurs de la communauté pro-Israël les encouragent en critiquant toute suggestion constructive comme anti-Israël et en plébiscitant les candidats qui leur disent ce qu'ils pensent que ce groupe veut entendre [14]. »

Le commentateur de droite Robert D. Novak a résumé de façon très pertinente l'importance du facteur domestique dans la politique étrangère américaine en décrivant

« [...] les sérieux efforts républicains pour mettre un terme à la domination démocrate sur la petite mais importante communauté juive. La question est de savoir si cela guide la politique du président Bush de poursuite de la paix dans le conflit israélo-palestinien. Le point de vue personnel d'importants membres du parti est que cela devrait et que c'est le cas...

Les dirigeants républicains considèrent que le libéralisme économique et social fait pâle figure comparé au soutien à Israël, et que pour la première fois ils ont réussi à acclamer l'État juif plus fort que les démocrates. Il n'y a pas partisan plus enthousiaste de la politique menée par le Premier ministre Ariel Sharon que le chef de la majorité à la Chambre des représentants, Tom DeLay, parfait exemple de républicain musclé.

Mais que dire du plaidoyer de Bush en faveur de la feuille de route ? Bien sûr, il devait y adhérer pour retenir la Grande-Bretagne dans la coalition en vue de la guerre contre l'Irak et conserver l'amitié des pays arabes modérés. La question est de savoir s'il risquera de perdre le vote juif en pressant pour la paix au Moyen-Orient.

Les activistes républicains n'ont aucun doute à ce sujet. Tom DeLay a parlé de la feuille de route comme d'un "flux convergent de raisonnements trompeurs" entre les élites européennes, la bureaucratie du Département d'État et les intellectuels américains. L'ancien président de la Chambre des représentants Newt Gingrich a lui désigné la feuille de route comme "une conspiration du Département d'État et des puissances étrangères pour œuvrer contre la politique américaine"...

Cela met le président Bush face à une décision présidentielle classique qui pourrait lui donner sa place dans l'histoire. Doit-il suivre le conseil de Powell, qui affirme que la pression américaine en vue de créer un État palestinien est essentielle à la paix au Moyen-Orient, ou doit-il suivre le chemin montré par les chefs du parti pour obtenir sa réélection[15] ? »

Cette stratégie républicaine peut être vue comme la poursuite de la stratégie reaganienne des années 1980 visant à gagner le vote des « démocrates reaganiens », qui sont essentiellement « les protestants évangéliques [blancs] du Sud, les cols bleus du Nord et les Juifs prosionistes[16] ». Cette ligne de conduite était fondée sur des principes profondément jacksoniens de populisme conservateur à l'intérieur et de nationalisme agressif à l'extérieur (même si, comme on l'a déjà signalé, ce nationalisme était dans une large mesure davantage rhétorique que réel durant la présidence Reagan).

Cela ne signifie pas que cette stratégie républicaine ait nécessairement été couronnée de succès après le départ de Reagan. En général, les comportements électoraux et les enquêtes d'opinion montrent qu'en matière d'élection la plupart des Juifs américains restent fidèles à leurs traditions de gauche, avec 51 % se reconnaissant démocrates contre 16 % républicains (et 31 % d'indépendants). Pour l'élection de 2000, 79 % des Juifs américains ont voté Gore et 19 % Bush[17]. L'alliance des Juifs américains soutenant Israël avec les Chrétiens fondamentalistes met souvent les Juifs américains de gauche très mal à l'aise ; comme l'a remarqué Roberta Feuerlicht, auteur juive américaine de gauche, « dans l'histoire du peuple juif, quand le fondamentalisme arrive, les Cosaques ne sont jamais loin derrière[18] ». Pourtant, personne ne peut dire avec certitude comment les Juifs américains réagiraient à une administration démocrate qui adopterait une ligne vraiment dure à l'égard d'Israël. Ils ont très certainement puni Carter en 1980 pour avoir ouvert le dialogue avec l'OLP.

Si Bush avait voulu que son administration soit prise au sérieux en tant que force de paix au Moyen-Orient, il aurait dû congédier ceux de ses hauts fonctionnaires qui s'étaient opposés dans les années 1990 au processus de paix d'Oslo et avaient conseillé au gouvernement israélien de l'abandonner[19]. Dans leur manifeste politique de 1996, « A Clean Break », Richard Perle (futur chef du Conseil de Défense dans le gouvernement Bush), Douglas Feith (futur vice sous-secrétaire à la défense du gouvernement Bush) et d'autres membre du Projet pour un Nouveau Siècle Américain (PNAC) conseillaient au gouvernement israélien de Benjamin Netanyahou d'abandonner à la fois les négociations d'Oslo et toute idée d'échange terre contre paix, et d'insister sur un contrôle permanent des Territoires occupés : « Notre contrôle sur le territoire – auquel nos espoirs ont été suspendus pendant deux mille ans – est légitime et noble... Seule une acceptation de nos droits sans condition de la part des Arabes, *tout particulièrement* dans leur dimension territoriale, *"la paix contre la paix"*, est une base solide pour l'avenir » (en italique dans l'original)[20].

Ce document ne cache pas qu'il rejette l'idée d'échange « paix contre terre » sur lequel est fondée la solution « à deux États », la décrivant comme une « capitulation culturelle, économique, politique, militaire et diplomatique » ; et ce qu'il entend par « la paix contre la paix » est qu'il faut continuer à attaquer les régimes arabes jusqu'à ce qu'ils acceptent la domination israélienne sur l'ensemble de la Palestine. Les auteurs s'opposaient donc, au nom de « notre » contrôle sur l'ensemble de la Palestine, non seulement à la politique qui était alors celle du gouvernement Clinton, mais aussi à celles de tous les gouvernements américains précédents, de même qu'à celle formellement adoptée par le gouvernement de George W. Bush et dont certains seraient les hauts fonctionnaires. Elliott Abrams, nommé par Bush chef des affaires moyen-orientales au Conseil national de sécurité en 2003, a en outre affirmé – avant l'échec des négociations en 2000 et la seconde Intifada – qu'Oslo devrait finalement être abandonné au profit d'un nouveau tour de vis à l'encontre des Palestiniens[21].

Il est vrai que la politique américaine et le discours officiel des États-Unis à propos des Palestiniens se sont beaucoup améliorés depuis les années 1970, quand Washington se contentait de répéter comme Israël que ce peuple n'existait pas[22]. Une étape critique de cette évolution fut l'initiative pour la paix du président égyptien Anouar El Sadate en 1977, quand pour la première fois un sondage américain montra que davantage d'Américains approuvaient la politique d'un dirigeant arabe que celle du gouvernement israélien, par 57 % contre 34[23].

Depuis la guerre en Irak, des personnages publics tels que Zbigniew Brzezinski et le général Anthony Zinni ont affirmé haut et fort que le nouveau rôle des États-Unis au Moyen-Orient exige un profond changement de priorité quant au règlement du conflit israélo-palestinien. D'autre part, les attaques du 11 Septembre et le lien établi entre terrorismes antiaméricain et anti-israélien signifient qu'une large part de la classe politique américaine et de l'opinion publique est redevenue fortement anti-palestinienne et prête à considérer les actes d'Israël ni plus ni moins que comme participant à la guerre contre le terrorisme. Le résultat de ce phénomène et de la forte emprise du lobby israélien sur le Congrès est que le soutien américain à Israël et à son occupation des territoires palestiniens, est resté inchangé – avec tout ce que cela entraîne pour l'image des États-Unis dans le monde musulman et les chances de réussite dans le combat contre le terrorisme islamiste.

Israël et l'antithèse américaine

L'un des principaux arguments en faveur d'un soutien inconditionnel à Israël au cours des dernières générations vient du credo américain : à savoir qu'Israël est une démocratie amie et « la seule démocratie au Moyen-Orient », et mérite à ce titre l'appui de l'Amérique [24]. Mais comme cette ligne de conduite devient de plus en plus difficile à concilier avec le comportement d'Israël – et plus particulièrement l'occupation de la Bande de Gaza et de la Cisjordanie, avec l'implantation de colonies juives – d'autres arguments, qui ont toujours existé, pourraient acquérir plus de poids. Ces arguments sont étroitement liés aux valeurs et aux croyances que j'ai décrites comme faisant partie de l'antithèse américaine.

De fait, même l'argument selon lequel Israël est un « bastion de la démocratie » va souvent de pair avec l'idée, émise à voix haute ou non et qui rappelle surtout le XIXe siècle, que c'est aussi « un îlot de civilisation occidentale dans un océan de sauvagerie ». L'utilisation du mot « démocratie » dans ce contexte est donc davantage l'équivalent contemporain de celle du mot « civilisation » au XIXe siècle qu'une considération sur le comportement réel d'Israël [25].

Les arguments enracinés dans l'antithèse américaine ont été remarquablement résumés par le sénateur James Inhofe (républicain, Oklahoma) dans un discours de mars 2002 au Sénat qui exposait sept raisons pour lesquelles « seul Israël a le droit de s'approprier la Terre sainte », y compris les Territoires palestiniens. Cette vision est largement partagée par d'autres représentants de la droite chrétienne au Congrès. Comme signalé précédemment, ces représentants de la droite chrétienne forment une proportion significative des membres du Congrès et du Sénat, ainsi qu'une force puissante au sein du parti républicain.

Parmi eux, on compte les deux derniers chefs du groupe républicain à la Chambre des représentants, Dick Armey et Tom DeLay, tous deux partisans acharnés d'Israël. Ainsi, en mai 2002, Armey, alors chef de la majorité à la Chambre, a-t-il appelé au cours d'un entretien télévisé à l'expulsion des Palestiniens hors des Territoires occupés [26]. Tom DeLay a lui aussi exprimé un soutien sans faille à Israël, sans faire référence aux droits des Palestiniens [27].

La démocratie ne faisait pas partie des arguments avancés par le sénateur Inhofe ; de fait, le seul argument compatible avec les valeurs officielles des hauts responsables américains telles qu'on les envisage habituellement était celui de « préoccupation humanitaire » quant au sort des Juifs survivants de la Shoah. En lieu et place, le sénateur brandit des arguments archéologiques et historiques prouvant que la revendication juive « précède toute revendication que d'autres peuples pourraient avoir dans la région » – les mêmes arguments si souvent utilisés par les intellectuels nationalistes dans les Balkans et dans le Caucase. En revanche, « les Palestiniens n'y étaient pas » en 1913. Deux des motifs d'Inhofe étaient purement réalistes : Israël est un « allié stratégique des États-Unis » et « un rempart contre le terrorisme ».

Un autre de ses arguments concernait le degré supérieur de civilisation, l'idée qu'Israël a pris un désert dont « personne ne voulait vraiment » aux nomades qui l'habitaient initialement et l'a fait prospérer. Même si la conquête de l'Ouest est ancienne, cette idée a encore un puissant écho chez les Américains de tradition jacksonienne ou influencés par cette dernière. Après tout, aussi bien la croyance que le parallèle explicite entre la colonisation du Nouveau Monde par les Américains et l'occupation de Canaan par les Israélites remontent aux premiers jours de la colonisation blanche en Amérique du Nord [28]. Selon les paroles de T. R. Fehrenbach concernant la conscience de l'histoire texane chez les Texans (et se souvenant que l'Oklahoma est limitrophe du Texas et en grande partie né de lui) : « Le Texan n'a pas perdu son histoire au XXe siècle, il s'est accroché à elle. L'histoire texane a été enseignée, dans les écoles texanes avant que n'apparaissent les études sur les États-Unis... Cette version anglo-saxonne de l'histoire est remplie de mythes nationaux comme le sont de telles histoires, avec une bonne part d'hypocrisie et d'arrogance. Certains aspects de sa mythologie ont fait bondir aussi bien les Mexicains que les Nègres. Mais au fond, elle sonnait juste. *Nous avons voulu cette terre, nous l'avons prise, nous l'avons rendue fertile*, c'est ce qu'apprennent les enfants texans » (italiques dans l'original)[29].

Ou bien, comme le dit John Wayne : « Je ne crois pas que nous ayons mal agi en leur prenant ce grand pays [aux Indiens]... Le fait que nous leur ayons soi-disant volé ce pays était simplement une question de survie. Il y avait beaucoup de gens qui avaient besoin de terre, et les Indiens la gardaient égoïstement pour eux seuls[30]. » Leo Strauss, un des intellectuels qui ont inspiré les néo-conservateurs, affirmait que ce « vol de la terre » avait été à la base de *tous* les États, tout en préférant que cette désagréable vérité soit cachée aux masses[31].

Dans la même veine, comme de très nombreux partisans américains d'Israël au fil des années, Inhofe citait un passage de Mark Twain évoquant ses voyages à travers une Palestine désolée : une vision aussi ancienne du retard de la Palestine avant le début de la colonisation juive et donc de l'infériorité des Palestiniens provient en droite ligne de comportements du XIXe siècle[32].

Le dernier argument d'Inhofe dérive également d'un autre élément clé de l'antithèse américaine. Selon ses propres mots : « C'est la raison la plus importante, car Dieu le veut. Comme je l'ai dit il y a une minute, cherchez donc dans le Livre de la Genèse. Il est ici, sur le bureau... La Bible dit qu'Abraham a déplacé sa tente et est venu s'installer dans la plaine des Mamre, qui est à Hébron, pour construire un autel devant le Seigneur. Hébron est en Cisjordanie. C'est là que Dieu est apparu à Abraham et a dit "Je te donne cette terre" – la Cisjordanie. Ce n'est absolument pas une bataille politique. C'est une discussion pour savoir si la parole de Dieu est vraie ou non[33]. »

Un tel argument ne fait pas que projeter ce problème crucial hors de la sphère des négociations, il l'éloigne de toute possibilité de discussion rationnelle fondée sur des critères universellement acceptés. En fait, cet argument rejette la philosophie des Lumières en tant que fondement de la culture politique et, ce faisant, rejette également la civilisation occidentale moderne. Le fait de rejeter la tradition des Lumières est particulièrement vrai aux États-Unis chez les Chrétiens millénaristes, qui pensent que la restauration du pouvoir d'Israël sur l'ensemble du royaume biblique de David est un préalable indispensable à l'Apocalypse. (Cette croyance est très ancienne chez les fondamentalistes protestants et était partagée par Oliver Cromwell[34].)

Comme le rappellent Donald Wagner, Grace Halsell, Gabriel Almond et d'autres spécialistes de cette tradition, il existe des liens particulièrement sinistres entre ces forces aux États-Unis et le puissant mélange de fondamentalistes et d'ultra-nationalistes dans la droite radicale israélienne. Cette dernière partage l'absolutisme moral de leurs équivalents chrétiens américains sans partager nécessairement leur engagement envers la démocratie. De tels Israéliens sont évidemment représentés de façon particulièrement importante parmi les colons de Cisjordanie.

Les fondamentalistes radicaux et les nationalistes israéliens s'opposent irréductiblement à la création d'un État palestinien et sont prêts à la plus radicale des solutions au conflit israélo-palestinien : le nettoyage ethnique (ou « transfert ») des Palestiniens hors des Territoires occupés. Selon des enquêtes d'opinion, en 2003 46 % de la population juive d'Israël appelaient au déplacement y compris des citoyens arabes d'Israël[35]. En 2003, l'éventualité d'un futur déplacement a été soulevée par un important historien de gauche, Benny Morris[36]. Une telle mesure constituerait une rupture définitive avec « l'Occident démocratique », tel qu'il a été défini au cours des dernières décennies. Si l'Amérique devait soutenir une telle mesure, ce serait un triomphe pour les partisan de l'antithèse américaine contre le Credo américain.

Ian Lustik a décrit cette composante fondamentaliste en Israël – le fondamentalisme étant défini comme « une action politique de transformation radicale de la société en fonction d'impératifs d'ordre cosmique » – comme formant « un élément clé du côté israélien de l'équation moyen-orientale[37] ». En 1991, le chercheur israélien Ehud Sprinzak décrivait comment « un des succès majeurs de la droite radicale [israélienne] a été son habileté à pénétrer le Likoud et le parti national religieux. Ainsi, environ un quart des dirigeants et des membres du Likoud observe aujourd'hui le monde à travers le prisme symbolique et idéologique de la droite radicale. L'exemple le plus frappant en est Ariel Sharon, une personne dotée d'un grand charisme et très écoutée, qui pense et parle comme les idéologues d'extrême droite[38] ».

Ou, comme le dit avec candeur le révérend Jerry Falwell : « Être contre Israël, c'est être contre Dieu[39]. » Au cours de la dernière décennie, le soutien inconditionnel à Israël a pris de plus en plus d'ampleur dans la droite républicaine, en même temps que le passage de la droite chrétienne « de l'insignifiante marge à la place centrale du mouvement conservateur ». Cela constitue un changement radical par rapport à l'époque d'Eisenhower et même à celle de George Bush Sr[40]. Comme les paroles de Inhofe et de Falwell l'indiquent, les origines de cette croyance ne relèvent pas uniquement de l'opportunisme politique analysé par Novak, mais aussi d'une profonde identification religieuse, idéologique et culturelle.

L'auteur millénariste Hal Lindsey a publié après le 11 Septembre un livre consacré aux Arabes et aux Musulmans qui reprend les mêmes arguments bibliques et pseudo-historiques que ceux d'Inhofe. (Lindsey cite abondamment des passages d'un texte de la soi-disant universitaire arabophobe Joan Peters proclamant que les Arabes ont en fait immigré en Palestine au XIXe siècle.) Lindsey y ajoute une forte composante de haine et de mépris pour l'islam et pour « les caractéristiques naturelles et génétiques d'Ismaël et de ses descendants, les Arabes ». Il identifie ces derniers avec les « ânes sauvages » cités par

Dieu dans le Livre de Job – en d'autres termes, des nomades sans racines et sans attaches. Il parle de la haine comme d'une « doctrine religieuse musulmane[41] ». Le symposium de la Coalition chrétienne sur l'islam qui a eu lieu à Washington le 15 février 2003 et auquel j'ai assisté (l'historien et soutien actif à Israël Daniel Pipes faisait partie des intervenants) était un délire haineux. Un des intervenants a déclaré que la raison pour laquelle il y aurait toujours conflit entre chrétiens et musulmans étaient que les Musulmans niaient la Résurrection. Le journaliste et polémiste de l'extrême droite chrétienne Don Feder affirma que « l'islam n'est pas une religion de paix, c'est une religion qui, au cours de ses 1 400 ans d'histoire s'est livrée au fanatisme, au terrorisme, aux meurtres collectifs, à l'oppression et à la conversion par l'épée[42] ».

Bien sûr, ces propos représentent une opinion minoritaire par rapport à l'ensemble des États-Unis concernant le conflit israélo-palestinien. Mais la montée de la droite chrétienne au sein du parti républicain signifie que, dans cette partie de la scène politique américaine, ces idées ont de plus en plus de poids. La droite fondamentaliste israélienne tisse actuellement des liens étroits avec des secteurs plus modérés de la droite chrétienne aux États-Unis[43]. Effectivement, il semblerait que, depuis le milieu des années 1990, les gouvernements Likoud se soient davantage appuyés sur la droite chrétienne que sur les Juifs américains de gauche, jugés « peu fiables », dans leurs tentatives d'obtenir le soutien des États-Unis à leur politique[44]. Ainsi le *Washington Post* a-t-il évoqué la série de visites aux États-Unis du ministre israélien du Tourisme en 2003 :

« Le ministre israélien du Tourisme Benyamin Elon a entamé une tournée dans la Bible Belt pour mettre à profit l'enthousiasme des chrétiens évangéliques à l'égard d'Israël, attirer des touristes vers Israël et freiner la "feuille de route" pour la paix au Moyen-Orient du président Bush... "Nous devons nous opposer à la feuille de route ou à la Bible", déclare Mike Evans, fondateur du Jerusalem

Prayer Team, un groupe de 1500 églises. "En tant que chrétiens évangéliques, nous n'avons pas d'hésitations"... M. Elon fait donc un voyage par mois pour faire connaître les opinions israéliennes dans les états où le pays pense être bien vu. "La Bible Belt est un objectif très important pour Israël", a-t-il précisé, ajoutant qu'Israel augmentait son budget publicitaire en matière de tourisme de 1,1 million à 3 millions de dollars en Amérique du Nord.

"Nous voulons remercier ceux qui ne nous ont pas abandonnés au cours des trois dernières années, a-t-il dit. Ceux qui sont venus étaient des Juifs – par solidarité – et des chrétiens évangéliques. Ils disent à Arafat : Vous ne pouvez pas nous obliger à changer de mode de vie pour chasser Israël de la Terre Sainte. " » [*sic*]

Il s'oppose à un État palestinien en Cisjordanie et suggère aux Palestiniens soit de partir pour la Jordanie, soit d'accepter la souveraineté israélienne[45].

L'importance de ces « chrétiens sionistes » dans le gouvernement Bush a été soulignée par un épisode qui a eu lieu à la Maison Blanche le 25 mars 2004. Des dirigeants du Congrès apostolique, un groupe pro-israélien affilié à l'Union des églises pentecôtistes, a eu droit à un entretien hors micro avec Elliott Abrams (il y a eu des fuites dans la presse), le responsable du Proche-Orient et de l'Afrique du Nord au Conseil national de sécurité, et avec d'autres hauts fonctionnaires.

Le Congrès apostolique s'est durement opposé à la « feuille de route » pour la paix du gouvernement Bush, car la feuille de route comporte l'idée d'un État palestinien et d'un retrait israélien au moins partiel de Cisjordanie (« Judée et Samarie »). Abrams entendait apaiser leurs inquiétudes au sujet du plan de retrait israélien de la Bande de Gaza appuyé par les Américains, en leur disant que contrairement à la Cisjordanie, « la Bande de Gaza n'a pas de véritable signification biblique, comme la tombe de Joseph ou celle de Rachel, et que c'est donc un morceau de territoire qui peut être sacrifié à la paix ». En d'autres termes, pour satisfaire ce groupe de pression – et certainement en accord avec ses propres convictions – un très haut fonctionnaire américain faisait donc des déclarations s'opposant à la politique officielle de son propre gouvernement soutenant le retrait israélien d'un grande partie de la Cisjordanie[46].

Dans presque n'importe quelle autre zone vitale aux intérêts de la politique étrangère américaine, de telles opinions auraient été sans conséquences[47]. Mais, dans le cas d'Israël, une série de facteurs a rendu un telle marginalisation impossible. Ces facteurs sont l'importance historique et la convergence culturelle de l'Amérique avec Israël, la puissance du lobby israélien et les limites de la remise en question d'Israël dans l'arène politique et médiatique.

Ensemble, ces facteurs ont empêché les forces de gauche ou réalistes aux États-Unis – y compris une partie des Juifs américains – d'isoler et de dépasser politiquement de telles idées, aussi violemment qu'ils les combattent dans les médias américains cultivés[48]. Non pas que les idées extrémistes d'Inhofe, DeLay et d'autres soient partagées par la majorité des Américains, loin s'en faut. Mais, dans le cas d'Israël, aussi bien les démocrates que l'intelligentsia de gauche ont été empêchés de présenter une opposition forte et cohérente à ces idées. Parce qu'ils s'identifiaient réellement avec Israël ou par peur d'être attaqués par le lobby israélien. Par conséquent, il n'y a concrètement aucune alternative politique ni opposition aux États-Unis pour ce qui concerne le conflit israélo-palestinien et la politique américaine à ce sujet.

Au cours des quatre dernières décennies, la politique américaine s'est donc enlisée dans une spectaculaire contradiction entre les idéaux officiels de l'Amérique et les actes des Israéliens qu'elle a en partie financés. D'un côté, l'Amérique invoque devant les Arabes les valeurs modernes de civilisation et de démocratie dans la résolution des conflits. De l'autre, elle finance non seulement une occupation militaire brutale mais aussi l'appropriation du territoire d'une population installée sur la base de revendications ethnoreligieuses qui seraient considérées par les gouvernements américains et l'essentiel de l'opinion publique comme totalement illégitimes dans toute autre circonstance[49].

L'aspect le plus authentiquement tragique de tout cela, comme de plus en plus d'Israéliens et de Juifs américains ont commencé à l'affirmer, est que cette forme de soutien inconditionnel, ajoutée à une occupation israélienne permanente du territoire palestinien, se révèle également désastreuse pour Israël lui-même et pour les nobles idéaux qui ont motivé les meilleurs éléments de l'aventure sioniste. Ces critiques sont non seulement le fait de la gauche, mais aussi d'officiers supérieurs en retraite et de responsables de la sécurité, qui ont averti le gouvernement Sharon en 2003 que, si Israël ne retirait pas de Cisjordanie et de la Bande de Gaza, l'existence même d'Israël serait mise en danger. Ils ont également déclaré que le retrait est nécessaire même s'il conduit à une rupture avec les colons israéliens. Selon un des quatre signataires, Avraham Shalom, « nous devons une fois pour toutes admettre qu'il y a un autre camp, avec ses sentiments et ses souffrances, et que nous nous sommes très mal comportés... Nous nous sommes transformés en un peuple de voyous utilisant les mauvais outils[50] ».

Comme le dit l'ancien président de la Knesset Avraham Burg :

« La révolution sioniste a toujours reposé sur deux piliers : une voie juste et une autorité éthique. Aucun des deux n'est plus en vigueur. La nation israélienne repose aujourd'hui sur un échafaudage de corruption et sur des fondations d'oppression et d'injustice. En tant que telle, la fin de l'aventure sioniste est déjà devant nous. Il y a un vrai risque que nous soyons la dernière génération sioniste. Il y aura peut-être un État juif au Moyen-Orient, mais il sera d'un genre différent, étrange et laid...

Nous ne pouvons garder une majorité palestinienne sous un joug israélien et dans le même temps nous considérer comme la seule démocratie au Moyen-Orient. Il ne peut y avoir de démocratie sans égalité des droits pour tous ceux qui y vivent, Arabes et Juifs. Nous ne pouvons conserver les Territoires et préserver une majorité juive dans le seul État juif du monde – pas par des moyens qui seraient humains, moraux et juifs...

Voulez-vous un plus grand Israël ? Pas de problème. Laissez tomber la démocratie. Créons un système efficace de séparation des race dans ce pays, avec des camps de prisonniers et des colonies pénitentiaires. Le ghetto de Qalqilya et le goulag de Jenin...

Voulez-vous la démocratie ? Pas de problème. Dans ce cas, oubliez le grand Israël, jusqu'à la dernière colonie ou le dernier avant-poste, ou bien donnez une vraie citoyenneté et le droit de vote à tout le monde, y compris aux Arabes. Bien sûr, le résultat sera que ceux qui ne voulaient pas d'un État palestinien en auront un parmi nous, tout droit sorti des urnes.

Les amis d'Israël à l'étranger – Juifs et non Juifs de la même manière, présidents et premiers ministres, rabbins et laïcs – devraient pouvoir choisir eux aussi. Ils doivent tendre la main à Israël pour faire avancer la feuille de route vers notre destin national comme nation éclairée et société de paix, de justice et d'égalité [51]. »

Le lobby israélien aux États-Unis sait bien que ces colonies – qui ont été condamnées sur le fond par les gouvernements qui se sont succédé aux États-Unis – sont sans conteste le principal point faible de tout l'argumentaire. Des tentatives résolues ont été faites pour distraire l'attention de ce sujet, décrit dans une note confidentielle comme « notre tendon d'Achille » pour ce qui est d'obtenir le soutien de l'opinion [52].

En raison de la manière dont l'Amérique et Israël sont jumelés sur les plans spirituel, politique et social, et parce que beaucoup de gens dans le monde considèrent les relations israélo-américaines comme la boussole du comportement américain, les choix d'Israël auront de graves implications non seulement pour la sécurité des États-Unis et de ses alliés occidentaux, telle la Grande-Bretagne, et pour la place de l'Amérique dans le monde, mais peut-être aussi pour la culture politique des États-Unis eux-mêmes[53].

Du point de vue américain, Israël ne peut être comparé à la Russie, la Chine ou tout autre régime autoritaire ayant mené des guerres cruelles contre des mouvements sécessionnistes nationaux. Le lobby israélien fait régulièrement cette comparaison afin de montrer que ceux qui militent en faveur d'une plus grande pression américaine sur Israël sont des hypocrites et/ou des antisémites, car ils n'attendent pas des États-Unis la même pression sur la Russie ou la Chine.

Pourtant, ce n'est recevable ni sur le plan éthique ni d'un point de vue réaliste ; la plupart des critiques américaines et européennes visant les relations entre Israël et les États-Unis ne demandent pas que l'Amérique adopte des sanctions commerciales à l'égard d'Israël ou l'exclue des institutions internationales, mais seulement que les États-Unis se servent de cette aide et de ce soutien comme d'un puissant levier pour influencer le comportement des Israéliens. Car la plupart des États ne reçoivent pas de subsides massifs, de soutien militaire et de protection diplomatique de la part des États-Unis. En 2004, Israël reçoit plus du quart du total des aides américaines (reconstruction de l'Irak non comprise).

En 2002, le montant de l'aide américaine à Israël était égal à six fois celui destiné au continent africain et dix fois la part américaine pour la reconstruction de l'Afghanistan libéré – cette dernière étant à la fois un impératif moral pour les États-Unis et un intérêt stratégique supposé vital pour eux[54]. Ce déséquilibre flagrant fait à l'évidence d'Israël un cas particulier. Cela rend aussi les États-Unis complices des crimes d'Israël, non seulement aux yeux du monde, mais aussi dans les faits ; et cela donne aux Américains le droit et le devoir de presser Israël de mettre fin à l'occupation des Territoires.

La nécessité pour les États-Unis d'obtenir la fin du conflit israélo-palestinien est également dictée par des motifs purement réalistes, en particulier dans le contexte de la guerre contre le terrorisme. La stratégie et la tactique d'Israël dans ce conflit, et l'appui des États-Unis, sont au cœur même de la façon dont une grande majorité de Musulmans considèrent l'Amérique et la politique américaine dans le monde musulman. Ce fait est démontré par une série presque infinie de sondages d'opinion et d'enquêtes des médias, y compris des études du Département d'État américain, et n'est pas ou ne devrait pas être sérieusement remis en question[55].

Cette combinaison de facteurs affecte aussi de façon critique la manière dont les Européens voient la stratégie américaine dans la région et elle alimente considérablement les doutes des Européens s'agissant de la sagesse ou même du bon sens du leadership américain. Le refus de cet état de fait chez beaucoup d'Américains et le dénigrement des motifs de malaise européen à l'égard du comportement israélien a également favorisé l'élargissement du fossé entre Europe et États-Unis. De sorte que, durant le débat européen en 2003-2004 sur le plan Bush de développement du Moyen-Orient, le rôle d'Israël et le soutien inconditionnel de l'Amérique à l'État hébreu figuraient au premier rang des motifs de scepticisme. Ce facteur fut à peine cité par la plupart des enquêtes et analyses des raisons du refroidissement entre Europe et Amérique – donnant l'impression que les résistances européennes étaient essentiellement motivées par la « mauvaise humeur » ou de « l'antiaméricanisme »[56].

Une « histoire d'amour »

Les échecs américains répétés dans ces domaines sont devenus particulièrement frappants et dangereux puisque le 11 Septembre a souligné de façon terrible la menace que représentent pour les États-Unis et l'Occident les groupes terroristes abrités par les sociétés musulmanes. Pour la plupart des observateurs extérieurs, y compris dans des pays et au sein de gouvernements étroitement alliés aux États-Unis, il est manifeste – comme le suggère Tony Blair dans la remarque citée plus haut dans ce chapitre –

qu'Israël a cessé d'être cet « allié stratégique vital » des États-Unis qu'il fut durant la guerre froide[57]. C'est plutôt devenu une très sérieuse garantie stratégique pour les États-Unis et leurs alliés dans leur effort de lutte contre le terrorisme islamiste et arabo-nationaliste.

C'est du reste démontré par le rôle d'Israël, ou plutôt le non-rôle, dans les guerres d'Irak de 1991 et de 2003, auxquelles les forces israéliennes n'ont pas pris part. Bien sûr, c'est Washington qui les a priées de ne pas participer au conflit, pour ne pas stimuler la fureur du monde arabe et prendre le risque que ces conflits se propagent de façon désastreuse. Un allié stratégique est supposé intervenir de lui-même quand il y a un conflit dans sa région. C'est un bien étrange allié, qui doit être prié de s'en aller et de rester tranquille pour ne pas aggraver la situation. Avant 1991, la plus vaste intervention militaire américaine au Moyen-Orient avait eu lieu au Liban en 1983 – une débâcle rendue nécessaire par l'invasion préalable du pays par Israël. Cette intervention a provoqué des centaines de morts américaines inutiles et une plus grande hostilité à l'égard des États-Unis dans la région, sans offrir le moindre bénéfice stratégique ou politique. Les termes de l'alliance israélo-américaine ne sont pas un exemple de « queue faisant remuer le chien » ; c'est la queue qui traîne le malheureux chien autour de la pièce et l'oblige à se cogner la tête contre les murs.

Sous le gouvernement Bush, la politique étrangère américaine, telle que définie par Donald Rumsfeld, est : « La mission crée l'alliance ». Les États-Unis décideront des buts et réuniront ensuite autant d'alliés que possible pour appuyer ces buts[58]. Ce principe est devenu tout à fait manifeste à l'égard de l'Europe et même de l'OTAN, par exemple. Le domaine où l'alliance conclue par l'Amérique continue à définir sa mission, au point que la mission elle-même a quasiment disparu, c'est l'alliance avec Israël.

La nature de cette alliance est une source de préoccupation non seulement pour les États-Unis, mais aussi pour tous leurs alliés dans la guerre contre le terrorisme. S'il est une chose qui ne peut échapper à l'ensemble des observateurs, sauf aux plus partisans d'entre eux, c'est que cette guerre ne peut pas être gagnée – ni même être conduite – sans un fort soutien des Musulmans. Même si les États-Unis réussissent d'une façon ou d'une autre à se sortir du bourbier irakien, il est extrêmement douteux qu'ils puissent après cela occuper ne serait-ce qu'un autre pays musulman, sans parler de la totalité du monde musulman. Les États-Unis peuvent bien sûr essayer de se retirer derrière un mur protecteur. Mais si ce mur devient de plus en plus haut, il va affaiblir les économies américaine et mondiale et donc les ressorts vitaux de l'hégémonie américaine. L'impact du comportement israélien sur les sentiments des sociétés musulmanes est donc d'une importance critique pas seulement pour la guerre contre le terrorisme, mais pour la puissance américaine et l'avenir de l'Amérique en tant que modèle de civilisation.

Dans le contexte d'une tradition internationale aussi bien réaliste qu'éthique, un engagement américain vis-à-vis d'Israël fondé sur une sentiment de proximité culturelle et ethnique ne pose pas de problème, pas plus que la volonté américaine de faire des sacrifices géopolitiques uniquement pour défendre Israël. Après tout, c'était la position de la Grande-Bretagne à l'égard de ses anciennes colonies bien après que ces dernières eurent conquis leur indépendance et même quand certaines eurent cessé d'être de réels atouts stratégiques[59].

Dans le cas du rôle d'Israël dans les rapports israélo-américains, un parallèle plus sinistre semble malheureusement de mise. Si comparaison il y a, c'est avec l'engagement russe envers la Serbie en 1914, dont l'alliance revêt certains des aspects les plus calamiteux pour les deux parties, telle la protection d'une grande puissance qui a encouragé une partie des dirigeants serbes à se comporter avec une irresponsabilité criminelle dans leur soutien aux revendications irrédentistes contre l'Autriche, ce qui a conduit à une guerre ruineuse pour la Russie, la Serbie et le monde entier[60].

On pourrait presque dire que le résultat de la façon dont les termes de l'alliance israélo-américaine ont été fixés est qu'Israël et États-Unis ont échangé leurs places.

Les États-Unis, qui devraient se sentir protégés à la fois par les océans et par une écrasante supériorité militaire, se retrouvent pourtant à la place d'un État moyen-oriental en danger, sérieusement menacé par le terrorisme et qui se croit lui-même en danger de mort face à des pays qui n'ont qu'une minuscule partie de sa puissance. Dans le même temps, en grande partie grâce au soutien des États-Unis, Israël est devenu une sorte de superpuissance, capable de défier toute une région et même l'Europe. Cette situation est mauvaise pour les États-Unis, mais elle est terrible pour Israël, pour des raisons qui seront examinées plus loin. Car Israël *n'est pas* une superpuissance. C'est un pays riche et puissant, mais c'est encore un petit pays du Moyen-Orient qui doit trouver un terrain d'entente avec ses voisins pour pouvoir vivre en paix. Un soutien aveugle et dans une large mesure sans condition a permis aux gouvernements israéliens d'éviter d'affronter ce fait, ce qui se révèle totalement désastreux pour Israël à long terme.

Comme dans le cas de la Serbie et des secteurs fortement panslavistes de l'opinion et des dirigeants russes d'avant 1914, dans le cas d'Israël, des pans importants de l'opinion publique américaine (et aucunement les seuls Juifs) en sont arrivés au cours du dernier demi-siècle à considérer les États-Unis et Israël presque comme un seul pays, si étroitement identifiés l'un à l'autre que cela transcende l'identité et les intérêts américains. Ils croient profondément en une « communauté d'intérêts entre l'État juif et les États-Unis [61] ». Cette relation a été décrite comme une « histoire d'amour ». Comme le dit Jerry Brown (ancien gouverneur démocrate de Californie) : « J'aime Israël. Si vous me montriez une carte et me demandiez d'identifier Israël, j'en serais sans doute incapable. Mais Israël est dans mon cœur [62]. »

Les racines de cette histoire d'amour précèdent la naissance non seulement d'Israël mais aussi des États-Unis et plongent en dernière instance dans la tradition protestante américaine centrée sur l'Ancien Testament. La reconnaissance (consciente ou inconsciente) d'Israël en tant que nation élue était étroitement liée à la longue tradition de la pensée américaine examinée au chapitre 2, qui remonte aux premiers colons et considère l'Amérique comme un nouvel Israël pour Dieu. Comme l'a dit le révérend Abiel Abbot dans un sermon de 1799 : « Il a souvent été observé que le peuple des États-Unis est plus proche qu'aucun autre dans le monde de l'Ancien Israël. De sorte que l'expression *Notre Israël américain* est fréquemment utilisée et que le consentement de tous lui donne toute sa validité[63]. »

Cette affinité a survécu au fil des générations et vient s'opposer à la tradition préexistante d'antisémitisme chez les WASP snobs (essentiellement dirigé contre les immigrants juifs d'Europe de l'Est qui sont arrivés aux États-Unis à partir de 1880, plutôt que contre les Séfarades et les Juifs allemands installés bien avant). À cela s'ajoutait une forte identification de la génération qui a fondé Israël avec la culture démocratique occidentale[64].

Moins ouvertement admis, mais immensément important, fut le respect « jacksonien » pour la société israélienne, dure et militariste, et ses victoires militaires répétées, ainsi que pour les conquêtes militaires et le style viril des soldats israéliens devenus hommes politiques, tels qu'Ariel Sharon. Cet élément est devenu particulièrement important après 1967, quand la victoire écrasante d'Israël contre des adversaires plus puissants dans une guerre moralement justifiée de défense du territoire a fourni une forme de compensation psychologique après la défaite américaine au Vietnam.

Cependant cette identification a une dimension plus sombre, rappelée par les paroles de T. R. Fehrenbah sur la mémoire texane. La conquête du territoire contre les sauvages ennemis demeure centrale pour l'essentiel de l'histoire de l'Amérique du Nord blanche. Gordon Welty, entre autres, voit là une affinité importante entre la « théologie musclée » de la droite fondamentaliste israélienne et celle de la tradition des pionniers américains : « Depuis que la “frontière” de l'Amérique a disparu, ils cherchent à la recréer ailleurs[65]. » Cette tradition transparaît dans la célèbre remarque de Donald Rumsfeld en 2002 concernant les colonies juives en Cisjordanie : « Se concentrer sur les colonies est aujourd'hui une erreur... Les colonies implantées dans diverses zones des soi-disant Territoires occupées... sont le résultat d'une guerre qu'ils [les Israéliens] ont gagnée[66]. »

Les péripéties du conflit israélo-palestinien depuis les années 1930 et la création de colonies juives dans les Territoires occupés depuis 1967 ont également généré un parallèle entre la situation d'Israël et celle de la frontière indienne de l'Amérique. Dans de tels cas, les soldats et les civils se mélangent et combattent, et les distinctions entre eux s'estompent. L'attention des médias s'est concentrée sur le terrorisme palestinien, mais cette activité s'inscrit dans un contexte de violence civile ordinaire des deux côtés : lancers de pierre et autres attaques contre les colons de la part des jeunes Palestiniens, comportements d'autodéfense de la part des colons[67].

L'écrivain et journaliste Amos Elon a décrit de cette manière Meir Har-Zion, le célèbre parachutiste qui agrémentait son service militaire dans les années 1950 de raids personnels de représaille contre les Arabes : « N'épargnant ni les autres ni lui-même, il punissait ses adversaires sans discrimination. Il devint une version israélienne de ceux qui combattaient les Indiens dans le Far West américain. Tuant laconiquement des soldats arabes, des paysans et des citadins dans une sorte de colère froide, sans haine, il gardait son sang-froid et son efficacité, faisant son travail et le faisant bien[68]. »

Bien sûr, comme dans le cas de la Frontière américaine, évoquer la férocité des combattants israéliens n'implique absolument pas qu'on veuille fermer les yeux sur la barbarie de leurs adversaires palestiniens et arabes. Cependant, par sa politique de colonisation, Israël a laissé passer la chance d'éliminer les causes du conflit, comme l'ont fait les groupes arabes par leur poursuite du terrorisme.

La transformation d'Israël depuis 1967 en ce que l'ancien maire adjoint de Jérusalem et commentateur israélien Meron Benvenisti a appelé une « démocratie du peuple élu », avec le pouvoir et la position dominante détenue par un groupe ehtnique, correspondait à un élément essentiel de l'ethos jacksonien aux États-Unis, au moins jusqu'aux années 1960[69]. De telles croyances forment un sous-texte très important dans certaines œuvres telles que le livre fantastiquement populaire de Leon Uris, *Exodus* (vingt millions d'exemplaires vendus jusque dans les années 1990, le plaçant dans la même catégorie que les romans millénaristes d'Hal Lindsey et Tim LaHaye), et le film qui en a été tiré[70].

Cette identification avec Israël ne serait pas si grave pour la sécurité des États-Unis et de l'Occident, si ce n'était que, durant la même période, le monde arabe (et dans une moindre mesure musulman) s'est lui aussi identifié de plus en plus avec les Palestiniens dans leur lutte contre les Israéliens. Les États-Unis ont un programme hégémonique bien à eux dans la région, concentré sur le contrôle de l'accès au pétrole, la dissuasion ou l'affrontement à l'égard des États hostiles, et la tentative de donner naissance à des États et à des sociétés pour prévenir l'anarchie, les révolution anti-occidentales, voire les deux. Cette tâche serait bien difficile en soi, mais elle est rendue plus difficile encore par l'implication des États-Unis dans un conflit essentiellement national avec les Palestiniens et leurs soutiens arabes.

Résultat de ce mélange entre Israël et pétrole, les États-Unis se retrouvent coincés dans une région de conflits endémiques, violemment antiaméricaine, d'une façon sans précédent dans son histoire. Dans toutes les autres régions du monde, les États-Unis ont réussi soit à contribuer à la stabilisation de la situation d'une manière conforme à leurs intérêts (Europe, Asie du Nord-Est, Amérique centrale), soit, quand l'hostilité était trop grande et la sécurité impossible à rétablir, à se retirer (du Mexique en 1917 et d'Indochine au début des années 1970).

Si le résultat de l'enlisement américain au Moyen-Orient est également l'implication sans précédent dans une série de conflits, cette situation est susceptible de mettre en péril non seulement la direction américaine des affaires mondiales, mais aussi la nature du nationalisme américain et peut-être même de la démocratie américaine. Une guerre qui dure risque de diviser radicalement la société américaine et de causer de graves problèmes sur le plan de l'ordre public, comme ce fut le cas durant la guerre du Vietnam ; cela pourrait aussi pousser un peu plus le gouvernement américain sur la voie d'un comportement dissimulateur, paranoïaque, autoritaire et illégal.

La position des États-Unis dans la région est certes affaiblie par l'hostilité croissante que son soutien à Israël génère chez les Musulmans et dans les anciennes colonies en général. Mais, tout aussi important, les violentes passions nationalistes engendrées par ce conflit dans la société américaine ont rendu beaucoup plus difficile pour le pays la possibilité d'envisager lucidement sa stratégie au Moyen-Orient et ses relations avec un ensemble de pays à travers le monde. Comme pour le rôle du panslavisme dans le nationalisme russe avant 1914, la nature de l'identification avec Israël est devenue partie intégrante de la composition du nationalisme américain et a activement poussé ce dernier dans une direction plus radicale et plus chauvine.

Une fois de plus, il ne s'agit pas de critiquer le principe d'une identification et d'un soutien américains à Israël, ce qui en soit est parfaitement légitime, comme dans le cas de l'Arménie, de la Pologne ou d'un grand nombre de pays avec lesquels les États-Unis considèrent qu'ils ont des liens d'ordre ethnique [71]. C'est le mélange des termes sans condition de cet engagement vis-à-vis des politiques israéliennes qui est particulièrement dangereux [72]. Il n'est que de comparer cette question avec l'influence d'autres groupes de pression ethniques : en conséquence de l'importance du lobby polonais, les États-Unis soutiennent activement l'entrée de la Pologne et d'autres pays d'Europe centrale dans l'OTAN et l'Union européenne. Cependant, une des conditions à cette entrée était que ces pays soient absolument démocratiques, traitent de façon juste et équitable leurs minorités ethniques et n'aient pas de revendications territoriales à l'encontre de leurs voisins.

Pour dire les choses concrètement : les États-Unis auraient dû s'engager à soutenir et défendre Israël uniquement dans le cadre des frontières de 1967. Un diplomate américain de haut rang, aujourd'hui à la retraite, avec qui j'en parlais, a résumé la situation de la manière suivante : c'est comme si durant la guerre froide les États-Unis s'étaient engagés à défendre une Allemagne de l'Ouest dont les frontières politiques et ethniques avec l'Europe de l'Est seraient à la fois fluctuantes et conflictuelles – ce qui eût été le chemin le plus sûr vers un désastre géopolitique.

Un impératif tragique

Les considérations qui précèdent recevraient sans doute l'approbation d'une immense majorité de la population éduquée en Grande-Bretagne et chez tous les autres alliés importants de l'Amérique dans le monde, et sans doute aussi de la grande majorité des peuples du monde observant le conflit israélo-palestinien. Elles sont très difficiles à réfuter du point de vue du Credo américain, du moins tel qu'il a été défini durant les décennies qui ont suivi la Seconde Guerre Mondiale.

C'est d'ailleurs peut-être la difficulté qu'ils ont à défendre leur position dans le cadre des principes de base libéraux qui explique en partie l'hystérie des partisans d'Israël entourant – et couvrant – trop souvent toute tentative de discussion franche sur ces sujets en Amérique. C'est là un des aspects les plus inquiétants du débat américain en matière de politique étrangère. Bien sûr, la principale raison de cette atmosphère est la Shoah, ce crime abominable, son souvenir terrible et les effets de cette mémoire, qui contribue à dissuader toute critique d'Israël et à forger la croyance au droit du pays à une sécurité absolue. L'image de la Shoah a été délibérément utilisée par le lobby israélien pour consolider le soutien à Israël aux États-Unis et ailleurs ; mais elle naît aussi naturellement et spontanément dans la conscience juive et juive américaine, et du reste chez tout citoyen honorable et civilisé du monde occidental.

Cependant, malgré le caractère naturel, légitime et compréhensible des racines d'une loyauté inconditionnelle à l'égard d'Israël, ses effets sont ceux de nombreuses formes de nationalisme dans le monde. Une des conséquences les plus tristes d'une visite dans des pays en plein contentieux national et connaissant des poussées de nationalisme est de rencontrer des gens très intelligents, civilisés et modérés dont la capacité de raisonnement et de modération s'évapore dès que la conversation touche le conflit qui concerne leur propre pays ou ethnie. Des règles de comportement, de discussion et de démonstration universellement acceptées ailleurs sont suspendues ; les faits sont mis de côté ; les critiques diabolisées ; des accusations terribles sont agitées ; et nulle discussion rationnelle n'est plus possible.

J'ai observé ce phénomène en tant que journaliste dans le Sud Caucase juste avant les guerres qui s'y sont déroulées au début des années 1990 et plus encore dix ans plutôt, en visitant la Yougoslavie comme étudiant. Je fus donc bien déçu de voir exactement le même schéma se répéter lors de dîners à Washington, dès que la conversation touchait le conflit israélo-palestinien. Je fus également très triste et troublé de constater que les principes éthiques et les valeurs intellectuelles s'écroulent sous le poids de l'allégeance nationale chez des universitaires et des penseurs dont on admire profondément le travail.

Toute condamnation de l'intelligentsia de gauche pro-israélienne aux États-Unis, juive ou non juive, doit être tempérée non seulement par l'impact terrible de la Shoah mais aussi par la conscience de la position extrêmement difficile, sur les plans idéologique et éthique, dans laquelle ses représentants se trouvent depuis 1945, une position qui n'est rien moins qu'un tragique dilemme. Ce dilemme vient du fait que, pour des raisons tout aussi valables et légitimes, l'Europe de l'Ouest et une partie de l'intelligentsia de gauche aux États-Unis d'un côté, et la plus grande partie du monde juif de l'autre, tirent des conclusions diamétralement opposées de l'horreur nazie. Et cette rupture traverse la conscience individuelle des intellectuels juifs de la diaspora. Ce qui n'est pas une situation enviable.

Les élites d'Europe occidentale ainsi que de nombreux intellectuels de gauche américains ont finalement décidé que la bonne réponse au nazisme et aux abominables conflits nationaux qui l'ont précédé, engendré et accompagné était d'en chercher la limite, de transcender et de dépasser son nationalisme. D'où la création de l'Europe unie et de ses institutions, menant à l'Union européenne et au grand respect européen et de la part de nombreux Américains de gauche pour les Nations unies et l'importance d'institutions en charge du droit international et du développement. Étant donné les forts liens par le passé entre le nationalisme chauvin et l'antisémitisme (aux États-Unis également, dans une certaine mesure) et le rôle du nationalisme dans l'avènement du fascisme, la plupart des intellectuels juifs de la diaspora se sont également et naturellement reconnus dans ces tentatives de dépasser le nationalisme à travers le monde.

Cependant, en raison de l'échec du monde occidental (y compris les États-Unis) dans les années 1930 et 1940 à empêcher le génocide ou même à offrir une protection aux Juifs fuyant les nazis, il est parfaitement naturel qu'un grand nombre de Juifs aient considéré que les garanties offertes par la communauté internationale étaient loin d'être suffisantes pour les protéger contre de futurs possibles massacres. Ils ont pensé qu'au contraire un État national était nécessaire, soutenu par un fort nationalisme juif. Ce nationalisme incarne un puissant et authentique sentiment de libération nationale et d'aspiration au progrès social, voisin de celui de tous les peuples opprimés dans le monde, et c'est de là que le sionisme a tiré sa dimension de noblesse morale, représentée par des figures telles que Ahad Ha'am, Martin Buber et Nahum Goldmann [73].

Israël a également donné un rôle de premier plan aux communautés juives de la diaspora, à cause du déclin de la pratique et de la foi religieuses, des traditions ethniques et de la langue yiddish, avec la forte augmentation des mariages mixtes. En raison de ces tendances, ces communautés craignent d'être elles-mêmes en voie de dissolution[74]. Le judaïsme a toujours été ce que le poète allemand du XIXe siècle Heinrich Heine appelait « la mère patrie transportable des Juifs » ; son éclipse laissait entrevoir une forme douce d'extinction, à moins qu'une solution de substitution ne soit trouvée[75].

Jacques Torczyner, de la Zionist Organization of America, déclara durant la présidence Carter que « quoi que le gouvernement veuille faire... les Juifs d'Amérique se battront pour Israël. C'est la seule chose sur laquelle repose notre identité juive[76] ». Ou d'après l'historien Martin Marty : « Tandis que d'autres fondements de l'identité juive continuaient à s'affaiblir... Israël est progressivement devenu le cœur spirituel de l'expérience juive américaine[77]. »

Mais bien que les fondements de cette sacralisation de la nation fussent spécifiquement et tragiquement juifs, la montée du nationalisme en tant que substitut à la religion déclinante et la transformation des passions religieuses en passions nationalistes font également partie d'un processus historique plus général qui a entraîné par le passé des catastrophes nationales et internationales : « Le meilleur de notre vie pour ton arbre le plus souffrant, ô Allemagne[78] ! »

Contrairement à d'autres sentiments nationaux de martyre – celui de la France après 1871 ou de l'Allemagne après 1918 – celui des Juifs était pleinement justifié. Mais cela n'a pas préservé de nombreux Juifs des effets pernicieux d'un tel sentiment de martyre en matière d'extrémisme nationaliste et d'autojustification – pas plus que les Arméniens, par exemple. Ce sentiment a créé une atmosphère ambiguë et toléré le fondamentalisme national-religieux des groupes israéliens extrémistes et de la colonisation aux bases idéologiques des Territoires occupés, de même qu'une haine franche et massive des Arabes et des Musulmans[79].

De plus, tandis que le sionisme est bien sûr né à la fin du XIXe siècle et est l'illustration classique de « construction » d'une nation moderne, le fondement ethno-religieux juif dont il est né représente un principe identitaire « primordial » plus ancien et plus profond. Comme cela a été démontré par les débats en série en Israël même sur la définition de ce qu'est un Juif, qui peut devenir juif et qui a le droit de trancher ces questions, cette identité est une base du nationalisme qui, si elle n'est pas totalement l'antithèse aux idées de nationalisme civique fondé sur le Credo américain, n'en est pas moins reliée de façon complexe et difficile avec ces dernières. C'est également perçu par les peuples musulmans auxquels les États-Unis souhaitent étendre leur vision du nationalisme civique.

L'invocation de justifications religieuses ou quasi religieuses à la domination de la Palestine était également implicite dans toute l'entreprise sioniste. Étant donné l'écrasante majorité de Palestiniens arabes en Palestine – même au moment de la création d'Israël en 1948 – la volonté de créer un État juif en Palestine ne pouvait se justifier par les questions de libération nationale. Elle devait également s'appuyer sur des revendications ethniques et des écrits religieux plus anciens, ainsi que sur des arguments de supériorité civilisationnelle pour chasser les Arabes et « faire fleurir le désert ». Ces invocations ne pouvaient guère être acceptées par les autres pays du monde et de fait elles ont renvoyé de nombreuses démocraties occidentales à leur propre passé nationaliste et impérialiste [80].

À la suite du courant originel du sionisme, les grands penseurs et dirigeants sionistes tels que Nahum Goldmann rêvaient au départ qu'Israël, comme d'autres États civilisés, serait ancré dans les institutions internationales et pourrait même faire partie d'une fédération multiethnique avec les États arabes du Moyen-Orient, réglant ainsi le dilemme dans lequel se trouvait la diaspora juive de gauche [81].

De façon tragique, les circonstances dans lesquelles Israël a été créé ont rendu une telle résolution du dilemme intellectuel et moral juif extraordinairement difficile et l'auraient fait pour tout autre groupe dans la même situation. Il ne s'agit pas ici de condamner ou de dénigrer, mais simplement de souligner la nature du dilemme et les conséquences tristes et dangereuses qui en ont dérivé.

Amos Oz a écrit au sujet du conflit israélo-palestinien :

« Le sionisme est un mouvement de libération nationale, qui n'a nul besoin de "consentement" ou d'"agrément" de la part des Arabes. Mais il doit reconnaître que ce conflit entre les Palestiniens et nous n'est pas un vulgaire western dans lequel les "gentils" civilisés se battent contre les "méchants" autochtones. Cela relève plus de la tragédie grecque. C'est un combat entre deux droits opposés. Les Arabes palestiniens ont des revendications fortes et légitimes, et les Israéliens doivent les reconnaître, sans que cette reconnaissance nous conduise au renoncement ou à la culpabilité. Nous sommes prêts à accepter un compromis douloureux, et à admettre que la terre d'Israël est la terre de deux nations, et nous devons accepter la partition, sous une forme ou une autre[82]. »

On ne soulignera jamais assez que si les Arabes palestiniens avaient été d'accord dans les années 1930 et 1940 pour qu'une large part d'Israël – où ils étaient encore nettement majoritaires et l'avaient longtemps été de façon écrasante – soit cédée pour former l'État d'Israël, ils auraient agi d'une façon qui, pour autant que je puisse en juger, n'aurait eu aucun précédent dans l'histoire humaine. Ce que des observateurs avisés et objectifs ont du reste souligné à l'époque. Comme Hannah Arendt l'a écrit en 1945, trois ans avant l'indépendance d'Israël, la guerre avec les Arabes et l'expulsion des Palestiniens :

« Les sionistes américains de droite comme de gauche ont adopté de façon unanime, lors de leur convention à Atlantic City en octobre 1944, l'exigence d'un "État libre, juif et démocratique... [qui] comprendrait l'ensemble de la Palestine, entière et sans interruption". La résolution d'Atlantic City va encore plus loin que le Biltmore Program (1942), dans lequel la minorité juive garantissait les droits d'une minorité à la majorité arabe. Cette fois-ci, les Arabes étaient tout simplement absents de la résolution, ce qui leur laisse à l'évidence le choix entre l'émigration volontaire et une citoyenneté de deuxième catégorie. Elle semble reconnaître que seules des motivations opportunistes avaient auparavant empêché le mouvement sioniste d'afficher ses objectifs finaux. Ces objectifs semblent désormais parfaitement identiques à ceux des extrémistes pour ce qui concerne la future constitution politique de la Palestine... En l'affichant aussi brutalement à un moment qui leur paraissait opportun, les sionistes ont obéré pour longtemps toute chance de *pourparlers* avec les Arabes ; car quoi qu'ils offrent, ils ne seront pas crus[83]. »

À travers l'histoire, rarement les grands empires ou mouvements d'assimilation nationalistes et religieux ont été capables d'incorporer de nouveaux peuples sans violence, et malgré le rêve d'Herzl et d'autres d'un État juif multiethnique, le sionisme se veut explicitement une force qui n'assimile *pas* les non-Juifs.

En d'autres termes, bien qu'on puisse critiquer les Palestiniens et les Arabes pour avoir mis du temps à accepter la réalité de l'existence d'Israël, les blâmer pour avoir au départ résisté à cette réalité relève de la bêtise morale et historique. Tout en condamnant les Arabes comme des démons, cela suggère qu'ils auraient dû agir en saints. La tragédie de 1948 n'est pas seulement celle de l'affrontement entre des droits légitimes, mais elle vient aussi de ce qu'aucune des deux parties n'aurait pu agir autrement. Des années après, l'ancien ministre israélien des Affaires étrangères Abba Eban (1905-2002) n'a rien dit d'autre : « Les Arabes palestiniens, s'il n'y avait eu la déclaration Balfour et le mandat de la Ligue des Nations, auraient pu compter au final sur une forme d'indépendance soit comme État séparé soit dans un contexte arabe acceptable par eux... Il était impossible pour nous de ne pas nous battre pour un État juif et tout aussi impossible pour eux de nous accorder ce que nous demandions. S'ils s'étaient soumis au sionisme docilement, il se serait agi du premier peuple dans l'histoire à renoncer de lui-même à son statut majoritaire[84]. »

Il est donc surprenant que la gauche occidentale autoproclamée, les universitaires et les intellectuels qui font partie des soutiens à Israël, persistent à utiliser le rejet palestinien de 1948 comme une forme de péché originel les condamnant par avance. Les raisons pour lesquelles la plupart des Américains ont eu tant de difficultés à le reconnaître vont pourtant plus loin que le désir de soutenir Israël et d'éliminer tout ce qui pourrait restreindre ce soutien ou donner des munitions à l'ennemi. Ils sont aussi liés à des traits de la culture américaines fort bien résumés par T. R. Fehrenbach et soulignant la profonde réticence des Américains à regarder en face le destin des Indiens : « Le point culminant des guerres indiennes fut une tragédie, avec tout ce que la tragédie a d'inévitable, et l'âme nord-américaine se révolte contre la vraie tragédie[85]. »

Est donc à porter au crédit de Saul Bellow le fait d'avoir rejoint dans les années 1970 Walter Laqueur, Leonard Bernstein et d'autres figures juives de premier plan au sein de la culture et de l'intelligentsia américaines dans leur dénonciation publique des installations de colonies dans les Territoires occupés. (Puis le sénateur Abraham Ribicoff adopta la même position[86].) Dans son ouvrage intitulé *Vers Jérusalem et retour*, Bellow reconnaît qu' « un rejet inconsidéré des arguments arabes est un obstacle à la paix ». Dans le même temps, il est d'accord avec Laqueur pour dire que les sionistes, en cherchant la paix, commettaient un péché : « Leur péché était de se comporter comme les autres peuples. Les États nation ne sont jamais nés de façon paisible et sans injustices[87]. »

Cependant, ces auteurs n'ont pas poursuivi avec le corollaire logique, qui était que les Palestiniens aussi « se comportaient comme les autres peuples » en se battant pour conserver la terre de leurs ancêtres où ils étaient en majorité. Même Norman Mailer, bien que très critique à l'égard de la politique israélienne actuelle, a suggéré que les Palestiniens avaient eu tort de ne pas accueillir les réfugiés juifs à bras ouverts dans les années 1940.

En revanche, de prétendus hommes de gauche tels qu'Alan Dershowitz, professeur de droit à Harvard, ont explicitement recouru aux arguments de culpabilité collective arabe et palestinienne comme justification. Ce qui n'est pas seulement faux historiquement, mais aussi incompatible avec les valeurs contemporaines de gauche, et alimente le chauvinisme américain à l'égard des Musulmans et des Arabes. Selon Dershowitz, « les Arabes eurent une vraie responsabilité dans la Shoah pour avoir soutenu le mauvais camp durant la Seconde Guerre mondiale, ce qui justifie qu'ils participent, en tant que vaincus, à la réorganisation du territoire et de la démographie qui suit inévitablement un conflit mondial cataclysmique[88] ».

Saul Bellow, dans le passage cité plus haut, glisse immédiatement vers des paraboles bien connues sur l'hostilité arabe envers Israël qui serait voisine de la cruauté allemande à l'égard des Juifs, les deux phénomènes reflétant une sorte de « folie », et finit sur une note triste qui balaie tout simplement les problèmes concrets posés par le comportement des Israéliens et la souffrance des Palestiniens : « Israël doit compter avec le monde, et avec la folie du monde, à un degré presque grotesque. Et tout cela parce que les Israéliens veulent mener une vie juive dans un État juif. » De telles affirmations, que j'ai entendues sous une forme ou une autre de façon répétées au cours de conversations en Amérique, posent les fondations d'une vision du « monde » lui-même comme fou, mauvais et ennemi d'Israël et des États-Unis.

Au contraire, le Premier ministre israélien David Ben Gourion lui-même aurait demandé en privé (d'après Nahum Goldmann) : « Pourquoi les Arabes feraient-ils la paix ? Si j'étais un chef arabe, je refuserais tout accord avec Israël. C'est naturel : nous avons pris leur pays. Bien sûr, Dieu nous l'a promis, mais qu'est-ce que cela change pour eux ? Notre Dieu n'est pas le leur. Il y a eu l'antisémitisme, les nazis, Hitler, Auschwitz, mais était-ce leur faute ? Ils ne voient qu'une chose : nous sommes venus ici et nous leur avons volé leur pays. Pourquoi accepteraient-ils cela[89] ? »

Avec l'installation d'un État juif vint la guerre de 1948 et l'expulsion de la plupart des Arabes de Palestine hors du territoire du nouvel État. Cet acte était si intolérable aux consciences de gauche et il semblait mettre en cause la légitimité du nouvel État à un point tel que pendant deux générations il fallut le nier, avec des arguments absurdes pour le masquer – absurdes sur le plan de la logique et contraires aux témoignages juifs et palestiniens – et affirmer que les Palestiniens avaient d'une façon ou d'une autre fui volontairement suivant les ordres des gouvernements arabes et de leurs propres chefs. De fait, certains partisans influents d'Israël aux États-Unis continuent au fond à l'affirmer[90].

Pour ma part, bien que je regrette profondément la souffrance humaine causée par les expulsions de 1948, je n'ai jamais été particulièrement choqué par elles – ne serait-ce que parce que les faits sont bien connus, de sources israéliennes citées dans de nombreux ouvrages, bien avant que les historiens révisionnistes israéliens ne « révèlent » à partir de la fin des années 1980 que l'expulsion des Palestiniens était dans une large mesure un processus planifié par les autorités israéliennes et accompagné de nombreuses atrocités[91]. Et c'est avec regret – et sans approuver de quelque façon l'argument infamant de la culpabilité collective avancé par Dershowitz et d'autres – que je dois accepter dans l'ensemble les récents arguments de Benny Morris selon lesquels ce processus cruel était nécessaire pour que l'État d'Israël soit créé et pour que sa population n'ait pas à subir une nouvelle fois l'extermination ou l'exil : « Ben Gourion était partisan du transfert. Il comprenait qu'il ne pouvait y avoir d'État juif avec une grande et hostile majorité arabe en son sein. Il ne pouvait y avoir un tel État. Il ne pourrait exister... Ben Gourion avait raison. S'il n'avait pas fait ce qu'il a fait, aucun État ne serait né. Il faut que cela soit clair. Impossible d'y échapper. Sans le déracinement des Palestiniens, un État juif ne se serait pas dressé là... Il y a des circonstances dans l'histoire qui justifient la purification ethnique. Je sais que c'est une expression complètement négative dans le vocabulaire du XXIe siècle, mais quand on a le choix entre la purification ethnique et le génocide – l'annihilation de son peuple – mieux vaut la purification ethnique [92]. »

Après tout, on était dans les années 1940. À la fin de la Seconde Guerre mondiale, quelque douze millions d'Allemands furent expulsés d'Allemagne de l'Est quand ces terres furent annexées à la Pologne et à la Russie, et trois millions de Tchécoslovaquie, au milieu d'une immense souffrance, d'atrocités et de pertes humaines. Des Hongrois furent déportés de Tchécoslovaquie et de Roumanie. Et les peuples alliés souffrirent eux aussi. Comme les Polonais avançaient vers l'ouest sur l'ancien territoire allemand, des millions de personnes furent déportées en Pologne par Staline depuis l'Union soviétique, pour former une population plus homogène ethniquement en Lituanie, Biélorussie et Ukraine soviétiques. En 1947, un an avant la création de l'État d'Israël et l'expulsion des Palestiniens, plus de dix millions d'Hindous, de Sikhs et de Musulmans avaient fui leurs maisons, au milieu d'horribles bains de sang, suite à la partition de l'Empire britannique des Indes. Une génération plus tôt, la Grèce et la Turquie s'étaient livrées à un vaste échange de populations après des conflits nationaux répétés entraînant des atrocités des deux côtés.

Pour horribles que ces événements aient été, ils ont d'une certaine manière préparé le terrain pour une future absence de guerre, ce qui serait difficile à imaginer si ces populations étaient restées mélangées. Il est certainement aussi difficile d'imaginer comment un État juif pourrait s'être créé et consolidé avec une telle minorité palestinienne, immense et logiquement hostile [93]. Finalement, Israël peut aussi arguer que l'expulsion vers le pays de centaines de milliers de Juifs de la part des pays arabes a donné lieu à une sorte de justice primitive entre Israël et le monde arabe.

Aujourd'hui il devrait également être clair que si l'une des conditions nécessaires de la paix entre Israël et les Palestiniens est l'abandon par Israël de nombreuses colonies dans les Territoires occupés, une autre de ces conditions est que les Palestiniens abandonnent le « droit au retour » pour ceux qui ont été expulsés en 1948[94]. En revanche, je soutiens fermement le « droit au retour » des Israéliens à l'intérieur des frontières de 1967, comme ultime ligne de protection en cas d'éventuel retour de l'antisémitisme dans le monde.

Mais alors que les expulsions ont sans doute été nécessaires à la survie d'Israël, les mensonges qu'elles ont générés au fil des générations suivantes et qui perdurent à ce jour sont extrêmement dangereux pour Israël et pour les États-Unis. Il eût bien mieux valu qu'Israël et ses partisans aux États-Unis acceptent – comme Ben Gourion le fit en privé – la réalité de ce qui s'était passé en 1948 et l'utilisent comme point de départ d'une réflexion sérieuse sur les compensations et sur la future paix. En lieu et place, le camp pro-Israël s'est engagé dans une longue série de mensonges historiques et moraux[95]. Au fil du temps, les conséquences intellectuelles de ces positions se sont répandues comme une nappe d'algues marines au point d'encercler et d'étouffer une partie significative du débat national américain concernant les relations non seulement avec le monde musulman, mais aussi avec le monde extérieur en général, et d'avoir donc alimenté certaines tendances du nationalisme américain.

À ce refus de considérer la situation palestinienne d'avant 1948 et de reconnaître les expulsions de cette période, s'est ajouté pendant des décennies celui, fréquent, de reconnaître les Palestiniens en tant que peuple, avec les droits nationaux qui en découlent. Une telle attitude fut résumée par la célèbre déclaration du Premier ministre Golda Meir (reprise par d'innombrables partisans d'Israël aux États-Unis) selon laquelle « ce n'était pas comme s'il y avait un peuple palestinien en Palestine se considérant lui-même comme un peuple palestinien, et que nous étions arrivés, les avions jetés dehors et leur avions pris leur pays. Ils n'existaient pas[96]. »

Ainsi, en 1978, Hyman H. Bookbinder de l'American Jewish Committee s'en prit-il au gouvernement Carter pour avoir utilisé les expressions « terre natale » et « droits légitimes » en référence aux Palestiniens[97]. Cela signifiait en retour que les fondements réels des griefs arabes à l'encontre d'Israël ne pouvaient être pris en considération et que l'hostilité arabe devait être comprise soit comme une forme de haine maligne et viscérale (« antisémitisme ») soit comme le produit de machinations cyniques et menaçantes des régimes arabes[98].

Bien sûr, ces deux composantes sont bel et bien présentes chez les ennemis d'Israël. Mais la nécessité d'en faire les seules *vraies* explications à l'hostilité des Arabes et des Musulmans a inexorablement conduit à la diabolisation de la société et de la culture arabes et musulmanes – et par extension des sympathisants de la Palestine en Europe et ailleurs. Une telle diabolisation n'était nullement une stratégie systématique des partisans d'Israël. Dans de nombreux cas, il s'agissait plutôt d'un péché d'omission. En gardant le silence sur ce que les Palestiniens avaient subi et sur les racines des conflits israélo-palestinien et israélo-arabe, les intellectuels qui soutenaient Israël n'ont considéré comme seules explications valables au comportement des Arabes qu'une hostilité irrationnelle, cynique et implacable. Ou comme l'universitaire et polémiste palestinien Edward Saïd l'a écrit : « Critiquer le sionisme... c'est critiquer moins une idée ou une théorie qu'un mur de dénégations[99]. »

La position de l'intelligentsia pro-israélienne aux États-Unis concernant le conflit israélo-palestinien est d'une certaine façon devenue celle de nombreux Américains éclairés du milieu du XIXe siècle au sujet du fossé qui séparait l'esclavage du credo américain, comme décrit il y a cent ans par Herbert Croly : « Ce qu'il fallait faire, c'était fermer les yeux devant cette absurdité, attaquer quiconque la soulignerait pour son manque de patriotisme et s'accrocher aux deux branches du dilemme. De nombreux hommes intelligents et qui aimaient leur pays ont persisté dans cette voie[100]. »

Un des effets de cette difficile position morale a été la tendance à lancer des attaques particulièrement virulentes contre quiconque attirerait l'attention sur les contradictions fondamentales entre les idées de nombreux Américains de gauche sur le conflit israélo-palestinien et l'attitude des mêmes concernant d'autres conflits. Appuyé par l'énorme pouvoir institutionnel du lobby israélien, cet élément s'est traduit par une limitation drastique du débat sur le conflit aux États-Unis. Les informations en la matière sont généralement assez justes, mais contrairement à la couverture américaine de la guerre en Tchétchénie par exemple, elles tendent à effacer tout contexte historique, permettant ainsi de montrer les Palestiniens comme de simples terroristes sans expliquer pourquoi ils se battent. Plus grave encore est le biais systématique des éditoriaux dus à des partisans d'Israël. Certains parmi les plus durs et les plus inconditionnels, comme William Safire, ont régulièrement la possibilité de s'exprimer y compris dans le *New York Times* (pourtant assez critique à l'égard de la politique du Likoud et du soutien du gouvernement Bush dont elle bénéficie). À l'inverse, il n'y a jamais de critique violente d'Israël. La seule critique permise provient de modérés et est très prudente et retenue [101].

Comme Arnaud de Borchgrave (très conservateur journaliste du *Washington Times* et d'origine en partie juive) l'a écrit amèrement : « Pour de nombreux Juifs américains, quiconque s'exprime contre la politique du Premier ministre Ariel Sharon ou celle de ses soutiens néo-conservateurs "dionysiaques" à Washington est une preuve classique d'antisémitisme. La simple référence aux "neocons" est interprétée comme une attaque contre la "cabale juive"... Les journaux israéliens – en particulier *Ha'aretz*, l'équivalent israélien du *New York Times* – font paraître nos propres critiques bien sages en comparaison [102]. »

Au fil du temps, la liberté de débattre a peut-être augmenté aux États-Unis, et de fait elle s'est sensiblement améliorée dans les années 1990, jusqu'à ce que l'effondrement du processus de paix israélo-palestinien, la résurgence du terrorisme palestinien et le 11 Septembre ne renvoient aux comportements passés. Car, durant des décennies après sa création, les victoires militaires et la supériorité technologique d'Israël ont garanti sa sécurité contre les invasions, et Israël est devenu un pays et une société de plus en plus fermement installés et témoignant d'un brillant succès. Ces succès auraient dû réduire la crainte qu'en discutant les circonstances de sa naissance, on puisse mettre en question la légitimité de son existence.

Depuis le 11 Septembre, les pages opinion du *New York Times* et d'un certain nombre de quotidiens américains ont un point de vue nettement plus juste et équilibré qu'il y a vingt ans sur le conflit israélo-palestinien. Pour autant, peu de journalistes importants ont dépassé la simple critique d'Israël pour tirer les conséquences logiques de leurs critiques et appeler le gouvernement à presser Israël en menaçant de mettre fin au soutien américain – ce qu'ils auraient certainement fait pour tout autre État recevant l'aide américaine et défiant la volonté américaine. De ce fait, leurs critiques sont inefficaces, aussi bien politiquement que moralement [103]. Même le Département d'État américain diffuse chaque année un rapport sur Israël, les droits de l'homme et les Territoires occupés souvent très critique à l'égard du comportement des Israéliens. Mais le problème est que les États-Unis n'en tirent aucune conséquence pratique [104].

De plus en plus nombreux furent ceux, dans le monde arabe, qui ont admis après le président égyptien Sadate en 1977 qu'Israël ne disparaîtrait pas et que toute idée de jeter le pays à la mer n'était que fantaisie inepte. Ce processus a eu pour point culminant le plan de paix imaginé en 2002 par le prince Abdallah d'Arabie Saoudite et approuvé par l'immense majorité de la Ligue arabe, offrant de reconnaître Israël dans ses frontières de 1967.

Mais entre-temps les gouvernements israéliens qui se sont succédé ont pris la terrible décision d'encourager les installations juives dans les territoires conquis durant la guerre des Six Jours [105]. Cette décision a impliqué une négation constante de l'existence des Palestiniens en tant que nation, bien après qu'il fut devenu évident que les Palestiniens avaient bel et bien développé une conscience nationale cohérente distincte de celle des autres peuples arabes. De fait, un des aspects tragi-comiques de la ligne dure du camp israélien est qu'on pourrait la décrire comme panarabe, puisqu'elle affirme croire que les Arabes forment un seul peuple et que les Palestiniens n'ont nulle terre natale qui leur soit propre et pourraient aussi bien vivre n'importe où dans le monde arabe.

Le problème des colonies a permis de stimuler encore plus les réflexes de fuite et de chauvinisme de la politique et de la rhétorique du lobby israélien aux États-Unis. En raison de leur existence et de la nécessité de les défendre, les États arabes et même les personnes ne pouvaient être considérés comme modérés et raisonnables, même s'ils étaient prêts à signer un traité de paix avec Israël respectant les frontières de 1967. Toute offre de la sorte devait donc être ou bien, dans la mesure du possible, ignorée, ou bien ses auteurs diabolisés et dépeints comme profondément malhonnêtes, non fiables et souhaitant la destruction d'Israël. Les discussions avec les Palestiniens et les Arabes modérés devaient donc être soit bloquées, soit noyées dans un torrent d'invectives. Des offres comme celles du prince Abdullah devaient donc être tout d'abord négligées, puis leurs auteurs discrédités par une série d'attaques contre les pays arabes en général et l'Arabie Saoudite en particulier, considérés comme rétrogrades, barbares et donc absolument pas dignes de confiance[106].

La question de l'occupation par Israël de la Cisjordanie et de la Bande de Gaza devait être présentée comme cruciale pour la survie même du pays. Cela exigeait en retour une constante exagération de tout ce qui menace l'existence d'Israël et donc du pouvoir et de la malignité des ennemis musulmans d'Israël (et de l'Amérique). Le résultat fut un discours paranoïaque d'urgence permanente qui n'a que trop de précédents dans l'histoire du nationalisme militariste.

Et une trop grande partie de ce discours ne se concentre pas là où elle le devrait, sur les véritables menaces terroristes contre Israël et sur la nécessité de réduire la menace en arrêtant la construction de colonies et en se retirant de l'essentiel de la Cisjordanie et de la

Bande de Gaza. Il ne se concentre pas davantage sur la menace démographique tout aussi réelle pour Israël si l'immense majorité des Palestiniens continue à être tenue à l'écart. Au contraire, on dépeint une menace militaire de la part des États arabes des plus hypothétiques pour Israël, utilisée pour détourner le public du débat sur les vrais problèmes que sont les colonies et l'occupation. Ainsi Daniel Pipes a-t-il pu écrire, en janvier 2003, que « l'existence d'Israël semble menacée comme elle ne l'a plus été pendant des décennies ». Yaacov Lozowick, du Musée israélien de l'Holocauste, a écrit un livre dans lequel les guerres menées par Israël, que ce soit pour se défendre et survivre, ou pour envahir et occuper, sont placées sous le signe du « Droit à l'Existence d'Israël »[107].

De telles observations alimentent aussi la paranoïa du nationalisme américain, et sont au cœur de tout ce qui ne va pas dans la stratégie israélienne et le soutien des Américains à cette stratégie au cours des dernières décennies. Durant les vingt-cinq premières années de son existence, Israël a régulièrement été attaqué, mais a remporté une série de grandes victoires, d'abord militaires puis politiques. Pendant l'essentiel de son histoire, Israël était effectivement menacé par la puissance militaire des États arabes qui refusaient l'existence même de l'État d'Israël et étaient soutenus et armés par l'Union soviétique. Cependant, Israël écrasa militairement ces États en 1967 et aussi, dans une moindre mesure, en 1973.

Après quoi la défection de l'Égypte, qui quitta le bloc anti-israélien et dont le régime prit les États-Unis comme fournisseur et protecteur, rendit toute menace militaire conventionnelle sérieuse inconcevable dans un avenir proche. De plus, Israël développa une puissante force de dissuasion nucléaire comme ultime et solide garantie contre toute menace pesant sur son existence de la part des États musulmans (mais naturellement pas contre des attaques terroristes massives). Après 1989, l'effondrement de l'Union soviétique a non seulement réduit encore un peu plus la menace pour Israël en privant les États arabes, refusant encore son existence, d'un soutien surpuissant, mais il a provoqué l'afflux d'immigrants juifs russes consolidant la situation démographique d'Israël dans les frontières de 1967.

Si les Territoires occupés sont conservés dans un « Grand Israël », la situation démographique apparaît complètement différente et Israël sera terriblement en danger en tant qu'État juif ou comme démocratie, voire les deux. Henry Siegman du Conseil pour les relations extérieures a écrit, au sujet de la menace démographique palestinienne et dans des termes qui soulignent la fausseté des arguments concernant ce qui menace la survie d'Israël au sein des frontières de 1967 :

« Le point de vue de Morris souligne le fait regrettable qu'il n'y ait que peu de choses pour distinguer la façon dont les Juifs se comportaient en 1948 dans leur lutte pour fonder un État du comportement des Palestiniens aujourd'hui. La moindre des choses serait que ce constat édifiant conduise plus d'Israéliens à sortir de leur autocomplaisance morale et à réexaminer la façon dont ils diabolisent la cause nationale palestinienne.

Cela implique, pour ce qui concerne le problème territorial, qu'il serait absurde pour les Palestiniens de ne pas croire que le but du mur de Sharon n'est rien d'autre que leur confinement dans une suite de bantoustans, qui serait le prélude à un second déplacement...

À moins que les Israéliens ne veuillent préserver leur statut majoritaire en imposant un régime d'apartheid de type sud-africain, ou poursuivre le processus de déplacement commencé en 1948, comme Morris pense qu'ils le feront – des politiques qu'on espère voir rejetées par la majorité des Israéliens – ce n'est qu'une question de temps avant que la majorité émergente arabe du Grand Israël ne transforme l'identité nationale du pays. Ce serait une tragédie d'ampleur historique pour l'entreprise sioniste et le peuple juif.

Ce qui rendra la tragédie doublement douloureuse, c'est que cela se produira à un moment où les changements dans le monde arabe et ailleurs font disparaître virtuellement toute menace stratégique pesant sur l'existence d'Israël. Cette existence est à présent menacée par l'avidité des colons et par l'aveuglement politique des dirigeants israéliens[108]. »

La célèbre phrase d'Abba Eban (« Les Palestiniens n'ont jamais laissé passer une occasion de laisser passer une occasion », de trouver la paix ou d'obtenir un avantage politique) s'était avérée trop souvent vraie. Nul doute que l'OLP s'est régulièrement montrée lamentable sur le plan politique et révoltante sur la plan moral, ce qui vaut aussi pour les régimes arabes. Le leadership palestinien a en général été insondable, et le terrorisme palestinien, ces dernières années, désastreux et injustifiable à tous égards. Mais cela n'excuse pas la politique menée par les gouvernements israéliens successifs à l'égard des Palestiniens. Comme le dit Amos Elon, « dire que les Palestiniens ont une cause à plaider n'excuse pas la terreur et le meurtre[109] ». Si, jusque dans les années 1990, la plupart des gouvernements arabes refusaient de reconnaître Israël à aucun prix, Israël a également refusé de reconnaître l'existence des Palestiniens en tant que peuple à soi jouissant du droit de s'autodéterminer et de se gouverner lui-même.

Si Israël avait respecté la Convention de Genève et maintenu son occupation militaire de la Cisjordanie et de la Bande de Gaza dans l'attente d'un traité de paix, sans se lancer dans des implantations illégales de colonies, il aurait pu répondre par la suite favorablement aux propositions arabes de reconnaissance et de paix avec Israël, dans le cadre des frontières de 1967 – telles celles du roi Hussein de Jordanie dans les années 1970 et du prince Abdullah d'Arabie Saoudite en 2003[110]. Israël se serait aussi trouvé en position de négocier à la fois rapidement et sincèrement sur la base des Accords d'Oslo, se concentrant sur l'établissement de garanties internationales quant à la sécurité du pays et l'abandon par les Palestiniens du droit au retour.

Mais Oslo s'est peu à peu brisé sous le poids d'interminables marchandages, tandis que les installations se poursuivaient – donnant aux Palestiniens le sentiment que tout le processus n'était qu'une manœuvre dilatoire pour pouvoir leur voler plus de terres. Ce qui a finalement conduit à la désastreuse décision palestinienne de rejeter l'offre de paix Barak en juillet 2002 et la proposition Clinton en janvier 2001, ainsi qu'à la catastrophe de la seconde Intifada[111].

« Antisémitisme » et haine du monde

La récente campagne dans les deux pays alléguant que toute critique d'Israël est nécessairement motivée par l'antisémitisme est étroitement liée à cette exagération systématique de la part du lobby israélien aux États-Unis de la menace pesant sur le pays. Il est aussi affirmé que ce phénomène traduit un retour de l'antisémitisme en Europe et dans le monde lié à la haine de l'Amérique. Ou, pour reprendre le titre d'un essai de Manfred Gerstenfeld : *L'antisémitisme comme partie intégrante de la culture européenne*[112].

L'histoire brutale de l'antisémitisme européen culminant avec la Shoah rend cette question d'une gravité morale toute particulière, et l'accusation d'antisémitisme est de celles qui devraient impliquer une responsabilité morale écrasante. De fait, elle peut se révéler extrêmement grave pour un universitaire ou quelque autre personnage public américain à qui elle serait adressée. Et malheureusement, le problème de l'antisémitisme est souvent traité de façon erronée aux États-Unis aujourd'hui. C'est ainsi qu'Andrew Sullivan, ancien rédacteur en chef du magazine *New Republic*, attaquait les opposants à la guerre en Irak en ces termes : « Le mouvement américain anti-guerre, toujours aussi minuscule et combatif, montre les signes d'un détournement au profit d'un des préjugés les plus anciens et les plus sinistres qui soient. Peut-être était-ce inévitable. Le conflit contre l'islamo-fascisme ramène évidemment à la situation d'Israël. L'antisémitisme fanatique, aussi mauvais voire pire que celui d'Hitler, est maintenant la norme culturelle dans le Moyen-Orient.

C'est le mauvais ciment qui unit Saddam, Arafat, Al-Qaida, le Hezbollah, l'Iran et les Saoudiens[113]. »

Cette tentative de créer une monstrueuse culpabilité par association n'était pas dirigée contre les néo-nazis américains, mais contre des millions d'Américains ordinaires, de bons citoyens démocrates, qui se sont opposés à la guerre en Irak, pour des raisons qui se sont souvent révélées parfaitement justifiées. Selon un sondage de l'American Jewish Committee, 54 % des Juifs américains s'opposaient à la guerre en Irak ; en fait, la proportion de Juifs américains soutenant la guerre (43 %) était beaucoup plus basse que pour l'ensemble de la population (62 %)[114]. Comme dans le cas de la tentative de Sullivan de relier des pays et des groupes du Moyen-Orient très différents et mutuellement hostiles, cette vision des choses ignore l'offre de paix saoudienne à Israël et les déclarations des responsables iraniens selon lesquelles Téhéran accepterait tout règlement de la situation avec Israël accepté par les Palestiniens.

Cette affirmation de Sullivan était citée par Alan Dershowitz dans un livre défendant Israël, et elle fait partie d'une campagne beaucoup plus large suggérant que la menace antisémite dans le monde est plus importante que jamais depuis les années 1930 et 1940 – voire autant qu'alors. Comme le dit Abraham Foxman, de la Ligue antidiffamation : « Je suis convaincu que nous faisons aujourd'hui face à une menace pour la sécurité du peuple juif aussi grave que celle des années 1930 – sinon plus grande encore[115]. » La critique féministe américaine Phyllis Chesler a écrit : « Je crains que les Juifs ne soient à nouveau sacrifiés à un monde devenu fou et cherchant un bouc émissaire[116]. » Les représentants de la droite chrétienne aux États-Unis se sont joints à ces avertissements[117].

Ce langage lui-même n'est pas simplement fou. L'Amérique est la seule superpuissance mondiale et c'est une démocratie libérale stable. Elle s'est engagée à soutenir et défendre Israël. Contrairement aux années 1930, la classe politique américaine s'est massivement opposée à l'antisémitisme sous toutes ses formes. Les principaux États européens sont des démocraties tout aussi stables, dans lesquelles les Juifs jouissent des mêmes droits que les autres citoyens. À de très rares exceptions près, telles que l'Autriche, les partis antisémites sont minuscules, marginaux ou même illégaux. Parmi les partis d'extrême droite les plus importants, tels que le Front National en France et les Libéraux-Démocrates en Russie, le sentiment antisémite est très largement dépassé par la haine des Musulmans. De fait, les minorités musulmanes semblent avoir plus ou moins définitivement pris la place de « l'Autre », l'étranger détesté, dans l'esprit de l'extrême droite européenne. Les agressions physiques contre des Juifs en Europe sont presque entièrement le fait de délinquants provenant de ces minorités musulmanes, tandis qu'eux-mêmes sont agressés par des délinquants d'extrême droite provenant des populations européennes majoritaires. Cette situation est regrettable et inquiétante, mais n'a rien à voir avec les années 1930.

Les chefs et principaux partis politiques de ces pays ont régulièrement dénoncé l'antisémitisme, et leurs programmes et idéologies n'ont aucune ressemblance quelle qu'elle soit avec ceux des nazis ou des mouvements d'extrême droite d'avant 1945. De fait, tout le projet européen, y compris l'élargissement de l'Union à des pays de l'ancien bloc soviétique, se fonde explicitement sur la répudiation des erreurs et des crimes du passé. Malgré la persistance d'une certaine tendance antisémite dans une partie de la gauche européenne, la quasi-totalité des critiques faites à Israël par des partis européens de centre-gauche – et en leur sein de nombreux Juifs – n'imagineraient jamais l'introduction dans leurs États de la moindre des mesures antisémites du passé. La restriction à l'entrée des universités ou l'exclusion des institutions sociales de premier plan serait complètement étrangère à leurs traditions et idéologies, qui valorisent l'ouverture et l'égalité de tous, sans différence de race, d'ethnie ou de religion.

En essayant de dénigrer la gauche française comme antisémite, les critiques américaines ont oublié que c'était la gauche qui avait défendu Dreyfus et les Juifs de France contre leurs persécuteurs d'extrême droite, que trois premiers ministres français avaient été socialistes et juifs et que l'hostilité définissant la gauche française n'était pas l'antisémitisme mais l'anticléricalisme. Quoi qu'en disent des auteurs tels que Gabriel Schoenfeld, il n'y a en réalité nul « lien clair [...] entre la haine antisémite et les prédispositions idéologiques générales de la gauche européenne [118] ».

Naturellement, la Russie n'est pas une démocratie stable, mais même là le gouvernement a condamné l'antisémitisme et favorisé de bonnes relations avec Israël. Cela a par exemple conduit aux excellentes relations entre Vladimir Poutine et Nathan Sharansky (l'ancien dissident russe devenu politicien extrémiste en Israël). Les Juifs russes occupent des positions clés dans l'appareil d'État et dans l'économie. Depuis la chute de l'Union soviétique, trois Russes d'origine juive ont été Premiers ministres de Russie : Sergei Kiriyenko, Yevgeny Primakov et Mikhail Fradkov. Comment une telle situation pourrait-elle être comparée au monde des Hitler, Mussolini, Staline et autres Antonescu ?

De telles accusations sont en partie naturelles et spontanées, dérivant de la terrible histoire du peuple juif qui a culminé avec la Shoah. Ainsi Seymour Martin Lipset note-t-il qu'en 1985, selon un sondage, une majorité de Juifs américains de San Francisco étaient sincèrement convaincus qu'aucun Juif ne pourrait être élu au Congrès à San Francisco – alors qu'il y avait en réalité trois membres du Congrès, deux sénateurs et même le maire [119] !

Comme le dit Irving Howe, et qui s'applique aussi à des sentiments plus larges de défaite héréditaire et de persécution chez beaucoup d'Américains :

« Hantés par les démons de l'histoire moderne, la plupart des immigrants et nombre de leurs enfants ont conservé une peur, quelque part dans leur esprit, celle que l'antisémitisme redevienne un problème sérieux en Amérique. Dès le milieu du siècle, c'était déjà moins une peur réelle que la conviction qu'ils *devaient* conserver cette peur, toutes les expériences passées plaidant pour la vigilance même s'il n'y avait pas de raison immédiate d'être angoissés... Il est ici crucial de remarquer que même au milieu du XXᵉ siècle, de nombreux Juifs américains, bon nombre d'entre eux provenant d'Europe centrale, se *considéraient* encore comme des perdants. Pouvoir s'acheter une maison, aller vivre en banlieue ou envoyer ses enfants à l'université ne pouvait chasser rapidement ce sentiment. L'antagonisme noir [...] était lié dans leur esprit à la possible résurgence d'un antisémitisme mondial et à la visible inimitié des Arabes à l'égard d'Israël. Et qui pouvait aisément faire la part, dans de telles réactions, de l'inquiétude justifiée et des excès "paranoïaques" [120] ? »

Mais les accusations d'antisémitisme sont aussi utilisées délibérément et consciemment comme stratégie pour faire taire les critiques à l'égard d'Israël. C'est du reste admis à demi-mot par Norman Podhoretz, Nathan Perlmutter et Irving Kristol, qui ont pressé pour que les déclarations antisémites de chrétiens ultraconservateurs tels que Pat Robertson soient pardonnées, car il s'agissait de partisans d'Israël : « Après tout, pourquoi les Juifs se soucieraient-ils du point de vue théologique d'un prêcheur fondamentaliste alors qu'ils ne croient pas une seule seconde qu'il parle avec la moindre autorité du problème de la réponse de Dieu aux prières humaines ? Et qu'importent de telles abstractions théologiques au regard du fait que ce même prêcheur est vigoureusement pro-Israël [121] ? »

Ou, comme le dit Perlmutter : « Est-ce bon pour les Juifs ? Une fois la réponse donnée, passons aux problèmes secondaires... Les Juifs peuvent vivre avec les priorités domestiques de la droite chrétienne que ne partagent pas les Juifs de gauche parce qu'aucune de ces préoccupations n'est aussi importante qu'Israël [122]. »

Le lobby israélien, comme la droite nationaliste américaine, accorde une attention toute particulière aux cercles académiques américains, l'une des seules parties de la société américaine où le débat sur ce sujet a lieu [123]. On notera que, tout comme en Europe, la gauche et les groupes arabes sur les campus universitaires se lancent trop souvent dans une rhétorique et des actions qui ne sont pas seulement très anti-israéliennes, mais aussi à l'occasion antisémites[124]. Dans ce camp de la politique américaine à l'université : « Beaucoup des discours ont une teneur irréfléchie qui fait fuir l'auditeur. Ceux qui parlent s'en prennent violemment à la politique israélienne et américaine, mais ils manquent de force morale et d'efficacité politique en gardant un lourd silence concernant le terrorisme et la dictature, au Moyen-Orient et ailleurs[125]. »

Les enseignants américains et les responsables de campus où une telle propagande est répandue ont le devoir de la combattre et, quand c'est nécessaire, d'y mettre fin. Cependant, pour révoltantes que soient les forces responsables de ces excès rhétoriques, elles sont complètement impuissantes au-delà des frontières de quelques campus américains, et même là ne sont jamais dominantes. Dans le monde de la politique, du lobbying et des *think tanks* de Washington, elles sont virtuellement inexistantes, selon ma propre expérience. Elles n'ont pas la moindre influence sur la société, la vie politique et le gouvernement américains, comparées au lobby israélien[126].

En réalité, il semble que leur fonction principale soit d'être utilisées par les partisans d'Israël en Occident comme des « hommes de paille » dont les arguments extrémistes peuvent être facilement démolis et servir de diversion tactique pour éviter de faire face aux arguments sérieux de représentants de la gauche israélienne et patriote tels que Burg, Oz, Yossi Beilin ou le général Shlomo Gazit[127]. Comme le dit Akiva Eldar, du quotidien *Ha'aretz* : « Il est bien plus facile de prétendre que le monde entier est contre nous que d'admettre que l'État d'Israël, qui est né comme refuge et source d'orgueil pour les Juifs, s'est non seulement transformé en un lieu moins juif et moins sûr pour les Juifs, mais est devenu une source de danger et d'embarras pour les Juifs qui ont choisi de vivre hors de ses frontières. Affirmer qu'on est antisémite si l'on considère la politique du gouvernement israélien en 2003 comme dangereuse pour la paix dans le monde revient à réduire l'antisémitisme à bien peu de choses[128]. »

La campagne visant à dépeindre toute critique d'Israël comme antisémite et à montrer une monstrueuse et terrifiante vague d'antisémitisme en Europe et dans le monde a aux États-Unis des effets qui vont bien au-delà des problèmes en question. Cela contribue à accroître l'hostilité de l'Amérique pour le reste du monde, aggravée par l'ignorance décrite au chapitre 2. À en juger par les commentaires des universitaires avec qui j'ai parlé, pour bien trop d'étudiants américains, l'histoire de France se réduit à Vichy et à l'affaire Dreyfus, l'histoire de l'Allemagne d'avant 1945 à la Shoah et toute l'histoire de la Russie tsariste aux Cosaques et aux pogroms.

Dans le monde musulman et parmi les groupes d'immigrés musulmans en Europe, la haine d'Israël a certainement débordé sur les Juifs en général, et cette haine est à son tour nourrie par un certain nombre de mythes antisémites recyclés depuis les pages les plus sombres du passé européen. Cette tendance doit être combattue et s'inscrire dans les efforts plus larges pour favoriser le processus de paix au Moyen-Orient, pour améliorer le niveau de l'éducation et du débat public, pour poser les fondations de la démocratie et l'aider à se développer dans différentes directions – et, en Europe, pour intégrer la communauté musulmane dans la société occidentale[129].

Cependant, le fait de recourir à ces croyances méprisables pour absoudre Israël de toute responsabilité à l'égard de ses actes est tout aussi erroné – et mauvais pour Israël – que de suggérer que l'existence d'une forme d'antiaméricanisme dans le monde est indépendante de ce que fait l'Amérique. Tout invite à penser que la poussée d'antisémitisme chez les Musulmans de France dérive directement des atrocités israéliennes qu'ils ont vu commettre en Palestine. Certes, leur perception de ces atrocités est exagérée, mais leur comportement criminel est une réaction aux événements ainsi que le produit d'un arrière-plan intellectuel déformé.

Il est clair que, si les préjugés musulmans à l'égard des « infidèles » chrétiens et juifs ont existé par le passé (préjugés bien plus faibles, historiquement parlant, que ceux à l'égard des Hindous et autres « païens »), l'antisémitisme moderne dans le monde musulman est presque entièrement né de la création de l'État d'Israël et de ses crimes, réels ou perçus, commis sur les Palestiniens. En réponse aux accusations de Dershowitz et d'autres, selon lesquelles c'est le contraire et c'est l'antisémitisme musulman qui a généré un sentiment anti-israélien, Brian Klug, chercheur et membre fondateur du Jewish Forum for Justice and Human Rights, a posé l'hypothèse suivante : Que se serait-il passé si des colons chrétiens avaient créé un État en Palestine, à l'image de l'Algérie française ? Le monde musulman ne s'y serait-il pas opposé tout aussi durement ? Et dans ces circonstances, y aurait-il eu un antisémitisme aussi fort dans le monde musulman [130] ?

De même, si à titre de compensation après la Shoah, l'Allemagne à l'est de la ligne Oder-Neisse avait été donnée aux Juifs pour y fonder un État après 1945 plutôt que partagée entre la Pologne et l'Union soviétique, les Musulmans ou d'autres dans le monde (à part les Allemands et certains Polonais) auraient-ils dénoncé cela comme injuste, comme un crime juif ? Dans ce cas, une vague d'antisémitisme parmi les Musulmans serait-elle concevable ?

Comme Klug le montre, l'hostilité à l'égard d'Israël dans le monde en voie de développement et les anciennes colonies (qui a conduit à des votes répétés aux Nations unies condamnant Israël et à l'infâme assimilation du sionisme au racisme – par la suite retirée), bien que teintée d'antisémitisme, naît fondamentalement du sentiment anti-colonial fruit de la haine du colonisateur et des circonstances de la naissance d'Israël sous le mandat britannique.

Bien sûr, une bonne part des comportements anticoloniaux d'extrême gauche vis-à-vis d'Israël sont injustifiés, cyniques et même malveillants. C'est du reste le cas d'une part significative de la politique et de la rhétorique

« anticolonialiste » en général, actuellement et par le passé. Mais l'usage répugnant et compulsif de cette rhétorique par le président du Zimbabwe Robert Mugabe ou par les dirigeants birmans n'entache en rien la réussite de l'anticolonialisme éclairé, positif et constructif d'une Nehru ou d'un Mandela : l'incapacité du grand public américain à comprendre les racines anti-coloniales de l'hostilité envers Israël dans une partie importante du monde a pour conséquence de nourrir le mépris pour l'opinion publique mondiale. Elle contribue aussi à un aveuglement américain face aux raisons pour lesquelles de nombreuses anciennes dépendances et colonies dans le monde qui ne sont absolument pas antiaméricaines sont pourtant profondément hostiles à l'idée d'une intervention militaire américaine (ou occidentale) dans d'autres États ou à toute idée de « mission civilisatrice de l'Occident ».

Mais les dommages causés par l'essentiel du discours américain actuel sur l'antisémitisme dépassent ses objectifs en stimulant l'hostilité à l'égard des Musulmans, des Européens et d'autres, affaiblissant la guerre contre le terrorisme. Plus généralement, la culture politique américaine est elle aussi minée par une paranoïa, une haine, une arrogance et une irrationalité nationalistes croissantes. Quand on peut être antisémite sans même le savoir et sans dire ou penser quoi que ce soit qui eût été considéré comme tel d'un point de vue historique, quand des soldats israéliens couverts de médailles sont considérés comme des traîtres atteints de « haine de soi » juive, quand l'antisémitisme lui-même perd tout contexte historique ou culturel et devient une sorte de nuage toxique dérivant librement et inchangé au fil des siècles, quand on affirme que « la persécution des Juifs par les Arabes d'avant l'Islam a débuté au troisième siècle avec Jésus-Christ », alors tout débat rationnel est exclu[131].

Comme l'a dit Hannah Arendt en 1945 et qui reste vrai en 2004 : « Les sionistes ont de la même façon fui le lieu des vrais conflits pour se réfugier dans une doctrine d'antisémitisme éternel gouvernant les rapports entre Juifs et Gentils partout et toujours, et permettant la survie du peuple juif. Les deux camps [sionistes et assimilationnistes] se dégagent donc de la tâche ardue de combattre l'antisémitisme sur son propre terrain, qui est politique, et même de la tâche déplaisante d'en analyser les vraies causes[132]. »

Du fait de leur nature, de telles accusations ne reposant sur aucune preuve ne peuvent être ni démontrées ni infirmées, elles éloignent la discussion du terrain clairement délimité du débat public rationnel et le poussent vers les sombres couloirs de la paranoïa et des théories de la conspiration, vers les esprits malins et la présence du Diable – des régions de l'esprit qui ont précisément été à la source de la folie antisémite par le passé.

Nationalisme et démocratisation

Quand elles portent sur le monde musulman, ces croyances et ces accusations ont un impact terrible sur la capacité de l'Amérique à conduire efficacement la guerre contre le terrorisme, et ne parlons pas d'aider la démocratie au Moyen-Orient[133]. De fait, une part importante du discours de la droite américaine et des partisans d'Israël aux États-Unis sur ce sujet est caractérisée par de profondes et rédhibitoires contradictions morales et logiques.

La rupture entre la thèse et l'antithèse américaines est la plus grande, la plus durable et la plus dangereuse quand on en vient aux rapports entre la politique de soutien à Israël et la démocratisation du Moyen-Orient. Un mélange qui ne semble d'ailleurs pas susceptible de changer en cas de gouvernement démocrate[134]. Le fait de croire qu'il faut aider au développement et éventuellement à la démocratisation du Moyen-Orient si l'on veut vaincre le terrorisme et le fondamentalisme est à la fois juste et louable[135]. L'incapacité largement partagée à remettre en question les relations américaines avec Israël dans le cadre de cet effort l'affaiblit non seulement aux yeux des Arabes, mais ajoute aussi à la confusion de la pensée américaine concernant les bases indispensables à sa modernisation – dont le nationalisme est l'une des plus importantes.

Parmi les déclarations américaines plaidant pour la démocratie dans la région, les gouvernements américains et une part significative de la classe politique du pays ont toujours considéré les points de vue de la majorité des Arabes au sujet du conflit israélo-palestinien et de la stratégie américaine dans la région avec un mépris non dissimulé. Il est en outre suggéré que ces sentiments sont le fruit d'une manipulation cynique de la part d'élites arabes cyniques. Mais quand des médias arabes relativement libres, modernes et libéraux tels qu'Al-Jazeera reflètent les mêmes opinions, ils sont eux aussi condamnés. Et s'agissant de leur attitude vis-à-vis d'Israël, les Arabes ordinaires sont traités au mieux comme des moutons ignorants et crédules, au pire comme des gens remplis de malveillance primaire et irrationnelle.

Pourtant, ce sont des peuples à qui le gouvernement Bush annonce vouloir apporter la démocratie et qu'il déclare également *prêts* pour la démocratie. Dans le même temps, bien trop d'éditoriaux, d'essais et de livres qui appellent à la démocratisation du Moyen-Orient évitent la question du traitement des Palestiniens par Israël, condamnent ce traitement brièvement et formellement tout en consacrant incomparablement plus d'espace à l'antisémitisme arabe, ou ignorent complètement le sujet en prenant purement et simplement le parti d'Israël [136].

Dans un livre de 214 pages sur l'idéologie et les racines du totalitarisme islamiste, dans lequel il s'en prend amèrement à toute une série de cibles musulmanes et à une partie de la gauche européenne, le soi-disant homme de gauche Paul Berman consacre exactement deux lignes à l'idée que les États-Unis devraient agir contre les « folies de l'extrême droite israélienne » – et non pas, remarquera-t-on, contre le gouvernement israélien ou l'État juif en tant que tels. Ailleurs, Berman épouse sans réserve le point de vue qui veut que les Palestiniens soient seuls responsables de l'effondrement du processus de paix en 2000-2001 [137].

En se comportant de cette façon, ces auteurs se discréditent aux yeux des Musulmans et des Européens ; mais le résultat est pire encore que cela. En suggérant aux Musulmans et aux autres que sur ce sujet, le supposé rôle d'influence de la démocratie internationale, les intellectuels de gauche américains sont mus non pas par un vrai idéalisme démocratique mais par le chauvinisme ethnique, la lâcheté morale ou les deux, ils minent non seulement le prestige de l'Amérique dans le monde mais aussi le modèle démocratique qu'ils veulent propager.

L'apparente rhétorique bipartite de démocratisation du Moyen-Orient est aussi au cœur des échecs les plus flagrants de l'analyse américaine, enracinés dans des aspects de la culture politique du pays qui sont examinés dans ce livre. La nature absolutiste du Credo américain, avec sa foi idéologique en la Démocratie et la Liberté, tend à produire des versions éthérées et vides de ces deux concepts. Cette tendance se manifeste de façon spectaculaire dans la rhétorique du gouvernement Bush, qui parle des peuples du monde « amoureux de la liberté », etc. En retour, en faisant paraître la démocratie à la fois universellement applicable et très facile, cette vision alimente le messianisme américain et l'interventionnisme actif.

Aujourd'hui, aux États-Unis, et d'autant plus si l'on regarde l'histoire du pays ou celle d'autres États démocratiques, deux choses sont évidentes. La première, c'est que notre version contemporaine de la démocratie a émergé seulement après un long affrontement entre différents groupes sociaux, ethnies et races. Cet affrontement a été sanglant, absolument pas démocratique dans sa forme. Comme l'historien américain Eric Foner l'a rappelé, le concept de liberté a eu des significations radicalement différentes voire contradictoires pour différents groupes d'Américains, à différentes périodes de l'histoire. La seconde, c'est que, même aujourd'hui, les institutions démocratiques et les systèmes judiciaires demeurent des forums où a lieu une vraie compétition entre les groupes ethniques et autres – pas seulement pour le pouvoir, mais pour les fruits du pouvoir en termes de distribution clientéliste.

Pourtant, quand il s'agit du monde hors des États-Unis, la « démocratie » est trop souvent considérée non pas comme un processus, mais comme un but ; non pas comme une façon d'interroger ce que sont un État et une société, mais comme la réponse à ces questions – une réponse hâtive qui, une fois obtenue, permettra aux États-Unis de se retirer encore une fois d'un pays, laissant derrière eux un allié stable et fiable. C'est en partie dû au fait que l'opinion publique américaine a été convaincue du bien-fondé de l'intervention en Irak par l'argument selon lequel apporter la démocratie au pays est le prélude à une démocratisation du Moyen-Orient dans son ensemble. Dans ce discours, l'amertume inévitablement générée chez la minorité sunnite, les tensions ethniques entre Arabes et Kurdes, la persistance des réseaux religieux shia'h comme seule institution civile laissée par le pouvoir totalitaire baasiste et les rivalités entre ces différents réseaux, toutes ces perceptions ont été purement et simplement oblitérées par la répétition obsessionnelle des mots « démocratie » et « liberté »[138].

Plus important encore dans ce contexte, il y a la manière dont beaucoup de commentateurs ont oublié le lien fréquent et essentiel entre le nationalisme et la naissance à la fois de la politique de masse et d'un développement socio-économique réussi. Cet oubli est dû en partie à des faillites de l'analyse qui ne sont pas le seul fait des États-Unis. Pour autant, c'est en Amérique et en particulier pour ce qui concerne le Moyen-Orient que cette erreur d'appréciation a pris les dimensions les plus dangereuses.

Ce point noir de la pensée américaine naît en partie du caractère déjà mentionné de plus en plus éthéré de la démocratie, en partie de la difficulté qu'ont tous les pays nationalistes à appréhender le nationalisme des autres, et en partie de l'incapacité américaine à se concentrer sur le rôle d'Israël, qui stimule la colère des Arabes et concentre sur lui et sur les États-Unis les frustrations et le ressentiment du monde arabe et musulman : « Le programme caché [des États-Unis] généralement identifié par les auteurs arabes est la [supposée] décision américaine de permettre le contrôle de la région par Israël et de donner au Premier ministre Ariel Sharon *carte blanche* pour gérer la question des Territoires occupés et de l'Intifada[139]. »

Il est assez vrai, comme de nombreux commentateurs l'ont remarqué, que les racines les plus profondes de ces sentiments arabes n'ont souvent rien à voir avec Israël ou l'attitude des Israéliens. Les Arabes et les Musulmans se sentent à ce point humiliés par Israël et en tirent une telle fureur en grande partie parce que c'est la dernière d'une longue série de défaites infligées par le monde chrétien ou occidental depuis le XVIIe siècle. La raison essentielle de ces défaites fut le déclin socio-économique et technologique durable et continu du monde musulman par rapport à l'Occident – des défaites qui entraînaient déjà des réactions de l'Islam radical (sous sa forme soufi ou wahhabite) dans les dernières décennies du XVIIIe siècle. Ce sont les pathologies produites par ces défaites, avec l'apparition d'Israël et des États-Unis comme objets de haine, qui ont engendré le phénomène de l'extrémisme et du terrorisme islamique moderne[140].

Mais dire cela, ce n'est pas affirmer qu'Israël et son occupation des Territoires palestiniens seraient en quelque sorte « étrangers » à l'attitude et aux comportements arabes ou que les « vraies » racines du ressentiment et de l'hostilité des Arabes vis-à-vis des États-Unis sont ailleurs, de sorte qu'un changement dans la politique israélienne n'aurait aucun effet. Ceci n'est pas plus vrai que de dire que le nationalisme français après 1871 et le nationalisme allemand après 1919 étant alimentés par des éléments socio-économiques et de politique intérieure, l'annexion de l'Alsace-Lorraine par l'Allemagne ou les termes du traité de Versailles en matière territoriale n'avaient « rien à voir » avec ce qui s'est passé par la suite.

Car un des traits principaux du nationalisme est précisément sa capacité à faire levier sur une large gamme de ressentiments, loyautés, identités, espoirs et peurs. La vraie ampleur de ses pouvoirs en la matière, avec sa capacité quasi religieuse à offrir à des humains mortels une identité qui transcende la brève période de temps que couvre leur vie, a permis de donner aux nationalismes partout dans le monde un avantage décisif sur le socialisme.

Le rôle du nationalisme est aussi d'une importance cruciale si l'on veut comprendre de nombreux exemples de réussite socio-économique au XXᵉ siècle, et peut-être même aussi au XXIᵉ. D'où les nombreuses discussions aux États-Unis sur le parallèle entre le plan de « paix » et de démocratisation du président Bush et le processus d'Helsinki qui a conduit à la chute de l'Union soviétique, l'idée étant que les États-Unis peuvent jouer un rôle comparable en apportant la démocratie aux pays « opprimés » du Moyen-Orient. Les bonnes comparaisons à faire entre le Moyen-Orient et l'Europe de l'Est sont pourtant tout autres et le rôle du nationalisme en est le cœur.

Il y a trois leçons à tirer des expériences de développement réussies pendant et après la guerre froide, pour la politique occidentale. Les régimes concernés doivent à l'évidence opter pour la bonne politique économique et un État suffisamment fort pour réguler et orienter le développement ; l'Occident doit pouvoir compter sur un puissant nationalisme local en sa faveur ; et on doit être préparé à faire de gros sacrifices économiques pour pouvoir aider au développement de ces pays.

La démocratie en tant que telle n'est en revanche pas d'une importance vitale, bien que la loi et les libertés publiques le soient. La démocratie survient souvent après une modernisation économique réussie. Mais en dehors de certaines parties de l'Europe, le lien entre démocratie et modernisation est des plus minces.

En revanche, le lien entre la modernisation et un nationalisme fort, uni et déterminé est beaucoup plus important [141]. Au sein du monde musulman, ceci s'est avéré particulièrement vrai de la Turquie, où l'idéologie kémaliste d'Atatürk a imposé la modernisation et l'occidentalisation du pays par des méthodes autoritaires. Ce qui fut accompli au nom d'un nationalisme ethnique féroce dérivant vers la violence génocidaire contre des groupes minoritaires qui contestaient la domination turque sur les terres d'Anatolie. Les formes démocratiques existaient, mais pendant des décennies elles étaient manipulées et trahies par les militaires turcs, voire mises entre parenthèses par coups d'État et putsch divers. La vraie démocratie ne s'est affirmée que récemment, après que la phase critique de modernisation eut été achevée. Et l'équilibre atteint est encore précaire.

Le nationalisme a été d'une importance critique pour le développement de deux des principaux théâtres d'affrontement de la guerre froide, l'Extrême-Orient et l'Europe de l'Est. Dans le cas de Taiwan et de la Corée du Sud, les États-Unis ont appuyé des élites autoritaires homogènes, avec une forte composante militaire et une forte conscience du dessein national, étroitement lié à leur peur du communisme. Par la suite, ce fut également vrai de la Thaïlande. Et si l'on retire cette composante militaire, c'est le cas du Japon, de Singapour et de la Malaisie. En revanche, quand les élites sont plus mélangées ethniquement et que la conscience du dessein national est plus faible, le développement s'est avéré moins réussi [142].

Dans le cas de l'Europe de l'Est après 1989, le rôle du nationalisme est le grand ignoré parmi les éléments qui ont permis le développement de la région. La plupart des pays qui composent l'Europe de l'Est ont un fort nationalisme ethnique qui précédait de beaucoup la domination communiste et qui est même l'élément déclencheur des tentatives répétées de révolution anticommuniste.

À cause de leur fervent désir d'échapper pour de bon aux griffes de l'empire soviétique, ces pays ont bénéficié après 1989 d'une énorme poussée nationaliste vers l'Ouest. Ce désir a neutralisé ce qui n'aurait autrement été qu'une tendance nationaliste et populiste visant à résister aux réformes économiques et à favoriser l'autoritarisme. Car les institutions occidentales et les alliances que l'Europe centrale et les pays baltes souhaitaient si vivement rejoindre se définissent par la démocratie et une économie de marché libre et régulée. C'est ce qui a donné l'impulsion, en termes de modernisation.

Cela signifie que c'est uniquement dans le cas de l'Europe de l'Est et des pays baltes qu'il est légitime de recourir au cliché idéologique et téléologique du « chemin » vers la démocratie et le marché. Dans le monde, il y a eu et il y a de nombreux chemins vers le développement avec des résultats divers. Mais grâce à l'Union européenne et à l'OTAN, dans le cas de l'Europe de l'Est, un chemin direct a conduit à un objectif direct.

Leur incapacité de reconnaître le rôle du nationalisme dans la destruction de l'empire soviétique continue à miner les efforts de Daniel Pipes, Paul Berman et d'autres en vue de trouver des analogies entre le combat des Occidentaux contre l'extrémisme islamiste et la guerre froide contre le communisme ; et cette incapacité provient avant tout du rejet de toute idée de colère arabe massive, forte et légitime face à Israël et au soutien américain à Israël [143]. Le vrai parallèle qui doit être fait avec la guerre froide tient dans ce que chaque fois que des partis communistes ont su s'appuyer sur un fort nationalisme pour combattre les États-Unis, comme au Vietnam, les communistes ont gagné ; et quand ce nationalisme a œuvré contre la domination soviétique, c'est l'Occident qui a gagné, parfois après plusieurs décennies [144].

Même des travaux américains sincères, bien informés et de bonne tenue plaidant pour la stratégie de la démocratisation au Moyen-Orient souffrent durement de leur incapacité de faire face à la question du nationalisme [145]. Ce n'était pas un problème pour les impérialistes libéraux du XIXe siècle qui pensaient apporter le progrès par la conquête et une domination durable de la « race minoritaire ». Mais c'est un problème énorme pour les libéraux au XXIe siècle, qui pensent que propager la démocratie leur fera gagner le soutien de ceux qu'ils veulent faire progresser, et dont la capacité de conquête et de domination durable est beaucoup plus limitée. De plus, même si l'on accepte le vieux paradigme impérialiste libéral, le comportement israélien reste un problème. Douglas Porch, Alastair Horne et d'autres historiens de l'empire colonial français ont montré comment le programme « impérialiste libéral » des responsables coloniaux français éclairés d'Afrique du Nord était en permanence sapé par l'autre face de l'impérialisme français dans la région, la « colonisation prolétarienne » : l'appropriation du territoire et les mauvais traitements infligés par les colons français, les « pieds noirs », à la population indigène.

L'autre point d'une importance critique s'agissant du parallèle entre l'ancien monde communiste et le Moyen-Orient est que le développement économique et démocratique de l'Europe de l'Est postcommuniste n'a pas été bon marché pour les pays de l'Union européenne. Les subventions à la région ont pu sembler largement insuffisantes à ceux qui les ont reçues, mais c'étaient des sommes colossales comparées à celles, bien modestes, que Washington a versées ou envisage de verser au Moyen-Orient (29 millions de dollars en 2003 dans le cadre de la Middle East Partnership Initiative, quelque 200 millions dans les années à venir). Et l'aide elle-même était secondaire au regard du facteur le plus important : l'ouverture des marchés européens – y compris, dans une moindre mesure, celui du travail – aux exportations et aux travailleurs en provenance des d'Europe de l'Est candidats à l'entrée dans l'Union.

Ces facteurs sont de la même façon centraux dans le cas du développement réussi de certains pays d'Extrême-Orient et d'Asie du Sud-Est. D'abord en raison de la guerre de Corée, puis de celle du Vietnam en Asie du Sud-Est, les États-Unis ont versé des aides énormes à des pays qu'ils considéraient comme des remparts contre le communisme. Et là aussi, l'élément le plus important fut que l'Amérique ouvrit grand son marché aux produits de ces pays, même si cela contribuait à l'effondrement de pans entiers de l'industrie américaine.

Les différences avec la situation du Moyen-Orient sont frappantes. À l'exception de l'Iran, aucun de ces États n'est réellement national, et dans tous le sentiment de dessein national est faible. Ils sont soit multinationaux, comme le Pakistan, ou des fragments d'une culture ethnolinguistique plus vaste, comme les États arabes. Comme Charles

Glass le disait, citant un ami arabe, seule l'Égypte est une vraie nation. Tous les autres pays sont des « tribus avec un drapeau » : des populations hétérogènes dominées formellement ou de façon informelle par des dictateurs appuyés par des clans oligarchiques – les maisons Saoud et Hachem, les diverses dynasties monarchiques du Golfe, les dirigeants alaouites du parti baas syrien et, jusqu'à leur chute, le clan de Tikrit et sa mainmise sur le parti baas irakien. Sous ces dominations claniques, des parties importantes de la population avaient d'autres allégeances plus anciennes à l'égard de traditions non étatiques, descendants directs ou communautés religieuses, comme les Shia'h en Irak[146].

Et là où un nationalisme d'État existait, le conflit israélo-palestinien et le soutien américain à Israël l'ont rendu très difficile à mobiliser en faveur de l'Occident. Ce que les avocats américains du parallèle avec Helsinki ne semblent pas comprendre, c'est que beaucoup trop d'Arabes voient l'alliance des États-Unis et d'Israël comme jouant le même rôle détesté dans la région que l'*hêgemôn* soviétique dans le passé. Aussi longtemps que les télévisions arabes pourront montrer des images de la souffrance des Palestiniens, le simple fait de dissiper cette impression sera difficile. Comme Marina Ottaway du Carnegie Endowment for International Peace l'a dit en mars 2003 : « D'abord et avant tout, il est clair que les États-Unis ne peuvent espérer être pris au sérieux quand ils soulignent leur engagement en faveur de la démocratie dans le monde arabe à moins de reprendre leurs efforts et de raviver les négociations entre Israël et les Palestiniens, de mettre les Israéliens sous pression afin qu'ils autorisent des élections chez les Palestiniens, et se préparent à traiter avec Yasser Arafat s'il est élu. Ces questions se posent de telle façon que cela ne fait pas de doute[147]. »

La rhétorique américaine de démocratisation du Moyen-Orient risque donc de devenir une porte de sortie bien commode pour éviter d'affronter les vrais problèmes cruciaux devant lesquels la région se trouve – car les affronter serait très coûteux, pour les États-Unis et l'Union européenne, ainsi que pour certains individus au sein de la classe politique américaine.

Contribuer à poser les fondations de la démocratie à venir par le progrès économique signifierait une aide américaine en forte augmentation. L'ouverture au commerce impliquerait d'affronter de puissants lobbies. Une des meilleures façons pour les États-Unis d'aider le Pakistan serait par exemple de réduire les barrières à l'importation de produits textiles pakistanais. Mais faire cela nécessiterait d'avoir le courage politique et moral de faire face à l'industrie textile américaine et aux syndicats. L'ensemble du Moyen-Orient bénéficierait d'une réduction des barrières agricoles et des subventions américaines et européennes – mais cela voudrait dire que les gouvernements occidentaux feraient face à des lobbies agricoles encore plus puissants.

Surtout, résoudre le conflit israélo-palestinien nécessite une forte pression américaine sur Israël, incluant la menace d'une réduction drastique de l'aide économique, diplomatique et militaire. Plaider pour une telle stratégie exige un réel courage politique et moral de la part du président des États-Unis et de son gouvernement, mais aussi chez certaines personnes dans la classe politique et les médias américains. Une telle position est pourtant leur devoir – surtout s'il veulent encourager « des personnes courageuses qui se battent pour la démocratie » dans le monde musulman, et risquent leur emploi, leur liberté, voire leur vie[148].

Car une vraie solution au conflit est vitale pour les intérêts nationaux américains. C'est une condition indispensable à tout succès dans la guerre contre le terrorisme et pour une démocratisation durable du Moyen-Orient. Aussi longtemps que le conflit israélo-palestinien se poursuivra à grande échelle, les Arabes proches des Occidentaux seront considérés comme des traîtres et discrédités, le nationalisme arabe s'opposera à toute réforme et les pires éléments de la culture politique arabe et musulmane en seront alimentés.

Malheureusement, de puissants éléments du lobby israélien aux États-Unis semblent recourir au langage de la démocratisation précisément pour fuir, voire pour empêcher toute paix juste entre Israéliens et Palestiniens. C'est ce qui émerge très clairement du document de 1996 déjà évoqué, « Une rupture nette », rédigé par plusieurs futurs responsables de l'équipe Bush et qui est à l'origine de cette vision dans le lobby israélien et dans les milieux dirigeants américains. Ce document joignait à sa stratégie de démocratisation du Moyen-Orient la proposition surréaliste d'une invasion américaine de l'Irak pour y restaurer la monarchie hachémite[149].

En octobre 2003, Frank Gaffney (du Center for Security Policy de Washington) déclarait :

« Les régimes autoritaires et plus encore ceux totalitaires ont le besoin impérieux d'ennemis extérieurs. C'est d'autant plus vrai en l'absence de justification externe à leur comportement domestique généralement très répressif, car il n'y a pas d'autre façon de justifier la souffrance qu'ils infligent à leur population et en particulier l'échec – échec manifeste – de leurs politiques économiques et sociales.

Cela étant dit, je pense que même s'il n'y avait pas d'Occident, même s'il n'y avait pas d'États-Unis, pas d'Israël, ce besoin d'ennemis extérieurs à usage domestique existerait, faisant couler le sang au Moyen-Orient et rendant notre monde plus dangereux... Ceci devrait nous renseigner sur la politique à mener surtout dans la mesure où l'on nous répète sans cesse que si nous forçons Israël à faire des concessions territoriales à ses voisins arabes et palestiniens, ce sera la fin du problème. Ce ne sera pas la fin du problème entre Israël et les Palestiniens, sans parler d'une éventuelle transformation de la région en la sorte de zone paisible que nous voudrions qu'elle soit[150]. »

Cet argument est très clair : des concessions territoriales israéliennes ne feront rien pour la paix avec les Palestiniens et il n'y a dans tous les cas nulle paix possible tant que le monde arabe et musulman ne sera pas complètement démocratique – en d'autres termes, jusqu'à un certain stade, très loin dans le futur, il ne sert à rien de discuter. Bien que Gaffney soit un néo-conservateur radical, c'est la même dynamique qui est à l'œuvre chez des soi-disant libéraux comme Paul Berman, à en juger par le manque d'objectivité total avec lequel ils observent les politiques israélienne et arabes.

De plus, la sincérité de ces supposés hérauts de la démocratie est des plus suspecte lorsqu'il s'agit de promouvoir la liberté et la démocratie. En 2001, j'ai assisté à une discussion au Département d'État sur ce sujet. Face au rejet manifeste de la politique américaine vis-à-vis d'Israël et de l'Irak de la part des Arabes, un partisan d'Israël de premier plan, critiquant la tyrannie arabe, avait répondu que cela importait peu et que les États-Unis avaient largement les moyens d'écraser toute opposition arabe, qu'il s'agisse d'États ou de peuples : « Qu'ils nous détestent donc, l'important est qu'ils nous craignent », a-t-il déclaré. *Oderint dum metuant* : la devise d'un grand humaniste et démocrate, l'empereur Caligula.

Dans les articles du *New Yorker* qui ont révélé les dérapages d'Abu Ghraib et d'ailleurs, Seymour Hersh attribue une part importante de la philosophie qui sous-tend les techniques d'interrogatoire à un livre d'un anthropologue israélo-américain, le professeur Raphael Patai, intitulé *The Arab Mind*. Un travail caractérisé par un profond mépris pour la culture arabe et ses traditions, et que les sources officielles citées par Hersh ont décrit comme « la Bible des néo-conservateurs concernant la comportement arabe ». C'est de là, ont-il expliqué, que l'équipe Bush a tiré l'idée que les Arabes ne comprennent que la force et que leur plus grande faiblesse est l'humiliation sexuelle. Dans la *New York Review of Books*, Mark Danner a également suggéré que les méthodes utilisées pour « assouplir » les prisonniers d'Abu Ghraib et ailleurs ne relevaient pas seulement du simple sadisme, mais aussi d'une vraie analyse de la culture arabe[151].

La combinaison de ce point de vue néo-conservateur sur les Arabes et de leur croyance clamée haut et fort en la démocratisation du monde arabe est de celles pour lesquelles les termes d'hypocrisie et de dissonance cognitive sont tout à fait insuffisants. C'est de la double pensée orwellienne, une insulte aux critères les plus élémentaires de décence intellectuelle. Qu'un mélange aussi incohérent et moralement répugnant puisse être pris au sérieux et influer sur la politique américaine et le débat national américain révèle brutalement la boue hideuse dans laquelle est tombée la pensée américaine au sujet du monde musulman.

Par conséquent, la politique américaine au Moyen-Orient en ce début de XXIe siècle est une tentative de combiner la promotion auprès des Arabes de valeurs et de comportements inspirés du Credo américain et du nationalisme civique américain avec un soutien à un État d'Israël dont la politique relève de l'antithèse américaine : un nationalisme fort reposant uniquement sur des bases ethno-religieuses, une éthique essentiellement militaire et une domination sur un autre peuple fondée sur un mélange de revendications dont aucune ne dérive de valeurs libérales et universelles.

Le résultat n'est pas une synthèse, mais un horrible désordre moral et politique qui rappelle le comportement des puissances occidentales prêchant les valeurs économiques et politiques au Japon tout en estimant que le Japon ne tomberait pas dans les excès occidentaux de l'époque, le racisme et l'impérialisme. Si cette combinaison de points de vue américains à l'égard des Musulmans se poursuit dans les années et les décennies à venir – et l'empire de ces idées sur les républicains et bon nombre de démocrates invite à croire que cela sera le cas – alors le combat pour arrêter l'expansion de la révolution islamique et du terrorisme pourrait très bien être perdu, avec des conséquences à peine imaginables.

Voici un livre que les amis d'Israël à gauche pourraient lire avec profit pour eux-mêmes, pour Israël et pour le monde : *1848 : La Révolution des intellectuels* de Lewis

Namier. Cette étude passe en revue ce qu'ont accompli les députés libéraux allemands dans le cadre du premier parlement démocratique de Francfort résultant de la révolution de cette même année. Il s'agissait d'authentiques libéraux, d'hommes honnêtes et civilisés. Mais c'étaient aussi des nationalistes allemands, et quand les Polonais, les Tchèques et d'autres sujets non allemands des monarques germaniques commençaient à avoir des revendications nationales, les principes libéraux de ces députés s'effaçaient derrière la puissance terrible de leur nationalisme. Le travail de Namier a été publié en 1944, au cœur d'une catastrophe mondiale en grande partie due à l'échec des libéraux[152].

Notes

1. Amos Oz, discours aux sionistes israéliens et aux fondamentalistes religieux, dans *Les voix d'Israël*, traduction de Guy Seniak (Calmann-Lévy, 1983).

2. Pour les textes des résolutions et des débats de l'Assemblée générale de l'ONU, voir www.un.org/News/Press/docs/2003.

3. Textes des résolutions du Sénat et de la Chambre des représentants des États-Unis en date du 6 mai 2002 sur le site de Democracy for the Middle East (DFME) : http://www.broadscapeventures.com/weblog/dfme.

4. Zbigniew Brzezinski, discours du 28 octobre 2003 lors de la Conférence sur les Nouvelles Stratégies Américaines en matière de paix et de sécurité, Washington. Voir aussi son livre *Hegemonic Quicksand* et *The National Interest* (hiver 2003/2004). S'agissant de l'histoire de tels votes américains en faveur d'Israël contre la majorité des Nations unies, voir Stephen Zunes, *Israel, the United States and the United Nations*, *Tikkun* 18, n° 3 (mai/juin 2003).

5. Cf. Elisabeth Bumiller, "In Major Shift, Bush Endorses Sharon Plan", *New York Times*, 15 avril 2004 ; concernant la réaction des Européens, voir Judy Dempsey, "EU Condemns Bush Over Israel Stance", *Financial Times*, 16 avril 2004, et l'article en première page du même numéro. Concernant les dessous de la décision de Bush, voir Peter Slevin, "Delicate Maneuvers Led to U.S.-Isreali Stance", *Washington Post*, 16 avril 2004.

6. Kerry, cité par Dan Balz, "Kerry Calls Bush's Iraq Policy Ineffective", *Washington Post*, 19 avril 2004.

7. Cf. les éditoriaux du *New York Times* et du *Washington Post* du 16 avril 2004, et David Ignatius, "A Handshake That Doesn't Help Israel", *Washington Post*, 16 avril 2004. Concernant l'idée de l'administration Bush selon laquelle cette manœuvre permettrait à Bush de gagner le soutien de la communauté juive en vue des élections, voir Howard LaFranchi et Ben Lynfield, *Christian Science Monitor*, 16 avril 2004, et Michael Tackett, "Political Gain from Bush Shift on Israel Seen as Questionable", *Chicago Tribune*, 16 avril 2004.

8. Cf. Zogby International Poll, hiver/printemps 2002, cité par Daniel Brumberg, "Arab Public Opinion and U.S. Foreign Policy : A Complex Encounter", témoignage devant le Committee on Government Reform, Subcommittee on National Security, Chambre des Représentants, 8 octobre 2002 ; Pew Research Center for the People and the Press, *Global Attitudes : 44-Nation Major Survey* (2002) ; *Report of the Advisory Group on Public Democracy for the Arab and Muslim World*, dirigé par Edward P. Djerejian, "Changing Minds, Winning Peace", soumis au Congrès, 1er octobre 2003 ; voir aussi les sondages saoudiens de 2002 et 2003 cités par Shibley Telhami, "Polling and Plitics in Riyadh", *New York Times*, 3 mars 2002 ; et "Those Awkwards Hearts and Minds", *The Economist*, 1er avril 2003.

9. Cité par James Blitz, "U.S.-Europe Splits 'Misguided and Dangerous'", *Financial Times*, 19 mars 2003 ; voir aussi le discours de Blair devant le Congrès américain, 17 juillet 2003. Pour une opinion américaine comparable, voir Brzezinski, *Hegemonic Quicksand*.

10. Déclaration du Conseil européen, décembre 2003 ; citée par l'ambassadeur Marc Otte (représentant américain dans le cadre du processus de paix au Moyen-Orient), "Towards an EU Strategy for the Middle East", discours à Londres, 1er mars 2004, publié par World Security Network, www.worldsecuritynetwork.com, 12 mars 2004.

11. Timothy Garton Ash, "Anti-Europeanism in America", *New York Review of Books*, 13 février 2003.

12. "President Bush Discusses Freedom in Irak and Middle East", discours au National Endowment for Democracy, 6 novembre 2003, sur www.whitehouse.gov ; et les remarques du vice-président Dick Cheney lors du Forum économique mondial de Davos, 24 janvier 2004, sur le même site.

13. Cf. Elisabeth Bumiller, "A Partner in Shaping an Assertive Foreign Policy", *New York Times*, 7 janvier 2004 ; Robert Kaiser, *Washington Post*, 9 février 2003.

14. M.J. Rosenberg, "The Full Court Pander", *Israel Policy Forum*, no. 163, 9 janvier 2004, sur www.israelpolicyforum.org.

15. Robert D. Novak, "Politics vs. The Road Map", *Washington Post*, 26 mai 2003 ; concernant les opinions de Newt Gingrich, voir son "Rogue State Department", *Foreign Policy* (juillet-août 2003) ; voir aussi Robert Kaiser, "Bush and Sharon Nearly Identical on Mideast policy", *Washington Post*, 9 février 2003. Thomas Neumann, directeur du Jewish

Institute for National Security Affairs, est cité dans le même article. Suskind, *Price of Loyalty*, pp.70-76, 288-290 ; Philip H. Gordon, "Bush Middle East Vision", *Survival* 45, n° 1 (printemps 2003) ; Elisabeth Bumiller, "A Partner in Shaping an Assertive Foreign Policy", *New York Times*, 7 janvier 2004.

16. Joseph C. Harsch, "Politics and Race", *Christian Science Monitor*, 27 octobre 1988.

17. Cf. "2003 Annual Survey of American Jewish Opinions", *American Jewish Committee*, 25 novembre – 11décembre 2003 ; et la Jewish Virtual Library concernant les préférences électorales (www.us-israel.org).

18. Roberta Feuerlicht, *The Fate of the Jews : A People Torn Between Israeli Power and Jewish Ethics* (New York, New York Times Books Co., 1983), p.166. Concernant les inquiétudes du lobby israélien quant aux priorités en matière de politique intérieure des Chrétiens fondamentalistes et de leur tradition en partie antisémite, voir Abraham Foxman, *Never Again ? The Threat of the New Anti-Semitism* (HarperCollins, San Francisco, 2003), pp. 133-159 ; cf. aussi l'étude menée par la Anti-Defamation Ligue, *The Religious Right : The Assault on Tolerance and Pluralism in America* (ADL, New York, 1994).

19. Cf. Joel Beinin, « Un think-tank au service du Likoud », *Le Monde diplomatique*, juillet 2003.

20. Richard Perle, Douglas Feith et al., "A Clean Break : A New Strategy for Securing the Realm", rapport de 1996 préparé par le Study Group on a New Israeli Strategy Toward 2000 de l'Institute for Advanced Strategic and Political Studies.

21. Elliott Abrams, "Israel and the 'Peace Process'", dans Kristol et Kagan, *Present Dangers*, pp. 219-240.

22. Cf. "The Olive Branch and the Gun", éditorial de *The Nation*, 30 novembre 1974 ; voir aussi "UN : Shadow of a gunman", *Newsweek*, 25 novembre 1974. Au sujet de la reconnaissance de la part des États-Unis de l'existence des Palestiniens en tant que peuple, voir Kathleen Christison, *Perceptions of Palestine* (University of California Press, Berkeley, 2000), pp. 268.

23. Sondage ABC / *New York Times* d'avril 1978, cité par William J. Lanouette, "The Many Faces of the Jewish Lobby in America", *National Journal*, 13 mai 1978.

24. Voir les remarques d'Irving Kristol concernant le devoir idéologique qu'a l'Amérique de soutenir Israël en tant qu'État démocratique dans "The Neoconservative Persuasion", *The Weekly Standard*, 25 août 2003.

25. Meron Benvenisti, "The Turning Point of Israël", *New York Review of Books*, 13 octobre 1983.

26. Mathew Engel, "Senior Republican Calls on Israel to Expell West Bank Arabs", *The Guardian* (Londres), 4 mai 2002.

27. Tom DeLay, "Be Not Afraid", discours devant la Knesset, 30 juillet 2003, sur www.nationalreview.com; affirmation semblable du sénateur

Sam Brownback (républicain, Kansas) dans "Brownback Meets with Israeli Prime Minister Sharon", 31 juillet 2003, sur www.brownback.senate.gov. Voir la critique des propos de DeLay par le membre du Congrès Chris Bell, *Houston Chronicle*, 1er août 2003, cité par IPF-Friday, 1er août 2003, sur www.israelpolicyforum.org.

28. Cf. Hughes, *Myths America Lives By*, pp.30-33, 110-123.

29. Fehrenbach, *Lone Star*, p. 712.

30. John Wayne, entretien au magazine *Playboy* (mai 1971), cité par McBride, John Ford, p. 296 ; concernant le traitement subi par les Indiens au fil des siècles dans les manuels scolaires, voir Fitzgerald, *America revised*, pp. 90-93.

31. Holmes, *Antiliberalism*, pp. 66-67.

32. Cf. Christison, *Perceptions of Palestine*, pp. 16-25, 103-104 et passim.

33. Sénateur James Inhofe, déclaration devant le Sénat, 4 mars 2002 ; voir aussi Chris Mitchell, "The Moutains of Israel", *Christian World News*, 1er janvier 2003, sur www.cbn.com. De façon assez frappante, la féministe juive et libérale Phyllis Chesler – personnage aussi différent du sénateur Inhofe qu'on peut l'imaginer – indique exactement les mêmes bases comme fondement de la revendication d'Israël sur la terre d'Israël dans *son The Anti-Semitism : The Current Crisis and What We Must Do About It* (Jossey-Bass, San Francisco, 2003), p. 237.

34. Cf. Pat Robertson, "Why Evangelical Christians Support Israel", discours en Israël, 17 décembre 2003, sur www.patrobertson.com.

35. Cf. l'enquête d'Asher Arian, "Israeli Opinion on National Security, 2003", Tel Aviv University ; Daniel Pipes, "Does Israel Need a Plan ?", *Commentary* (Frévier 2003) ; pour le soutien à l'idée de "transfert" dans la droite israélienne, voir Ehud Sprinzak, *The Ascendance of Isarel's Radical Right* (Oxford University Press, New York, 1991), pp. 172-176, 293-298 ; Ian Lustick, *For the land and the Lord : Jewish Fundamentalism in Israel* (Council on Foreign Relations, New York, 1998), pp. 178-180.

36. Morris, "Survival of the fittest". Pour une attaque libérale contre les récentes idées de Morris, voir le professeur Adi Ophir, "Genocide Hides Behind Expulsion", *Counterpunch*, 16 janvier 2004 (publié à l'origine dans *Ha'aretz*).

37. Lustick, *For the Land and the Lord*, p.vii.

38. Sprinzak, *The Ascendance of Israel Radical Right*, p. 13 ; voir aussi Bernard Avishai, *The Tragedy of Zionism : How Its Revolutionary Past Haunts Israeli Democracy* (Helios Press, New York, 2002), pp. 278-294. ; Almond et al., *Strong Religion*. Sur les fondements de ces mouvements dans la société israélienne et la culture politique, voir les vignettes dans *Les voix d'Israël*, d'Amos Oz.

39. *Moral Majority Report*, 14 mars 1980.

40. Sidney Blumenthal, "The Righteous Empire", *The New Republic*, 22 octobre 1984.

41. Lindsey, *The Everlasting Hatred*, pp. 59, 127-129 ; extrait du *Livre de Job* 39 :5-8 ; Joan Peters, *From Time Immemorial* (Harper & Row, New York, 1984), citée par Lindsey, pp. 127, 135-140, 149-158. Concernant l'immense succès des programmes télévisés fondamentalistes et millénaristes, voir Grace Halsell, *Prophecy and Politics : Militant Evangelists on the Road to Nuclear War* (Westport, CT : Lawrence Hill and Co., 1986), pp. 11-14.

42. Cf. www.hvk.org/articles/0203.

43. Mansfield, *Faith of George W. Bush*, p. 126. Sur les liens naissants entre le fondamentalisme évangélique américain et le fondamentalisme israélien, voir aussi Gershom Gorenberg, *The End of Days : Fundamentalism and the Struggle for the Temple Mount* (The Free Press, New York, 2000) ; Hassan Haddad and Donald Wagner, eds., *All in the Name of the Bible : Selected Essays on Israel and American Christian Fundamentalism* (Amana Books, Brattleborough, 1986) ; Donald Wagner, "Short Fuse to Apocalypse ?" *Sojourners Magazine* (juillet-août 2003) ; Paul Boyer, *When Time Shall Be No More*, pp. 183-191, 203-08. Concernant les origines du soutien des chrétiens évangéliques américains à Israël, voir Peter Grose, *Israel in the Mind of America* (Alfred A. Knopf, New York, 1984), pp. 4-15.

44. Colin Shindler, "Likud and the Chritian Dispensationalists", *Israel Studies* 5, n° 1 ; Halsell, *Prophecy and Politics*, pp.145-160 ; Gorenberg, *The End of Days*, pp. 238-240.

45. Julia Duin, "Israeli Pits U.S. Politics Against Road Map", *Washington Times*, 18 août 2003.

46. Rick Perlstein, "The Jesus Landing Pad", *Village Voice*, 18 mai 2004 ; voir aussi Donald E. Wagner, "The Alliance Between Fundamentalist Christians and the Pro-Israel Lobby", *Holy Land Studies* 2 n° 2 (mars 2004).

47. Cf. le sondage du Pew Center, *A Year after the War in Iraq*, 16 mars 2004 ; Bill Schneider, "Mideast 101 : Evolution of U.S. Feelings Towards Israel", CNN, 17 avril 2002.

48. Au sujet des limites du débat aux États-Unis, voir Paul Findley, *They Dare to Speak Out : People and Institutions Confront Israel's Lobby* (Lawrence Hill and Co., Westport, 1985). Sur l'autocensure dans la communauté juive américaine, voir les remarques du général Mattiyahu Peled et d'Irving Howe, citées dans Feurlicht, *Fate of the Jews*, pp. 280, 278-283.

49. Cf. I.F. Stone, "Confessions of a Jewish Dissident", in *Underground to Palestine and Reflections thrity Years Later* (Pantheon Books, New York, 1978), pp. 229-240.

50. Cité par Molly Moore, "Ex-Security Chiefs Turn on Sharon", *Washington Post*, 15 novembre 2003.

51. Avraham Burg, "A Failed Society is Collapsing : The End of Zionism ?", *International Herald Tribune*, 6 septembre 2003. Pour des points de vue palestiniens et arabes modérés sur cette alternative, voir

Marwan Bishara, *Palestine/Israel : Peace or Apartheid* (Zed Books, New York, 2001), et Shibley Telhami, *The Stakes : America and the Middle East* (Westview Press, Boulder, 2002) ; pour un argument similaire par une journaliste britannique juive qui a toujours été, selon ses propres termes, "une ardente partisane d'Israël", voir Melanie Philips, "Can Israel Disengage ?", *Prospect Magazine* (Londres), février 2004.

52. Cf. le conseil au gouvernement et au lobby israéliens de la part du cabinet de relations publiques Wexner Analysis, "Israeli Communications Priorities, 2003" ; le rapport est disponible sur www.motherjones.com.

53. Pour trouver l'idée que la politique d'installations israéliennes a en réalité déjà miné la possibilité d'une solution à deux États, de sorte que la seule solution possible et juste qui subsiste est un État binational uni, voir Tony Judt, "Israel : The Alternative", *New York Review of Books*, 23 octobre 2003 ; pour une réplique de la part d'un partisan de gauche d'Israël, voir Leon Wieseltier, "What Is Not to Be Done", *New Republic*, 27 octobre 2003.

54. Cf. Stephen Zunes, *Tinderbox : U.S. Middle East Policy and the Roots of Terrorism* (Common Courage Press, Monroe, 2003), pp. 109-111 ; Shawn Twing, "A Comprehensive Guide to U.S. Aid to Israel", *Middle East Report* (mai-août 1996) ; Dan Ackman, "Iraq Aid Will Dwarf U.S. Aid Budget", Forbes.com, 9 août 2003.

55. Cf. "Middle East Partnership Initiative : Arab Press Wary", Département d'État, International Information Program, Foreign Media Reaction, 20 décembre 2002 ; voir aussi Augustus Richard Norton, "America's Approach to the Middle East : Legacies, Questions and Possibilities", *Current History* 101, no. 651 (janvier 2002).

56. On comparera, par exemple, la position sur ce problème de Quentin Peel, "A Big Idea That Europe Won't Buy", *Financial Times*, 5 février 2004 et celle de David Ignatius, "The Allies' Mindless Bickering", *Washington Post*, 10 février 2004.

57. I. L. Kenen, ancien directeur de l'American Israel Public Affairs Committee (AIPAC), relie ces deux affirmations dans sa description sous forme d'autobiographie du lobby israélien et de ses combats, *Israel's Defense Line : Her Fiends and Foes in Washington* (Prometheus Press, Buffalo, 1981), pp. 332 et passim.

58. Donald Rumsfeld, propos tenus à Face the Nation, CBS, 23 septembre 2001 ; pour une version journalistique et populiste de cet élément, voir l'éditorial du *New York Post*, "An Alliance to Fit the Task", 23 septembre 2001.

59. Correlli Barnett, *Engage the Enemy More Closely : The Royal Navy in the World War II* (W.W. Norton, Londres, 1991), pp. 378-389.

60. Cf. D.C.B. Lieven, *Russia and the Origins of the First World War* (MacMillan, Londres, 1983), pp. 40-43, 139-151.

61. Hoffmann, "The High and the Mighty".

62. Cité par Joyce R. Starr, *Kissing Through Glass : The Invisible Shield Between Americans and Israelis* (Contemporary Books, Chicago, 1990), p. 225.

63. Conrad Cherry, ed., *God's New Israel : Religious interpretation of American Destiny* (Chapell Hill, University of North Carolina Press, 1998), citation en exergue. Voir aussi Samuel Langdon, "The Republic of the Israelites as Example to the United States", *ibid.*, pp. 93-105.

64. Pour le mélange de sympathie religieuse, culturelle et idéologique des États-Unis à l'égard du mouvement sioniste, voir Grose, *Israel in the Mind of America* ; pour les idées très représentatives du président de la Cour suprême Oliver Wendell Holmes, voir Edmund Wilson, *Patrotic Gore*, pp. 784-785.

65. Cité dans Halsell, *Prophecy and Politics*, pp. 113-114.

66. Rencontre avec des élus locaux, 6 août 2002, sur www.defense-link.mil/

67. Cf. David Weisburg avec Vered Vinitzky, "Vigilantism as Rational Social Control : The Case of the Gush Emunim Settlers", in Myron J. Aronoff, ed., *Cross Currents in Israeli Culture and Politics* (New Brunswick, Transaction Books, 1984), pp. 69-88.

68. Amos Elon, *The Israelis : Founders ans Sons* (Penguin, New York, 1983), pp. 232-235 ; David Hirst, *The Gun and the Olive Branc : The Roots of Violence in the Middle East* (Faber and Faber, Londres, 1977), pp. 183-184 ; pour trouver un portrait (anonyme) similaire et ses idées concernant la politique israélienne à l'égard des Palestinies et des Arabes, voir Amos Oz, « Les plus tendres parmi vous, et les plus délicats », dans *Les voix d'Israël*, pp. 85-100. Pour la comparaison avec les « chasseurs d'Indiens », voir aussi Uri Avnery, *Israel Without Zionism* (Collier Books, New York, 1971). Sur la tradition de violence et d'autodéfense sur la frontière américaine, voir Joe B. Franz, "The Frontier Tradition : An Invitation to Violence", dans Hugh Davis Graham et Ted Gurr, eds., *Violence in America : Historical and Comparative Perspective* (Bantam Books, New Yorl, 1969), pp. 127-153 ; H. Jon Rosenbaum et Peter C. Sederberg, "Vigilantism : An Analysis of Establishment Violence", *Comparative Politics* 6, no. 4 (juillet 1974).

69. Meron Benvenisti, "The Turning Point in Israel", *New York Review of Books*, 13 octobre 1983.

70. Leon Uris, *Exodus* (Bantam Books, New York, 1959). Le mélange d'images de colons israéliens et américains dans l'iconographie américaine est illustré de façon plaisante par la couverture, qui montre l'étoile de David et le navire *Exodus* flanqués de deux combattants juifs en Palestine, blonds aux yeux bleus, à la mâchoire carrée – l'image même des pionniers américains dans les films hollywoodiens de série B. Voir aussi Christison, *Perceptions of Palestine*, pp. 103-104.

71. Cf. Tony Smith, *Foreign Attachments : The Power of Ethnic Groups in the Making of American Foreign Policy* (Harvard University Press, Cambridge, 2000), pp. 16ff ; Mitchell Geoffrey Bard, *The Water's Edge*

and Beyond : Definig the Limits to Domestic Influence on U.S. Middle East Policy (Transaction Publishers, New Brunswick, 1991).

72. Cf. Lind, “The Israeli Lobby”.

73. Concernant la philosophie et les idées de Ahad Ha'am, voir Shlomo Avineri, *The Making of Modern Zionism : The Intellectual Origins of the Jewish State* (Basic Books, New York, 1981), pp. 112-124 ; concernant l'opinion de Ha'am au sujet du traitement par les Juifs de la population arabe en Palestine, voir Feuerlicht, *Fate of the Jews*, pp. 225-226.

74. Nahum Goldmann, *Autobiography : Sixty Years of Jewish Life*, traduction de Helen Sebba (Holt, Rinehart and Wilson, New York, 1969), pp. 332-333.

75. Concernant le rôle central de la présence divine et de son adoration pour les communautés et les traditions de la diaspora juive, voir le rabbin Jonathan Sacks, *A Letter in the Scroll : Understanding our Jewish Identity and Exploring the Legacy of the World's Oldest Religion* (Simon & Schuster, New York, 2000), pp. 122-180 ; Howe, *World of Our Fathers*, pp. 11-14.

76. Jewish Observer and Middle East Review, 10 juin 1977. Cité par Feuerlicht, *Fate of the Jews*, p. 17 ; Howe, *World of Our Fathers*, p. 628. Voir aussi Goldmann, *Autobiography*, p. 315.

77. Marty, Pilgrims, pp. 462-463 ; voir aussi Wald, *Religion and Politics in the United States*, p. 153.

78. Cf. Carlton J. H. Hayes, *Nationalism : A Religion* (MacMillan, New York, 1960) ; Hans Kohn, *The Idea of Nationalism* (MacMillan, New York, 1945), pp. 574ff.

79. Cf. Oz, *Les voix d'Israël.*

80. Concernant les réalisations d'Israël en tant qu'État et société – et en laissant de côté pour le moment, comme lui, l'action du pays dans les Territoires occupés – je souscris à l'ardente affirmation du professeur Amnon Rubenstein, cité dans Alan Dershowitz, *The Case for Israel* (John Wilez & Sons, Hoboken, 2003), p. 225 ; et exprimée également, mais de façon plus amère et ambiguë, dans le portrait d'Israël d'Amos Elon.

81. Goldmann, *Autobiography*, pp. 299-300.

82. Amos Oz, “From Jerusalem to Cairo : Escaping from the Shadow of the Past”, dans *Israel, Palestine and Peace : Essays* (Harcourt, Brace & Co., New York, 1994), pp. 36-37.

83. Hannah Arendt, “Zionism reconsidered”, *Menorah Journal* 33, n° 2 (automne 1945), pp. 213-214.

84. Abba Eban, *Personal Witness : Israel Through My Eyes* (Putnam, New York, 1992), pp. 49-50.

85. Fehrenbach, *Lone Star*, p. 529.

86. Cf. *New York Times*, 21 juin 1979 ; Feuerlicht, *Fate of the Jews*, p. 174.

87. Saul Bellow, *To Jerusalem and Back : A Personal Account* (Viking, New York, 1976), pp. 158, 160-163.

88. Dershowitz, *Case for Israel*, p. 60 ; au sujet de l'amalgame entre Arabes et Nazis dans la rhétorique israélienne et du lobby israélien, voir Christison, *Perceptions of Palestine*, pp. 119ff. Concernant les effets terribles de telles affirmations de culpabilité collective, voir entre autres Tom Friedman sur la façon dont les mots « palestinien » et « terroriste » se confondent fréquemment pour les Israéliens, ce qui a conduit à l'indifférence à l'égard du massacre de Sabra et Chatila, dans *From Beirut to Jerusalem* (Farrar, Straus and Giroux, New York, 1989), p. 163. Pour un avertissement aux Américains dans le contexte de la guerre contre le terrorisme, cf. William Pfaff, "As captor, the United States Risks Dehumanizing Itself", *International Herald Tribune*, 30 janvier 2003.

89. Cité par Nahum Goldmann, *The Jewish Paradox* (Grosset and Dunlap, New York, 1978), p. 99.

90. Cf. Dershowitz, *Case for Israel*, pp. 78-90.

91. Benny Morris, *The Birth of the Palestinian Refugee Problem, 1947-49* (Cambridge University Press, New York, 1989) et son histoire du conflit de 1948 dans *Righteous Victims : A History of the Zionist-Arab Conflict, 1881-2001* (Random House, New York, 1999), pp. 191-258. Pour un débat au sujet de son travail de la part d'universitaires israéliens et palestiniens, voir les essais dans Eugene L. Rogan et Avi Shlaim, eds, *The War For Palestine : Rewriting the History of 1948* (Cambridge University Press, Cambridge, 2001). Pour des descriptions plus anciennes de ce problème, voir les rapports israéliens et les témoignages des expulsions, de l'entreprise de terreur et de l'oppression subies par les Palestiniens, cités par David Hirst, *The Gun and the Olive Branch : The Roots of Violence in the Middle East* (Faber and Faber, Londres, 1977), pp. 136-143 ; Uri Avnery, *Israel Without Zionism* (Collier Books, New York, 1971), p. 223ff ; Feuerlicht, *Fate of the Jews*, pp. 242-267 ; et Edward Said, *The Question of Palestine* (Times Books, New York, 1979), pp. Xxxvii, 83-114.

92. Benny Morris interviewé par Ari Shavit, "Survival of the Fittest", *Ha'aretz*, 9 janvier 2004.

93. Cf. Anatol Lieven, "Divide and Survive", *Prospect Magazine* (Londres), mai 1999.

94. Cf. Anatol Lieven, "Peace Cannot Be Fudged", *Financial Times* (Londres), 10 septembre 2003.

95. Pour une récente négation des expulsions jointe à l'accusation selon laquelle en parler affaiblissait la volonté nationale des intellectuels de gauche israéliens et contribuait à la recherche futile de la paix dans les années 90, voir Efraim Karsh, "Revisiting Israel's 'Original Sin' : The Strage Case of Benny Morris", *Commentary* 116 no. 2 (septembre 2003).

96. *Sunday Times*, 15 juin 1969 ; citée dans Hirst, *Gun and the Olive Branch*, p. 264. Le point important n'est cependant pas de savoir s'il y avait une nation palestinienne consciente d'elle-même avant 1948 – ce qui est effectivement très discutable. Ce qui compte, c'est qu'en 1948 une majorité de gens en Palestine étaient parfaitement conscients d'être différents des Juifs et menacés par eux. En 1969, il était manifestement faux de nier que les Palestiniens avaient développé une claire identité nationale. En 2004, ce serait de la folie. Quoi qu'ils aient été en 1948, les Palestiniens sont incontestablement une nation.

97. Cité dans Lanouette, "The Many Faces of the Jewish Lobby in America", *National Journal*, 13 mai 1978.

98. Par exemple, l'étude magistrale de Shlomo Avineri sur les fondements intellectuels du sionisme (*Making of Modern Zionism*) ne contient aucune référence aux « Palestiniens ». L'entrée de l'index concernant les Arabes dit, pour « Palestine » : Palestine : problème arabe en.

99. Said, *Question of Palestine*, p. 51.

100. Croly, *Promise of American Life*, p. 75 ; pour une version épurée de la présentation du conflit israélo-palestinien par le lobby israélien – sans mention des expulsions de 1948 ni d'aucune autre atrocité commise par les Israéliens – voir Phyllis Chesler, "A Brief History of Arab Attacks Against Israel, from 1908 to the 1970's", dans son *New Anti-Semitism*, pp. 44-52.

101. Cf. Michael Lind, "The Israel Lobby", *Propect Magazine* (Londres), avril 2002.

102. Arnaud de Bochgrave, "Democracy in the Middle East", *Washington Times*, 5 mars 2004.

103. Cf. Thomas L. Friedman, "An Intriguing Signal from the Saudi Crown Prince", *New York Times*, 17 février 2002 ; éditorial "A Peace Support Impulse Worth Pursuing", *New York Times*, 21 février 2002 ; éditorial "Support for the Saudi Initiative", *New York Times*, 28 février 2004.

104. Cf. « Israel and the Occupied Territories : Country Report on Human Rights Practices – 2003 », publié par le Département d'État américain, Bureau des droits de l'homme, de la démocratie et du travail, 25 février 2004, sur www.state.gov.

105. Concernant l'installation de colonies, qui ont permis d'exploiter diplomatiquement jusqu'au bout l'initiative Sadate, voir Avishai, "Tragedy of Zionism", pp. 272-296 ; voir aussi Meron Benvenisti, *Intimate Enemies : Jews and Arabs in a Shared Land* (University of California Press, Berkeley, 1995), pp. 30-37, 52-71 ; Bernard Wasserstein, *Israel and Palestine : Why They Fight and Can They Stop ?* (Profile, Londres, 2003).

106. Cf. William Safire, "Post-Oslo Mideast", *New York Times*, 27 juin 2002 ; éditorial "Those Arab Peacemakers", *Washington Times*, 20 mai 2002 ; Victor Davis Hanson, "Our Enemies, the Saudis", *Commentary* (juillet-août 2002) ; concernant des réponses de Juifs américains de

gauche en faveur de l'offre saoudienne, voir Richard Cohen, "Kristol's Unwelcome Message", *Washington Post*, 11 juin 2002 ; Henry Siegman, "Will Israel Take a Chance ?", *New York Times*, 21 février 2002.

107. Daniel Pipes, "Does Israel Need A Plan ?", *Commentary*, 115 n° 2 (février 2003) ; Yaacov Lozowick, *Right to Exist : A Moral Defense of Israel's Wars* (Doubleday, New York, 2003) ; cf. aussi Daniel Ayalon (ambassadeur d'Israël aux Nations unies), "Israel's Right to be Israel", *Washington Post*, 24 août 2003.

108. Henry Siegman, "Israel : The Threat From Within", *New York Review of Books*, 26 février 2004 ; cf. aussi Oz "Whose Holy Land ?" dans *Israel, Palestine and Peace*, p. 91.

109. Elon, *Founders and Sons*, p. XIII.

110. Cf. Benvenisti, "Turning Point".

111. Concernant les coulisses de l'échec des négociations en 2000 et 2001, voir le débat dans la *New York Review of Books* entre divers participants aux discussions : Robert Malley et Hussein Agha, "Camp David : the Tragedy of Errors", 9 août 2001 ; l'échange de lettres entre Dennis Ross et Gidi Grinstein dans le même numéro ; l'entretien de Benny Morris et Ehud Barak, *New York Review of Books*, 13 juin 2002 ; la réponde de Malley et Agah dans le même numéro, et un autre échange dans celui du 27 juin 2002. Concernant le développement des colonies, qui a miné la confiance des Palestiniens dans le processus de paix, voir Christison, *Perceptions of Palestine*, pp. 300ff. Voir aussi Deborah Sontag, "Quest for Middle East Peace : How and How It Failed", *New York Times*, 26 juillet 2001.

112. Manfred Gerstenfeld, "Anti-Semitism : Integral to European Culture", dans la série "Post Holocaust and Anti-Semitism", n° 19, 1er avril 2004, publié par le Jerusalem Center for public Affairs ; voir aussi Nidra Poller, "Betrayed by Europe : An Expatriate's Lament", *Commentary* (mars 2004) ; Marc Strauss, "The New face of Anti-Semitism", *Foreign Policy* (novembre/décembre 2003).

113. Cité par Dershowitz, *Case for Israel*, p. 232.

114. Enquête d'opinion du Pew Research Center de mars 2003, citée dans Foxman, *Never Again ?*, p. 36.

115. Foxman, *Never Again ?*, p. 4.

116. Chesler, *New Anti-Semitism*, p. 3.

117. Cf. George Thomas, "Does Hate Against Jews Threaten Us All ?", *Christian World News*, 2 août 2002, sur www.cbn.com ;et Marney Blom, "Chruistians and Jews, Arm-in-Arm Against Hate and Violence", 28 juin 2002, sur le même site.

118. Gabriel Schoenfeld, "Israel and the Anti-Semites", *Commentary* 113, n° 6 (juin 2002) ; voir aussi Paul Berman, *Terror and Liberalism* (W.W. Norton, New York, 2003), pp. 166ff, 186-189 ; Hillel Halkin, "The Return of Anti-Semitism", *Commentary* 113, n° 2 (février 2002) ; Robert S. Wistrich, "The Old New Anti-Semitism", *National Interest*, n° 72 (été 2003) ; Edgar Bronfman et Cobi Benatoff, "Is Darkness Falling on

Europe Again ?", *Financial Times*, 19 février 2004 ; Ruth R. Wise, "Israel on Campus", *Wall Street Journal*, 13 décembre 2002.

119. Lipset, *American Exceptionalim*, p. 172.

120. Howe, *World of Our Fathers*, pp. 630-632 ; voir aussi la façon dont, selon le point de vue plutôt déprimant de Roberta Feuerlicht, la Shoah fut une des raisons des peurs des Juifs lors des discussions avec les Noirs à New York dans les années 1970, pour la plus grande surprise (et la colère) des représentants noirs modérés : Feuerlicht, *Fate of the Jews*, pp. 423-425.

121. Irving Kristol, "The Political Dilemma of American Jews", *Commentary* (juillet 1984) ; voir aussi Lind, *Up From Conservatism*, pp.99-120 ; Bennett, *Party of Fear*, pp. 423-426.

122. Nathan Perlmutter, *The Real Anti-Semitism in America*, cité par Halsell, *Prophecy and Politics*, pp. 154-155 ; cf. aussi Shindler, *Likud and the Christian Fundamentalists* ; et David Frum, *Dead Right*, pp. 159-173.

123. Voir le livret diffusé par l'AIPAC (America Israel Public Affairs Committee) : Jonathan S. Kessler et Jeff Schwaber, *The AIPAC College Guide : Exposing the Anti-Israel Campaign on Campus*, AIPAC Papers on US-Israel Relations, n° 7, 1984.

124. Pour une critique dure et souvent justifiée des attaques de la gauche contre Israël durant la guerre froide, voir Conor Cruise O'Brien, *The Siege : The Saga of Israel and Zionism* (Touchstone Books, New York, 1987).

125. Cf. David Corn, "The Banning of Rabbi Lerner", sur thenation.com, 10 février 2003 ; Michael Lerner, "The Antiwar Anti-Semites", *Wall Street Journal*, 12 février 2003 ; David Friedman, "Democracy and the Peace Movement", voir aussi la réponse de Joel Kovel, "Anti-Semitism on the Left and the Special Status of Israel", *Tikkun* 18, n° 3 (mai-juin 2003).

126. Cf. Joshua Micah Marshall, "The Orwell Temptation : Are Intellectuals Overthinking the Middle East ?", *Washington Monthly* (mai 2003).

127. Concernant l'utilisation d'« hommes de paille » par le lobby israélien, voir Dershowitz, *The Case for Israel*. Ce livre est construit autour d'une série de propositions, dont certaines sont manifestement choisies pour la facilité avec laquelle elles peuvent être réfutées (par exemple, « Est-ce qu'Israël a commencé la Guerre des Six Jours ? » et « Est-ce qu'Israël est le pays au monde qui viole le plus les droits de l'homme ? »). Parmi ces propositions, douze sont d'Edward Saïd et huit de Noam Chomsky. Une autre est de Leonid Brejnev – qui n'est pas, pour autant que je sache, une des voix du débat actuel sur Israël et la Palestine. En dehors de quatre propositions émanant de l'activiste et pacifiste israélien Ilan Pappe, aucune n'est israélienne. Nulle part n'apparaissent les noms d'Amos Oz, de Meron Benvenisti ou d'autres centristes de gauche qui critiquent l'occupation par Israël de la

Cisjordanie et de la Bande de Gaza. Bien qu'une des propositions soit du rabbin Michael Lerner, aucune ne vient des principaux intellectuels américains qui contestent le soutien inconditionnel des États-Unis à Israël, qu'on retrouve régulièrement dans la *New York Review of Books* par exemple – des gens qui, comme Oz en Israël, sont de fervents partisans du droit d'Israël à exister et à se défendre dans les frontières de 1967. La question du rejet palestinien des propositions de paix Barak-Clinton est formulée en termes manichéens (« Arafat avait-il raison de rejeter le plan de paix Barak-Clinton ? ») et elle est posée à Chomsky, pas à l'ambassadeur Robert Malley ou à d'autres modérés américains et israéliens qui ont cherché à élucider cette question. L'effet général est bien évidemment de créer une impression de malveillance hystérique à l'égard d'Israël, loin de tout soutien ou sympathie. C'est une vision d'avocat sans scrupule en plein tribunal ; quant à savoir si cette attitude est appropriée pour un professeur de droit d'une des plus grandes universités du pays, c'est une autre question.

128. Akiva Eldar, "From Refuge for Jews to Danger for Jews", *Ha'aretz*, 3 novembre 2003. Voir aussi M. J. Rosenberg, "Confusing Criticism with Anti-Semitism", *Israel Policy Forum*, 6 février 2004 ; Judith Butler, "No, It's Not Anti-Semitic", *London Review of Books*, 21 août 2003 ; Henry Siegman, "If Israel's Policies Are Unjust, We Should Say So", *Financial Times*, 10 février 2004.

129. Cf. Romano Prodi (ex-président de la Commission européenne), dans le *Financial Times*, 19 février 2004.

130. Brian Kulg, "The Collective Jew : Israel and the New Anti-Semitism", *Patterns of Prejudice* 37, n° 2 (juin 2003) ; et "The Myth of the New Anti-Semitism", *The Nation*, 2 février 2004.

131. Cf. Chesler, *New Anti-Semitism*, p. 33 ; voir aussi Jerome Chanes, *A Dark Side of History : Anti-Semitism Through the Ages* (Anti-Defamation League, New York, 2000).

132. L'idée d'un antisémitisme éternel, inchangé quant à sa substance, a été fondamentale pour une partie importante de la philosophie du sionisme et précède de beaucoup le récent conflit israélo-palestinien et ses répercussions ; cf. Arendt, "Zionism Reconsidered", p. 225 ; Howe, *World of Our Fathers*, p. 25 ; Halsell, *Prophecy and Politics*, pp. 131ff.

133. Pour une vision équilibrée du débat sur la démocratisation et la guerre contre le terrorisme, voir Thomas Carrothers, "Democracy : Terrorism's Uncertain Antidote", *Current History* (décembre 2003) ; et Carrothers, "Is Gradualism Possible ? Choosing a Strategy to Promote Democracy in the Middle East", *Working Paper* n° 39 (juin 2003), Carnegie Endowment for International Peace.

134. Cf. Gerard Baker au sujet des idées de John Kerry en matière de politique étrangère, *Financial Times* (Londres), 12 mars 2004.

135. Philip Gordon, tout en adoptant un ton résolument sceptique à l'égard de la rhétorique du gouvernement Bush, déclare aussi que

quelque chose doit vraiment changer : "Bush's Middle East Vision", *Survival* 45, n° 1 (printemps 2003).

136. Cf. Michael Ledeen, "War on Terror Won't End in Baghdad", *Wall Street Journal*, 4 septembre 2002.

137. Paul Berman, *Terror and Liberalism* (W. W. Norton, New York, 2002), pp. 128-132, 189 ; pour trouver semblable omission, voir Cheryl Bernard, "Civil Democratic Islam : Partners, Resources and Strategies", *RAND National Security Research Division*, 2003.

138. Cf. Boot, "George W. Bush : the 'W' Stands for Woodrow" ; David Ignatius, "Wilsonian Course for War", *Washington Post*, 30 août 2002 ; Michael Ledeen, "Our Revenge : Turning Tyrannies into Democracies", *New York Sun*, 12 septembre 2002 ; "No Exceptions", éditorial du *Washington Post*, 29 décembre 2002 ; Fouad Ajami, ""If Not Now, When ?" et Kenneth Pollack et Daniel Byman, "Democracy As Realism", *Prospect Magazine* (Londres), avril 2003 ; Condoleeza Rice, entretien avec James Harding et Richard Wolfe, *Financial Times*, 23 septembre 2002, et "Transforming the Middle East", *Washington Post*, 7 août 2003 ; George Melloan, "Protecting Human Rights Is A Valid Policy Goal", *Wall Street Journal* (Global View), 10 juin 2003 ; "A Wilsonian Call For Freedom", éditorial du *Washington Times*, 7 novembre 2003.

139. Marina Ottaway, "Promoting Democracy in the Middle East : The Problem of U.S. Credibility", *Working Paper* n° 35 (mars 2003), Carnegie Endowment for International Peace. Voir aussi Bruce Stokes et Mary McIntosh, "How They See Us", *National Journal*, 21 décembre 2002 ; et "The United States Image in the Islamic World", transcription d'une discussion à l'Université de Georgetown, Washington, 19 février 2002, sur : dev.georgetown.edu/sfs/programs/isd/research_Islamic.

140. Cf. Anatol Lieven, "Islam and America", *Prospect Magazine* (Londres), octobre 2003.

141. Cf. Liah Greenfeld, *The Spirit of Capitalism : Nationalism and Economic Growth* (Harvard University Press, Cambridge, 2003).

142. Cf. Anatol Lieven, "Lessons for Bush's Mideast vision", *Financial Times*, 1er mars 2004.

143. Pour une synthèse des tentatives de Pipes, Berman et d'autres pour imposer ce parallèle, voir John Lloyd, "Radical Islam Sees Itself Just as Communism Did – in a Battele with a Hostile World", *Financial Times*, 11 janvier 2003 ; et Joshua Micah Marshall, "The Orwell Temptation : Are Intellectuals Overthinking the Middle East", *Washington Monthly*, mai 2003.

144. Pour une critique de l'échec de l'administration Eisenhower à comprendre l'importance du nationalisme, voir Robert J. McMahon, "Eisenhower and the Third World : a Critique of the Revisionists", *Political Science Quarterly* 101, n° 3 (1986).

145. Cf. Noah Feldman, *After Jihad : America and the Struggle for Islamic Democracy* (Farrar, Straus and Giroux, 2003).

146. Cf. Charles Glass, *Tribes with Flags : A Dangerous Passage Through the Chaos of the Middle East* (Atlantic Monthly Press, Boston, 1991).

147. Ottaway, *Promoting Democracy* ; voir aussi "Middle East Partnership Initiative : Arab Press Wary", Department of State, International Information Program, Foreign Media Reaction, 20 décembre 2002.

148. L'expression vient de "A Joint Plan to Help the Greater Middle East", par un groupe américano-européen incluant Urban Ahlin et Ronald Asmus.

149. Cf. Feith et al., "A Clean Break" ; et une analyse de cette vision par Arnaud de Borchgrave, "Democracy in the Middle East", *Washington Times*, 5 mars 2004.

150. Frank Gaffney, discours devant la 57e conférence annuelle du Middle East Institute, Washington, le 23 octobre 2003 ; pour une autre version du même argument, voir Michael Ledeen, « Polling the Palestinians », *Jerusalem Post*, 23 août 2002.

151. Cf. Hersh, "The Gray Zone" ; Mark Danner, "The Logic of Torture", *New York Review of Books*, 24 juin 2004 ; pour l'analyse originale, voir Raphael Patai, *The Arab Mind*, nouvelle édition (Hatherleigh Press, 2002), en particulier pp. 126-151. Pour un article antérieur sur ce sujet, voir mon "A Second Chance to Learn the Lesson of Vietnam", *Financial Times* (Londres), 8 juin 2004.

152. L.B. Namier, 1848 : *The Revolution of the Intellectuals* (British Academy, Londres, 1944).

Conclusion

Gnôthi Seauton (Connais-toi toi-même)
– Fronton du Temple de Delphes –

Par le passé, les démons du nationalisme radical américain ont toujours été retenus tôt ou tard par la puissance du Credo américain. Malgré tous leurs défauts, le Credo américain et le nationalisme civique américain, ainsi que le système démocratique qu'ils supportent, sont une grande force civilisatrice dans le monde. À l'intérieur des États-Unis, ils ont jusqu'ici fourni ce qu'on pourrait appeler un mécanisme américain d'autocorrection qui a protégé la nation contre les dérives autoritaristes ou un état permanent de chauvinisme militant.

Les périodes d'intense nationalisme – telles que la panique qui a conduit aux Aliens Act et Sedition Act dans les années 1790, les *Know-Nothings* dans les années 1840, l'hystérie anti-allemande durant la Première Guerre mondiale, le chauvinisme antijaponais durant la Seconde et le maccarthysme dans les années 1950 – ont toujours été suivies d'un retour à un nouvel équilibre, à plus de tolérance et de pluralisme. Le nationalisme belliqueux et chauvin, bien que toujours présent, n'est pas devenu la norme aux États-Unis et n'a pas conduit au remplacement des institutions démocratiques par d'autres plus autoritaires. De plus, les visées impérialistes américaines ont toujours été limitées par l'idée, dérivant du Credo, que les États-Unis n'ont pas et ne devraient pas posséder d'empire, en raison de leur isolationnisme et de leur réticence à faire les sacrifices que demande un empire.

Étant donné la force du Credo américain dans la société américaine, il y a de bonnes raisons d'espérer que ce mécanisme d'autocorrection continuera à fonctionner à l'avenir. De fait, dès le milieu de l'année 2004, les grandes ambitions du gouvernement Bush avaient déjà été revues à la baisse en raison de l'inquiétude de l'opinion face aux conséquences de la guerre en Irak et du bon sens d'une part importante de l'establishment américain.

Mais il y a aussi des raisons de s'inquiéter si ce mécanisme devait se gripper à l'avenir, et l'Amérique poursuivre dans une voie de plus en plus chauvine. Les raisons de cette inquiétude peuvent se résumer en disant que, par le passé, les États-Unis ont quitté leurs frontières pour façonner le monde, tout en étant à l'abri. Militairement grâce aux océans. Économiquement grâce à la puissance considérable et à la domination exercée par l'économie américaine. D'où l'essentiel de cet alliage très américain de puissance, d'omniprésence, d'idéalisme, d'innocence et d'ignorance vis-à-vis du reste de l'humanité.

Cette heureuse conjonction n'est plus d'actualité.

Le premier changement est évidemment qu'à l'image de beaucoup d'autres pays au XXIe siècle, l'Amérique profonde court de terribles risques, sans précédent depuis que la menace indienne appuyée par les Français a disparu en 1763. La menace nucléaire soviétique était naturellement terrifiante et a sérieusement perturbé la vie politique et la culture américaines, mais il n'y eut pas d'attaque réelle. Dans toute la guerre froide, pas un seul Américain n'a été victime du communisme sur le sol américain.

Or une monstrueuse attaque terroriste sur le sol américain a bel et bien eu lieu. Elle a exacerbé le nationalisme américain jusqu'à la colère, puis cette colère a été orientée par les dirigeants américains vers des cibles assez différentes. Si des attaques telles que celle du 11 Septembre se renouvelaient, le nationalisme chauvin deviendrait un trait dominant et permanent de l'identité américaine, avec tout ce que cela impliquerait pour le comportement du pays à l'étranger, le prestige du système américain dans le monde et même le système américain chez lui.

Si, comme cela ne semble que trop vraisemblable, d'autres attaques de ce type se produisent, l'état d'esprit de la population américaine pourrait devenir celui d'un état de siège permanent et d'une atmosphère de guerre, avec une limitation des libertés publiques et des politiciens chauvins profitant de toutes les bonnes occasions. Dans ce contexte, il convient de rappeler que la justice expéditive et raciale sur la Frontière américaine n'a disparu qu'avec la Frontière elle-même. L'atmosphère de peur raciale et la crainte d'un conflit potentiel dans le Sud ont en outre perduré pendant la majeure partie de l'histoire américaine et n'ont pris fin que lorsque le système raciste sudiste a été balayé par l'intervention du reste du pays au milieu du XIXe siècle. Le 11 Septembre a fait chuter la démocratie pluraliste américaine. D'autres attaques pourraient augmenter cette rupture et la rendre permanente. Dans le pire des cas, ces attaques pourraient un jour détourner de sa route l'ensemble de la démocratie américaine.

Le fait que les États-Unis soient plus impliqués que jamais auparavant dans les affaires moyen-orientales est étroitement lié à cette nouvelle menace. Dans le cas de toutes ses autres interventions militaires, ainsi qu'on l'a souligné dans le chapitre précédent, l'Amérique a été capable de pacifier la zone d'intervention ou de s'en retirer, voire les deux. En Europe occidentale, au Japon et en Corée du Sud après la Seconde Guerre mondiale, l'armée américaine est restée, mais dans des pays en paix qui ont accepté la présence américaine. En Indochine, quand il est apparu qu'une telle pacification était impossible, les États-Unis ont su changer de cap et se retirer. Ce fut naturellement très humiliant, mais au final acceptable par la population américaine sur le plan politique, et cela n'eut pas d'effets sur la sécurité nationale.

En revanche, au Moyen-Orient, les États-Unis semblent désespérément et durablement liés à une région instable, violente et hostile par deux liens extrêmement forts. Le premier est la défense de l'American Way of Life tel qu'il se définit aujourd'hui et dans la mesure où il est très largement dépendant des besoins en pétrole de l'automobile. Cela implique pour l'Amérique un accès sûr et bon marché aux ressources pétrolières, dont une partie importante viendra à l'avenir du Moyen-Orient. Le second lien est celui avec Israël, qui entraîne les États-Unis dans un combat national avec le nationalisme arabe et l'Islam radical – là aussi de façon durable, semble-t-il.

Tout aussi important, le Rêve américain est appelé à s'effacer, du moins pour la plus grande part des classes moyennes américaines, sous l'effet du changement économique et de la mondialisation. Au cours des trente dernières années, les revenus de cette partie centrale de la société américaine ont stagné voire baissé, les ouvriers qualifiés et non qualifiés souffrant tout particulièrement[1]. Dans le même temps, ceux des classes les moins favorisées ont été tirés vers le bas par l'afflux en masse de main-d'œuvre immigrée, légale et illégale. Le revenu familial moyen a augmenté de 40 % dans les années 1950 et 1960, mais de 7 % seulement dans les années 1970, 1980 et 1990, bien qu'un nombre croissant de femmes soient entrées dans la vie professionnelle durant cette période. Simultanément, les inégalités se sont accrues de façon considérable. En 1969, 5 % des familles possédaient 15,6 % de l'ensemble des revenus. En 1996, ce chiffre était de 20,3 %[2].

Une compétition sans pitié, le manque de régulation par l'État et l'absence de salaire minimum, l'augmentation du travail précaire et au noir, le recours à la main-d'œuvre immigrée illégale et le déclin des syndicats ont signifié que beaucoup d'emplois qui permettaient de se maintenir dans les classes moyennes peinent aujourd'hui à leur garantir la simple subsistance. En 2003, le secteur de la grande distribution a illustré ce processus en gelant les salaires et en réduisant les acquis sociaux[3]. Ces réductions de salaire, cette insécurité professionnelle et les changements fréquents d'emplois sous-payés n'ont pas seulement pour effet d'appauvrir de nombreux Américains qui travaillent et de miner leur vie de famille, cela sape également leur dignité, l'image qu'ils ont d'eux-mêmes en tant que membres de la classes moyenne honorable[4].

Cette combinaison de facteurs a affaibli l'économie « morale » qui a dominé dans l'essentiel de l'histoire américaine et dans laquelle, si un homme travaillait dur, était honnête et ne buvait pas ou ne se droguait pas, il était assuré d'avoir un revenu en croissance constante suffisant pour pouvoir vivre avec sa femme jusqu'à un âge avancé et donner à ses enfants un bon départ dans la vie et la possibilité d'une ascension sociale par l'éducation[5].

De même que, par le passé et contrairement à d'autres, l'Amérique a été épargnée par la menace d'attaques sur son propre sol et contre sa population civile, la nation (en dehors du Sud) a pour l'essentiel été épargnée pendant la majeure partie de son histoire par les catastrophes économiques dues aux guerres, aux révolutions et aux transformations économiques imposées par l'extérieur et qui ont affecté de nombreux autres pays. Au XXe siècle, en dehors de la Crise de 1929, les difficultés de l'économie américaine sont bénignes comparées à celles du reste du monde. Ce sont au contraire les États-Unis qui sont allés transformer et bouleverser les économies des autres pays.

Au sein de la nation, il y eut bien sûr des changements économiques importants, mais même dans les périodes les moins favorables, ce changement parvint généralement à générer de nouveaux emplois dans d'autres endroits pour remplacer ceux qui avaient été détruits.

Cette histoire économique a été d'une importance cruciale pour la stabilité politique américaine et pour la nature du nationalisme américain, compte tenu de l'histoire mondiale des origines socioéconomiques du nationalisme radical exposée dans ce livre. La spécificité de l'histoire économique américaine a donné naissance à l'économie « morale » du Rêve américain, qui s'est à son tour traduite par de nombreux aspects positifs pour l'Amérique : des politiques généralement rationnelles et modérées à l'intérieur, de la réserve et une certaine bienveillance à l'étranger. Les succès du Rêve américain forment avec le Credo la thèse américaine et permettent de contenir les démons de l'antithèse, qui parviennent de temps en temps à s'échapper.

Si la sécurité professionnelle et les emplois de la classe moyenne continuent à devenir de plus en plus rares en raison des bouleversements économiques et de la mondialisation, la souffrance économique et l'angoisse concernant la position sociale et la sécurité qui en résulteront seront très sérieusement aggravées par le manque de protections sociales même minimales offertes par l'État, en particulier dans le domaine de la santé. Le sort terrible des anciens employés à la retraite de Bethlehem Steel et d'autres grands conglomérats qui ont vu leur assurance-maladie disparaître après la fermeture ou la vente de leur entreprise constitue un avertissement sinistre pour l'avenir[6]. En politique, l'élection annulée qui a conduit Arnold Schwarzenegger au poste de gouverneur est elle aussi un signe du désespoir d'une partie de la classe moyenne et de son manque de foi dans la classe politique existante. La capacité de l'économie américaine à profiter au plus grand nombre est d'autant plus menacée par l'hégémonie internationale des États-Unis et par la nature étrangement insatiable du capitalisme américain, comme l'ont prouvé les réductions d'impôts décidées par le gouvernement Bush.

Les auteurs de gauche américains ont exprimé un certain effarement quant au fait que, dans une large partie des États-Unis, le désespoir économique et social croissant de très nombreux travailleurs blancs a conduit à voter non pas pour la gauche progressiste mais pour les candidats républicains les plus à droite. Les politiques économiques radicales menées par ces politiciens contribuent en retour à accroître un peu plus ces tendances, qui s'attaquent aux revenus, à la position sociale et à l'estime de soi de la classe ouvrière, puis mènent à encore plus de conservatisme radical, et ainsi de suite : une sorte de mouvement politique perpétuel.

La plupart de ces travailleurs américains (du moins ceux qui ne sont pas syndiqués, dans les petites villes rurales et surtout à la culture religieuse marquée) sont cependant passionnément attachés à l'image d'eux-mêmes qu'ils ont en tant que membres de la classe moyenne, non de la classe ouvrière. Vu sous cet angle et replacé dans le contexte des comportements politiques habituels, il n'y a rien de surprenant à ce qu'une classe moyenne inférieure en déclin et menacée vote pour les ultra-conservateurs. Ce type de comportement a toujours existé en Europe. Le plus célèbre des romans montrant l'affaiblissement de cette classe comme résultant des bouleversements économiques est le *Kleiner Mann, Was Nunn ?* (*Petit homme, grand homme*) d'Hans Fallada, qui se déroule en Allemagne durant la Dépression. Et l'on sait bien comment la classe moyenne basse allemande a voté suite à cette expérience[7].

En principe, la plupart des partis ultra-conservateurs européens ont fait au moins quelques pas symboliques sur la voie d'une limitation du capitalisme et vers plus de solidarité nationale sur le plan social, entre autres. Dans la plus grande partie de la classe moyenne basse, cette option idéologique a jusqu'ici été écartée en raison de la puissance écrasante de l'idée d'individualisme économique – qui est de fait une part du Credo pour de très nombreux Américains – ainsi que de la mainmise des élites capitalistes et des grands groupes sur la culture américaine et en particulier sur les médias.

Par ailleurs, le fait que la classe moyenne basse tende à voter en fonction de sa culture et de l'image de soi plutôt que de ses intérêts de classe est tout à fait établi historiquement. L'est également l'idée que l'image de soi comprend en général le nationalisme et que plus la classe moyenne est menacée, plus son nationalisme se fait radical.

Si une part importante de la classe moyenne américaine devait suivre ce schéma historique, les conséquences en seraient réellement sinistres. Dans son livre *What's the Matter with Kansas ?,* Thomas Frank dresse un portrait souvent hilarant mais aussi tragique de l'hystérie culturelle et de la paranoïa qui se sont emparées d'une partie de la classe moyenne blanche et religieuse de l'Amérique profonde[8]. Frank met l'accent sur l'extrémisme religieux et sur l'illusion d'une oppression par les « élites de gauche », mais cette culture politique comprend aussi des fantasmes malsains et pleins de haine à l'égard du monde extérieur.

Bien sûr, le Kansas n'est pas l'Amérique entière, pas plus que ce type de culture politique ne caractérise la majorité de ses habitants. Il n'y a donc nulle raison de verser dans un désespoir apocalyptique face à ces tendances qu'une majorité d'Américains ne partagent pas. Mais elles sont tout de même suffisamment diffuses dans la « classe moyenne » blanche – qui est encore, selon sa propre perception, le cœur et la colonne vertébrale de la vie politique américaine – pour être un sujet d'inquiétude et une cause de changement dans la politique nationale. Dans les années 1930, face aux bouleversements économiques et à la misère, l'Amérique a élu un grand réformateur, grand démocrate et défenseur de la civilisation, Franklin Delano Roosevelt, et promu le New Deal. Les réponses d'autres pays ont été beaucoup plus sombres et violentes. Bien sûr, les conséquences sociales des mutations de l'économie américaine sont de plus en plus ambigus et surtout beaucoup plus lentes qu'après la crise de 1929 dans de nombreux pays. Pour autant, l'histoire a fourni beaucoup d'exemples déplaisants d'innombrables effets d'un déclin même lent et partiel sur le comportement des classes moyennes.

Si la classe moyenne continue à chuter, ces conséquences emporteront avec elles l'un des piliers essentiels de la stabilité et de la modération politique américaine. Comme dans certains pays européens par le passé, une telle évolution créerait en matière intérieure l'arrière-plan idéal pour les groupes nationalistes radicaux, voire pour des rêves encore plus fous de « reprise en main » de l'Amérique et de restauration du vieil ordre moral, cultural et même racial. De même, cela conduirait à des interventions sans limites contre les ennemis de l'Amérique à l'étranger et à une forme d'isolationnisme. Ou, si les schémas anciens ont une quelconque validité, cela conduira au premier de ces éléments, puis au second. Ce serait un dangereux scénario pour l'Amérique et pour le monde, comme on peut aisément l'imaginer.

À l'évidence, l'Amérique n'est plus à l'abri des maux qui affectent le monde. À mesure qu'avancera le XXIe siècle, le pays sera de plus en plus vulnérable face à toute une série d'infections planétaires. Les dangers qu'entraîne le fait pour l'Amérique de se retrouver ainsi dans la même situation que le reste du monde sont rendus encore plus sérieux par les traits du nationalisme américain que j'ai décrits dans ce livre : pas seulement la force de ce nationalisme et son alternance entre idéalisme messianique et chauvinisme, mais aussi son caractère très peu réflexif. Dans le passé, parce que l'Amérique était si conquérante, si isolée et si protégée, même les intellectuels américains n'ont jamais eu à réfléchir sur leur propre nationalisme comme l'ont fait les Européens après les désastres du XXe siècle. Il est désormais urgent qu'ils commencent à le faire, et j'espère que ce livre aura donné une petite impulsion vers une telle réflexion.

Mais pour examiner leur propre nationalisme sous cet angle, il faudra que les Américains tirent les terribles leçons des autres exemples historiques de nationalismes dans l'histoire moderne et dans le monde. Pour ce faire, il leur faudra s'extraire des mythes du nationalisme américain et regarder le pays avec distance, non pas comme une exceptionnelle Cité sur la Colline, mais comme une nation mortelle parmi d'autres nations, meilleure que la plupart, mais elle aussi sujette aux péripéties morales, aux tentations et aux crimes auxquels d'autres peuples ont été exposés[9].

Les perspectives désastreuses que j'ai ébauchées ici ne sont certainement pas inévitables, compte tenu de la solidité et du dynamisme de la société américaine, des valeurs de l'Amérique et de la tradition démocratique du pays. Mais les prévenir ne demandera pas seulement de la réflexion, la classe politique américaine devra également agir de façon drastique. Sur le plan domestique, elle doit agir pour contenir les excès du capitalisme et rebâtir l'économie afin de servir l'ensemble du peuple américain. À l'extérieur, pour rendre à l'Amérique sa place de leader largement reconnu et préoccupé par la santé, la stabilité et la longévité de l'actuel système international, et prêt à travailler avec d'autres États responsables pour atteindre ces buts.

Mais surtout, les élites américaines doivent à la fois avoir plus confiance dans l'exemple qu'elles donnent aux autres pays et aussi s'en préoccuper davantage, à travers leurs institutions, leurs valeurs et le bien-être manifeste des Américains moyens. Cet exemple est le fondement du « gant de velours » de la puissance américaine et rend possible une hégémonie librement consentie. Ces institutions et ces valeurs constituent l'empire et la civilisation américains, héritiers de Rome. Comme les valeurs de Rome, elles perdureront longtemps après la chute de l'empire américain et même de la disparition des États-Unis en tant que tels. L'image de l'Amérique comme démocratie pluraliste et économiquement performante, ouverts à toutes les races et fondamentalement pacifiste et non agressive, a été si forte par le passé parce qu'elle était vraie. Les Américains doivent faire en sorte qu'elle le reste.

Notes

1. Voir chiffres dans *Economic Report of the President*, Council of Economic Advisers, cité par Jeff Madrick, "How New Is the Economy ?", *New York Review of Books*, 23 septembre 1999.

2. Frank Levy, *The New Dollars and Dreams : American Incomes and Economic Change* (Russell Sage Foundation Publications, New York, 1999), cité dans Madrick, "New Economy".

3. Cf. "The Wal-Martization of America", éditorial du *New York Times*, 15 novembre 2003.

4. Cf. Alan Ryan, "Call Me Mister", *New York Review of Books*, 27 février 2003.

5. Cf. Calir Brown, *American Standards of Living, 1918-1988* (Blackwell, New York, 2002) ; Kevin Phillips, *Boiling Point : Democrats, Republicans and the Decline of Middle Class Prosperity* (HarperCollins,

New York, 1994) ; Madrick, "How New Is the Economy ?" ; Michael Head, "The New, Ruthless Economy", *New York Review of Books*, 29 février 1996.

6. Cf. Stephanie Strom, "For Middle Class, Health Care Becomes a Luxury", *New York Times*, 16 novembre 2003.

7. Hans Fallada, *Kleiner Mann, Was Nunn ?* (Rowohlt Verlag, Hambourg, réédition 1976).

8. Frank, *What's the Matter with Kansas ? : How the Conservatives Won the Heart of America* (Metropolitan Books, New York, 2004).

9. Cf. Bellah, *Broken Covenant*, p. XV.

Épilogue à l'édition française*

Dans les faits, le parti républicain est devenu le parti nationaliste américain et c'est par-dessus tout en s'appuyant sur la force de ce nationalisme qu'il a gagné les dernières présidentielles de même que les élections au Congrès de 2002 et de 2004. À maintes reprises, des représentants républicains – dont le sénateur Zell Miller, transfuge démocrate du Sud blanc conservateur – ont reproché à John Kerry de faire montre de faiblesse et de lâcheté, et surtout d'accorder du crédit aux points de vue étrangers et de tolérer une certaine influence des étrangers sur la politique américaine.

Le nationalisme américain qu'ont invoqué George Bush et ses partisans est cependant loin d'être un phénomène simple. Les éléments de chauvinisme impénitent y côtoient ceux d'un authentique idéalisme libéral. Comme Reagan avant lui, Bush a en partie gagné parce que ses conseillers et lui ont su exprimer et exploiter des mythes nationaux auxquels croit la grande majorité des Américains. Ce faisant, l'administration Bush n'a pas seulement gagné des voix : elle a aussi, en un sens, désemparé les démocrates, les obligeant dans bien des domaines de débat à n'être que de pâles ombres des républicains.

Considérablement aidée par les blessures et les désirs de vengeance consécutifs au choc du 11 Septembre,

---

* Traduction Pierre-Emmanuel Dauzat.

l'administration Bush a réussi à unir trois facteurs très puissants du nationalisme américain – et qui tous, soit dit au passage, trouvent de solides précédents dans l'histoire des grands pays européens.

Le premier aspect est le désir de riposter vivement quand l'Amérique paraît essuyer une attaque ou un affront. Bien entendu, cet esprit n'est pas l'apanage de l'Amérique et il n'est pas non plus mauvais en soi. Pour ma part, j'ai toujours trouvé entièrement justifiés l'invasion de l'Afghanistan et le renversement des Talibans en réponse au 11 Septembre. Le problème est qu'un mélange d'ignorance de l'électorat, mais aussi de manipulation et de propagande de la part de certains pans des élites américaines a transformé ce soutien à une réponse militaire d'offensive intelligente et centrée sur Al-Qaida et ses alliés en un déchaînement aveugle contre tout État (musulman) susceptible d'être présenté comme une menace pour les États-Unis ou Israël.

Le deuxième aspect est la conviction que l'Amérique est un pays élu de Dieu et que sa puissance a son aval – thèmes que l'on retrouve sans cesse dans les discours de Bush et des autres leaders républicains depuis le 11 Septembre, et ce, jusqu'aux élections de 2004 et au-delà. Cette idée de pays élu n'est pas, bien entendu, le propre de l'Amérique ; tous les pays européens l'ont plus ou moins partagée.

En Europe, cependant, les terribles événements des années 1914-1945, dans une certaine mesure prolongés par les guerres coloniales qui suivirent, ont ébranlé cette croyance, tout au moins sous sa forme traditionnelle et catégorique. Du fait de l'isolement de l'Amérique, et de son histoire bien plus douce et souriante au cours du siècle écoulé, cette croyance garde toute sa force. Elle nourrit ce que j'ai appelé la cohorte des mythes qui accompagnent le Credo national américain : des mythes d'innocence américaine, de bonté, de bienfaisance et de triomphe inéluctable.

Ceux-ci sont à leur tour liés à ce qu'on pourrait appeler la version séculière de la croyance en une place de l'Amérique décidée par Dieu : l'idée que les États-Unis sont le porte-drapeau et le meilleur exemple de la démocratie et de la liberté, qu'ils ont le droit, le devoir et la capacité de propager leurs valeurs dans le reste du monde. C'est aussi une croyance que Bush et ses partisans n'ont cessé d'exprimer au cours de la campagne de 2004.

Réunis, ces trois éléments produisent un mélange nationaliste d'une singulière puissance. Comme l'ont montré les élections de 2004, ce nationalisme a quasiment pour effet d'exclure maints arguments et opinions du débat public américain, qu'il s'agisse de politique étrangère ou de politique intérieure. Sur la scène nationale, il est impossible de suggérer que certains aspects du système américain sont pires que ceux des autres pays ou que, sur ces points, l'Amérique aurait des choses à apprendre d'autres pays. Qui s'y risquerait serait aussitôt accusé de manquer de fierté nationale ou de « s'excuser pour l'Amérique ».

Ainsi, au cours de la campagne, Bush a pu affirmer sans se ridiculiser que le système de santé américain est le meilleur du monde quand l'Amérique lui a consacré en 2001 13,9 % de son PIB (contre 9,6 % en France et 8,4 % en Italie), mais que plus de quarante millions de ses habitants n'ont pas d'assurance maladie. De même, le système électoral américain, qui menace de plus en plus le pays d'une crise constitutionnelle et de plonger le monde dans l'embarras, ne saurait tirer de leçon d'aucun autre système.

Quant aux actions militaires de l'Amérique à l'étranger, les efforts nationalistes pour étouffer tout débat sérieux à ce propos ont été bien illustrés par le sénateur Zell Miller dans son discours à la Convention nationale des républicains en 2004 : « Bien plus préoccupés de politique partisane que de sécurité nationale, les dirigeants démocrates actuels voient dans l'Amérique un occupant, non pas un libérateur. Et rien ne met plus hors de lui le Marine que je suis que d'entendre quelqu'un traiter les soldats américains d'occupants plutôt que de libérateurs... Jamais, dans l'histoire, aucun soldat n'a fait plus de sacrifice que le soldat américain pour la liberté de parfaits étrangers. Et, non content d'apporter la liberté à l'étranger, nos soldats la préservent pour nous, ici, au pays. Car on a eu parfaitement raison de dire que c'est le soldat, non pas le journaliste, qui nous a donné la liberté de la presse. C'est le soldat, non pas le poète, qui nous a donné la liberté de parole. C'est le soldat, non pas l'agitateur, qui nous a donné la liberté de manifester. C'est le soldat qui salue le drapeau, sert sous le drapeau, dont le cercueil est recouvert du drapeau qui donne à ce manifestant la liberté d'insulter et de brûler le drapeau. Nul ne devrait oser même songer à devenir le commandant en chef de ce pays s'il ne croit du fond du cœur que nos soldats sont des libérateurs à l'étranger et des défenseurs de la liberté au pays. »

Ce n'est pas que la plupart des valeurs américaines soient mauvaises en soi. Au contraire, comme je le fais valoir dans ce livre, leur exemple a été d'une importance inestimable pour l'humanité. Mais la foi absolutiste des Américains dans ces valeurs et la capacité du pays à les représenter risquent d'insuffler un pharisaïsme terrifiant dans nos relations avec les autres pays.

Tout aussi importante est la façon dont ce mélange nourrit le solipsisme américain et son incapacité à comprendre, voire à reconnaître, les intérêts et les vues des autres nations. Ce mélange nationaliste qui opère si bien électoralement en Amérique a tendance à susciter l'incompréhension, l'inquiétude ou le mépris de maint étranger – même si, dans certains cas, y compris en France, le souvenir des attitudes historiques passées devrait au moins tempérer l'incompréhension.

Cette incompréhension mutuelle est particulièrement forte devant la conviction de l'Amérique qu'elle a pour mission de propager la démocratie et la façon dont l'administration Bush en a fait la pièce maîtresse de sa stratégie politique – si l'on peut réellement employer cette expression – au Proche-Orient. Pour la plupart des Américains, la valeur de la démocratie et la sincérité du désir des États-Unis de la promouvoir vont de soi. Aussi sont-ils totalement incapables de voir que, compte tenu de leur politique générale dans la région et du bilan américain (et britannique) des décennies passées, leur désir professé de propager la démocratie fait figure de très mauvaise plaisanterie aux yeux des musulmans et de nombreux Européens.

C'est une incompréhension qui affecte nombre de démocrates tout aussi profondément que les républicains. Les « faucons libéraux », que je décris dans le chapitre 2, partagent très largement le programme néo-conservateur au Proche-Orient : expansion de la puissance américaine et destruction des États rivaux, d'un côté, rhétorique de la démocratie et du progrès de l'autre. Et, comme pour les néo-conservateurs, l'insistance sur l'absence de démocratie au Proche-Orient est pour les faucons démocrates un moyen commode de fermer les yeux sur le problème de la responsabilité des États-Unis dans la politique d'Israël et sur leur passivité quand il s'agit de promouvoir un règlement israélo-palestinien.

Il importe d'insister sur ces éléments du nationalisme américain qui sont partagés par les deux partis, et donc de ne pas envisager en termes trop apocalyptiques la victoire de Bush en 2004. En réalité, tout au moins en ce qui concerne la stratégie au Proche-Orient, la politique de l'administration Kerry n'aurait probablement guère été différente de celle que Bush a toute chance de suivre au cours de son second mandat.

En Extrême-Orient, Bush, au cours de son premier mandat, a abandonné une stratégie extrêmement dangereuse, consistant à affronter et à contenir la Chine, pour se rallier à un réalisme pragmatique et modéré, très proche de celui de Clinton. En fait, au cours du deuxième débat de campagne, Bush a été parfaitement sincère quand il a fait observer que son administration avait – tardivement – adopté une approche multilatérale du programme nucléaire de la Corée du Nord et s'en était surtout remis à la Chine pour faire pression sur Pyongyang.

Pour ce qui est d'Israël et du Proche-Orient, les républicains sont influencés par les fondamentalistes protestants, convaincus que le droit d'Israël sur toute la Palestine vient de Dieu, et par l'affection particulière de maint conservateur américain pour le militarisme et le racisme du Likoud. Ce qui ne signifie pas nécessairement, cependant, qu'une équipe démocrate se serait beaucoup écartée de la politique de Bush dans cette région. Au cours de la campagne de 2004, Kerry et les siens ont rivalisé d'ardeur avec Bush, protestant de leur soutien inconditionnel à Israël, dénonçant le terrorisme palestinien et exigeant des Palestiniens l'adoption d'une démocratie pleine et entière en préalable à tout règlement de paix.

Pour les raisons exposées au chapitre 6, les conditions de l'alliance israélo-américaine n'ont fait l'objet d'aucun débat au cours de la campagne. Et ce silence a paralysé non seulement la discussion autour du conflit israélo-palestinien et du rôle qu'y joue l'Amérique, mais aussi celle des relations des États-Unis avec l'Iran, la Syrie et le monde islamique en général, affectées de manière critique par les désirs d'Israël et l'influence du lobby israélien aux États-Unis.

Au fond, les démocrates ont collaboré avec les républicains pour nier à l'électorat la capacité d'examiner des problèmes vitaux pour leur sécurité et leurs intérêts. Ce n'est guère fait pour redorer le blason de la démocratie américaine, pas plus que cette réaction dont j'ai été le témoin à Washington : à la moindre critique d'Israël, formulée en privé, de trop nombreux responsables politiques, politiciens et intellectuels qui prêchent la démocratie et la liberté d'expression au reste du monde baissent la voix et regardent par-dessus leur épaule – littéralement, non pas métaphoriquement.

Quoique très anciens en termes américains, certains aspects de l'idéologie de l'administration Bush n'en ont pas moins acquis un relief nouveau et tendent à couper l'Amérique de ses alliés dans le monde développé. C'est surtout vrai de l'immense succès de la combinaison, propre au parti républicain, du nationalisme et de la religion conservatrice. Par le passé, ce mariage a été l'un des mélanges les plus familiers et puissants dans l'histoire moderne de l'Europe. Reflétant des sous-cultures de classe, mais aussi régionales et ethniques, il avait la bénédiction et la protection d'une partie des élites capitalistes.

Si ce mélange est désormais peu familier à la plupart des Européens de l'Ouest, il ne l'était que trop à leurs ancêtres et il le reste encore passablement dans mainte partie du monde. Le fond du problème est que les Européens en question jugent ces pays arriérés et sous-développés, et donc naturellement asservis à des formes de culture et de comportement politiques plus anciennes. Le choc et l'incompréhension qu'inspirent les États-Unis viennent de ce qu'ils sont, à tant d'égards, la société la plus moderne économiquement et celle qui change le plus vite. Comment peut-elle continuer de faire surgir des tendances aussi archaïques ?

C'est là, bien entendu, une question profondément eurocentrique. Elle suppose que l'expérience ouest-européenne de la modernisation a valeur d'étalon ou de norme : toutes les autres ne sont que des aberrations. Elle résulte aussi, directement ou indirectement, de l'influence de Max Weber qui, jouant les Solon, a formulé les règles et approches élémentaires de la sociologie moderne. L'expérience de l'Europe occidentale a paru confirmer la consécration de sa croyance en l'inévitable désenchantement du monde des suites de la modernisation capitaliste. Au cours de la génération passée, des pays autrefois conservateurs comme l'Irlande, l'Espagne, le Portugal et la Grèce ont tous été profondément transformés – un trait central commun à tous : le déclin de la foi et de la pratique religieuses, mais aussi des formes de pensée et de conduite associées à cette croyance.

À l'évidence, cependant, ce n'est pas un modèle universel. L'Amérique est une exception de taille, et probablement y en aura-t-il d'autres à l'avenir. En Inde, les membres des nouvelles classes moyennes hindoues cultivées semblent mêler souvent la modernisation et le dynamisme économiques, et la « modernisation » partielle des attitudes envers le sexe, les castes ainsi que diverses formes d'individualisme s'accommodent apparemment souvent d'une foi religieuse profonde ; et cette foi se trouve souvent associée au nationalisme hindou. Suivant les estimations les plus courantes, les hommes d'affaires indiens installés aux États-Unis auraient envoyé en Inde quelque 350 millions de dollars pour financer ce projet hindou ultranationaliste qu'est la reconstruction du temple de Ram sur le site d'une mosquée démolie à dessein dans la ville d'Ayodhya. Israël est un autre exemple d'État très développé où le conservatisme religieux a gagné du terrain dans les dernières années et se trouve étroitement associé à l'ultranationalisme.

Force nous est donc d'envisager une possibilité alarmante : que, de ce point de vue, ce soit l'Europe occidentale qui fasse plus tard figure d'exception ou d'« excentrique ». S'il faut s'en inquiéter, ce n'est pas que les croyances religieuses conservatrices en matière de société ou de morale soient nécessairement toujours mauvaises en soi. Une bonne partie de la culture de masse moderne est bel et bien repoussante, inhumaine et mauvaise. Croire et soutenir la famille doit en effet être au cœur de toute version digne et civilisée de la société, qu'elle soit conservatrice, libérale ou socialiste.

Aujourd'hui comme par le passé, le danger de la religion conservatrice vient de ce qu'elle est souvent associée à des groupes sociaux et des forces politiques qui réagissent à la modernité en général, et pas seulement à ses traits négatifs. Très souvent, cela s'exprime dans diverses formes de chauvinisme national, dirigées contre des ennemis intérieurs ou extérieurs. Les groupes religieux menacés par le changement culturel moderne et les groupes sociaux, économiques et ethniques menacés par le changement social et économique sont des alliés naturels ; au demeurant, très souvent, ils ne font qu'un. Leur souffrance et leur désaffection créent naturellement des réserves d'aigreur et de haine.

Ce mélange aussi puissant que toxique n'a que trop souvent menacé gravement la paix à l'extérieur et la démocratie à l'intérieur. C'est un mélange qui se nourrit des effets perturbateurs du changement capitaliste, mais comme il peut être dirigé contre la gauche et les autres éléments étrangers à l'intérieur, et contre les ennemis de la nation à l'extérieur, il a aussi très souvent servi les intérêts des élites capitalistes, qui n'ont pas manqué de l'exploiter. Il a nourri des courants profonds en Europe dans la seconde moitié du XIXe et la première moitié du XXe siècle et contribué, en fin de compte, à la montée du fascisme.

Ce mélange n'est que trop clairement à l'œuvre aux États-Unis. Certes, il ne caractérise pas le pays tout entier et il faut se garder d'y voir une expression définitive de l'identité américaine. Bon nombre d'Américains sont farouchement opposés à la droite chrétienne et à son association avec le nationalisme chauvin. Les 51 % de Bush, sur une participation de 59 %, ne sont guère un raz de marée : somme toute, ils représentent moins d'un tiers du corps électoral. Mais il faut aussi reconnaître que, pour atteindre leur score de 2004, les démocrates ont dû se choisir un héros de guerre au pedigree patriotique irréprochable, qui ne s'était pas particulièrement illustré par son « gauchisme » social, économique ou culturel. Et qu'ils ont tout de même perdu.

Le conservatisme chrétien n'est pas une force dominante aux États-Unis, même s'il domine politiquement le Grand Sud et progresse en ce sens dans de larges parties du Midwest. En fait, le mélange de religion conservatrice et de nationalisme domine toute l'Amérique blanche des petites villes, des campagnes et souvent même des banlieues. L'analyse des résultats des élections comté par comté montre que les républicains gagnent même dans le nord de l'État de New York comme à l'intérieur de la Californie, de l'Oregon et du Washington State. Au Kansas, autrefois bastion démocrate, tous les comtés sont passés dans le camp républicain, à la seule exception de Kansas City. À l'exception des grandes villes, les seules régions qui demeurent solidement acquises aux démocrates sont la majeure partie de la Nouvelle-Angleterre, les comtés du Sud à majorité noire, les comtés latinos le long de la frontière mexicaine, les réserves indiennes de l'Ouest et les anciennes régions scandinaves progressistes du Minnesota et du Wisconsin. Les seules régions blanches sont la Nouvelle-Angleterre et le Minnesota.

À en croire la Christian Coalition, la principale organisation politique de base de la droite chrétienne américaine, vingt-neuf sénateurs sur 100 et 125 membres de la Chambre des représentants sur 435 – soit plus d'un quart des parlementaires – votèrent systématiquement en accord avec ses principes au cours de l'année 2001 (la dernière pour laquelle on dispose de chiffres).

Compte tenu de l'ampleur et de la profondeur de la foi aux États-Unis, son expression politique n'est pas un mystère. Partout où ce fut le cas en Europe par le passé, les conséquences furent profondes en termes de comportement politique. Les paysans des sociétés religieuses continuèrent de voter pour les partis conservateurs dirigés par des aristocrates longtemps après que l'ancienne classe féodale eut perdu les moyens de les y obliger. Mais ce n'est pas tout. Dans l'Europe catholique, tout au moins, de larges sections du prolétariat urbain restèrent fidèles aux partis catholiques.

De ce point de vue, la « séparation de l'Église et de l'État » consacrée par la Constitution et l'histoire des États-Unis a toujours contribué à cacher la réalité de cette relation pendant le plus clair de l'histoire de ce pays. Elle signifiait simplement qu'aucune église, que ce soit l'épiscopalisme soutenu par les Britanniques ou le presbytérianisme autrefois soutenu par l'État au Massachusetts, ne pouvait devenir religion officielle de l'Amérique. Pour la société américaine de l'époque, comme dans l'esprit de beaucoup aujourd'hui, il ne s'agissait pas d'indiquer une séparation de l'État et de la religion en tant que telle. De surcroît, on supposait, et dans une certaine mesure on continue de le faire inconsciemment, que cette religion ne pouvait être que protestante ou tout au moins protestantoïde. De ce point de vue, l'ahurissante prolifération des Églises dans le cœur du pays risque aussi de masquer la réalité de sociétés étonnamment homogènes sur un plan culturel et religieux.

Cette homogénéité de la base républicaine place les démocrates face à un autre terrible dilemme. Certes, les républicains sont loin de trouver leurs soutiens dans la seule population évangélique blanche. Poussés par un mélange de religion conservatrice et de nationalisme, bon nombre de catholiques – peut-être une majorité – ont voté cette année pour Bush. Il est aussi frappant de voir que le conservatisme moral et l'attachement à une politique de l'immigration relativement libérale ont aussi conduit une forte minorité de Latinos à voter républicain. Quelque 30 % des électeurs juifs américains ont choisi Bush en raison de son conservatisme moral et de son soutien à Israël.

Cela n'en reste pas moins un bloc homogène en comparaison de l'électorat démocrate, qui n'est pas tant un bloc qu'une congère de conflits et de dilemmes imbriqués les uns dans les autres. Les démocrates doivent tant bien que mal concilier les points de vue et intérêts des reliquats des classes laborieuses blanches syndiquées, de la population noire, des Latinos, des femmes progressistes et du libéralisme culturel dans toute sa diversité. Il ne s'agit plus de rassembler des chats, mais d'essayer de rassembler dans le même espace des chats, des chiens et des renards.

Souvent, ces groupes n'ont au mieux pas grand-chose à se dire. Après les élections, j'ai entendu l'histoire péniblement drôle d'un universitaire libéral de Los Angeles qui, dans les derniers jours précédant le scrutin, avait appelé les Noirs de Cleveland au nom du parti démocrate pour essayer de les amener à voter Kerry. L'incompréhension mutuelle était presque totale. Pis, ces groupes ne se vouaient pas simplement une haine mutuelle sur un plan culturel, ils avaient aussi des intérêts radicalement divergents.

Tout cela invite à une conclusion déprimante, à savoir que la politique de Bush et la culture politique que reflète cette administration pourraient bien dominer de longues années encore les relations de l'Amérique avec le monde. Si – qu'à Dieu ne plaise – l'Amérique était à nouveau victime d'un attentat terroriste massif, le risque est de les voir adopter des formes réellement menaçantes pour les valeurs américaines comme pour la démocratie et l'hégémonie américaines dans le monde.

Mais même s'il ne se produit aucune catastrophe de ce genre, la nature singulière du nationalisme américain continuera de définir la politique et les attitudes américaines de telle façon qu'elles persisteront à couper l'Amérique de la majeure partie de l'Europe. C'est profondément regrettable parce qu'un Occident démocratique uni serait une force extraordinairement bénéfique dans le monde et notamment au Proche-Orient.

En revanche, si l'Europe occidentale et les États-Unis sont divisés non seulement par des différences fondamentales de stratégie dans cette région, mais aussi par de profondes différences de culture, fermer les yeux en souhaitant qu'il en aille autrement ne servira aucune des parties à long terme. Les États-Unis et l'Union européenne, comme les États-Unis et la Chine, peuvent continuer de coopérer sur un certain nombre de dossiers importants, sur la base non pas d'une rhétorique des idéaux communs, mais d'un réalisme pragmatique et d'un intérêt éclairé. Tout compte fait, des relations plus déliées, mais peut-être plus solides, valent bien mieux que rien et pourraient subsister longtemps après que l'Occident ne sera plus qu'un vague souvenir.

Anatol Lieven, Décembre 2004.

Table des matières

Avant–Propos d'Emmanuel Todd 11
Préface 17
Introduction 23
1. Un nationalisme hors normes ? 61
2. Splendeur et misère du credo américain 121
3. L'amertume de l'Amérique profonde 201
4. Les fondamentalistes et la peur 275
5. L'héritage de la guerre froide 329
6. Le nationalisme américain, Israël et le Moyen-Orient 377
Conclusion 465
Épilogue à l'édition française 477

Ce volume a été composé par IGS-CP à L'Isle-d'Espagnac (16)

Impression réalisée sur CAMERON par
BRODARD ET TAUPIN
La Flèche
en février 2005